本书为河池学院高层次人才科研启动项目"文化生态与现代乡村文化建设与马克思主义大众化研究"（编号：2021GCC002）的研究成果

新媒体生态下马克思主义大众化的话语传播研究

罗昌勤　著

ZHEJIANG UNIVERSITY PRESS
浙江大学出版社

·杭州·

图书在版编目（CIP）数据

新媒体生态下马克思主义大众化的话语传播研究 /
罗昌勤著. --杭州：浙江大学出版社,2022.12(2024.1 重印)
ISBN 978-7-308-22700-1

Ⅰ.①新… Ⅱ.①罗… Ⅲ.①马克思主义－大众化－
研究－中国 Ⅳ.①D61

中国版本图书馆 CIP 数据核字(2022)第 097858 号

新媒体生态下马克思主义大众化的话语传播研究

罗昌勤　著

责任编辑	傅百荣	
责任校对	徐素君	
封面设计	周　灵	
出版发行	浙江大学出版社	
	（杭州市天目山路 148 号　邮政编码 310007）	
	（网址:http://www.zjupress.com）	
排　版	杭州隆盛图文制作有限公司	
印　刷	广东虎彩云印刷有限公司绍兴分公司	
开　本	710mm×1000mm　1/16	
印　张	24.5	
字　数	453 千	
版 印 次	2022 年 12 月第 1 版　2024 年 1 月第 2 次印刷	
书　号	ISBN 978-7-308-22700-1	
定　价	78.00 元	

目　录

绪　　论

关于马克思主义大众化相关问题的研究,最早开始于 20 世纪 20 年代初期,到党的十七大召开之前,围绕马克思主义大众化等问题的研究,形成了一系列研究成果,奠定了当代马克思主义大众化的理论研究和实践探索的基础。20 世纪 90 年代末期,随着互联网的广泛使用,以数字技术和信息技术为基础的新媒体技术快速发展,形成了以数字技术和信息技术为主体的新媒体生态圈。新媒体极大地改变了媒体话语传播方式,推动着话语传播的重大变革。因此,立足于新媒体研究马克思主义大众化话语传播问题,对于推进马克思主义大众化具有十分重要的理论和现实意义。

新媒体时代的到来,推动着人类社会全方位的变化,这种变化甚至包括人自身的特征也因网络时代的到来而不断变化着,特别是人类的话语传播不可阻挡地因新媒体时代的到来而发生着颠覆性的变革,学术界、理论界、技术界也更多地走出传统媒体主导下的传播范式,转而关注新媒体传播所带来的一系列新变化。从新媒体传播的特征而言,它所带来的是一种超强的交互式传播,这种超强交互性表现在信息的发布与接收无论是从时间还是空间而言,都处在一个完全开放的平等状态下完成,信息发布者与信息接收者之间的角色可能会瞬间发生转变。人类的话语传播方式也从现实在场的传播引领到了虚拟在场的传播中,管理机构对话语传播的控制已经变得极其艰难。也正如此,从社会管理而言,因传播的相对不可控,使得社会管理成本剧增,对社会治理的挑战也会越来越大。但新媒体的出现给话语传播管理带来了一系列新挑战的同时,也为人类话语传播的发展带来了新机遇。

新媒体把一个庞大的世界浓缩成一个地球村,人们足不出户,通过一部手机就可以知晓天下事,是真正意义上的全球媒体。但是我们要清醒地认识到,在这个"村落里",信息交流是不平衡的。发达国家依靠技术优势、经济优势占据着话语传播主导权。在新媒体生态下,虽然它们的话语垄断能力有所下降,但它们率先提出并推动了新旧媒体的融合共生,使得它们既有的国际话语权并没有因为新媒体的国际互动交流的深入而被弱化,反而得到了加强。除此之外,它们还注重在国际范围内培养信息采编人才,形成了一支国际化的信息采编队伍,形成强大的"国际信息源"。可以说,今天全球范围内的新闻资源"富集区"仍旧集中在以美国为首的西方国家。一些发生在我们身边,被认为是无足轻重的信息,被它们的国际采编队伍加工处理后,能够形成具有广泛国际影响力的国际传播话语。竞争是当今世界的基本常态,各国的竞争从总体上而言是综合国力的竞争,但话语权竞争是核心,是所有竞争中最重要的命题之一。世界各国之间的利益争夺,战争不再是首选,博弈、谈判是最重要的利益争夺手段。在利益博弈中,谁掌控话语权,谁就会在博弈中占据主动,也将获得更多利益。虽然话语权的支撑基础仍然是综合实力,但话语权本身对综合实力的影响越来越大。

在上网已经成为人们基本生活方式的态势下,推进马克思主义大众化既要与时代紧密相联,还要立足现实、反思历史、尊重历史、借鉴历史经验。但最重要的还是要立足于时代条件,直面现实中的世情、国情和党情,根据民情现状选择传播话语,诠释现实和引领现实。与传统媒体相比,在新媒体生态下的话语特点已经发生了巨大变化。因此,从现实出发,研究马克思主义大众化的话语传播,本身就是对马克思主义实事求是的立场、观点和方法的运用。

在新媒体生态系统中,话语传播的介质障碍被打破,使得人人都可以成为"记者",都可以成为"编辑",只要在自己的手机等媒体上动一动手指,自己的话语都有可能传遍世界。思想多元、诉求多样、矛盾多发的社会转型,给马克思主义大众化的话语传播带来了现实的挑战,甚至一度陷入困境。因此,如何找到突破困境的金钥匙,还得从寻根问源开始,在深入客观分析马克思主义大众化的话语传播困境的基础上,找到解决问题的办法。推进马克思主义大众化面临的一系列挑战和问题,归结到一个根本问题上就是话语权斗争。随着经济全球化、文化多元化的深入发展,特别是在社会主义意识形态建设的话语权还相对弱势的现实状况下,我们既要面对外来的"和平演变",又要警防内部的思想解构。进入新媒体时代,新媒体成为西方攻击马克思主义的主渠道。一些国内外敌对分子不惜手段争夺新媒体话语权,通过新媒体传播大量抹黑马克思主义的话语,通过断章取义、混淆视听的手段,干扰公众对马克思主义的理解和判断。新中国成立70多年来,各项建设事业取得了巨大成就,国际地位不断上升,中国在全球话语权的影响力不断提升,这让习惯了冷战思维的西方国家感到了压力和不安。他们不愿意看到一个强大的中国屹立于世界民族之林,于是加紧了在各个领域与中国争夺话语权。这些多因素相互交织,使得意识形态领域的话语权斗争越发激烈。为此,习近平提出了意识形态工作是党的一项极端重要的工作论断。

理论是为实践需要而产生的,又在实践中不断创新、丰富和发展。什么样的理论才能满足国家的需要,在多大程度上才能满足国家需要,这显然是一个难以回答、但又是非常现实的问题。理论的最大生命力在于指导实践取得预期的成功,而实践又是在不断演进发展着的。因此,理论只有不断创新发展,并随着时代发展而不断演进,才能真正满足指导实践的要求。改革开放以来,中国特色社会主义事业用世界瞩目的成就诠释了马克思主义的科学性和真理性,特别是2008年世界金融危机爆发后,让全世界重新认识了马克思主义。马克思主义大众化话语权进一步得到发展与巩固,话语传播生态得到良性持续创新发展,马克思主义大众化话语正在以全新的话语生态持续推进和创新。但是,我们也应该看到,随着新媒体时代的到来,受到网络意识形态的影响,推进马克思主义大众化遇到了前所未有的挑战。因此,研究新媒体生态下马克思主义大众化的话语传播问题,是马克思主义大众化的时代要求。

改革开放40多年来,中国日益走近世界舞台中央。但我们也应该看到,推进马克思主义大众化只有进行时,没有完成时,尤其在新媒体生态下,无论是理论界还是学术界,研究马克思主义大众化永远在路上。因此,深入研究和探讨"新媒体生态下马克思主义大众化的话语传播研究"这一课题,对于我们在新媒体时代抓住机遇,抢占马克思主义在新媒体舆论场的话语主阵地,具有重要的理论和现实意义。从理论层面而言,马克思主义大众化的根本目的在于让这个科学的理论掌握群众,并指导群众的实践活动。撰写本书的理论意义可以反映在三个方面:第一,马克思主义是系统的科学理论,是一个完整的理论体系。因此,本书基于生态学系统整体、多样、和谐共生和动态平衡的生态思想,从教育生态学、传播学、政治学等学科的相关理论,从新媒体的特点和规律出发,探索马克思主义大众化的话语传播。从多学科理论相融合的研究视角,在一定层面上突破了马克思主义大众化的研究瓶颈,形成新的研究视角。第二,从多学科的理论视角研究马克思主义大众化的话语传播,将进一步丰富马克思主义大众化的研究内容。第三,从理论上探讨新媒体生态下马克思主义大众化话语传播问题,特别是基于以多学科交叉融合的视角研究马克思主义大众化话语传播,有利于进一步完善马克思主义理论教育的话语体系建设。从实践层面而言,进入21世纪,我们需要面对一系列的新变化、新问题,特别是事关我们事业全局的社会主要矛盾随着新时代的到来而发生的转化。今天的世界复杂多变,马克思主义大众化要坚持立足于变化的世情、国情和党情。当前,中国正在推进经济社会全面转型发展,全面深化改革进入攻坚期,全面建成小康社会进入决胜阶段,社会各个领域长期积压的矛盾也会在这个时期集中呈现。人民群众在实践中难免遇到各种困难,对一些社会问题难免产生困惑,人民群众迫切需要从理论逻辑和实践逻辑的双重层面去解惑释疑。因此,撰写本书的实践意义体现在两个方面:第一,拓展了马克思主义大众化的传播路径。本书的撰写,重点在于探索分析新媒体生态给马克思主义大众化带来的新机遇和新挑战,如何构建马克思主义大众化的话语传播体系等问题。对这些问题的研究,需要发挥新媒体的话语传播优势,进一步拓展马克思主义大众化的传播路径。第二,增强马克思主义在群众中的认同感。在过去的一定时期内,马克思主义的宣传教育大多数还停留在传统的政治宣传"标语"中,缺乏与新媒体的有效结合。本书的撰写,将探索把群众喜欢的新媒体变成传播马克思主义的有效途径之一,使马克思主义能够时时进入群众的生活视野,融入群众的生活,增强马克思主义在群众中的认同感。

　　本书主要围绕三个方面开展研究。第一,从理论上阐述了在新媒体生态下马克思主义大众化话语传播的相关问题。第二,在实证调查的基础上,分析新媒体生态下马克思主义大众化的现状。第三,围绕应用层面进行研究,如何立足受众层面进行马克思主义大众化话语传播的机制转换;如何在新媒体生态下进行马克思主义大众化话语传播体系建设;如何推动话语传播载体的合力生成和资源整合;如何构建新媒体生态下马克思主义大众化话语传播的体系;如何推动新媒体与传统媒体在马克思主义大众化话语传播中的生态联动;对新媒体生态下马克思主义大众化话语传播的经验进行了归纳分析,提出了推进话语传播的对策等。由于马克思主义大众化问题本身不是一个新问题,本书研究的内容也是在学界前辈和学者们已有的研究体系下运用多学科思想进一步丰富和完善相关问题。因此,本书可能的创新点体现在几个方面:第一,学术思想立足新的视角。本书借助生态学系统、整体、动态平衡思想,结合政治学、传播学的思维来分析马克思主义大众化的话语传播问题,视角比较新。具体表现在两个方面:一是从新媒体生态视角对马克思主义大众化的话语传播体系进行研究,用系统论的观点全方位地分析问题,剖析出根源,在实践活动中指导马克思主义大众化话语传播体系的构建。二是从新角度探讨问题,将推进马克思主义大众化作为"互联网十"的一个系统工程进行探讨。第二,形成一些新的学术观点,如新媒体的出现,马克思主义大众化面临话语权的权威消解与意识形态建构的冲突、去中心化及话语权解构与马克思主义主导性的冲突、传统话语的程式化表达与大众接受心理的冲突等方面的挑战;新媒体是"所有人对所有人的传播",也是一个大众充分享受话语表达权与参与权的自媒体,大众的话语被植入不同的目的、利益和诉求;新媒体生态下建构马克思主义大众化的话语传播体系,需要努力探索新媒体生态下的话语特点和规律,研究不同群体的接受心理,尊重大众的主体意识,消除话语霸权,创新话语传播方式,创建话语传播体系的共享社区等。第三,研究方法有一定新意。本书立足于马克思主义的世界观和方法论,运用辩证的、系统的、理论联系实际的观点分析问题,紧紧围绕马克思主义大众化话语传播问题,在理论与实践、历史与现实、宏观与微观相结合的基础上,把生态学、传播学、政治学的研究方法充分融合,综合运用文献研究法、调查研究法、系统研究法、案例分析法等方法开展研究,既充分参考了学术界学者们的研究成果,又立足于新媒体时代的新问题进行理论分析和实证探索;既在理论上阐述了新媒体生态下马克思主义大众化的话语传播问题,又结合具体的案例进行具体分析;既总结归纳了书中形成的观点,又总结了新媒体生态下马克思主义大众化话语传播的经验和教训。一是运用文献研究法。主要参考了中共中央不同时期的相关文献、马克思主义经典著作、党的领导人文集等,参阅、整理和分析了学术界学者们关于新媒体生态下马克思主义大众化的话语传播问题的相关论著、论文等研究成果,这些文件、领导人的讲话、学术研究成果等为本书撰写提供了重要文献依据,成为完成本书的重要文献资料。二是运用调查研究法。通过调查研究,掌握新媒体生态下马克思主义大众化的话语传播现状,把握新媒体生态下马克思主义大众化进程中遇到的现实问题。在问卷调查方面,主要是通过发放纸质调查问卷的方式,面向社会各层面公众了解公众使用新媒体、对马克思主义理论的认知、认同和信仰等情况;在文献调查方面,主要是通过参阅不同时期学者们对相关问题的研究情况,把当时的情况与当前现实情况进行对比研究,找到问题的发展变化;田野调查方面,主要是通过实地调查,了解各地、各行业推进马克思主义大众化的现状;座谈和访谈主要是针对一些具体问题,在高校、社区等单位通过召开座谈会等形式,了解受众对新媒体的使用,对党的方针政策的理解,对马克思主义理论的认知和理解,对党领导下的中国特色社会主义的制度认同、道路认同与理论认同等。三是运用系统研究法。本书把新媒体生态下马克思主义大众化的话语传播视为一个系统工程,从话语传播的整体上、联系上、结构的动态变化上,考察整体与部分(要素)之间、部分与部分之间、整体与外部环境之间的关系,进而针对具体的问题提出推进马克思主义大众化的话语传播对策。四是运用案例分析法。本书在撰写中采用蚁坊软件舆论报告中的热点舆情作为典型案例,以"学习强国""学习中国""人民网""人民日报""网络干部学院"等媒体平台作为马克思主义话语传播的媒体典型,通过对典型案例和媒体平台的分析,探讨如何对舆论进行管理和引导、如何实现新媒体与传统媒体在马克思主义大众化话语传播中的生态联动等。案例分析的研究方法,能够比较直观地概括和分析新媒体生态下马克思主义大众化话语传播的经验和启示。除了运用以上几种具体研究方法外,本书还综合运用了跨学科研究法、比较研究法、个案研究法等研究方法,形成具体问题具体分析研究的研究方法体系。

本书内容共分为八章。第一章主要讨论人类话语传播进入新媒体时代的相关问题。网络成为传播媒介以后，人类的媒体话语传播进入到了一个新的历史阶段。本章主要对新媒体的内涵、发展历程及趋势、新媒体生态的形成等进行了探讨，分析了新媒体环境下的话语传播变化与挑战，阐述了新媒体生态下的媒体融合与共生等相关问题。第二章主要讨论新媒体生态下的话语与话语权竞争相关问题。在新媒体生态下，要做好话语传播，掌控媒体话语权、引导话语传播走向，迫切需要我们深入研究新媒体生态下的话语传播特征、话语权的掌控等问题。本章主要分析了新媒体生态下的话语特征，围绕全球话语权问题分析了新媒体生态下话语权的基本构成要件、竞争特征等。第三章主要讨论新媒体生态下马克思主义大众化的现状问题。马克思主义大众化话语传播涉及内容、方法、载体、话语方式和传播方式，除此之外，还包括制度体制与机制、环境因素等综合性问题。本章结合新媒体的特征分析了马克思主义大众化的内涵和特征、马克思主义大众化的主要对象等，对新媒体生态下马克思主义大众化话语传播面临的优势与挑战展开了分析，对存在的问题及原因进行了剖析。第四章主要讨论新媒体生态下马克思主义大众化话语传播的生态变革问题。马克思主义中国化已经经历了 100 多年的时间，其话语传播经过了不断的演变，话语范式、话语传播机制都经过了多次的转换和重塑。在欧洲无产阶级运动实践基础上产生的马克思主义，它能够在中国这块具有 5000 多年不间断文明史的土地上落地、生根、发芽，并能够开花结果，成为指导中国革命和建设的理论武器，被人民群众认同和信仰，除了马克思主义本身的科学性以外，也反映了马克思主义在中国化的进程中说服了大众，有着契合于大众认可和接受的话语言说方式。本章着重阐述了新媒体生态下马克思主义大众化话语传播的范式演变，新媒体生态下马克思主义大众化话语传播的机制转换，话语传播媒介多样的态势下如何对马克思主义大众化话语传播进行结构重塑等问题，如何突出中国共产党人对马克思主义大众化话语传播的接续创新等问题。第五章主要讨论新媒体生态下马克思主义大众化话语传播载体的生态合力生成问题。马克思主义大众化话语传播载体经历了从文字到音像、从平面到网络的发展过程。这些载体在马克思主义深入民众，发挥理论掌握群众，推进群众运用理论方面发挥了突出作用，随着新媒体生态的形成，马克思主义大众化话语传播载体发生了巨大变化，载体的形态呈现多样化。本章结合典型案例分析了新媒体生态下马克思主义大众化话语传播载体的运行现状，阐述了新媒体生态下如何进行马克思主义大众化话语传播载体的资源整合，发挥媒介载体的合力作用等问题。第六章主要讨论新媒体生态下马克思主义大众化话语传播的体系构建问题。在新媒体生态下，马克思主义大众化传播主体更多元、差异性更大，传播内容更宽泛，传播手段更多样。同时，新媒体生态也为马克思主义大众化建构有机联动、高效多元的话语传播体系提供了契机。本章探讨了新媒体生态下马克思主义大众化话语传播的路径选择,重点从"互联网＋"的视角研究了新媒体生态下马克思主义大众化话语传播的时空拓展,分析了新媒体生态下马克思主义大众化话语传播的舆论管理对策,探索了新媒体生态下马克思主义大众化话语传播的法律规制等问题。第七章主要讨论新媒体与传统媒体在马克思主义大众化话语传播中的生态联动问题。长期以来,传统媒体在马克思主义大众化话语传播中发挥了重要作用,尽管新媒体凭借其强大的信息技术力和平台优势,在传播时空上不断压缩传统媒体的话语传播空间。但传统媒体仍然具有较强的传播公信力,在大众中仍然有一批忠实的读者。因此,传统媒体与新媒体形成两大既相互联动又相互竞争的传播格局,是 21 世纪话语传播的基本态势。本章分析了新媒体与传统媒体的竞争与合作关系,结合典型案例探讨了新媒体与传统媒体互动融合推进马克思主义大众化话语传播的理论与实践问题。第八章主要讨论新媒体生态下马克思主义大众化话语传播的经验与对策问题。推进马克思主义大众化,首先解决的是如何掌控话语权问题,这也是一直以来,各个国家在推进意识形态教育中的最重要最宝贵的经验。但是,掌控话语权仅是一个基础性的工作,从国际、国内而言,围绕如何获得话语权问题还有不少值得我们去总结和反思的经验和教训。本章在分析总结国外一些国家在媒体话语传播方面的经验与教训的基础上,从中国的实际出发,运用历史的观点和辩证的观点分析了新媒体生态下马克思主义大众化话语传播的经验和启示。提出了新媒体生态下推进马克思主义大众化话语传播的四点对策建议:一是掌握和主导马克思主义意识形态的话语权;二是加强新媒体生态下马克思主义大众化话语传播的亲和力;三是拓展马克思主义大众化话语传播的新媒体阵地;四是探索"接地气"的马克思主义大众化传播话语。

第一章　人类话语传播进入新媒体时代

　　20世纪60年代末期,伴随着世界上第一台互联网主机在美国诞生,承载人类话语传播的媒介随之发生了翻天覆地的变化。回顾人类话语传播的媒介发展,从最初的石器、甲骨、青铜、雕石、竹简、缣帛、纸张等实物媒体到今天的网络媒介,可以说,话语传播媒介的演变史,也是呈现人类文明进步的发展史。从总体上而言,话语传播媒介的发展演变经历着一个漫长的过程,如果要对其发展时代进行划分,可以把非纸张媒介的时代称为前媒体时代,把纸张出现以来的时代称为后媒体时代。在纸张出现后,人类的话语传播媒介发生了巨大变化,可以从总体上再划分为五个时代。第一媒体时代,即主要以报纸杂志等纸质平面媒体为主要的传播介质。纸质传播媒介最早要追溯到我国的唐朝初期出现的《邸报》,据考古界认为,这是世界上最早的报纸;第二媒体时代是广播电台传播,随着无线电台的出现,人类的信息传播从单一的文字图片拓展到了声音传播,推动了人类传播媒体的进步;第三媒体时代是音像传播,随着电视传播媒体的出现,形成了音、视一体化的传播效果,实现了人类话语传播的飞越发展;第四媒体是网络信息化传播,在网络信息技术推动下,话语传播开始从之前的单向信息传播迈入双向互动式信息传播时代;第五媒体时代是移动网络媒体时代,其革命性的变化就是2010年iPad的横空出世,推动了人类移动网络传播媒体的发展。应该说,网络成为传播媒介以后,人类的话语传播进入了一个新的阶段。因此,我们把推动人类话语传播产生根本性变革的第四、五媒体时代称为新媒体时代。

第一节　新媒体的内涵

　　关于什么是新媒体,尽管这个概念已经出现了近半个世纪,但围绕其内涵的定义还是各得其说,每个人的看法并不一致,目前学术界还没有一个比较统一的概念。但也有一些共同的认识,新媒体是伴随着人类话语传媒技术的发展而产生的,它代表着一种新技术。无论是从话语传播方式还是从传播技术而言,新媒体无疑都是人类传播技术的一次巨大飞跃,也可以说是一次革命性的变革。人们获取信息的方式不再受限于时间地点等的限制,而是随时随地地获取自身所需要的信息。今天,新媒体已经伴随着人类成为基本的生活方式。因此,我们在研究新媒体生态下马克思主义大众化话语传播的问题之前,也有必要首先对新媒体的概念、特征及其发展现状作一个梳理和总体上的判断,以利于我们对所研究的问题形成统一的认识。

一、新媒体的定义

新媒体的概念最早是 1967 年由美国 P. 戈尔德马克提出,他在一份关于开发电子录像的商品计划中提出要把电子录像运用到媒介传播中,形成一种传播的新媒体。尽管戈尔德马克没有对新媒体的内涵进行详细的阐述,但他提出了新媒体的概念。新媒体概念的提出,不仅影响美国的媒体界,而且迅速引起了国际社会的关注。之后,新媒体的概念逐步被传播媒界使用。1998 年,联合国新闻委员会提出了一个新旧相比较的概念,即把报刊、广播、电视等媒体称为旧媒体(传统媒体),而与之对应的网络媒体则为新媒体。但关于什么是新媒体,联合国新闻委员会也没有作出具体的界定或说明,而是赋予了新媒体相对于传统媒体总称的模糊概念。

随着以网络信息技术的传播媒介的广泛运用,人们对新媒体的认识逐步趋向统一。目前,学界比较集中地认为,新媒体"是基于数字技术产生的,具有高度互动性、非线性传播特质,能够传输多元复合信息的大众传播介质"。[①] 但这也仅是认识上的趋同,在新媒体概念的文字表述上仍然各有所见。尽管学界对新媒体概念的文字表述有所不同,但关于新媒体的"数字化"和"互动性"特征已经形成了统一认识,这是理解新媒体内涵的关键词语。

如何给新媒体一个确定的概念,还是要从新媒体这个概念的提出说起。1964 年,P. 戈尔德马克提出新媒体的概念时,他的本意是突出强调运用一种不同于报纸、广播等传统传播媒体的新传播技术载体。因此,"新"与"旧"是相对的,即就传播媒体中的新与旧的相对关系而言。因此,新媒体是相对于传统的"旧"媒体而言的。由于"新"与"旧"总是相对而存在的,在一定时期内是新的东西,随着时间的推移,也将进入到旧的行列中。因此,学界普遍认为对新媒体的界定需要从新媒体"数字化"和"互动性"的特征去思考。所谓新媒体,即相对于传统媒体而言,是建立在数字技术基础上,以计算机和便携移动设备(APP)等通

---

① 邵庆海. 新媒体定义剖析[J]. 中国广播,2011(3):63-66.

信载体为终端,通过网络传输技术,为人们提供信息传送服务与信息互动交流服务的一种传播媒体。

二、新媒体的特征

从实践层面而言,在数字化和互动性的基础上,形成了新媒体在信息传送和信息服务方面的特质。这些特质,是报纸、广播等传统媒体无法比拟的。或者可以说,高度数字化和互动性的新媒体传播技术,极大地改变了人类话语传播方式,对人类社会的政治、经济、思想文化等方面都产生着显性或隐性的影响。因此,新媒体从总体上具有显性和隐性两大特征。

(一)新媒体的显性特征

所谓新媒体的显性特征,顾名思义就是被我们所能感知的,具有表象性的特性。这些表象特征让人们能够直接感受到新媒体改变了我们的生活。

1.数字化凸显。媒体从来都是随着科学技术的发展而发展的,人类从最早用石刻壁画、竹简、丝绸等作为传播媒体,发展到用纸张作为传播媒体。这些传播媒体的变化,都是科学技术发展的最直接的见证和体现,并推动着人类生活的变化和发展。如从石刻壁画到数字媒体,直接反映是人类话语传播方式的变化,但这种变化的背后,却是人类科学技术的巨大飞跃。新媒体出现的时间尽管不长,但以数字化为基础的传播技术,却让人类的话语传播方式发生了翻天覆地的变化。数字广播、数字电视、PC平台、APP平台等把人类带入了一个数字化的媒体世界,无论是第四媒体的网站、手机短信,还是第五媒体的微传播平台,数字化成为新媒体话语传播的共同特征和表现。

2.交互功能超强。在传统媒体时代,能够将人们区分为传播者和传播受众两大群体,传播者和传播受众的身份是非常清晰的,他们相互之间的身份互换也较为困难。但在新媒体条件下,两者之间的身份可以随时互换,他们可以随时把自己作为受众获得的信息通过媒体传送给其他信息接受者,使自己转换为信息传播者。在新媒体生态下,想要在一个不短的传播周期内明确区分出谁是传播者,谁是传播受众,已经是一件不容易的事情。因此,伴随着新媒体的快速发展,传播者和传播受众的称呼逐渐被"用户"取代。在新媒体下的"用户",谁都可以是传播者和传播受众,身份不再固定,而是时时转换着,形成了互动关系。另一方面,在传统媒体条件下,由于受到传播技术的限制,传播路径总体上也是单向流动的。传播受众只能被动、单向地接受传播者发布的信息,而不能直接对信息进行反馈互动。即使要反馈信息,也只能是再次进行单向的传送运动。但在新媒体条件下,由于网络信息技术的高度发达,话语传播速度瞬即完成、传播路径多向互通,传播者与传播受众可以随时进行信息交流和讨论,形成较强的信息纵向、横向交叉互动。

3. 信息内容丰富多元。在传统媒体中,由于受到媒介自身条件的限制,传统媒体传播的内容主要是文字、图片,哪怕是更现代化的广播、电视等,也只能是固定的声音和视频等,传播的信息内容比较单一,难以满足受众对信息的诉求。在新媒体条件下,传播的内容除了文字、图片、声音、视频等外,更为关键的是,这些内容,作为任何一个传播者或受众,都可以根据自身的爱好进行修改和调整,使得整个传播内容赋予了更多个性化特征,极大地丰富了传播内容。另一方面,通过传统媒体传播的信息,一般都是经过传播者严格筛选之后才发布的,难以形成信息内容的多元化。但在新媒体条件下,媒体信息不再单一地依赖官方提供信息源,任何一个网民,只有手上有一部手机或相关的媒介,都可采编信息和发布信息。同时,在新媒体平台上,也不仅是单一的原始信息发布和接收,而且有大量的评论伴随着信息传播。因此,新媒体架构了内容丰富多彩、形式多元、多样的信息内容,构成了一个具有多链条的新媒体信息生态链。

4. 移动用户众多。中国互联网络信息中心发布的第 49 次《中国互联网络发展状况统计报告》显示:"截止到 2021 年 12 月,我国的网民人数已达 10.32 亿。其中,城镇网民规模为 7.48 亿,农村网民规模为 2.84 亿。手机网民规模达到 10.29 亿,网民中使用手机上网的比例 99.7%。"[①]统计数据显示,网民除了数量规模增加外,分布范围也越来越广泛,涉及的群体也越来越分散(如图 1-1 所示)。值得一提的是,中老年网民的比例在不断上升,已经改变了网络是年轻人天下的这种传统认识。

网民结构	性别		年龄结构				学历结构			职业结构						月收入结构（单位:千元）				
	男	女	19岁及以下	20~29	30~49	50岁及以上	小学	中等教育	高等教育	学生	党政及事业单位职工	企业单位职工	专业技术人员	个体户	无业及退休人员	农林劳动者	2及以下	2~5	5~8	8以上
比例	51.5	48.5	17.6	17.3	38.3	26.8	19.3	60.9	19.8	21	2.7	21.3	8.2	16.9	9.2	20.7	38.1	32.6	14.5	14.8

图 1-1　表中数据来自《中国互联网络发展状况统计报告》

---

① 中国互联网络信息中心:第 49 次中国互联网络发展状况统计报告[EB/OL]. http://www.cnn-ic.net.cn/hlwfzyj/hlwoxzbg/hlwtjbg/202202/P020220407403488048001.pdf。

统计数据表显示,50 岁及以上的网民比例由 2018 年底的 12.5％提升至 2021 年的 26.8％,比例增加明显;"学历结构中,小学及以下文化占比 19.3％,受中等教育人数占比 60.9％,受高等教育人数占比 19.8％;职业结构中,学生占比达到了 21％,成为网民最多的群体;从收入群体而言,月收入在 2000～8000 元之间的群体比例合计占到 47.1％,占网民的多数。"①据专家预测,随着中国城镇化推进的速度加快、农村基础设施建设的进一步完善,在未来 5 年时间,中国还将迎来一次移动网民用户的大发展,实际用户将超过 11 亿,占世界用户总量的 1/3。

5.微传播成为传播主流。新媒体的微传播打破了过去在话语传播中的长篇大论形式,主要以短小精悍、鲜活快捷为主要形式。比如:微博以 140 字符为限制,字数虽少,但内容精练,直指内容核心,方便网民阅读;微视频只有 3 分钟,微电影最长也不过 30 分钟。这些短视频,去除了传统媒体中那些多余沉赘的内容,做到了内容精练,可观性强。可以说,今天的中国已经进入了一个移动化的微传媒时代。以 2019 年全国"两会"为例,会议期间,新华网、人民网等两大主流媒体充分利用微传媒载体传播会议精神。如:新华网(手机版)通过移动终端开设了以"努力奔跑,同心追梦"为主题的"两会"移动专题平台,除了权威新闻发布外,设置了"两会全媒汇""报告一起读""汇聚好声音""数据看两会""现场零距离""多语种"等"微"专题,全方位、多视角、形式多样地通过移动终端平台向用户推送"两会"信息;人民网开设了"手机人民网"移动平台,设置"共同观注""人民观点""厉害了我的笔记"等"微"栏目,把群众最关心的问题,以短小精悍的小文章、小视频、小评论等"微文"形式向用户推送。新浪网手机网、腾讯手机网等国内几大媒体,也都围绕"两会"设置了相应栏目,以"微文"形式向用户推送两会信息。微传播突出内容短小精练、表达方式活泼、语言简朴易懂,让广大用户喜欢。

人民网舆情监测室发布的《人民日报客户端观察报告》数据表明,移动场中超过一半的突发舆情都是通过移动微媒体首次曝光和发酵。如:2014 年中秋节前后在微媒体出现的《反腐不应该反员工福利》《福利和滥发福利不是一回事》两篇时评,快速成为网上、网下的热门话题,引发全网各类评论跟帖超过 600 万;2016 年"山西教师假日人均 50 元 AA 制聚餐被处分"的信息也是通过微媒体首先向社会发布,并迅速引发全社会的广泛关注,形成了大量的网络跟帖和评论,给当事部门极大的压力,直至这项不恰当的处分被撤销为止,才平息了网络舆论;2018 年"重庆公交车坠江事件"等,无不都是首先通过微媒体发布信息,并迅

① 中国互联网信息中心:第 47 次中国互联网络发展状况统计报告[EB/OL].http://www.cnnic.net.cn/hlwfzyj/hlwoxzbg/hlwtjbg/202102/P020210203334633480104.pdf。

速发展成为的网络舆情事件的。

在当今,微媒体占据着社会信息传播的绝对主流,不仅能够"滋生"话题,而且容易引发草根话语舆情,引起大量用户关注。因此,微传播正以其独特的方式引领社会话语传播。

(二)新媒体的隐性特征

所谓隐性特征,就是指新媒体在传播过程中不直接表现出来,不太容易被用户直接感知的特性。

1.信息传播源的隐蔽性。在新媒体信息传播过程中,大部分信息的传播途径是开放的,特别是一些主流媒体和大部分的交互平台之间的信息传播,都是在一种开放状态下完成的信息传播。但由于用户可以使用匿名或网络代名的身份进行信息交流,即使在要求网络实名制的今天,实名也仅是用于一种注册方式,从网络管理的后台体现出来。真正展示在广大用户面前的身份,绝大部分仍然是使用非真实姓名的网名。因此,用户身份的虚拟性,就决定了用户可以使用"虚拟"的身份编辑信息进行发送。作为普通用户,无法明辨信息源及其传播的真实渠道。

2.信息真伪的不确定性。在新媒体条件下,由于存在信息源的隐蔽性和信息在传播过程的不断交互变化,大量的媒体信息,当最终传送到用户终端的时候,已经无法考究信息的初始来源。另外,一些不法分子利用一些先进的科技设备,冒用合法机构名称向用户发送信息,使得普通用户就更难判断信息的真伪。从一定程度而言,新媒体给广大用户带来丰富、便捷的媒体信息时,也由于其信息真伪的不确定性,增加了社会的运行成本。如:在新媒体时代,通过媒体向广大用户推送社会经济活动、政治活动、文化活动等信息,已经成为一种基本常态。但由于信息真伪的不确定性,不少用户在面对这些媒体信息时,总需要花费一定的时间和精力去考究信息的真伪,以免引起不必要的麻烦。同时,国家相关部门,为了治理网络虚假信息,花费了大量的人力物力、甚至财力,这无疑增加了整个社会的运行成本。

今天的人类,新媒体已经成为人们的基本生活方式,它与人们的基本生活千丝万缕地联系着,从某种层面而言,人们已经无法离开新媒体而更好地生活。同时,新媒体也在改变着人类的基本生存关系,把人类活动中的相互关系从实然存在推向虚然存在,甚至逐步改变着人与人之间的信任关系。

三、新媒体的种类

新媒体的出现,正在彻底地改变着人们对传统媒体的依赖。特别是掌握在人们手中的手机等移动媒体,随着其功能的不断扩展,正在以一种似乎无所不能的态势发展。手机等移动媒体的快速发展,正在把人们日常所需的信息获取、信息交互,甚至日常工作集成于手机终端,形成了一个强大的信息中心,实现了收、发、编的一体化媒体。当然,尽管手机媒体的发展趋势较为猛烈,但目前还不能完全取代其他媒体而独霸天下,新媒体的种类呈现出以手机为主体、其他新媒体并存的种类繁多的态势。从总体上可以把新媒体分为两大类:一类是架构在 PC 终端上,人们习惯称之为网络新媒体;另一类是架构在移动终端上,人们习惯称之为手机新媒体。不管是哪一类新媒体,它们的技术共性是网络信息技术,发展的动力源是数字技术和大数据。从用户使用情况的发展趋势分析,可以清晰地预测到架构在移动终端上的新媒体是发展的主体。

在具体分类上,可以把架构在 PC 固定终端上的新媒体(网络新媒体)分为门户网站、个人社交媒体、网络视听、搜索引擎、社区论坛等;把架构在移动终端上的媒体(手机新媒体)分为手机杂志、手机报、手机短信、手机飞信、手机 QQ、手机 MSN、手机微博、手机微信、手机电视等。当然,随着汽车事业的发展,还出现了专门搭载在汽车上的车载移动媒体等。

（一）网络新媒体

网络新媒体主要以第四媒体为主,突出表现在以网络作为话语传播基本载体,在具体的传播媒介上相对比较固定。因此,这些媒体主要装载在以 PC 平台为主体的比较固定的设备中。其中最为常见的如门户网站、博客等个人社交媒体、BBS 社区论坛等。

1.门户网站。门户网站从其传播的内容而言可以分为综合类和专门类两种。综合类门户网站一般都围绕国际国内问题开设了时政新闻、文化、体育、科技等栏目,反映的内容比较丰富。国内比较突出的综合类门户网站有人民网、新华网、光明网、求是网、各级政府网、新浪、搜狐、腾讯、网易等(如图 1-2 所示)。

专门类的门户网站内容主要是针对某一方面的问题设置,相对于综合类门户网站的内容而言,栏目设置针对性强,主题鲜明。通过从专门类网站获取的信息,一般情况下要比从综合类网站获取的信息更具有针对性。目前的专门类网站主要有各级纪检监察网、中国文明网、中国电信网、中国经济网、中国知网、淘宝网、天猫、京东商城、当当网、优酷、12306 铁路网、旅游网等。

实质上,今天的综合类门户网站与专门类门户网站之间没有严格的界限区分,两者之间在栏目和内容上也有交叉重合。如人民网的中国共产党新闻专题、各地方的政府网站等设置了党风廉政建设专栏,与纪委—监察网站反映的内容基本一致。再如:新浪、搜狐等综合类网站,都设置购物、旅游等栏目,与淘宝网、

图 1-2 中国主要门户网站

京东、旅游等几大购物、旅游等专门网站所反映的内容相似。但专门类门户网站反映的内容更为详细,提供给用户的信息更为全面。而综合类门户网站反映的内容比较简单,一般不作深入剖析,提供给用户大部分是基本信息。这两类门户网站,满足了不同用户的需求,实现了各取所需的信息需要。

2.博客/个人空间。博客,最初的名称是 Weblog,即网络日记(博文)。实质上就是个人把在传统媒体时代书写在日记本上的内容,用网络新媒体进行替代,书写在网络等媒介之中。书写在传统纸质日记本的日记,由于受到传播技术和条件的限制,读者有限,难以做到大量传播。但书写在网络终端的博文,只要作者愿意,可以公之于众,有了更广泛的读者。除此之外,博客还可以进行交流互动,读者在阅读了作者的博文之后,可与作者进行双向交流。当前,博客主要以文字、图片为主要话语传播形式,也开始有人在探索书写声音和视频的博文。从相关部门发布的信息显示,截至 2019 年上半年,博客/个人空间应用用户规模达到 1.81 亿人,使用率为 53.8%。实质上,从 2015 年以后,博客的用户虽然在增加,但相对使用率却在逐年下降。主要是随着微传播技术的发展,博客运用逐步倾向一些专业人士,而一般网络用户开始趋向使用微博。

3.微博。即微型博文。微博可以搭建在 PC 等媒介平台中,也可以搭建在 APP 移动平台上。微博与博客相比,突出强调微化特征,在文字篇幅上限制了 140 字符以内的数量要求。微博的传播渠道更为畅通,草根性更为突出,不需要长篇阐述,能够做到言简意赅地记录和表达自己的所思所想。因此,得到了更多网民的青睐。在我国,微博的发展时间并不长,最早推出微博服务的是 2009 年 8 月新浪推出的"新浪微博",继新浪之后,腾讯、网易、搜狐等也相继推出了微博。此后,以人民网为主体的一些主流网站,也推出了微博服务,特别是人民网推出的人民微博,获得了极高的关注度。经过 10 余年的发展,微博已经形成了一个由主流媒体和综合类网站共同组建的微博群,获得了庞大的关注群众。

截至 2019 年 12 月,微博注册用户规模达到了 3.5 亿,使用率达到 42.3%。这一数据相比 2017 年有所上升,也是微信朋友圈、QQ 三大交互平台中唯一提升的一个交流平台(如图 1-3 所示)。微博的话语交互功能推动了中国社会从熟人交往型社会向陌生人交往型社会的转型。中国是一个典型的熟人社会,"不要与陌生人搭话",这是我们最熟悉不过的一句忠告,人与人之间的交往更多的局限在熟人之间。随着微博交流平台的出现,打破了不与陌生人交流的局限,陌生人之间通过微博等社交平台的交往已经超越了熟人之间交往的频度。

典型社交应用使用率

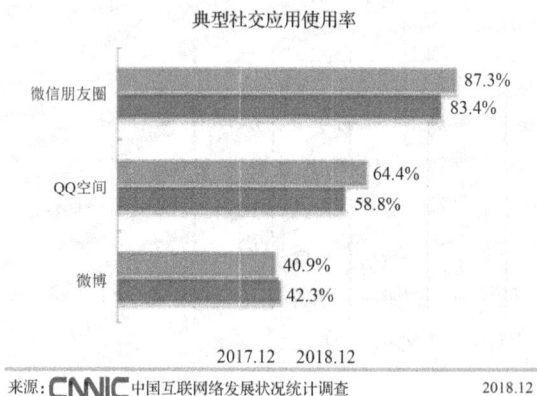

图 1-3   主要社交平台使用率

微博在话语传播方面突出表现出几大优势:一是内容精练,能够集文字、图片、声音、视频为一体,图文并茂,可读性强,能够满足不同层次的话语受众需求。二是交互性较强,博主与读者之间能够就双方感兴趣的话语进行交流互动,打破了传统媒体时代我说你听的单向话语传播方式,形成了平等对话的话语传播格局。三是传播路径多向互通,微博主要搭载在 PC、APP 等平台上,而且这些平台之间都是相互贯通。博主发出的博文可以在短时间内呈放射线传播,传播速度和频次呈几何级数增加,这是传统媒体根本无法比拟的。因此,博文有可能在短时间内获得极高的关注度,增强博主的"成就感"。

4.网络电视。网络电视又称为 IPTV,是以网络技术为基础的视频信息传播,网络电视颠覆了传统的数字电视的单向传播方式,观众可以根据个体需求进行选择性的观看。这一点,在传统的数字电视时代是不可能做到的。在传统的数字电视时代,电视台掌握着播放内容、播放时间的绝对权力,观众只能被动地接受,缺乏自主选择权。而网络电视的出现,从根本上打破了固定传播方式,无论是从内容上、时间上观众都有了自己的选择权。目前在我国具有影响力的网络电视主要有两类:一类是设置了时政新闻、经济、政治、文化等综合性栏目的网络电视,如:CCTV 央视网、中国网络电视台、流媒体网、风云网络电视等;另一类的网络电视栏目相对比较单一,基本是围绕某一方面内容设置栏目,尤其是影音方面的电视节目比较多,如:央视影音、百度影音、风行视频、优酷等。

在这些众多的网络电视中,影响力较大的是中国网络电视台和 IPTV 流媒体网,特别是中国网络电视台,它整合了国内多家电视媒体,构建了一个综合性大型网络电视平台系统。网络电视的出现,带来的不仅是话语传播方式的变革,对推动经济社会的发展也发挥了突出作用。比如,网络电视出现后,广告形态发生了巨大改变,为企业发展带来了新的增长点。另外,随着网络电视业的快速发展,老百姓在娱乐方式的选择上有了更多个性化的自主选择,过去全家人围坐在一起看电视的画面已经渐渐远去。与数字电视相比,网络电视具有更大的优势,它让人们可以有更多的个性化选择来获取自己想看的内容。《2018 年第四季度中国有线电视行业发展公报》数据显示,截至 2019 年第三季度,"我国有线缴费用户减少至 2.12 亿户,比 2018 年净减 664.4 万户"[①]。实际上,从 2015 年以来,有线电视用户的负增长就已经开始加速。

(二)手机新媒体

手机不仅是人们的基本通信工具,而且融入了人们的基本生活,成为生活中不可或缺的重要组成部分。围绕着手机形成的话语传播形态也呈现出种类繁多的态势。如常见的手机短信、手机微博、手机微信、手机视频等。

1. 手机短信。所谓短信,即短稍息服务的一种简称,是手机媒体在话语传播中最早使用,也是最为普遍使用的传播形态。1982 年,自从世界上第一条手机短信从英国的 GSM 网络发送成功,手机短信拉开了移动媒介话语传播的开端。但由于当时的网络通信技术和手机的使用范围有限,特别是手机在许多国家都还属于奢侈品,短信的出现并没有引起轰动效应。直到进入 21 世纪以后,随着手机网络技术和手机使用面的扩大,短信开始迅速蔓延到世界各国,并成为移动终端重要的信息传播方式,各国架构了一个信息接收、发送的信息传输系统。据市场调研机构 Informa Telecoms & Media 研究公司数据统计,仅 2015 年全球每天短消息的发送量就达到 8.7 万亿条。

短信在中国的出现时间最早可以追溯到 1998 年,但由于当时的手机属于高端奢侈品,能够使用手机的用户极少。短信尽管出现,也仅限于极小的范围。作

---

① 中国广播电视网络有限公司.2019 年第三季度中国有线电视行业季度发展报告(第 18 期)[EB/OL]. https://news. znds. com/article/41898. html.

为承载手机短信的手机,进入 21 世纪,随着中国经济社会的高速发展,人民群众的生活水平总体上达到了小康,手机不再成为高端奢侈品,已经开始作为一种大众化的产品进入千家万户。中国移动通信公司于 2000 年 5 月 17 日开通了手机短信服务,并于当天通过 SMS 服务系统发出了中国第一条真正意义上的短信。随后,作为中国三大电信运营商的联通、电信等相继跟进,在当年基本是按月 4000 万条的速度增加。可以说,手机短信业务在中国迅速发展。今天,手机网民已突破 10 亿。庞大的手机用户群体和电信业务的快速发展,手机短信成为新媒体时代重要的话语传播方式。

2. 手机微博。手机微博与 PC 平台的网络微博是同一概念,唯一的区别是手机微博搭载在手机终端,使用更为便利。实质上,微博自其诞生就与手机密不可分。在手机微博形成之前,网络上的时时交流形式主要通过 BBS 等电子公告板开展,但 BBS 是架构在 PC 平台上,使用者受到时间、地点的限制。为了方便用户的时时交流,一种新的交流媒体应运而生。由此可见,手机微博的出现,推动了微博的大众化和草根性。更为重要的是,手机微博把 PC 媒体终端与移动媒体终端有机联系起来。

手机微博主要通过三种方式进行架构:一是架构在 WEP 微博网站上。这种方式的手机微博需要首先登录 WEP 网站后,用户才能更新和浏览微博信息。这种架构由于所需流量较高、网速相对较慢,若要上传大图片,速度非常慢,许多手机也会出现死机或者直接黑屏的问题。这种形式的手机微博,在实际使用中,登录十分繁琐,无法浏览微博中分享的其他链接。因此,使用范围越来越小。二是手机客户端,手机用户直接下载微博工具软件,用户通过此软件直接与 WEP 微博网站相连通。此种手机微博登录简单,所需流量较少,深受用户喜欢。三是直接使用微博网站提供的第三方客户端,其优点就是设计界面比较符合人体学特性,用户体验也比较好。这种形式的手机微博在国外比较通用,如知名的 twitter 客户端,但国内使用较少。

目前,国内也在围绕第三方客户端开发手机微博,其中和信(Hesine)推出的微博客户端取得了较好的兼容性,它不但支持国际知名的 twitter,还同时支持国内各大主流微博。和信刚推出之时,由于智能手机发展和使用还不够普及,在非智能手机媒体上使用不太方便,有许多功能发挥不出来。因此,用户体验不是很好。但随着智能手机技术的快速发展,手机智能化程度越来越高,和信功能被充分发挥出来,用户体验越来越好。目前活跃在媒体上的国内几大微博中,通过手机登录微博的数量超过了 PC 网络微博数量。中国情报网统计数据显示,截至 2019 年 8 月,在 3.5 亿的微博用户中,手机微博用户达到了 3.16 亿,占比达到了 93.5%。随着手机制造技术的飞速发展,手机的集成功能越来越强大,手机成为网民的主要上网终端将越来越突显。手机微博的广泛使用,不仅在话语传播方面保持重要的影响力,其影响力还将进一步延伸到经济社会发展的各个领域。

3. 手机微信。设计开发微信的初衷是为移动用户提供一款信息交流的微型工具,主要是架构在手机等移动终端上。因此,人们习惯称微信为手机微信。随着微信使用范围越来越广泛,需要把手机微信与 PC 终端连通。腾讯公司随即也开发了 PC 版的微信软件,这样,微信就形成了手机版和 PC 版的两款应用软件。这两款应用软件具有相同的功能,而且在登录方式上实现了互通。

手机微信是目前移动终端上继 QQ 之后极为活跃的话语交流平台,微信提供了强大的朋友圈交流方式,由于其具有强大的草根性,目前已成为中国网民首选的网络交流平台。相对于手机短信而言,微信消耗流量更少,用户体验更为快捷方便。手机微信不仅改变了人们的话语传播方式,而且极大地改变了人们的生活方式。在中国,一部手机走天下,微信在其中发挥了重要角色。截至 2019年 12 月,微信仍然占据着三大社交媒体的首位。微信用户使用率达到 83.4%,也是所有注册的社交媒体使用率最高的。截至 2019 年 12 月,微信活跃用户数量超过了 10 亿,成为全球第三大交流平台。

微信开始主要是"民间"网民的交流平台,并没有引起官媒的重视。但随着微信在话语传播中的便捷性优势逐步突显出来,官媒也开始重视利用微信功能开展话语传播。新华网、人民网、新华之声都相继开通了微信公众号,不少地方的官方门户网站也都配套地开通了微信公众号。微信话语传播的便捷功能赢得了网民的普遍认可,网民数量急剧增加。如由新华网开办的"共产党员"微信公众号,仅手机党校一个栏目,关注量就达到 286.4 万。有时一篇文章的阅读量就超过 8 万人次。一些地方官方微信公众号,也维持着较大的关注量,如"浙江共产党员""当代广西"等,都有比较多的关注量。特别是一些带有浓厚地方民族文化特色的微信公众号,更是深受当地网民喜爱。如:广西的"柳州播报""宜州微远"等,把极具地方文化特色的山歌文化通过微信进行推送,引来网民的大量关注。手机微信在新媒体话语传播中大有后来居上之势,与手机微博共同架起了新媒体话语传播体系中的两架马车。

4. 手机视频。手机视频的出现,是视频播放形式的巨大创新。手机视频是将各种视频资源经过压缩软件处理后,形成可以在手机上播放的视频格式文件。当前,通过手机播放的视频,主要有两种形式:一是经过压缩软件处理后的各种视频资源;二是直接通过手机录制功能录制的微视频。手机视频实现了不受时间、地点和播放条件的限制,真正做到了时时播放。手机视频成为大多数网民用户消磨闲暇时间的首选。尤其是手机视频中的电视剧、电影、娱乐节日等,有着大量的用户。《2019 中国网络视听发展研究报告》显示:在中国超过 13 亿的手机用户中,活跃在 80s 电影网、A67 手机电影、7060 手机电影等众多手机视频网站的用户规模达到 7.25 亿,与 2018 年同期相比,网络视频用户增加量接近1.16 亿。其中手机视频用户 5.78 亿,占到手机网民的 73.4%。特别是手机短视频的发展,赢得了大量手机用户的亲睐。

手机新媒体除了以上提到的几种外,还包括手机报、手机音频广播等。手机报、手机音频广播等信息传播量与手机短信、手机微博、手机微信、手机视频等的信息传播量相比,要少得多,在此就不再赘述。

第二节 新媒体的发展历程及趋势

本书前面讨论新媒体含义时就提出,新媒体含义的形成是一个动态变化的过程,在媒体传播的不同时期,新媒体所指对象是有所不同的。因此,人们理解的新媒体是随着经济社会发展而动态变化着的。比如相对于用口语传播时代,用烟火传播信息,就是新的传播方式;同样,相对于用烟火传播,用飞鸽传送信息,也是一种新的信息传播方式,飞鸽也可以称之为新媒体。因此,如果按传播介质划分,可以把人类信息传播媒介发展历史分为"人""物""书写介质""印刷介质""有线广播""电子介质""网络介质"等传播媒介。当前,人类已经进入网络传播时代。因此,本书重点讨论与互联网网络传播有关的新媒体。

一、新媒体的发展历程

1946 年,人类历史上第一台计算机主机"埃尼阿克"诞生,为网络媒体的产生奠定了坚实的技术媒介基础,推动了话语传播媒体的再一次革命。在此之后,人类围绕计算机开展新技术革命,并使用计算机完成了许多人类大脑无法完成的工作。因此,计算机也被人们称为"电脑"。1969 年,美国率先实现了多台电脑相互对接;1980 年,美国又实现了电脑联网,正式开启了互联网时代,即第四媒体时代。进入 21 世纪后,以手机为代表的移动媒体在许多领域已经全面超越并取代第四媒体。因此,以手机媒体为主体的第五媒体应运而生。

(一)第四媒体——互联网的发展

自 1946 年世界上第一台主机电脑的现世,人类互联网时代的大门就打开了。到 20 世纪末,世界上除少数几个国家外,绝大部分国家和地区都已经接入了互联网。据 IDC(互联网数据中心)相关数据显示,2001 年,世界上互联网使用人口约4亿,到2008年,迅速增加到10亿之众。在互联网商业化后的10年左右时间里,它与报刊、广播、电视等传媒一样,成为全社会重要的话语传播媒介,而且其影响力正迅速超越之前三大媒体,成为人们生活中不可或缺的重要组成部分。互联网在中国产生至今,从其传播功能和影响力而言,大致可归纳为三个阶段。

第一,Web1.0静态门户网站阶段。这个阶段主是从20世纪90年中期至21世纪初的前两年,即1990—2002年。这个阶段的互联网主要是以建立门户网站为主,而且大部分的门户网站都是由静态页面构成,各网站信息的传播基本上是单向传播,即由门户网站的管理方发布信息到网站供网民浏览。网民对网站发布的信息只能是浏览阅读,不能在相同的平台上对信息进行评价,更不能加工转发。尽管这种静态的网站信息缺乏互动功能,但其信息传播的速度和便捷性还是要优于报纸等平面媒体。因此,门户网站获得了广大网民的认可。在这个阶段内,以搜狐、网易、新浪为主体的门户网站,如雨后春笋般迅速发展起来。网民通过浏览门户网站获取信息的数量迅速超过了报纸等平面媒体,民众对报刊纸杂志的订阅量迅速下降。

第二,Web2.0网络社交阶段。这个阶段主要是从21世纪初的2003—2010年,是网络信息从静态向动态变化发展的阶段。Web2.0与Web1.0相比,最大的区别在于网民从被动的浏览、接受信息向"制造"信息转变。这个阶段的网民不再是单一的网络信息阅读者,而是可以参与网络信息的"制造"。Web2.0阶段实现了信息互动,诸如电子留言板、BBS电子白板、黄页、博客、搜索引擎等具有交流互动功能的技术被广泛运用到网络中。广大网民既可以浏览信息,也可以针对信息发表留言,甚至还可以直接通过博客制造信息,把自己获取的信息,根据自身的喜好加工处理后传播出去。在Web2.0阶段,由于网络用户可以制造网络信息,使得整个媒体话语传播变得丰富起来,形成了巨大的网络信息资源库。同时,在Web2.0阶段,由于网民之间可以相互进行交流互动,整个互联网也变得活跃起来。

第三,Web3.0网络商业化阶段。这个阶段主要是从2011年开始,是对Web2.0网络功能的全面应用升级阶段。如果说Web2.0阶段开启了网络的社交时代,网民在网上不仅是新闻的阅读者,还成为了新闻的制造者的话,那么,Web3.0阶段就是对网络的全面升级运用。在这个阶段,宽带、无线通信技术快速发展,为互联网的商业化全面发展提供了条件,互联网向更深层次、更宽领域发展,电子商务、远程教育等应运而生。各种商业力量、社会机构都开始认识到网络领域的巨能量,通过各种手段抢占网络阵地,在网络商业化推动网络银行、在线交易、网络广告、网络游戏等进入人们生活的同时,思想文化等上层建筑也成为各种力量争夺的主战场。

在网络商业化带给人们生活极大便利的同时,网络中各种潜在的问题开始从隐性走向显性。除了从商业层面讨论的网络安全、网络诚信、网络监管等问题外,更重要的社会问题也在这个阶段集中涌现出来。网络商业化不仅带来的是商业领域的安全、诚信、监管等问题,还涉及了国家安全、社会稳定等一系列问题。商业利益集团在利用网络争夺商机,各种政治集团也在利用网络争夺话语权。甚至一些敌对势力的敌对破坏活动也在不断地充分利用网络进行转型升级。如以美国为首的一些西方国家,为了从意识形态上达到控制中国的目的,从20世纪50年代开始,持续开播美国之音对华进行广播。进入21世纪之后,美国之音伴随着网络商业化的脚步迅速转型,当我们还沉浸在网络商业化的喜乐中时,美国已经开始全面掌控了网络话语权,从政治、经济、文化、社会发展等各个层面对我们制造负面话语,干扰中国的经济社会发展。因此,伴随着网络商业化的同时,网络话语传播成为这个时代最受关注的话题,围绕网络话语权的争夺也成为这个阶段的重要特征。

(二)第五媒体——APP(移动终端)的发展

第五媒体主要是以移动媒介终端为主体,包括手机、平板电脑等移动媒介,通常情况下,也被人们称为APP终端。由于第五媒体主要以手机为主,因此,人们也习惯用手机替代第五媒体。第五媒体作为新媒体的重要新生成员,同其他媒体相比,普及速度更快,它比之前第一到四媒体中的任何一种媒体都更体现互动、更加便于携带。"手机逐渐被赋予游戏、上网、收发邮件、阅读新闻、看电子报刊、看电视电影、听广播等更多满足信息传播需要的功能。"[①]随着信息技术和通信技术的飞速发展,手机的功能进一步扩大,手机微薄、手机微信等极具现代媒体的交流软件被搭载到手机之中。可以说,当互联网进入到便携式的移动终端之后,人们的生活已经很难与互联网分开。今天,我们不得不承认,绝大部分的人都患上了手机依赖症。我们暂且不去讨论这是不是人类的一种"病变"。仅从话语传播媒体层面而言,手机彻底改变了人类话语传播方式,它让世界的空间变得越来越"小",时间变得越来越"短"。第五媒体在中国的更新换代发展非常迅速,从1987年1G的大哥大,到2016年正式吹响进军5G的号角,中国仅用了不到30年的时间,这个周期要远远低于国际上其他国家。并且在5G的智能手机技术研发方面,中国逐渐掌控了国际通信技术话语权。在全球5G国际标准形成过程中,中国提交了超过32%的文稿,为制定5G国际标准赢得了话语权。为

---

① 黄健.新媒体浪潮[M].南宁:广西教育出版社,2011:154.

了走在全球 5G 时代的前列,中国已经率先在全国布网,自主研发的 5G 芯片技术全面启动。伴随着 5G 技术的发展,5G 手机也随之而生。如果说,4G 手机仅是成为人们生活中基本组成部分,那么 5G 手机几乎"0"延时的传输速度,将彻底改变人们的生活方式,开启人类生活的新纪元。

二、新媒体的发展趋势——VR 媒体时代

随着电子信息技术的飞速发展,人类话语传播媒介也在不断加速更新换代。在第五媒体时代,手机在带给人们生活中无限便利的同时,也产生了人对手机无限依赖的问题。如何解决这些问题,人类科学家正在进行研究,试图改变人类获取信息的方式。VR(虚拟现实)技术作为一种全新的信息传播技术开始进入人们的视野,VR 传播技术将使人机交互能够以一种更自然、更具形象化的形态出现,而这种可以让人与机器完全融为一体的方式在不远的将来将会彻底改变人类获取信息的方式。

2016 年 10 月 19 日,蚁视科技 CEO 创始人覃政提出建立大生态圈布局第六媒体,并立即得到联创互联等国内多家媒体的响应,A 股上市公司联创互联还表示要注资 3000 万元入股蚁视。VR 技术能够创造一个"虚拟空间",未来人们的生活、工作方式也将从二维转变为多维,创造一个新的空间,来满足现实的局限。人类将会从单线程、二维操作升级到多线程和多维操作,无论是从效率还是感官角度,都会提升数个量级,这些都是以往任何媒体无法比拟的。可以预计,VR 传媒技术将成为第六媒体时代的奠基。

我们有理由相信,新媒体传播在经历了第五时代的"无序和复杂"后,在 VR 媒体时代,将进入到有序媒体时代。我们或者把 VR 媒体时代,称为第六媒体时代。为了抢占第六媒体时代的话语传播先机,人民网、新华网、光明网等主流媒体都已经行动起来,抢占未来话语传播阵地。如新华网开设了"VR/AR 频道",开始全面探索 VR 话语传播技术。可以预见,在第六媒体时代,我国的主流媒体将强势崛起并占领话语传播主阵地,成为引领新媒体舆论场的话语主流。

第三节　新媒体环境下的话语传播变化与挑战

新媒体时代的到来,推动着人类社会全方位的变革,"传播方式的改变将会给整个传播活动带来巨大的变化,也将会深刻地改变社会的结构。新媒体'新'

的传播功能带来了传播的‘新变化’”①。这种变化甚至包括人自身的特征也因网络时代的到来而不断变化着。特别是人类的话语传播不可阻挡地因新媒体时代的到来而发生着颠覆性的变革,学界、理论界、技术界也更多地走出传统媒体主导下的传播范式,转而关注新媒体传播所带来的系列新变化。从新媒体传播的特征而言,它所带来的是一种超强的交互式传播,这种超强交互性表现在信息的发布与接收无论是从时间还是空间而言,都处在一个完全开放的平等状态下完成,信息发布者与信息接收者之间的角色可能会瞬间发生转变。因此,在新媒体条件下,对话语传播的控制已经变得极其艰难。也正因如此,从社会管理而言,因传播的相对不可控,社会管理成本急剧增加,对社会治理的挑战也会越来越大。但同时,这种新的传播方式,也给社会发展带来了一系列新的机遇。

一、新媒体带来话语传播的新变化

前文讨论了新媒体的显性特征和隐性特征,那里主要是从传播媒介的层面进行讨论,当然,那些特征也是与传播内容相联系而体现出来的。正是传播媒介和传播内容的“新”,共同构成了新媒体的特征所在。这里主要从传播学的视角,讨论新媒体带来话语传播的新变化。

(一)跨越时空的交互性

无论是第四媒体还是第五媒体,它们的共同特征是相比于传统媒体而言具有较强的信息交互功能,新媒体的信息交互功能是传统媒体无法比拟的。在传统媒体条件下,信息发布者与信息接收者的身份是非常明确的,双方的身份也不可能随意发生变化和转换。信息传播渠道也是被信息发布者掌控着。作为信息接收者而言,对信息的接收只能处于被动状态,同时,由于不掌控信息的传播渠道,信息传播与信息接收之间很难达成信息的交流与互动。在一些特定条件下,当某些信息确实需要进行交流互动时,成本也是极其高昂的。因此,不管是理论界、学界,还是社会生活实践中,人们都认可传统媒体条件下的信息传播是单向传播的基本观点。新媒体时代的到来,打破了信息传播主体对传播内容、传播渠道的垄断,信息传播者与受众之间的身份角色可能随时发生转换。当传播者把一条信息发出后,作为信息的受众,可能会在第一时间向传播者发出回应信息,信息受众的身份瞬间就变成了传播者的身份。这种身份的转换不受时间和空间的限制,信息交流的成本也相对较低,只要是处在新媒体媒介平台上的群体都可以达到这种身份的转换。新媒体跨越时空的交互性特征,打破了信息传播者高

---

① 谢新洲.互联网等新媒体对社会舆论影响与利用研究[M].北京:经济科学出版社,2013:56.

高在上的信息垄断优势,提高了信息受众的地位,使信息传播的话语权在传播者与受众之间达到一个相对的平衡。新媒体为社会公众搭建了信息交流互动的平台,推动人类社会的信息传播从单向走向双向或多项传播时代,充分调动了社会成员参与信息传播的积极性和主动性,舆论场也就是在这种超强的信息交互中逐渐形成起来。有了信息交流的舆论场,社会大众也就有了话语权,时时表达自己的意愿从愿景变成现实。在信息交流的舆论场中,社会中不同阶层群体的个体都可以通过新媒体发出自己的话语,不同诉求的话语交织在一起,形成了极其复杂的网络舆情。面对新媒体跨越时空的交互性,尽管降低了人们信息交流的成本,但是,在这纷繁复杂的舆论场中,各种真假信息混杂,人们越来越难以辨认和去伪,"信息误导""信息误判"的事情时有发生,增加了社会治理的成本。

(二)传播主体的匿名性

由于新媒体推动了信息交流的多维互动,传统媒体中常说的传播主体与传播客体被打破,主体与客体完全成了一个相对概念,主体与客体的身份可以瞬间发生转换。因此,在新媒体条件下,讨论传播主体与客体时,不再针对传播者讨论主体与客体问题,通常都把信息传播者与受众都称为传播主体,而传播客体更多的是指传播内容等传播对象。匿名性是新媒体传播的重要特征,传播主体中传播者和受众都可以通过新媒体进行匿名传播。由于在新媒体中进行信息传播不需要把真实身份展示给受众,传播者就能够以一种更本真的态度表达自己的意愿。特别在中国,5000多年文化传承,形成了一种特殊的人情社会,直言不讳是中国人际交往中的话语忌讳,祸从口出长期根植在中国传统文化和社会实践中。只要还有回旋的余地,人们一般不会当面直言表达不同意见。因此,对于特别注重害怕话语犯忌的中国社会而言,匿名仿佛给网民穿上了一件隐形外衣,给话语犯忌罩上了一层保护网。在匿名的保护网下,人们可以不用戴着面具说话,可以尽情地表达自己的意愿,各种论坛、微媒体平台等舆论载体成为人们表达意愿的重要场所。正是不需要展示自己的真实身份,人们可以畅所欲言。甚至一些在现实生活中难以获取的信息,也能够通过新媒体公之于众。在新媒体条件下,传播主体的匿名性带给了整个世界别样的精彩,推动社会信息公开化,成为维护社会公平正义的社会公器。但同时,我们也更应该客观地认识新媒体的匿名性所带来的一系列社会问题。尽管说一定意义上匿名推动了社会公平正义的发展,但同时匿名也滋生了网上一系列不良行为和违法犯罪活动,如造谣诽谤、发布虚假信息、电信诈骗等等,这无疑增加了社会治理成本。

(三)身份在场的虚拟性

身份在场的概念来源于约翰·肖特提出的社会在场概念。网络广泛运用于社会生活中后,约翰·肖特在研究如何应用网络功能构建远程会议系统时提出了"社会在场"的概念。他认为在架构远程网络会议系统时,要充分考虑人的社会在场问题,要根据社会在场性评价远程会议系统效能。随着新媒体的发展,不少学者围绕网络中人的在场性问题展开研究,并结合约翰·肖特提出的社会在场概念,提出了传播领域中在场性问题。从媒体传播学而言,身份在场就是指在传播领域中的存在感。由于网络传播主体的匿名性特征,使得网络传播中的身份在场呈现出虚拟与现实同在的现象。不管是传播者还是受众,他存在于传播系统中是实然地存在着,或者说,任何传播主体都是实然的存在个体,不存在虚拟的传播主体。但由于存在真实身份的匿名性,人们又不知道传播主体的真实身份。因此,大多数的传播主体又是以一种虚拟的身份出现在新媒体传播活动中,即身份在场的虚拟性。"这种虚拟的'真实感'是新媒体带给我们的新的生存特征,它既是虚拟的,又是真实存在的,因而它是虚拟现实。"[①]正是身份在场的虚拟性,营造了新媒体中的虚拟世界,这个虚拟世界其实是由我们一个个实然存在的传播主体和传播客体所构成。

(四)传播内容的多元性

新媒体话语传播内容的多元性是由庞大的受众群体所决定的。进入 21 世纪以来,随着手机等便捷式移动媒体的快速发展,手机逐步成为人们生活中不可或缺的基本生活工具,人手一部手机即将成为现实。这些手机使用者,都将成为新媒体的传播受众,这是不争的事实。这样一个庞大的受众群体是传统媒体时代不可比拟的。在新媒体时代,庞大的受众群体对信息的需求呈现多元化趋势。受众接收信息不再被动地受制于传播者,他们在信息接收上有完全的自主权和选择权,他们会根据自身的喜好和需求,选择性地接收他们认为有价值的信息,这就要求新媒体的传播内容必须多样化。在传统媒体中,传播内容往往都是由专业的采编队伍完成,记者负责传播内容的采辑,编辑对传播内容进行修改与完善,媒介对传播内容进行发布,这一传播流程各司其责,当传播内容呈现在受众面前时,基本上是经过高度精心编辑的内容,受众只能无条件地接受。从受众层面而言,这样的传播内容是单一的。同时,由于受到技术条件的限制,传播内容中的文字、图片、声音、图像等内容还不能高度融合和交替呈现,受众得到的内容也是相对单一的文本。一方面,在新媒体条件下,由于传播技术的迅猛发展,使得传播内容具备了丰富多彩的呈现方式,改变了传统媒体中传播内容的一元性特征,文字、图片、声音、影像等内容可以同时或交替呈现给受众。即使是同一信

---

① 谢新洲.互联网等新媒体对社会舆论影响与利用研究[M].北京:经济科学出版社,2013:55.

息,受众完全可以根据自身的喜好选择呈现方式。另一方面,由于传播者与受众之间的身份可以随时发生转换,再加上信息处理技术的简单大众化,受众可以对信息进行个性化处理,他可以根据自己的喜好对接收的信息进行二次加工处理后再发布,使得传播内容进一步延伸和个性化,从而使传播内容从单一性向多元性转化。

(五)传播方式的连续性

在传统媒体中,话语传播内容从采集、编辑到呈现给受众,基本完成了一个传播流程。如果要实现传播内容的延续,就需要重新启动传播流程。新媒体的话语传播方式与传统媒体相比,有了巨大的变化,由于话语传播中存在超强的交互性,因此,我们认为新媒体是"所有人对所有人的传播"。正是这种"人人传播"关系的存在,使得连续传播方式具备了时间和空间上的条件。以微信传播媒介为例,信息传播者在微信朋友圈中发布一条信息,朋友圈中的所有个体都将成为信息受众。由于朋友圈中的个体可能同时加入多个微信朋友圈,当他把这条信息再次转发另一朋友圈时,这条信息将被连续地传播。如 2015 年 8 月 12 日晚,天津港瑞海物流公司危化品仓库发生爆炸,新浪微博于当晚发出第一条信息,之后,人民日报、头条新闻等新媒体不断转发,形成了无数条信息传播链,至 2015 年 8 月 23 日止,围绕这个信息,连续传播了 796000 篇(次)。对新媒体信息传播的连续性,我们既要看到它有利于更多公众了解信息、推动社会治理透明化发展的一面,同时又要充分认识到对社会治理的消极影响一面,特别是一些影响社会稳定的信息出现在新媒体时,由于信息传播的连续性,非常不利于对信息的有效控制,容易导致负面影响持续扩大,增加社会治理成本。

(六)传播受众的广泛性

在传统媒体条件下,由于受到传播途径、群众的生活水平、文化水平等综合影响因素的限制,传播受众面相对而言比较狭窄。比如说,报纸杂志传播的信息既要有特殊的传播途径,又要求受众具备一定的文化水平才能接受;广播电视传播的信息条件要求就更高,接收成本更大,但受众面同样有限。在新媒体条件下,由于新媒体技术的发展和传播媒介的大众化趋势,信息传播受众面越来越广泛。特别是手机等移动媒体的广泛使用,极大地拓展了信息传播的受众面。也就是说,全国有 15 亿多部手机参与接收或发布信息。在 2012 年之前,人们还可以说手机等新媒体是青年群众最爱的媒介平台,到了今天,我们不得不承认,手机不再是青年群体的最爱,而是已经成为绝大部分受众群体生活中的基本生活工具。除了手机网民以外,还有大量通过 PC 端搭建的话语交流平台,这些平台和用户共同构成了一个庞大广泛的传播受众群体。

二、新媒体话语传播面临的挑战和发展机遇

社会对新生事物的管理总是需要有一个过程,这个过程的长短取绝于人们对新生事物的了解和掌控能力。新媒体相对于传统媒体而言是新生事物,新媒体的出现,相对于传统媒体而言,不仅是话语传播方式的变化,也是一场话语传播领域的技术革新,把人类的话语传播方式从现实在场的传播引领到了虚拟在场的传播中。因此,新媒体的出现,给话语传播管理带来了系列新挑战的同时,也为人类话语传播的发展带来了新机遇。

(一)新媒体带给人类的主要变化

1.对未来的预测和计算成为现实。随着科学技术的飞速发展,人类对未来的认识程度越来越深,对即将发生的风险防控能力越来越强。在科学技术带动下,新媒体的广泛运用,使世界相对空间距离变得越来越短,人与人、人与物,甚至人与自然界的一切,仿佛之间都成了零距离。特别是随着大数据的广泛运用,在传统技术条件下的一切不可能都将被改变。在新技术的驱动下,那些未来神秘和不确定的事物,都将被大数据计算出来。目前我们人类还无法解决的一些自然现象,都将随着大数据时代的到来,被人类剥去它神秘的外衣。如地震等自然灾害,尽管我们目前还无法提前预测它的到来,但我们有理由相信,大数据时代的人类,一定能够准确预测地震的发生。因此,强大的数据处理能力将极大地提升社会防控能力,提高社会治理水平。

2.虚拟空间与现实社会的边界越来越模糊。随着智能手机的广泛使用,人们深切地感受到了感官系统得到了极大的延伸,这种感官的延伸将随着高智能移动终端的进一步使用而不断优化。新媒体时代的到来,不仅开阔了人们认识世界的视野,也加深了人们对客观世界本来面目的认识和了解,进一步延伸和拓展了现实世界。与此同时,新媒体技术的飞速发展,可以把人置身于高度仿真的虚拟世界中,我们把高度仿真的虚拟技术称之为虚拟现实技术。虚拟现实技术可以完成一些在现实世界中无法完成的特殊训练,如军事实战对抗训练,这样的训练不可能经常在现实世界中完成。虚拟现实技术能够较好地完成这样的训练,让训练者仿佛完全置身于现实世界中完成一次实战。随着虚拟现实技术广泛运用到网络空间中,新媒体重新给人类架构了一个网络虚拟空间与现实空间相互重叠交织的多维空间。活动在虚拟现实空间中的人们,既可以感受到现实世界的人情世故,也能够超越现实世界的客观束缚,尽情地放纵自己,使自己变得无限的强大或弱小,在虚拟现实空间中去实现自己在现实世界中无法实现的愿望。在这个空间中,虚拟中掺杂着现实,现实中又渗透了虚拟,虚实的边界越

来越模糊难辨。

3.社会结构从地域群集向趣缘群集转变。在传统媒体条件下,社会结构主要以地域群为主,不管是话语传播还是互动交流,都将在一定的地域空间中进行着。正是这种传播方式,把社会结构牢牢地控制在一定的地域范围内,形成以地域为中心的社会群。新媒体的出现和发展,改变了人们长期形成的群集模式,包括互动方式也将同时被改变。随着新媒体的发展,互动交流越来越便捷,当虚拟空间与现实社会的边界变得越来越模糊时,不管是认识的,还是不认识的,都可以通过新媒体进行无障碍的交流互动,这种跨地域边际的广泛交流和互动,使得基于地域群集的社会结构方式逐渐被打破,而基于志趣、爱好和共同利益驱动的群集开始取代地域群集。人们通过虚拟空间的广泛多边交流互动,一些志趣、爱好和利益诉求相同者,逐渐相聚成群,进而不断改变着长期沿袭的社会群集模式。这样的现象,在新媒体时代,我们越来越感受深刻。比如,我们今天经常会看到这样的现象,一群人虽然物质身体聚集在一起,但各自低头互不搭理,而是通过手机在一个虚拟世界里与自己志趣、爱好和利益诉求相同的人进行交流,而对现实世界中身边的人视而不理。这种在新媒体推动下构建的趣缘群集的社会结构,有着突出的开放性和去中心化特征,也将在很大程度上影响着人们价值观的形成和发展,并将重塑人们的行为选择和价值选择。

4.知识传播从集约型向多元离散型转变。在传统媒体条件下,学校是知识传播的主要途径,通过学校传授知识,具有固定的时间、地点和传播者,有严格的传授程序,知识传授比较系统化,层次分明,个体通过学校的知识传授,能够掌握比较系统的知识和技能。这种通过学校集中性进行的知识传授,我们称之为集约型知识传播。当然,除了学校以外,个体获取知识的途径也还有其他渠道,但由于条件的限制,通过学校以外途径获取知识的量和质都受到较大的影响,难以撼动学校集约型知识传授的地位。也正如此,当我们评判一个人掌握知识的程度时,往往以他在学校受教育的程度来评定。在新媒体条件下,知识传授的形式和途径将发生较大变化。在传播途径上,出现了大量在线集中学习、远程分散学习等知识传授渠道,人们获取知识,不需要在固定的时间、地点集中到学校接受知识教育,教与学可以通过网络,在一个相对虚拟的空间中完成了知识的教与学,在学习途径上呈现多样化趋势;在学习形式上,不需要学习者集中在固定的时间听课,而完全可以利用自己的闲杂时间进行学习,在学习时间上出现碎片化趋势;在学习内容上,学习者可以做到根据自己的喜好、实际需要等选择学习内容,在学习内容上呈现多元化趋势;在知识的呈现方式上,新媒体可以通过图文音像、游戏等多种方式向学习者呈现知识,使知识的呈现方式丰富多彩,更容易满足受众的接受需求;在知识传授的范围上,新媒体呈现给受众的是全球性的知识,通过新媒体平台,把全球知识资源整合到网络上,集中呈现给受众,架构了一个强大的"全球脑"。因此,新媒体推动了知识传授的全球化发展,也推进了人类文明的交流互通。

5.新媒体助推人体功能的用进废退。新媒体极具智能化和人性化的仿真技术,无论是从实际操作层面,还是智能层面都与人的智商高度融合,极大地解决了一些因人类生理限制而无法完成的难题。可以说,新媒体技术的发展正在悄然地改变人类的思想和行为,高智能的网络搜索引擎极为便利的为人类打开了丰富的知识信息大门;可视化的操作界面让操控变得更轻松,人类变得更为休闲;超强的数据分析和判断代替人脑进行有效的数据分析,提高了数据处理的准确率;各种网络符号语言代替了人类的复杂交流,使人类区别于动物的较为复杂的语言沟通、表情交流、社会交往等人类活动逐渐被一个简单的符号取代;计算机键盘、各种语音输入系统逐渐代替了书写,使人类的文字书写功能面临退化危机。诸如此类的新技术,使人类的生活变得更为便捷。但我们也不得不担忧,根据用进废退这一进化原理,新媒体在给人类生活带来一系列便捷的同时,也在加速退化人类经过几千万年的进化所形成的一些功能。

以上几个关于新媒体的问题,尽管不是直接讨论媒体话语传播的问题,但与话语传播有着密切的联系,正是新媒体带给人类的这些变化,推动着人类话语传播的变革和发展。我们也只有真正认识和理解了这些深刻变化,才能在新媒体话语传播中构建有利于社会良性发展的话语传播体系。

(二)新媒体管理面临的挑战

1.新媒体管理模式难以适应大数据的发展要求。新媒体传播的主要信息源于大数据,大数据正在成为新媒体时代的主要技术支撑。围绕新媒体的管理,无论是属地分业、行业内部分块,还是具体的管控方式,都难以适应互联网这个高度综合性和融通性的大数据平台。一是对新媒体的管控仍然沿用传统媒体的管控模式,注重行政干预手段,轻视法律法规的及时跟进;二是管理重心突出对内容的管控,忽视新媒体新兴产业的管理和发展;三是对新媒体管理的责任主体不够明确,权责界限模糊。长期以来,对新媒体的管理更多的是强调属地管理,主张谁建谁负责的管理责任机制。在互联互通的新媒体大数据时代,网络带给社会最大的变化就是地域界限被模糊,身份的匿名和虚拟可以轻松绕道而行,谁建谁负责的管理责任机制显然只能是面上的形式化管理,无法真正实现对新媒体的实质性管理。在管理实践中,往往带来更多的责任推脱,使管理责任主体难以落实。

2.新媒体环境下的安全问题成为社会新的安全危机。大数据给人类生活带来无限便利的同时,围绕大数据法律规制问题、技术漏洞问题越来越多。一是围绕大数据信息安全的立法工作相对滞后,在信息无边界的大数据时代,如何通过法律的手段,使全社会各部门协调统一起来,防止信息被破坏、篡改、泄露等,使大数据信息安全有效地运行;二是网络信息技术在我国的发展相对较晚,原创性的技术不多,面对大数据的存储、保护与开发利用等工作相对还比较滞后,还存在信息丢失的危机;三是公民隐私安全威胁越来越大,由于大数据运行的责任主体不够明确,运行在网络空间中的公民个人信息,随时都有可能在某个环节被泄露,既给公民个体生命财产等带来安全威胁,同时也给社会治理带来极大的安全风险。

3.新媒体的话语传播管理愈加困难。互联网是一把"双刃剑",它为公民个体搭建了参与社会治理的平台,让公民有更多的机会、更多的渠道为社会治理建言献策,极大地推进了社会的公平、正义。但同时,围绕新媒体的法律规制工作相对滞后,新媒体传播的行业监管不够完善,行业与公民个体之间的法治意识比较缺乏,自律意识较弱,新媒体的言论自由被放大到不受约束的言论放纵,增加了新媒体的传播管控难度。一是不良言论扰乱了社会环境。新媒体环境下形成的虚拟空间,让一些人随意传播网络谣言、虚假信息等不良言论,扰乱了社会良好的运行秩序。二是"眼球效应"冲击着媒体传播伦理。近年来,流行在新媒体传播链中的"标题党"信息,完全不顾媒体伦理,投受众之所好,通过一些唬人的标题,吸引受众的关注,这些"标题党"信息缺乏实质性的内容,甚至误导社会公众,扰乱了媒体传播秩序。

4.新媒体传播容易放大社会矛盾,弱化党和政府公信力。我国进入社会转型期、深化改革的攻坚期,社会发展进程中长期积累的各种社会矛盾会在这一时期集中突显出来。面对关乎群众切身利益的矛盾,极为容易引起网络围观。一些反华敌对分子或对社会不满的个别人抓住社会发展进程中的某些矛盾个案,故意进行放大,并利用新媒体进行大肆传播。同时,还煽动一些不明真相的网民进行传播渲染,引发舆情危机。特别是关乎群众切身利益矛盾引发的舆情危机,政府的正面引导力往往难以被群众认可,社会的负能量较为突出,极容易弱化党和政府的公信力。

5.新媒体传播降低了人与人之间的信任关系。由于新媒体的虚拟特性,把人与人之间的关系从单一的现实应然转向现实与虚拟并存的相对关系中。正是网络的虚拟性,把传统媒体中人与人之间的实在关系变得虚拟化。互不相识的人可以通过网络进行"亲密"的交流。同样,现实中相识的人也可以通过网络进行"陌生"的交流。这一切的变化,都把现实中的人与人之间的关系变得亲疏不分。正是由于新媒体传播的虚拟性特征,网络中弥漫着看不见硝烟的"犯罪",让人防不胜防,人与人之间的关系少了朴素的信任,而增加了相互猜疑的成分。

以上讨论的这几个挑战性问题,仅是新媒体管理面临的众多挑战中的一部分。面对这些挑战,我们必须有清醒的认识,才能有针对性地架构我们的话语传播体系,推进话语传播向有利于社会治理的良好方向发展。

(三)新媒体对人类未来发展的巨大推动作用

1.新媒体推动了社会移动化发展。从中国互联网络信息中心发布的第49次中国互联网络发展状况统计报告数据显示,超过90%的中国公民通过手机连接着社会关系。中国新的"四大发明"之一的移动支付,震撼着全世界。人们拿着一部手机,可以走遍全中国,吃、穿、住、行一切的支付都可以通过手机完成。除了满足物质上的需求外,手机同时能够满足精神文化的需求,各种信息的获取、沟通交流,甚至还可能完成日常的工作业务。可以说,手机等新媒体的出现,推动了人类社会向着移动型社会方向发展。

2.新媒体推动社会新兴产业的发展,为全社会带来了巨大的商业机遇。围绕新媒体产业,除了我们比较熟悉的几大通信运营商外,一些新的产业正在兴起,比如移动微视频正式进入商业赢利阶段。与之相对应的,移动广告也正在带来巨大的商业价值。2015年以来,新媒体视频业开始全面进入商业化模式,资本运作试水进入了移动视频行业,不到一年的时间,移动视频、移动直播就产生了极为可观的商业价值。2016年的里约奥运会、欧洲杯、美洲杯等大型体育赛事,移动直播都全面参与,伴随着移动直播进入这些行业,移动广告也伴生发展。近两年以来,新媒体推动的新兴产业,市场规模逐步扩大,在一些行业甚至呈现几何级数式增长。

3.新媒体推动社会分享经济和共享经济的发展。2016年,李克强在《政府工作报告》中提出:"支持分享经济发展,提高资源利用效率,让更多人参与进来、富裕起来。"①新媒体广泛参与经济社会发展是分享经济和共享经济提出的一个重要基础平台,新媒体向社会行业大力渗透发展,为分享经济和共享经济提供了发展的基础条件。

4.新媒体推动政务更亲民、更精准。围绕新媒体产生的政务微博、政务微信等,把政府与百姓之间的距离拉得更近,原来一些跑断腿都办不了的事情,现在可以通过移动媒体,动动手指就能办好一件事。同时,新媒体搭建了更为有效的监督平台,阳光政务正在逐步形成;开通了老百姓参政、议政的多维渠道,让老百

---

① 李克强.2016年3月5日在第十二届全国人民代表大会第四次会议上的报告[EB/OL].http://www.gov.cn/guowuyuan/2016-03/17/content_5054901.htm.

姓参政、议政从口号变成现实。新媒体推动的微政务向着精细化发展,政府的精准服务让人民群众对政府的公信力大幅提升,社会治理能力和治理水平现代化深入推进。

5.新媒体推动了新的媒体生态系统的形成。在传统媒体时代,媒体生态系统的生态链条简单,各媒体之间的联系与互动较少。在新媒体条件下,除了媒介数量众多外,各媒介之间构建了极为复杂的交流链条。从生态学的视角分析,把新媒体视为一个生态系统,系统中的生态链极为丰富,相互之间交错连接,新媒体的发展将更为个性化,交融性更为突出,利益交换更为便利。

第四节　新媒体生态的形成

新媒体生态是针对新媒体研究提出的一个系统化概念,"我们认为新媒体构成一个虚拟的生态环境,不同类型的行业种群在共生共长"①。研究和讨论新媒体生态,其理论基础是基于生态学系统、整体、多样、和谐共生和动态平衡的生态思想。因此,研究新媒体生态,一个绕不开的问题就是要研究媒体环境,媒体环境是由人类文化、科技和传播三大部分组成的共生关系,之所以说媒体环境的三大内容是共生关系,是因为它们之间不能截然地分开。媒体环境是一个系统,我们研究媒体环境时,其中一个重点研究对象就是媒体结构和形式,媒体结构和形式不仅相互作用,而且还与社会政治、经济、文化以及科学技术形成系统性的互动关系。

一、新媒体生态的内涵

新媒体生态的概念来源于生态学,因此,在讨论新媒体生态的内涵之前,我们先从总体上梳理一下生态学的含义。简言之,生态学是"研究生命系统与环境系统之间相互作用规律及其机理的科学"②,它重点研究的是自然界以及人与自然之间的关系问题。近年来,随着生态学研究视角的不断拓展,基于生态学系统性和动态平衡性的生态思维逐步成为一种研究复杂问题的思维方式,生态学的外延得到了不断扩展,生态学也从自然科学逐步延伸到了人文社会科学领域,衍生出了诸如政治生态学、教育生态学、媒体生态学等新兴学科。因此,新媒体生态是媒体生态学的内容之一,是新媒体系统性发展变化的产物。所谓新媒体生

---

① 姜进章.新媒体管理[M].上海:上海交通大学出版社,2012:47.
② 田大伦.高级生态学[M].北京:科学出版社,2008:7.

态,是指把网络新媒体、手机新媒体、新型电视媒体等数字化媒体视为一个有机联系的生态系统,而网络新媒体、手机新媒体、新型电视媒体等就是系统中的一个生态链,门户网站、博客、微信等就是生态链中的生态因子。在新媒体生态中,生态链、生态因子都不是唯一的,生态系统中的生态链、生态链中的生态因子等相互间构成了一个纵横交错的关系网络,它们之间既相互协作、又相互竞争,形成了新媒体的复杂关系。

新媒体生态的内涵既源于新媒体的基本含义,同时也赋予了生态学的系统化特征。新媒体相比于传统媒体而言,不仅在媒介上数量巨大,截至 2021 年 12 月仅 APP 在架数量就有 252 万款,而且传播渠道多样,相互之间互相贯通,同时还具有强大的交互功能。实质上,新媒体就是计算机技术与通信技术相结合后的产物,通过 PC 平台、APP 移动终端平台等传播媒介对网络信息进行一对多或所有人对所有人传播的媒体,体现了传播内容的数字化、传播形式的网络化、传播媒介的移动化。正是这种所有性,决定了新媒体在传播媒介、传播路径、传播内容、传播主体等方面都不是单一存在着,而是相互关联、相互影响和制约,构成了一个复杂的传播系统。这个传播系统内的各元素都不是孤立存在的,它们之间相互联系、相互作用、相互依存、相互制衡、协同发展,构成一个类似生态系统中的多链条结构。

二、新媒体生态的特征

新媒体生态的概念引源于生态学,生态学作为自然科学领域研究生态系统的结构和功能、人类社会与环境变化关系的重要学科,由于其研究问题的特殊关系,逐步形成了生态学自身特有层次观、整体观、系统观、协同进化观的生态观,并进而形成了生态思维方法。在生态思维方法的影响下,生态学的学科发展逐步与社会科学的相关学科交叉,形成了媒体生态学、社会生态学、政治生态学、教育生态学等交叉学科,既拓展了生态学的学科,又进一步推进了社会科学研究的发展。由于新媒体生态衍生于生态学,因此,新媒体生态的特征与生态学的特征有着密切的联系。前文已经从新媒体的显性和隐性两个方面讨论了新媒体的特征。但那里的讨论主要基于新媒体自身的单个性质而言,没有把新媒体视为一个整体系统进行讨论。因此,这里讨论新媒体生态的特征,主要是基于社会、媒介、传播主体的视角,综合性的考量它们之间的系统性特征。

(一)整体性

所谓整体性,"也称之为有机联系性,即把新媒体生态中社会、媒介、传播主体等关键因素视为一个有机整体,突出强调各要素之间的双边或多边互动,使各要素之间形成一个有机协调的共同体"①。前文已经探讨了新媒体生态的内涵，认为新媒体是把网络新媒体、手机新媒体、新型电视媒体等数字化媒体视为一个有机联系的生态系统。尽管在讨论其内涵时，主要从传播媒介视角进行定义，但是，任何一种新媒体都不能离开当今社会而存在、更不能离开人而存在，新媒体的产生从一开始就是为社会和传播者服务的。因此，讨论新媒体生态的特征时，社会、媒介、传播主体是三个基本要素，缺一不可。社会、媒介、传播主体在新媒体生态中不是各自独立存在着，而是相互依赖、相互作用的有机整体。因此，讨论新媒体生态的特征时，需要从整体观的视角去看待社会、媒介、传播主体三者之间的内在关系，这也是源于生态学的基本观点。

（二）系统性

所谓系统性，就是在考查新媒体生态时，"要着眼于系统与要素之间的相互联系、相互作用以及相互制衡，力求综合研究新媒体生态系统与各个要素的关系，用系统性的思维考量新媒体生态中的系列问题"②。新媒体生态的系统性，重点强调系统中的社会、媒介、传播主体以及从其中延伸出来的各个因子关系之间的相互联系和相互依赖。比如媒介生态链中的手机、平板电脑、手提电脑、电子阅读器等移动终端，都是新媒体生态系统中媒介生态链的各个因子，单从这些因子个体而言，网络是它们之间的共同链条，正是网络的存在把它们紧紧地联系在一起。同时，媒介只有联系上社会和传播主体，才有存在的价值和必要性。社会、传播主体是新媒体生态系统中另外两条生态链，社会生态链包罗万象，是一条极具复杂性的生态链，既有物质文化层面的分支链条，又有精神层面的分支链条，还有制度文化层面的分支链条；传播主体的生态链是核心，是新媒体的核心链条，媒介、社会都将最终指向传播主体。传播主体时刻联系着媒介与社会，并将维系着新媒体生态系统的稳定和发展。因此，新媒体生态系统中社会、媒介、传播主体三大生态要素形成一个相互联系、相互作用以及相互制衡的系统。

（三）多样性

多样性是生态系统的主要特性，也是评价生态系统是否具有稳定性的主要评价指标。我们这里讨论的多样性包括两层含义，一是新媒体生态系统中的物种（媒介、社会、传播主体）的多样性；二是新媒体生态系统中存在着多个分支系统，如信息系统、媒介系统、制度系统、人文环境系统等。实质上，不管我们从哪个层面讨论新媒体生态系统的多样性，都会涉及这两个层面的含义。正是因为

---

① 罗昌勤.论新形势下高校思想政治工作的生态思维[J].理论导刊,2017(12):109-113.

② 罗昌勤.论新形势下高校思想政治工作的生态思维[J].理论导刊,2017(12):109-113.

新媒体生态系统的多样性特征,使得新媒体生态从一开始就呈现出勃勃生机,维系着较为稳固的生态系统。

(四)和谐共生性

所谓和谐共生性,就是指生态系统中的各因子之间形成互利性共生关系。生态学认为:"物种共生现象普遍存在于各类生态系统中,分为偏利性共生和互利性共生两种。偏利性共生是指共生的两个或多个不同物种个体间发生一方对另一方有利的关系;互利性共生是指共生的不同物种个体间的一种互惠关系,可增加双方的适合度。"[①]新媒体生态系统的和谐共生性主要体现在社会、媒介、传播主体三大要素之间能够形成共生关系,媒介离不开社会和传播主体而独立存在,否则它就是一文不值的废品,离开了社会和传播主体,媒介完全丧失了存在的必要性;传播主体要开展信息传播,离不开媒介和社会环境的系列支持;社会环境保障了媒介、传播主体的正常运转。社会、媒介、传播主体三者之间离开了谁,新媒体生态都将无法正常运转和维系。因此,三者实然性的存在着和谐共生关系。

(五)动态平衡性

所谓动态平衡性,强调的是一种动态稳定,"这种稳态不是绝对永恒的,而是处在相对稳态中,时刻经历着从平衡到失衡再到新的平衡过程。因此,生态系统的动态平衡其实质是生态系统内的自控制、自调节和自发展能力"[②]。新媒体生态系统的动态平衡就是在社会、媒介、传播主体三者之间形成一个动态维系的过程。从传播主体而言,要实现信息传播的正常运转,需要有媒介及其技术的支撑,媒介技术越发达,越容易调动传播主体的积极性,从而进一步推动媒介的发展;同样,传播主体在传播信息的过程中,需要社会环境的支持,良好的社会传播环境同样推动传播主体的传播积极性。实质上,新媒体生态系统运转进程中,社会、媒介、传播主体的平衡都是相对的,不存在绝对的平衡。比如,媒介将随着传播技术不断更新换代,我们所能体会到的就是从 2G 到 4G 技术的更新换代。而从社会层面而言,许多管理并没有能够随着技术更新而更新,这在一定程度上就打破了原有的传播平衡,甚至导致传播秩序的混乱。因此,就必须要形成新的传播平衡,制度规范就会及时跟进,重新形成新的平衡状态。新媒体生态系统也就是在这种动态平衡中不断发展壮大。

---

① 任海. 恢复生态学导论[M]. 北京:科学出版社,2001:19.
② 罗昌勤. 论新形势下高校思想政治工作的生态思维[J]. 理论导刊,2017(12):109-113.

三、新媒体生态下的媒体融合与共生

新媒体的出现并不是社会发展中的一个偶然事件，而是人类传播事业发展的必然结果。恩格斯曾指出："社会一旦有技术上的需要，则这种需要就会比十所大学更能把科学推向前进。"[①]因此，新媒体的发展，在本质上是人类传播文明发展的成果。新媒体的发展呈现出"倒三角"态势。在新媒体刚出现之时，由于人类的需求不是很大，新媒体的发展速度比较慢，新媒体中的媒介也仅是个体性的存在着，但随着人类社会的发展，人们对信息传播的需要不断增加，新媒体的发展速度和更新换代的时间明显加快。新媒体中的媒介再也不是个体化的存在着，而是形成了系统化。同时，新媒体尽管是新事物，但新媒体与传统媒体之间并不是简单地取代和否定，而是呈现出融合共生的发展态势。

（一）新媒体与传统媒体的融合共生

新媒体是相对于旧媒体而言，而旧媒体的内涵极为广泛。为了便于研究，我们把报纸、杂志、广播、电视等称之为传统媒体，以区别于旧媒体的大概念。

传统媒体中形成历史最久的是报纸，公元前 100 年，在罗马恺撒大帝的统治时期就出现了《每日纪闻》和《元老院法令》的报纸雏形。现代意义上的报纸也是产生于 1609 年的德国，德国当时出版了《观察》《报道与新闻报》等周刊。因此，传统媒体有了 400 多年的历史，它为人类信息传播作出了突出贡献。随着新媒体的出现，信息传播市场迅速被新媒体占领，传统媒体市场逐渐被压缩。因此，一些研究新媒体的专家认为，随着新媒体的发展，特别是新媒体技术的高度智能化和人性化功能，传统媒体将很快退出传播市场。情况真会如此吗？传统媒体具有 400 多年的发展历史，形成了较为成熟的传播机制和技术，传播内容的系统化和便于长期保存的优势，是新媒体短期内不可能取代的。因此，新媒体完全取代传统媒体的条件在短期内还不成熟。从当前媒体传播的实际情况分析，新媒体发展是不可阻挡的历史大趋势，但其信息传播的碎片化、不易长期保存的弊端，决定了新媒体在短期内不可能取代传统媒体。因此，新媒体与传统媒体的共存局面将在一定时期内得以维持。问题的关键是传统媒体如何发挥好自身优势，借鉴和学习新媒体的传播技术，与新媒体融合共生，从中找到自身新的发展机遇。实践上，中国几大主流传统媒体，如《人民日报》《新华社》《光明日报》等几大媒体给传统媒体如何与新媒体融合共生做出了示范。当新媒体大潮来袭时，《人民日报》第一时间配套创建了《人民网》，在出版平面报纸的同时，配套出版

---

① 　马克思恩格斯全集(第 39 卷)[M].北京:人民出版社,1974:198.

《人民日报》电子版；当手机等移动媒体成为人们阅读和获取信息的首要工具时，《人民日报》第一时间推出了《人民日报》手机版；当微信成为人们信息交流的第一平台时，《人民日报》第一时间跟进推出了《人民网》微信公众号。同样的，《新华社》《光明日报》等与《人民日报》社一样，都在第一时间进入新媒体传播平台，形成了新媒体与传统媒体融合共生的传播局面。事实上，关于如何推进传统媒体与新媒体的融合共生，国家工信部于 2010 年推出了"三网融合"的试点工程，在北京、上海、深圳等几个城市试点推进手机电视、网络电视、可视电话等，这些技术今天都已经全面应用于百姓的日常生活。今天的电视机不仅是收看电视节目，它集成了上网、电话等一系列新技术。手机就更不用说，它几乎集成了我们日常生活的所有需要，打电话、上网、看电视、电子阅读、电子支付等几乎无所不能，在更深层次、更高水平上实现了新旧媒体的深度融合。

目前，国内多家传统媒体，包括学术期刊都在走把传统与新媒体相融合的发展道路，如《人民日报》《光明日报》等国内主流媒体，每篇文章后都附上该文章的电子二维码，作为受众，既可以选择阅读纸质版文章，也可以选择阅读电子版文章。其他一些更为传统的学术期刊，也在走着同样的新旧媒体融合发展之路。

（二）新媒体相互之间的融合发展

从自然生态学的视角而言，物种的协调共生、和谐发展是整个生态系统得以良性发展的关键，新媒体生态亦是如此。随着网络和信息技术的发展，新媒体生态系统中的物种（新媒体种类）越来越多，功能划分也越来越细化，媒体之间的竞争也越来越激烈。适者生存、优胜劣汰的生态学规律在新媒体生态系统中得到了较好的诠释。但同时，由于媒体间的竞争加剧，在一些领域出现了无序竞争。一些媒体为了吸引受众，不惜违反国家法律和违背社会公德，通过发布不当信息吸引受众。如当前媒体中出现的大量"标题党"信息，通过一些吸引眼球的标题来吸引受众的点击，有些标题下没有实质性的内容，有些内容与标题完全不符。人们通常把这些信息称之为垃圾信息，这些垃圾信息既浪费了媒体资源，又扰乱了媒体秩序。如何推动新媒体从无序竞争到协调共赢发展，减少无序竞争带来的无谓浪费？一是要以开放的姿态面对新媒体的技术革命。在新媒体技术呈现几何级数的发展时代，如果仍然用过去传统的延长线式的眼光看待新媒体技术的发展，显然无法跟上新媒体发展的步伐。今天，我们确实无法预测未来几年，新媒体将发展到何种程度。但有一点是可以肯定并且也能够准确地预测到的，那就是新媒体技术越来越人性化，越来越突出和彰显以人为本的技术核心，以不断满足人的需求。未来的新媒体将更加突显以人为本，把人文关怀充分地体现在新媒体传播技术中，更多地为受众提供个性化的信息服务，实现新媒体传播与受众需求的无缝链接。正如习近平所指出：“媒体格局、舆论生态、受众对象、传播技术都在发生深刻变化。读者在哪里，受众在哪里，宣传报道的触角就要伸向哪里，宣传思想工作的着力点和落脚点就要放在哪里。”①新媒体推动着受众的生活方式、信息获取方式的深刻变化，随着新媒体技术的不断发展进步，这些变化将更为突出。因此，需要新媒体之间以开放的姿态面对技术竞争，推动合作共赢。二是新媒体的受众主体将更为独立，媒介、传播内容以及受众的碎片化趋势将更为明显，更需要媒体之间转变传统观念上的竞争观，树立融合共赢的发展理念。新媒体打破了传统媒体对新闻的垄断，当人人都可以传播新闻时，媒介、传播内容以及受众都呈现出碎片化特征，当碎片化成为新媒体的主要特征时，试想，如果媒体之间缺乏有效的融合与互通，势必带来社会交流的障碍，社会共识就可能变得越来越困难。其实原因很简单，当人们面对更多的选择时，经验性和志趣性倾向成为他们选择的基础。各自为群的新媒体就难以给受众准确的信息，以至把受众带入琐碎、狭窄的信息漩涡中，甚至让这一群体中的受众越来越走向极端。因此，从这个意义上说，新媒体相互之间的融合发展，是推进社会健康、良性发展的基本要求。

---

① 习近平.坚持军报姓党坚持强军为本坚持创新为要 为实现中国梦强军梦提供思想舆论支持［EB/OL］. http://www.xinhuanet.com//politics/2015-12/26/c_1117588434.htm.

第二章　新媒体生态下的话语与话语权竞争

　　人类进入 21 世纪以来,新媒体发展迅速,尤其是新媒体中的微博、微信等微媒体的发展更是超乎人类的预料,微媒体系统中的话语传播已经成为整个社会重要的信息源和话语舆论场。新媒体的话语影响力日益加深和扩大,加速了对传统媒体话语权主导力的解构,同时也促进了传统媒体与新媒体的融合发展。在新媒体生态下,话语权争夺阵地开始从传统媒体向新媒体转场,在新媒体生态环境下的舆论生态环境更为复杂,话语控制难度加大。在新媒体生态下,人人都能"发声",一部手机就有可能是信息的发源地,一条信息就有可能引发媒体震动,甚至导致社会动乱。在新媒体生态下,要做好话语传播,掌控媒体话语权、引导话语传播走向,迫切需要我们深入研究新媒体生态下的话语传播特征、话语权的掌控等诸多问题。

第一节　新媒体生态下的话语特征

　　随着网络和信息技术的飞速发展,手机等新媒体日益大众化,人们进入媒体舆论场的门槛也不断降低,话语传播主体可以随时进行角色转场,即从话语受众转变为话语制造者。新媒体为传播主体的话语制造和话语传播提供了极其开放的环境,提升了社会公众参政议政的积极性和主动性。但在新媒体话语传播呈现开放的媒体环境下,对官方掌控话语权、引导话语舆论带来了一定的挑战。因此,需要我们充分掌握和了解新媒体生态下的话语特征,做到知己知彼,方能应战有方。

一、话语的含义

　　"话语"从宏观上可以理解为一种语言,是指社会个体或者群体组织在某种具体场合下围绕特定或者是非特定议题与他人进行语言交流、文字交流、肢体动作交流的行为；从微观上，话语可以根据语境不同，划分为多个不同层次的话语。如从层级关系而言，可以分为国家话语、社会话语、个体话语等；从功能属性而言，可以分为经济话语、政治话语、思想文化话语、社会建设话语、生态文明话语等；从地缘关系而言，可以分为世界话语、中国话语等。实质上，微观层面的话语，还可以根据需要继续进行分类。但无论如何细分，一个完整的话语需要具备四个基本要素，即：话语主体（说话人、受话人）、内容、语境、传播媒介。话语主体指的是什么人在说、说给谁听；内容是指说什么；语境是指在什么环境下说；传播媒介是指如何传播。

二、新媒体的话语特征

新媒体生态下，无论是话语主体、话语内容、话语语境还是话语媒介，与传统媒体相比，均呈现出多元、多样的特征。尤其是传播媒介的市民化，极大地畅通了公众的话语传播渠道，使公众有更多的机会、更畅通的渠道按自己的意愿、用自己的话语表达自身诉求。

（一）新媒体开辟了"市民化"的话语表达渠道

新媒体改变了传统的话语传播方式，畅通的话语表达渠道和便捷的交互方式搭建了草根民众与政治精英直接对话的桥梁。调查数据显示，经常在网上表达自己意愿的网民比例超过 60%，他们通过新媒体讨论各种议题，向权力部门表达自己的思想和利益诉求。事实上，随着新媒体的发展，各种论坛、微博、微信朋友圈、QQ 等社交媒体极为活跃，尤其是网络创造了这个相对匿名的虚拟交流空间，搭建了一个平等对话平台，打消了一些人讲"真话"的顾虑，敢于真实的表达自己的诉求。随着新媒体舆论的影响力不断增加，必将更加激起草根民众参与的积极性。目前，新媒体中的各种社交平台是中国最活跃的交流方式，民众关心的话题都将被广泛的讨论和交流，甚至一些涉及切身利益的话题，还有可能从舆论演变为群体行动。因此，新媒体不仅打通了官民对话的通道，更是开辟了一条"市民化"的话语表达渠道，激发了广大公众发起舆论、参与舆论的意识和热情。

（二）新媒体成为变革社会治理模式的助推器

自古至今，社会治理模式一直是讨论和研究的热点问题。党的十八大以来，我们党提出了改变社会治理模式，提高社会治理能力和治理水平现代化。在传统媒体条件下，我们强调的是至上而下的社会管理模式，由于互动渠道不畅通，管理者与被管理者之间缺乏相应的沟通和交流,社会管理更多的是体现管理者的主观意志和权威,被管理者的利益诉求很难形成群集性的意见,被管理者碎片化的个体利益诉求很难引起管理者的重视。在新媒体条件下,民众的利益诉求渠道被打通,管理者与被管理者有了直接对话的基本条件,传统的社会管理模式已经不适应新媒体条件下的社会管理。以近些年发生的"孙志刚事件""黑砖窑案""PX事件""躲猫猫案"等网络群体性事件为例,这些事件都成为当时轰动一时的热点事件。这一类事件以"突如其来的方式出现在一定的社会关系范围内,并以激烈的冲突形式震撼人们的心灵,造成以公共事件为对象的舆论来势凶猛,各种意见的纷争尖锐、激烈,把社会舆论推向高潮"①。回顾这些事件发生的背景,有一个共同点,就是网络舆论成为助推器,并且能够在第一时间广泛传播。在新媒体刚进入千家万户,成为百姓日常生活的基本工具的初期,网络群体事件呈多发态势,特别是2012年之前的10年左右时间,是网络群体事件集中爆发时期,究其原因,主要还在于传统的社会管理模式与新媒体话语舆论的开放性之间的矛盾所造成的。一方面,社会管理模式还是重堵不重疏,信息不公开不透明,更不愿意与公众进行平等的交流互动。当出现网络群体性事件的苗头时,管理部门不是及时地发布事件的真相,而是想办法封闭信息,企图遮掩。但掌握了新媒体话语权的社会公众,却通过各种新媒体媒介大造舆论,对事件发展推波助澜,新媒体便捷多元的传播渠道、高效的互动交流体验,致使迅速形成网络群体事件。所以当网络群体事件发生后,政府相关管理部门再想对事件进行干预时,已经失去了话语权,从而导致对事件的引导和调控能力下降。美国当代政治家亨廷顿认为:"民众对政治系统过多的要求会引起危险,一方面扩大了政治系统的职能,另一方面破坏了政府的权威。"②亨廷顿在这里的意思不是反对民众的政治诉求,而是主张要通过民众参与来推动政治改革。事实上,不管是政治改革,还是社会改革,没有固定的模式和经验,只有是否适合基本国情才是最正确的选择。尤其是社会改革,顺应民意、满足最大多数群众的利益诉求,才是改革成功的关键。如何应对新媒体条件下的社会舆情,提升社会治理能力。必须从理念上和制度上改变传统媒体条件下的社会管理模式,突出从管理向治理的转变,加强政府等管理部门与社会公众的协商对话,营造平等参与的社会治理模式。应该说,新媒体为这样的社会治理模式创造了条件、提供了平台。

---

① 刘建明. 基础舆论学[M]. 北京:中国人民大学出版社,1988:127.
② [法]米歇尔·克罗齐,[日]绵贯让治,[美]塞缪尔·亨廷顿. 民主的危机[M]. 马殿军,译. 北京:求实出版社,1989:102.

（三）新媒体创设了公众情感宣泄的话语"狂欢"

"狂欢"是一种外来文化，是西方文化体系中的一种节日文化形态，它"本身源于中世纪欧洲的民间节日宴会和游行表演"①。它主要是通过语言和行动尽情的言说和表达，在规定的狂欢范围内没有任何顾忌和约束。狂欢节由民间团体组织，不带有官方性质，是纯粹的平民大众活动。"狂欢节的根本特征是取消一切等级制度，在狂欢广场上，支配一切的是人与人之间不拘形迹地自由接触的特殊形式，以此为基础，形成了广场言语的特殊形式和风格。"②

在我国长达两千多年的封建统治中，形成了森严的等级制度，人与人之间，特别是官民之间很少有平等的对话。当然，这有我们自己的历史文化根源。首先，中华民族历史上是一个农耕民族，土地孕育了农耕文化的保守和含蓄。同时，受到 2000 多年的儒家主流文化思想影响，把遵从和服从作为评价人的道德情操的标准。农耕文化影响下的中国公众，养成了行为与语言的含蓄特质，但这并不代表公众没有狂欢的欲望，只是被传统文化形成的权力至上思想压抑着，公众的话语狂欢不能表达出来。新媒体的出现，为精神上渴望狂欢但又不希望行为放纵的公众搭建了平台，并为公众狂欢创造了条件。由于互联网互动性、匿名性、去中心化的话语传播特征释放了网民的思想与行动，从而使得平日里受日常生活和等级制度约束的人们获得了人性上的释放、实现了内心的情感宣泄。这种情感宣泄从公众在新媒体上的话语表达中可以得到印证和判断。公众在新媒体中的狂欢更多地体现在网络恶搞、群体情绪爆发、网络审判等。如河北某大学校园交通肇事案，肇事者李某一句"我爸是李刚"的话语迅速形成网民的话语狂欢舆情。"我爸是李刚"这句原本是某个人用来进行权力炫耀的话语，瞬间在网络中成为公众狂欢的话源："窗前明月光，我爸是李刚"③等等，更有网友编唱了一首《我爸叫李刚》的网络歌曲，歌词大意是"横行路中央，轿车轻飞扬；黄土地里养育着咱那霸道的爹娘；平凡的模样，可咱爸是局长；我爸叫李刚，撞死人我不用慌；这是为什么呢？因为我爸是局长，……"④据不完全统计，这次网络舆情事件，网上共出现了 36 万多条"造句"。除此之外，"躲猫猫""范跑跑""猪坚强"等等都曾经带来过一阵阵的网络狂欢。这些狂欢的话语，有些纯粹是恶搞，有些是针砭时弊。各种论坛、微信朋友圈、匿名聊天平台、微博、短视频平台等都是网民狂欢的主要媒介。在新媒体时代，任何一句与社会现实相联系的话语，都有可能

① 转引自王兵.微博时代的全民话语传播及影响研究[D].中国海洋大学,2013:21.
② 沈华柱.对话的妙悟——巴赫金语言哲学思想研究[M].上海:上海三联出版社,2005:80.
③ 黄碧云.网络流行语传播机制研究[D].暨南大学,2011:26.
④ 转引自张磊.论网络围观[D].湖北师范学院,2013:19.

引来一阵话语狂欢。

　　面对网民在新媒体中的话语狂欢,我们需要理性地去看待和分析,在纷繁复杂的狂欢话语中,更多体现出的是人们的幽默、嘲讽和批判等,但是在"狂欢式世界感受中,粗鄙却具有独特的正面价值。看似粗鄙的话语,却拉近人与人之间,低俗与高雅、神圣之间的距离"①。正是这种话语狂欢,无形中聚集了强大的人气,让更多的网民表达了自己的价值诉求和情感宣泄。但是,我们也要认识到,网络舆情就是社会晴雨表,媒体话语的狂欢与恶搞,尽管大部分是社会公众的情感宣泄,但在其中不乏掺杂着别有用心之人,企图利用媒体话语狂欢之机,达到其否定历史、否定党的领导的目的。近几年来,伴随着公众在媒体中的草根文化性质的恶搞,一些别有用心的人,利用媒体恶搞民族英雄人物、领袖人物等,这些恶搞,扰乱了人民的思想认识和价值判断,弱化了民族凝聚力,放大了社会矛盾,影响了社会稳定和国家的发展,这是需要引起高度重视的。因此,新媒体话语狂欢需要及时引导和消解,把狂欢引向有序。

（四）新媒体催生了引领舆论走向的"意见领袖"

　　在新媒体话语传播中,意见领袖是一支不可小觑的话语力量,是网络舆论场中最活跃的人,他们既是信息提供人、舆情发起人,同时又是舆情的引导人,有时能够左右舆论的走向。意见领袖的话语掌控能力较强,在网民中往往具有较强的认同感。因此,在网络舆情中,意见领袖往往能够利用他们的影响力引导舆情走向。这些意见领袖相比普通网民而言,他们的学识比较高、信息来源渠道较为广泛,他们往往拥有较高的社会地位,既与政府保持联系,又非政府官员,往往以社会人士或公众人物形象示身,有时还戴有一些普通网民不可比拟的学术光环等。正是如此,意见领袖的话语容易得到普通网民的认同,在网民中拥有较大的影响力。在实践中,特别是在一些突发社会公共危机面前,网民往往对政府的言论还产生这样或那样的质疑和不信任,但很少去直接质疑意见领袖的言论。因此,在新媒体话语传播中,如何发挥意见领袖的正面作用,引领网络舆情的正确走向,是值得探讨的一个重要命题。

第二节　新媒体生态下的话语权竞争

　　在传统媒体条件下,控制话语传播不是一件难事。因为话语传播的路径和

---

① 罗贻荣.走向对话[M].北京:中国社会科学出版社,2006:69.

手段都极为容易设定,绝大部分的话语都是在预设的轨道中进行传播,并按预定的话语模式和内容进行传播。即使偶尔出现个别话语出轨,也不会让这种出轨的话语偏离多远,便能让之消失或回到预设轨道上来,这就是常说的话语控制力及话语权的掌控。但在新媒体生态下,社会中的各种力量都想拥有自己的话语领地和话语权。控制话语及掌控话语权,却是一件极为艰难和复杂的事情。因此,围绕话语权问题展开争夺,成为新媒体生态下的热门议题。

一、话语传播与话语权

话语权与话语传播两者之间就像是一对孪生兄弟,既有相同的"遗传基因",又有各自的独立存在特征。话语并不是话语权,要形成话语权,就一定要能够掌控和引导话语。在新媒体话语传播中,要拥有话语权,首先要有话语传播的量。比如,在新媒体社交平台上,微博是具有较大影响力的社交平台之一。判断微博影响力的一个重要指标就是粉丝数量,粉丝数量多,说明微博的影响力就大。在实践中,如果拥有数量庞大的粉丝,其博文所产生的影响范围就愈广。从另一个维度考量,其微博被转发的量越多,说明其话语的影响力也越大。其实,也就是我们围绕舆论领域经常提到的一个关键少数"意见领袖",为什么这些人能够成为"意见领袖",就是因为他们的话语影响力大,拥有话语权。因此,争夺话语权的前提条件是能够拥有足够量的话语,为获得话语权提供量的基础。

(一)话语传播

1.话语传播的内涵

话语传播可以简单地概括为话语传送的路径和形式。从一定意义上讲,这个概念并不值得过多讨论,就像数学中的公理一样,不需要证明,只要会用即可。但是,基于本书研究的核心问题是马克思主义大众化的话语传播问题,所以有必要在这里把话语传播概念中的"途径和形式"这两个核心关键词梳理一下。从党的十七大、十八大、十九大相继提出马克思主义大众化以来,学术界和理论界围绕着如何实现大众化问题展开了深入研究,特别是党的十九大召开之后,马克思主义又有了新成果,推进马克思主义大众化又有了新要求,其路径和形式又有了新变化。因此,在讨论话语传播的内容时,有必要从新媒体的视角梳理一下路径和形式。

话语传播的路径,即通过什么渠道传播话语。前文曾讨论,在传统媒体条件下,话语传播路径是单向流动的,受众接受话语也是一个被动的过程,传播者与受众之间要形成双向的互动比较困难。但在新媒体条件下,这一切都将彻底的改变,话语传播的路径不再是单向传递,而是双向或多向同时互通,传播路径构成了一个开放式的网状结构,并且无限延伸。因此,在新媒体生态下,话语传播的路径选择就有了多样性。在多路径面前,就有了另一个需要讨论的问题,即如何恰当选择话语传播的路径,才能提升话语的影响力。这也是我们在讨论话语传播问题时,不得不讨论的问题。

在话语传播中,与传播路径紧密联系的问题就是话语传播形式。话语传播的形式,即通过什么方式来传播话语。话语传播形式是一个历史发展的过程,在不同的历史时期,话语传播的形式差异较大。如从最早的口口相传,到后来的书刊、广播、电视、电子邮件,到今天新媒体时代的微媒传播等,无疑反映了不同时代不同的话语传播形式。在传统媒体下,话语传播形式也是比较单一的,尽管在同一时期,可能也有多种可以选择的传播形式,但由于传播成本的限制,传播者也不可能选择过多的形式。因此,在传统媒体下,由于受到条件的限制,话语传播的形式相对而言,也是单一的。但在新媒体生态下,由于传播路径和传播媒介的多样化,话语传播的形式不再单一。形式多样是新媒体生态下话语传播的重要体现,受众对话语传播形式的选择决定着话语传播的时效。比如,在几乎人手一部手机的今天,公众可以通过手机获取大量的信息。"看手机"成为人们生活中的一个重要组成部分。与此相对应的,传统的纸质报纸、杂志的阅读量明显下降。因此,因时而变的选择话语传播的形式,同样成为提升话语影响力的重要议题。

2.新媒体话语传播的特征

新媒体话语主要特征之一是传播渠道多元交错。在传统媒体条件下,话语传播的渠道比较单一,传播的交错性较弱。以报纸传播为例,从记者对新闻的采编开始,到报纸编辑出版,最终发行到受众,整个过程基本上是在一个生态链上完成。除了特殊约稿之外,记者与报纸编辑之间一般情况下不会有事先的互动,编辑与受众更不会存在互动。因此,传统媒体往往呈现的是线性式传播。但在新媒体生态下,仅从传播媒介而言,呈现出以手机为中心,同时并存多种传播媒介。如平板电脑、车载电话、车载电视、VR 视听设备等;从传播方式而言,短信、微信、微博、博客、QQ、电子邮件等,传播媒介与传播方式不是独立存在的,一种传播媒介可以同时采取无数种传播方式进行话语传播。比如一条信息,传播者可能通过手机这个媒介,同时采用短信、微信、微博、博客、QQ、电子邮件等无数种方式把这条信息发布出去,使信息呈现射线式传播。

在社会现实生活中,一个传播者得到一条自认为有价值的信息后,可能同时使用多种传播媒介、多种传播方式对信息进行传播,使信息传播渠道呈现几何级数增加。当这条信息进入到二次传播链条时,其被传播的面将会进一步扩展,传播渠道将第二次呈现几何级数增加。在新媒体生态系统中,传播主体、传播内容、传播媒介本身就是一个复杂多链条的系统。因此,传播渠道多元交错成为新媒体生态下话语传播的主要特征之一。

话语传播渠道的多元交错,极易形成舆情危机,给政府的社会管理带来挑战。如2014年吉林一家幼儿园给小孩"喂药"事件,由于这一事件是所有家长都关心的核心问题,信息一经在媒体中传播,迅速扩散,在极短时间内形成了舆情危机。这个事件不仅波及吉林,全国各地的幼儿园都遭受质疑,并要求政府澄清查实。传播渠道多元交错,传播控制力被弱化,这极大的考验了政府的舆情处置能力和社会治理能力。

(二)话语权

1.话语权的内涵

话语权概念最早由法国哲学家米歇尔·福柯(Michel Foucault)提出,他认为:"任何话语背后都隐藏着一种'无所不在的权力',这种权力是复杂的,是社会权力关系,话语不但产生、传递着权力,而且强化了权力,从而提出了'话语是权力'的观点。"[1]从福柯的话语权逻辑理论关系出发,我们认为,话语权就是对其他人产生导向影响力的话语。其实,在现实生活中,并不是所有的话语都能够形成权力,需要取决于说话者及其话语的影响力。根据福柯"话语是权力"的观点,话语要形成话语权,需要在"赢得信任感、增加吸引力、强化依赖感和提高服务性等方面下功夫,而这正是赢取话语权的四个核心要素"[2]。

话语的信任感,主要就是我们常说的公信力,有了公信力之后,就具备了话语的权威性。权威性在媒体赢得话语权中至少包含两层意思:一是发出权威的声音,这种权威的声音可能是有威望的政治家和社会各行各业精英的声音,也有可能是媒体树立起来的专家或权威的评论员、主播等。二是塑造形象,形象也就是一种"信誉",公众相信的形象树立起来,话语就容易赢得信任感;话语是否有吸引力,关键在于话语是否具有认同感,话语认同是吸引力的关键因素,是媒体赢得话语权的关键所在。也就是说,如果一个人发现某个团体或个人在某些方面对自己很有感染力,或者在某些事情方面与自己有共同的认识和价值评价,他就会容易产生认同感、熟悉感和相似感,并接受其影响。因此,媒体要赢得话语权,就需要增加话语的吸引力,形成强大的社会认同力量;话语的依赖感主要是体同在被需要,如果我们的话语在受众中是可有可无的,并不是一定是需要的存在着,这样的话语对公众来说,不存在依赖性。因此,话语的依赖性最突出的表

① 转引自申金霞.自媒体时代的公民新闻[M].北京:中国广播电视出版社,2013:34-35.
② 张国庆.媒体话语权:美国媒体如何影响世界[M].北京:中国人民大学出版社,2012:8.

现就是形成习惯性,就如有的人每天晚上 7 点钟习惯性地看新闻联播一样,形成了依赖新闻联播获取自己所需信息的习惯。一旦这样的习惯形成了,话语就具有了被需要。如果能够让这样的话语唯一的存在着,就形成了稀缺性的被需要,其话语权也就容易树立起来;话语的服务性强调受众的喜好和呼声,反映的是一种共同体的功能,从媒体话语的视角出发,话的服务性看上去好像是在服务,其实质是起到一种话语占有的核心作用,话语权也就不言而喻了。由此可见,话语权来源于话语的影响力和"势力"范围,要形成话语权,就需要提升话语的影响力和扩大话语的"势力"范围。

2.新媒体话语权的基本构成

话语权与话语传播有着不可密切的联系,话语权是话语传播中的量的积累和提升。这就涉及一个核心问题,如何才能保持持续的话语影响力,话语权的形成与话语传播的关系在哪里? 因此,讨论话语权形成问题,无外乎就是几个核心问题,谁在说话、说什么话、为谁说话(在什么情况下说)、如何传播、谁来听。归纳起来,话语权的形成有四个条件:话语主体(包括传者、受众)、话语内容、话语语境、话语传播媒介,这四个方面共同构成了话语权的核心要素。为了便于讨论和研究,把传播渠道与传播形式包含于话语传播媒介中。我们可以从直观上构建一个话语权基本构成示意图(如图 2-1 所示)。

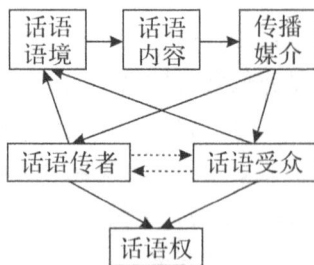

图 2-1

从结构图可以看出,话语传播的主体(传者和受众)、话语内容、话语语境以及话语传播媒介除了相互之间的联系外,都最终指向话语权。反过来,讲话权既影响着话语主体、话语内容、话语语境以及话语传播路径与形式,同时又离不开这四个基本要素的支撑,话语传播中的话语主体、话语内容、话语语境以及话语传播媒介四个要素中,只要缺少其中之一,都将难以确保话语权的有效持续,甚至丧失话语权。

二、民间与官方的话语权博弈

话语博弈来源于博弈论(game theory)的专业术语,博弈论的核心思想便是通过决策实施,以实现利益均衡或最大化。博弈有零和博弈与非零和博弈两种基本形式。零和博弈体现于博弈双方试图压制对方,以实现自身利益的最大化。而非零和博弈却是博弈双方寻求利益均衡,实现共赢。

关于话语权的竞争,从目前的态势而言,主要集中在两个方面:一是国内的官方媒体与民间媒体的话语权竞争;二是国内媒体与国外媒体的话语权竞争。本部分主要讨论的是国内的官方媒体与民间媒体的话语权竞争问题。事实上,人类进入现代文明以来,在任何体制下,官方话语与民间话语之间不可能存在根本对立的二元话语斗争。尤其是在社会主义中国,官方话语与民间话语是在根本利益一致的前提下进行的话语博弈。从社会实践和社会发展而言,尽管根本利益一致,但在一些具体利益上,官民之间的零和博弈与非零和博弈仍然存在。本书讨论官民双方的话语博弈,主要是从传播学的视角,客观分析新媒体话语传播中的话语占有力,避免把"国家与社会""政府与民众"陷入二元对立的分析架构中。

(一)零和博弈的"双输"与规制

在新媒体生态下,新媒体推动着话语权的重新分配和调整,话语传播的变化极为突出。在传统媒体下几乎不占有话语权的民间话语场,利用新媒体与官方展开了话语权的争夺。在一定时期和领域内,还呈现着零和博弈状态。从长远而言,零和博弈难以达到谁赢和谁输,其结果往往都是双输。

1.零和博弈的内涵

零和博弈指"参与博弈的各方,在严格竞争下,博弈一方的收益必然等于另一方的损失,博弈各方的收益和损失相加总和永远为'零',双方不存在合作的可能"[①]。零和博弈是一种非良性竞争,由于竞争的结果致使一方的利益受到严重损害。因此,竞争双方从一开始就企图致对方于"死地",通过单赢以获取最大利益。

2.官民话语权零和博弈的现实境况

中国几千年的封建专制统治,官与民之间不存在平等的对话,更别说争夺话语权的问题。因此,在相当长的时间里,传统媒体的话语权几乎属于官方的当然权力。随着中国民主政治进程的推进,百姓的话语意识和权利意识得到了增强,

---

①　林福成.基于博弈论的城市免费公交研究[D].华南理工大学,2011:19.

这应该说是民主政治进程中的好事。但随着新媒体的发展,出现了官与民争夺话语权的现象,是中国社会发展进程中难以预料到的事情。当这样预料之外的事情突然出现的时候,民间公众是"疯狂异常",而官方则是措手不及。

第一,民间话语在博弈中对官方话语权的解构。我国第一次出现官民双方通过新媒体博弈话语权的是 2003 年的孙志刚事件,事件发生的前后原因我们不再去讨论。我们只就这次事件发生后,官民双方在媒体上的话语进行分析。孙志刚事件发生后,第一次出现了民间话语舆论脱离官方的引导,"不再是嘘的一声,而是轰的一声;不再是个别意见领袖振臂高呼,而是陌生人成群结队"①的聚集在媒体上共同发声。这些在媒体上发声的公众,并不是事件本身的当事人,但他们参与的积极性与程度远超过与事件的相关者。孙志刚事件让官方第一次感受到了自身话语的"无用"和"无奈",只能"任凭"公众话语在媒体上持续发酵。在这次事件中,民间媒体对事件的关注和对真相的挖掘是不依不饶。孙志刚事件中,民间媒体对该事件的关注和舆论参与是官方之前没有料到的,官方对这种突然汹涌而来的民间舆论完全没有思想上和行动上的预案。从一定程度上讲,新媒体生态下官民双方在新媒体上的第一次话语权博弈,我们不能简单定论谁赢谁输,但呈现出了非常清晰的零和博弈趋势。

在相当长的一段时间内,特别是在传统媒体时代,公众的话语表达空间非常狭窄,参与社会治理的渠道更是有限。随着新媒体时代的到来,滞塞的渠道畅通了,长期压抑着的话语表达诉求得到了释放,公众话语传播表现较为活跃。特别是在一些突发公共事件中,各种各样的论坛、微信群、QQ 群、微博、博客等媒体话语毫无先兆的一哄而起,形成强大的民间舆论场,让官方话语引导无暇顾及。在中国特殊的政治生态环境下,新媒体承载着公众情绪与利益表达。在孙志刚事件中,从公众在新媒体上的话语内容呈现分析,更多对官方话语的不信任,而一些传闻、甚至谣言则获得网络草根公众的认同、支持,并努力去收集"证据"印证其真实性,尽力为其传闻、谣言庇护。而那些认同官方的话语,则遭到众多网民的非理性漫骂。话语博弈的结果,是民间话语对官方话语的消解、颠覆与解构。

新媒体空间上的民间话语造成对官方话语权的解构,有一定的历史原因。实际上,中国草根民众历来对政治参与有强烈的欲望,只不过这种欲望被一定条件下的政治生态禁闭着。林语堂曾指出:"表面上看来,人民是安分守己地服从统治者的。因而我们往往忽视了他们心中对政府的批评。实际上,在批评统治

---

① 王怡.网络民意与"程序正义"[J].新闻周刊,2004(003):64.

者方面,中国人丝毫不比西方人逊色。"①由于受到言论限制,民间对官方的批评话语只能囿于小巷、茶馆、酒桌饭后。而实质上,许多来自民间的批评话语对时政的针砭一针见血,而且均以草根民众最为喜闻乐见的歌谣、顺口溜等话语形式出现,草根民众的喜爱度极高,传播力极强。如一首民间针砭时弊的顺口溜:"该抓的工作在口号里;须办的急事在会议里;妥善的计划在柜子里;应刹的歪风在通知里;宝贵的人才在悼词里;劣质的商品在广告里;动听的词汇在汇报里;……"②这些民间媒体上流传的顺口溜,真实反映一定时期的某些社会现象,有极高的人气指数,认同度较高。除此之外,近年来出现的贵州瓮安事件、云南看守所事件,都被民间话语以"俯卧撑""躲猫猫"式地进行恶搞和反讽。这些批评话语彰显了中国民众对政治的关心与热情,印证着"高手在民间"的说法。这股力量如果不能够被激发出来,形成社会正能量,那一定会聚集起来,形成社会负能量,并不断对官方话语形成解构,弱化官方话语权。

　　第二,官方话语在媒体话语中被弱化和边缘。在手机等新媒介成为百姓生活中基本的社交工具后,老百姓的话语交流渠道不断畅通,话语能力不断增强。相对于传统媒体条件下,官方话语与民间话语力呈现彼消此长的态势。从近年来发生的几次突发公共事件中可以看出,官方话语在事件中的话语被弱化和边缘化现象有所体现。以江西宜黄拆迁事件为例,如此重大的突发事件,事件的核心又直接指向官民矛盾,媒体的关注度可想而知。一时间,几乎所有媒体都把焦点聚焦到了事件上,有关注事件的起因、有关注事件发生的过程、有关注在事件中受伤的群众、有关注政府部门在事件中扮演的角色、有关注拆迁的合法性问题等等。其中,关注度最高的有三个方面,一是拆迁的合法性问题,是否存在暴力拆迁;二是关注政府工作人员在伤者面前的态度,是否存在漠视伤者的情况;三是关注事件的前因后果。围绕这些核心问题,新媒体上瞬间形成了舆论场,而且各种所谓的真相话语层出不穷。有些话语传播者俨然把自己扮演成记者,话语极具认同度。如在媒体中大量出现这样的话语:"据对×××当事人的采访,……""据在场的目击者称,……"这些话语中似乎反映的都是事件的真相,自然引起公众的认可。事实上,这些话语中不乏大量与事实不相符的言论,甚至谣言。与此对应的,官方的媒体反应显然不及民间的迅速,当官方话语正式出现时,已经是事件发生后的第二天。这时,整个媒体舆论场几乎已经被民间舆论占领,官方的话语被淹没在民间舆论场中。更为被动的是,由于缺乏对舆论媒体的主动掌控,官方的话语不能直接传达到公众,而是以"间接传递"的方式进行传

---

① 转引自卞清.自民间话语与政府话语的互动与博弈[D].复旦大学,2012:110.
② 胡春阳,朱霞梅.民谣、短信及其政治传播功能[J].新闻大学,2012(01):125-132.

播。在事件舆论场中,我们经常看到诸如"据政府说""据政府某某领导说"的话语,官方的话语被民间"间接言说",官方话语信息处于十分弱势的话语地位,自然难以得到民众的认同。甚至更多的时候,被"间接言说"的官方话语主要以负面或被批评、质疑的形态出现。与此类似,在"孙志刚事件"等突出事件中,官方的话语被"间接言说"的现象同样突出,官方被民间舆论媒体笼罩在负面的批评中,话语"弱势"明显。在新媒体话语传播的博弈中,主动发声是赢得话语权的先决条件,自身的话语一旦被"间接传递"或"间接言说",话语权被弱化和边缘化就不可避免。

第三,民间话语传播的国家规制。很显然,新媒体民间话语的无序狂欢,尽管在一定程度上反映了民意,但随着新媒体的大众化,媒体话语已经不再是虚拟空间问题,新媒体舆论场已经从新媒体兴起之初的虚拟空间,演变成了一个实实在在的社会公众话语集散地。新媒体的影响面不仅局限于网络空间,已经影响到国家和社会的安全稳定。从近年来发生的一些突发公共事件中,社会公众通过媒体表达了民意,甚至在与官方的话语博弈中抢得了先机,在势头上大有压制了官方话语传播实效的态势,引来民众的阵阵狂欢和胜利的快感。但在这种无序的媒体话语狂欢中,充斥着大量的谣言和负面信息,言论激进且不乏公正偏颇,更进一步激化社会矛盾。在新媒体时代,谁赢得网络,谁将赢得民心,这已经形成了全球共识。官民话语零和博弈"是一个危险的走钢丝行为,网民过分、过激地发表言论,这在中国是一个很残酷的挑战"[①]。因此,围绕话语权博弈引来的无序狂欢,仅是也必须是短暂的,国家须要通过制度体系,对新媒体话语传播进行规制。既要使公众的言论获得真正的自由和保障,又不违背理性表达,维系话语权的竞争在良性的生态循环中进行非零和博弈。

(二)非零和博弈的协商与互动

在新媒体生态下,掌控了话语也就意味着掌握了权利。因此,官民之间存在着话语权的博弈是不可避免的。但对如何理解掌控话语权问题,不应陷入误区,官民话语权的博弈并非就是拼得你死我活的零和博弈。中国特色社会主义制度下的根本利益关系,决定了官民话语权利本质上的一致性。因此,围绕话语权产生的博弈,应该是实现双赢的非零和博弈。

1.非零和博弈的内涵

非零和博弈与零和博弈是一个相对概念,其内涵与零和博弈恰好相反。零和博弈是博弈双方以损害对方利益为出发点,企图把对方利益至于"0",从而使

---

①　王聪.我国官方话语与民间话语新博弈[D].湖南师范大学,2012:24.

自身利益最大化。而非零和博弈则突出双赢,博弈双方虽然都追求利益最大化,都在进行竞争,但并不置对方于"死地",而是双方追求共同的利益而展开的竞争。

2.官民话语权非零和博弈的现实境况

第一,官方让渡民间舆论场的自由博弈。在传统社会管理模式下,赋有舆论管理责任的官方,民间发生的大小事件,一般都要主动介入和参与,以履行自身的管理之责。一些本来属于社会自身调控的事情,官方也要主动介入,其结果虽然是大小事情都在管,但往往陷入很难把事情真正管好的尴尬境地,反而降低了自身话语权,把自身置于非常不利的境地。如在新媒体成为民间舆论场的初期,官方经常主动介入民间的一些话语论战,最后演变成民间与官方的话语博弈。

随着对新媒体的进一步认识,官方对民间的话语论战不再盲目介入,而是给予了民间舆论场充分的话语自由,官方仅是在高度关注中静观事态的发展变化,其实就是官方把一定的话语权利让渡给民间。以2013年以来,崔永元与方舟子关于转基因辩论为例,虽然事件开始时,仅是两人在社交媒体上进行论战,但因讨论的问题涉及每一个网民的切身利益,俩人的论战话题引起了众多网民的围观,甚至直接参与讨论,最后形成了两种意见对立的媒体舆论场。在舆论进入高潮之时,有人也试图把舆论矛头转移至官方。因为转基因一直是科学界力主推动和支持的技术项目,而且也在一定领域支持转基因产品的使用。但百姓关心的一些关键问题,如转基因食品是否安全,对人体是否有影响,会有什么样的影响等,相关部门一直没有给出正面肯定的答案,网民也希望官方能够在这场争论中表明态度。因此,在双方的话语中,会时不时看到,请官方回答此问题的诉求。但从崔永元与方舟子论战开始,到大量网民参与,直到形成一定规模的媒体舆论事件,官方始终保持静态观望,坚持不干预、不参与、不表态。因此,当矛盾双方进入相持阶段后,习惯于通过官方解决纠纷的中国网民自然就想把矛盾引向官方。为了把官方"逼"出来,有网友在微信平台发出了"××部食堂禁止采购转基因食品的通知"等不实言论,试图把矛头直指转基因食品的管理部门,形成转移视线,引发官民话语博弈。但官方并没有回应,视线转移没有成功。这场由民间引起,由民间话语力量自行博弈的媒体舆论事件,最后在争论中随热度降低而自然平息下来。在这场舆论事件中,官方从始至终都没有参与进来,实质上就是一种话语权博弈的让渡。看似话语权博弈的双方没有官方参与,但无时无刻都与官方有着密切的联系。所以官方采取"此时无声胜有声"的话语博弈策略,把话语权让渡给民间,让民间充分表达话语,官方反而赢得了一定的话语权,实现了官民话语权非零和博弈的效果。

第二,官民话语的互动融合与协作。在传统媒体条件下,尽管在一定程度和范围内官民之间的话语也有互动,但互动是有限的,难以形成畅通有效的意见反馈渠道和表达机制。在新媒体生态下,互动交流渠道被打通,话语传播主体不再是一个特定的权力集团,而是人人都有传播权,传播者与传播受众都是话语传播主体,传播者与传播受众的角色随时发生转换,官方对话语权的垄断地位被打破。在这样一种条件下,任何一方想要垄断话语权已经不太可能,尤其是长期垄断着话语权的官方更应该面对现实,调整话语掌控策略,构建官民话语的互动融合与协作机制。

在新媒体生态下,媒体舆论场就是一种公共舆论空间。从社会管理与服务的视角分析,就是公共管理部门与公众之间的话语交流场所,或者说是管理者与管理对象之间进行交流对话的场所。因公共事件形成的舆论导向,对社会运转产生着巨大的影响。在新媒体舆论场,更多的人试图通过营造舆论达到保障权利的目的。在话语权争夺日趋激烈的境况下,如何调节多方的话语利益,实现话语权的非零和博弈,需要一定的制度安排,构建官民话语的互动融合与协作机制。在实践上,近几年国家出台的《关于创新群众工作方法解决信访突出问题的意见》《突发公共卫生事件应急条例》等,一些地方政府出台的《网络舆情管理办法》等制度条例,都规定了相应的舆论处理条款,都突出强调要加强官方与民间互动融合与协作。这方面我们有不少成功的案例。2011年温州动车事故发生后,浙江省政府相关部门反应迅速,他们反应的焦点不是放在回应事故发生的前因后果方面,而且通过媒体发出现场救援行动。比如:政府副省长、组织部长、卫生厅厅长连续通过微博在第一时间发出了现场救援信息,并明确告诉公众,政府主要领导和相关部门负责人都在现场指挥救援。省政府主要分管领导还在腾讯微博连续三次发出信息:"温州市县所有救护车都在陆续调往现场,救援车辆充足。"卫生厅也在第一时间发出了"温州血液库存告急,呼吁公众积极献血"的救援信息。在官方连续发布救援现场动态信息后,民间媒体在社交平台转发了献血的呼吁。随后,一些网友通过微博等媒体贴出了温州公众在血站大厅排队献血的感人照片。这是一次突发公共事件,但在突发事件面前,官民协作互通,官方及时发布信息,让公众在第一时间了解事件的救援动态,民间则积极响应官方,协助官方做好救援行动,并通过话语向社会传播满满的正能量。尽管在这个过程中,也有人试图专门挑剔政府部门在事件中的一些毛病。比如在媒体上炒作铁路部门新闻发言人对事件过程不了解等,以期转移公众视线,引导舆论转向,但并没有成功。这是一次在突发公共事件面前,官民互动融合与协作的成功案例,较好地引导了舆论。除此之外,如2010年在打击拐买妇女儿童行动中,《人民日报》等官方主流媒体与民间社交平台互动合作,通过官民合作把打拐推向高潮。随后,最高人民法院、最高人民检察院、公安部、司法部对这次民间媒体发起的打拐行动及效果给予了高度肯定。这些案例,都是在新媒体生态下,官民话语的互动融合与协作的成功案例。

三、新媒体生态下话语权的全球化竞争

从传播学的观点来看:"全球化是在一种世界范围和基础上运行的经济与文化网络之增长与加速的过程。"①全球化不是互联网的天然产物,但互联网天然的推动着全球化的进程。以互联网为核心技术的新媒体,以一种超越时空的巨大优势,把世界不同民族、不同语言的国家联系在一起,频繁地开展跨国信息、跨国文化交流。新媒体把一个庞大的世界浓缩成一个地球村,人们足不出户,通过一部手机就可以知晓天下事,是真正意义上的全球媒体。但是我们要清醒地认识到,在这个"村落里",信息交流是不平衡的。发达国家依靠技术优势、经济优势占据着话语传播主导权。因此,伴随着全球化的进程,全球范围内的话语权竞争将在一定时期内不可避免的加剧。

(一)话语传播的全球化趋势

新媒体拓展了话语传播的媒介生态链,推动着媒体话语场从国内拓展到全球。只要新媒体能到达的地方,就是人类话语所能及的地方。因此,话语传播的国际化趋势是伴随着新媒体生态的形成而形成的,这种全球化趋势深刻地改变着话语的传播形态。

1.话语传播的范围不断扩展。随着新媒体技术的不断进步,各国文化交流不断深入,话语传播所触及的范围越来越广泛。互联网刚开始兴起时,话语传播的全球化也基本同步开始,但由于受到技术上的限制,传播范围极其有限,也并没有引起大多数国家的重视。随着互联网技术向全球拓展,加之卫星技术从军用为主向军民两用的快速转型,话语传播的全球化趋势快速推进。从传播内容而言,从早期以新闻为主开始向全文化领域扩展;从传播的地域范围而言,任何一条信息在短时间内都可以轻松地跨越七大洲四大洋,传遍全球。

2.话语传播的形式多样化。新媒体话语传播形式多样化、个性化突出,能够满足不同受众的话语需要。在传统媒体下,跨越国界的话语传播受到语言文字的限制,传播形式非常有限,传播的内容需要先行翻译,这需要巨大的人力、物力和财力,无形中增大了传播成本。在新媒体条件下,除了文字传播外,还可以同时进行音频、图片、视频、虚拟仿真的传播,亦可以根据不同区域的语言文字差异进行同步翻译。受众能够根据自己的实际情况,选择能够接受的传播形式。话

---

① [美]约翰·费克斯.关键概念:传播与文化研究辞典[M].李彬,译.北京:新华出版社,2004:120.

语传播形式的多样化,一方面提高了话语国际传播的实效性,另一方面高效地推动着话语传播的全球化进程。

3.话语传播的主体多元多变。在新媒体生态下,传播主体包括话语传播者和话语受众。新媒体实现了双向、多向性的话语互动和交流,话语传播者与受众的角色可以随时实现互换。任何一个信息发布者,在下一时间的互动交流中,他都有可能变成信息受众。从国际话语传播角度而言,除了主权国家以外,还有数量众多的政府间组织、非政府组织、跨国企业等,这些都将是国际范围内的话语传播主体。因此,国际话语传播的主体多元多变是总体趋势。

4.话语传播的政治功能趋势增强。全球范围内的文化交流,特别是国与国之间的文化交流从来都是伴随着政治需求。在传统媒体下,这种政治需求大部分被含蓄地隐藏着。在新媒体条件下,伴随着文化全球化的发展,国际范围内的话语传播的政治需求开始从含蓄向公开转换。今天的国际话语传播,已经影响到了一个国家的制度和政策导向,甚至影响到国家主权。

(二)话语权的全球化争夺

随着话语传播的全球化发展,话语权争夺逐步走向全球化,形成全球范围内的国际话语权。国际话语权以及在全球范围内的话语权竞争是当今时代的新课题,它不仅仅是国家间政治斗争的重要载体。在全球化趋势突显的当今时代,"失语"不仅挨骂,更有可能"生乱"。因此,国际话语权成为维护国家主权、安全与社会稳定的重要内容。

1.国际话语权的内涵

前文已经讨论了话语权的内涵,话语权就是话语权力的大小,即话语对其他人产生导向作用的影响力。关于国际话语权的概念,目前没有统一的界定,但对其基本内涵的认识是一致的。国际话语权是话语权在全球范围内的延伸,即话语在国际范围内的影响力。话语权形成的基础是话语传播,在国际范围内的话语传播,其传播主体既有主权国家,也有政府间组织、非政府组织等。在全球化不断深入发展的今天,话语权对任何一个组织都至关重要,不仅影响国家思想文化观念的传播,还直接与国家经济利益、政治利益、甚至国防军事利益密切相关。话语权成为衡量一个国家综合实力的重要指标,是国家软实力的重要组成部分。在全球化深入推进的今天,话语权在国家综合实力中居于核心地位。当今时代,国家之间的竞争与较量,不仅局限于硬实力,同时还在更广泛的软实力范围内开展竞争。话语权更是被置于国家综合实力的首位,谁拥有话语权,或拥有更多的话语权,谁就会在国际事务中发挥更多的主动性和影响力,必将在复杂多变的国际斗争中获得更多的国家利益。

2.话语全球化传播及其对国际话语权的影响现状

第一,"西强东弱"的话语传播格局影响着国际话语权的均衡发展。尽管新媒体为世界公众提供了一个平等交流的话语空间,但话语的影响力却存在着严重的不平衡。以美国为首的西方国家较早进入了现代工业文明,拥有绝对超强的硬实力,并在国际事务中占据不可撼动的话语地位,话语权优势明显。20世纪80年代以来,随着苏东剧变、苏联解体,国际范围内两大对立集团的冷战随之结束。在新的世界格局中,以美国为首的西方国家在相当长的一段时期内,垄断着世界话语权,掌控着国际话语权的主导地位。此外作为信息技术革命的发源地,今天的美国同样拥有世界其他国家无法比拟的信息技术传播优势。如,在2015年之前,作为世界互联网最紧缺的TCP/IP协议(即IPV4地址)资源,美国占有量超过74%,几乎每个美国人拥有4个IPV4地址;中国作为世界最大的发展中国家和网络使用大户,仅手机用户就达到8亿多,但我们仅拥有109万个IPV4地址,还不及美国ICANN一家公司管理的IPV4地址多。从网络服务器的布局和IPV4地址的分布情况我们不难看出,尽管网络把世界浓缩成了一个地球村,但在这个地球村中,具有绝对话语权的仍然是以美国为首的西方发达国家。尽管2016年中国实施了"雪人计划",在一定程度上打破了西方发达国家对互联网服务器资源的垄断,但还不能从根本上改变互联网资源分配不平衡的问题。

第二,话语全球化传播为中国提升国际话语权创造了契机。中国已经成为世界稳定的第二大经济体。党的十八大以来,中国在世界范围内的影响力不断提升,国际传播和国际话语能力不断增强,无论是传播媒介,还是传播话语,其国际影响力都在逐年提升。特别是"一带一路"倡议和构建人类命运共同体倡议提出后,赢得了广泛的国际认同。改革开放40多年来,中国在媒体传播的物质基础、技术攻关、传播队伍等方面不断缩短与西方国家的差距,西方国家对全球、特别是发展中国家的话语垄断格局逐渐被打破。以2008年西藏"3·14"和2009年新疆"7·5"暴力犯罪事件为例,事件发生后,以美国CNN电视台为代表的西方媒体罔顾事实,对事件进行了歪曲报道,把暴力犯罪分子美化为民主斗士。针对西方媒体的歪曲报道,新华社、人民日报等主流媒体用铁的事实向世界呈现了事件的真相。同时,一个命名为"Anti-CNN"民间网站,专门组织人员,针对性地批驳CNN电视台的歪曲报道,他们收集犯罪分子大量的暴力行为,逐条批驳CNN媒体的歪曲报道,向全世界发出关于事件的真相,揭露CNN等西方媒体对事件歪曲报道的事实。该媒体迅速得到国际华人的响应和支持,一时间海内外的华人、留学生纷纷注册进入"Anti-CNN"网站,注册会员近20万,浏览量超过10亿次。这是中国人第一次对西方媒体话语权的垄断地位发起挑战,并成功解构了西方媒体对事件的歪曲报道,也在一定范围和程度上提升了中国的国际话语权。因此,话语全球化传播,在给中国话语权带来挑战的同时,也为我们提升国际话语权创造了契机。

第三,新媒体话语的国际传播能力影响国家的话语权。以互联网和信息技术为核心的新媒体是国际话语传播的重要载体,其跨越时空和超强的互动交流能力,成为中西文化交流的重要平台,也是国际话语权争夺的前沿阵地。当网络把国际文化和思想意识形态"国界"变得模糊不清时,国际范围内的话语权斗争将变得更为激烈。谁赢得话语权,谁将赢得世界,这已成为共识。从国际范围内的话语对话现状分析,尽管我们认为网络把世界浓缩成了一个地球村,国与国之间的思想文化交流冲破国界。但并不意味着各国拥有了平等的话语交流权利,由于长期以来西方发达国家对话语权的垄断,话语传播主体中的传播者与受众之间并没有形成平等对话,国际话语传播中的话语霸权随时存在着。西方国家用传统思维架设了一道中西文化平等交流的屏障,这道屏障堵塞着中国的国际话语传播,只有冲破这道屏障,我们的话语传播才能顺畅。在新媒体生态下,网络技术提供的交流互动力,为我们冲破西方文化霸权思维下架构的文化屏障创造了条件。如前文提到的西藏"3·14"和新疆"7·5"暴力犯罪事件,西方媒体对事件的歪曲报道,蒙蔽了不明真相的公众。我们正是综合运用新媒体强大的话语传播力,冲破西方的话语霸权,向世界呈现事件的真相,使得西方的媒体谣言和不实报道被揭穿。从这两场话语权的斗争中,让我们深刻地认识到话语传播能力是提升话语权的关键。正如习近平所指出的:"落后就要挨打,失语就要挨骂。"[①]只有不断提升国际话语传播能力,让国际社会听到中国的声音,我们的话语权才能得到提升。

第四,话语传播的社会化水平影响国际话语权。在新媒体生态下,国家赢得话语权,需要依靠全体人民的共同努力,全面提高话语传播的社会化水平。我们可以从两个层面理解:一是国家硬实力是软件力的重要前提,俗话说"有理不在声高",没有硬实力支撑的话语权,就如同"泼妇骂街",骂得大声,并不意味着别人就认同你的说词,关键还得看实力。美国为什么能够长期垄断着国际话语权,相当长的一段时期内,美国能够在世界上一呼百应,靠的就是国家硬实力的支撑。中国要赢得国际话语权,前提条件就是要加快国家经济建设,这是需要全国人民共同努力和创造的。二是新媒体话语能力是获得话语权的重要保障。中国具有庞大的网民数量,这是一支不可估量的话语传播队伍。但我们需要清醒认

---

① 习近平. 2015 年 12 月 11 日在全国党校工作会议上的讲话[EB/OL]. http://cpc. people. com. cn/n1/2016/0501/c64094-28317481. html.

识到,尽管我们的网民队伍庞大,但对公众开展媒体话语能力的培训比较缺失,大部分公众的媒体话语能力不强,不知道如何规范的运用新媒体表达话语。尽管我们说"有理不在声高",但要会说且能够大胆地说,说得让别人心服口服。从近年来发生的一些事关国家民族利益的事件面前,能够引起全社会媒体关注的媒体话语往往都是极少数媒体精英。以西藏"3·14"和新疆"7·5"暴力犯罪事件为例,尽管社会公众都对西方媒体罔顾事实的报道感到愤慨,但不知道如何正确表达抗议,更不知道如何把自己的抗议传达给全社会。话语传播能力与话语权是紧密相联的,在中国,我们的国际话语地位并不高,如果仅靠几家主流媒体和几个社会媒体精英,难以提升我们的国际话语权。因此,需要全面提升话语传播的社会化水平,这是提升话语权的重要途径。试想,如果 10 多亿的中国网民能够共同发出中国的声音,讲中国的故事,这样的传播能力谁能与之争锋?

（三）话语权在全球化竞争中的挑战

从我国国际话语传播面临的实际情况而言,无论从话语传播力、传播内容、传播渠道、语言魅力等方面与西方国家的话语传播相比都有一定的差距,我国国际话语权的竞争力不太强,在话语竞争中面临着较大的挑战。

1. 我国传统媒体在国外的影响范围和影响力有限

话语权的形成不是一朝一夕的事情,需要有一个长期的积淀过程。从传统媒体而言,西方国家第一张具有现代意义的报纸产生于 1605 年,而中国第一张具有现代意义的报纸产生于 1858 年,仅从时间而言就相差了 200 多年。从 1840 年以来,中国在经济、政治等方面长期受到西方国家的殖民统治,国际话语权非常弱小。新中国成立后,由于长期受到西方国家的孤立和封锁,国际话语传播力非常有限,传统媒体发展受到较大限制。从话语权竞争的历史性而言,传统媒体是话语权竞争的重要基础。相当一段时期以来,要把自己的话语传播到海外并形成一定的影响力,传统媒体是主要的依赖载体。如美国的《纽约时报》《华盛顿邮报》《洛杉矶时报》《华尔街日报》等报纸、"美国之音"等广播电台,这些传统媒体在世界影响力非常大,在提升美国的话语权竞争中发挥了突出作用。而与此相比,我国传统媒体的海外影响力相对较弱,除了《人民日报》(海外版)有一定影响力外,其他报纸基本不对外发行。除了报纸外,广播、电视的国际宣传力也比较有限,尽管我们的广播电视信号实现了全球覆盖,但并没有针对海外进行专门的产品开发,除了面对一些华人华侨的海外宣传产品外,面对其他公众的传播产品较少,整体海外话语传播拓展力不强,广播电视的海外收视率较低,难以形成较广泛的影响。改革开放以后,中国依靠长城卫星,开始建立面向海外的卫星电视频道,向国际上传播中国声音。进入 21 世纪以来,我们也试图努力向海外拓展广播电视的覆盖面,虽然取得了一定成绩,但我们在中亚、非洲、拉美等区域拓展速度较慢。尽管非洲、拉美是我国重要的战略合作伙伴,由于他们几乎接收不到我们的电视广播,这种状况严重制约了我国的国际话语权的竞争力。

2.国外华人的话语影响力不强

随着移居海外华人数量的增多,华人创办的宣传媒介也相应增加,有些还在全球范围内形成一定的影响力。据考证,全球第一份华人创办的报纸是1854年的《金山日新录》,随后,移居海外的华人相继创办了《美洲华侨日报》《联合日报》《少年中国晨报》《金山时报》《大公报》《南侨日报》等180多种报纸,这些报纸分布在美国、加拿大、新加坡等30多个国家和地区。随着新媒体时代的到来,大部分报纸及时与新媒体融合,推出电子版和手机报,亦创办了相应的新媒体网站。目前,在全球影响力比较大的报纸有《联合早报》《侨报》《南洋商报》等10余种。仅从数量而言,海外华人创办的宣传媒介不少,但其读者和发行范围受到较大限制,以影响力较大的《侨报》为例,其读者主要为华人,不仅不能对美国主流社会形成影响,就算是对美籍华人本身的影响力也非常有限。在亚洲影响力比较大的《联合早报》,率先与新媒体融合,较早推出了电子版和手机版,但它的影响力仅限于中国大陆地区。由此可以看出,华文传媒的影响范围较小,海外华人的话语影响力不足以影响到相应国家的社会主流。因此,在话语权竞争中处于弱势地位。

3.传播内容针对性不强、话语亲和力不足

国际传播实质上是一种跨国界的思想文化交流,文化交流天然地受到社会制度、宗教信仰、语言文化、思维方式、社会价值的影响,从民族文化具有民族心理特质的视角而言,任何一个民族,对与社会制度、宗教信仰、语言文化、思维方式、社会价值有较大差异的外来文化都具有天然的抵触心理。因此,开展国际话语传播,对传播的内容、传播形式都提出了更高的要求。在传播内容的选择上要充分考虑各国的文化差异,避免产生心理抵触;在传播形式上要注重话语的亲和力,要用当地公众喜欢的形式开展话语交流。长期以来,我国在国家层面非常重视对外文化传播,但媒体就如何提高话语传播效力方面缺乏深入研究,传播的时效性不强。我们对传播受众的文化思维、社会价值思维研究不够,致使我们传播的话语内容无法与受众形成共识,有时甚至产生误解。如北京在申报2000年第27届奥林匹克运动会时,在对外宣传方面对国外受众的社会价值观缺乏深入研究。1993年9月,我们在播放北京申奥宣传片时,在画面中有一位老人,提着一个鸟笼悠闲地走在一条林荫大道下。我们的愿意是想表达北京人与自然的和谐相处,人民生活进入小康。但国外受众对宣传片内容的理解恰好相反,一只可怜小鸟被关在笼子里,如何反映人与自然的和谐相处?仅从这一点就反映出我们在对外传播的话语内容方面缺乏深入研究。因此,我们在开展国际话语传播时,如果缺乏充分研究他者的话语习惯、社会价值、思维方式等文化特质,就容易引起误解,得不到受众的认同,就无从谈及赢得话语权。从整体上而言,我们在对外话语传播时,如何保证话语传播内容的本土化、突出受众与内容的一致性等方面做得不够充分,传播话语的亲和力不强,吸引力不足,弱化了国际话语权的竞争力。

4. 新媒体生态下"西强我弱"的话语传播趋势突显

国际政治秩序影响着话语传播秩序,在传统的国际政治秩序中,以美国为首的西方经济强国统治着国际政治秩序,也同样掌控着国际话语秩序,有着较强的国际话语权。即使在新媒体打通了国际交流渠道的今天,更多的国际话语权仍然被美联社、法新社、路透社、CNN有线电视新闻网、BBC广播公司等国际传媒所掌控。在新媒体生态下,虽然它们的垄断能力有所下降,但这些国际传媒在国际上的影响力和受众的认同度是我们在短时间内无法追赶的。尽管新华社在近几年来的国际话语权有较大提升,但与这些传统国际传媒相比,其国际影响力仍然具有较大差距。随着新媒体技术的广泛应用,这种差距呈现出继续扩大的趋势。前文在分析话语权博弈的时候,曾经提到了西方传媒强国对新媒体硬件资源和软件技术的控制和垄断。事实上,西方传媒强国除了对硬件资源和软件技术的控制和垄断外,它们也是较早推进传统媒体与新媒体融合的国家。当人类进入新媒体时代后,作为话语权列强,它们抢先考虑了如何让传统媒体在新媒体生态下继续保持对话语权的垄断。它们率先提出并推动了新旧媒体的融合共生,使得他们既有的国际话语权并没有因为新媒体的国际互动交流的深入而被弱化,反而得到了加强。除此之外,它们还注重在国际范围内培养信息采编人才,形成了一支国际化的信息采编队伍,形成强大的"国际信息源"。可以说,今天全球范围内的新闻资源"富集区"仍旧集中在以美国为首的西方国家中。一些发生在我们身边,被认为是无足轻重的信息,被它们的国际采编队伍加工处理后,能够形成具有广泛国际影响力的国际传播话语。因此,从新闻队伍建设、新闻运作与采编等视角出发,我们与西方传统媒体强国之间的差距仍在拉大。尤其在新媒体生态下,西方传统媒体强国对新媒体传播的理解和掌控能力仍在增强,这将使"西强我弱"的话语传播态势进一步扩大,我国的国际话语权面临的挑战将更加严峻。

(四)话语传播在全球化竞争中的战略调整

如何改变目前"西强东弱"的话语传播格局,把中国发展理念、发展成就传播到全世界,让世界各国认识和了解一个更真实的中国现状。需要我们讲好中国故事,传播好中国声音。要根据新媒体传播特点,调整话语传播战略,在传播内容上要更具有吸引力,传播形式上更具有亲和力,传播渠道更具多样性,传播主体要突出多元化。形成系统、整体、多样、动态的中国话语国际传播格局,从总体上增强国际话语权的竞争力。

1.构建国内与国际协调联动的话语传播体系,提升中国故事的公信力。

新媒体超强互动交流性是其最大的特征,也是新媒体生态下的话语传播优势。通过新媒体的互动功能,实现双边、多边的沟通交流,增强双方之间对问题的共识。但由于中国与世界各国之间的信息交流还缺乏有效互动,传播中国故事的话语体系还没搭建完善,加之西方个别掌控话语权的国家对中国进行选择性或歪曲报道,使得世界对中国的发展和中国的政策主张,不能够全面和真实地了解。因此,我们需要积极探索新媒体生态下的话语国际传播规律,打通与国际社会的互动交流渠道,通过"面对面"交流辩论,把一个更真实的中国展示给世界。研究西方传媒强国发展经验可以发现,只有建立全世界公信的媒体,才能在国际上有效发声。不论宣称自己是国际化的媒体,还是宣称自己是公允的媒体,都首先立足本民族,常言道"越是民族的才越是世界的",国际话语传播也是如此。我们在面向国际开展话语传播时,要立足于讲好中国故事,搭建好属于我们自己的话语平台。尤其是新媒体生态下,要充分发挥好新媒体的传播效力,根据传播受众的不同,精心编制有针对性的话语传播内容。在传播形式上,要形成多元化,特别注重立足于受众的文化形式,采用受众喜欢的形式开展话语传播,提高传播时效力。我们在话语国际传播中强调立足本民族,并不是主张狭隘的民族本位思想,我们的媒体传播需要具有全球化思维,要放眼世界范围讲中国故事。要让全世界的人民相信中国、接受我们的思想和观点,就要让它们感受到我们是一个具有全球战略眼光的开放民族,并不是狭隘的民族本位主义者。

对外开展国际话语传播,讲中国故事,特别需要有国际开放的气度和胸襟。"越是世界的才越是民族的",我们只有站在世界高度讲中国故事,才能把中国的故事讲出世界的价值。我们需要从两方面理解"越是世界的才越是民族的"这句话的当代意义。一方面,中国的媒体要善于放眼世界,既要讲好中国故事,又要讲好外国故事;二是中国的故事既要由中国人自己讲,也要主动请外国人来讲;既要引用中国国内信息来源,又要善于引用国外的信息来源,形成内外联动的话语传播格局。以北京2008年奥运会为例,在举重场馆发生了非常感人的一幕:一位名叫施泰纳的德国运动员获得了105公斤以上级举重冠军,在领奖时,他一手高举自己获得的金牌,另一手高举刚去世的妻子照片,他的举动赢得现场观众的热烈掌声。第二天,中国国内多家主流媒体都把头版头条给了德国运动员施泰纳。这一媒体举动,无形中为中国媒体赢得了国际话语权,彰显了中国媒体真正践行着北京奥运会"同一个世界、同一个梦想"主题,突显了中国媒体的国际胸襟。另外,开展国际话语传播,我们要善于假借国际媒体提升自身话语的公信力。如《中国日报》是中国对外宣传的重要媒体之一,《南华早报》是中国香港对外宣传的重要媒体。曾有学者对这两份报纸在世界传媒中的公信力进行了研究,认为《南华早报》在国际范围内的公信力要高于《中国日报》,这个结论当然包含着一些意识形态的成见。但是,其研究结果,撇开意识形态的成见,有一些观点却对提升我们的话语传播力是有借鉴价值的。研究认为:"从对外传播的效果看,《南华早报》引用的消息更容易得到外国受众的认可。由于教育背景和知识结构的影响,他们更愿意相信国际金融机构的统计数字和分析结果。而《中国日报》过分倚重国内官方消息来源,容易被西方受众误认为是在替政府唱赞歌,将中国的对外传播媒体完全等同于政府的'扩音器'。"①这些案例给了我们很大的启示,开展国际话语传播,要善于构建国内与国际协调联动的话语体系,要善于利用好国际力量讲中国故事。这方面,我国在新民主主义革命时期,就有过成功的案例。如:抗日战争时期,美国记者斯诺报道了中国共产党领导人住着简陋窑洞、睡着硬土炕、穿着用废弃的降落伞改制的背心,把节省下来的经费用于改善战斗在前线的指战员生活和武器装备。斯诺的报道发出后,引起世界轰动,也迎来世界对中国共产党员抗战的重新认识和支持。

随着中国经济社会发展,特别是党的十八大以来,中国提出了"五位一体""四个全面""一带一路"等发展战略和倡议,党的十九大之后,又提出了"两步走""构建人类命运共同体"等新的战略思想,这些战略思想的提出,需要让世界对中国更全面地认识和了解。我们既需要更多的外国媒体记者报道中国的发展,也需要利用外国的媒体传播中国的故事。只有内外联动,构建起国内与国际协调联动的话语传播体系,才能从根本上提升中国故事的公信力,增强中国的国际话语权。

2. 形成民间与官方包容互信的话语场,协调一致向世界传播中国声音。

无论是国内传播,还是国际传播,民众的舆论场是影响话语权的重要因素。以互联网为核心技术的新媒体,天然地成为民众表达诉求的场所。人们通过新媒体,能够迅速汇集各种舆论,传递民意。尤其是在中国主流媒体在国际传播中的话语影响力还不够强大的情况下,把民间舆论力量组织起来,形成官民协同一致的舆论共同体,能够在一定程度上最大限度地表达中国的民意,在一定范围内影响国际舆论,赢得话语权。从传播学视角分析,话语传播作为一种文化现象,

---

①　单凌.中国声音的国际表达——《中国日报》和《南华早报》人民币汇率报道比较[J].新闻记者,2008(01):75-78.

具有明显的自我感受和体验。由于不同的个体自我感受和体验存在着差异,因此,对同一社会新闻事件,个体的自我话语表达存在不同是正常的,甚至出现相互排斥和对抗的现象。在现实社会生活中,就一个新闻事件而言,不同的个体总会有不同的观点和见解,而且这些观点和见解总是与话语传播者的自身利益和价值判断相联系。也正是这个原因,每每发生新闻事件时,在新媒体舆论场中总是汇集着不同观点和舆论意见。这不见得是坏事情,它恰好反映社会公众的舆论诉求,让不同的声音和诉求都能够在舆论场中出现,我们能够从中分析出社会诉求的多元性,为正确有效地引导舆论创造条件。

事实上,一个国家的官方和民间话语不可能总是一致的,由于官方和民间的具体利益"认同点"和"利益平衡点"存在差异,官民话语冲突是正常的社会现象。但是,一个具有较强国际话语权的国家,在面对国家的国际声誉时,官民之间能够形成利益共同体。也就是我们经常提到的一个基本观点:一个有国家和社会责任感的媒体或公民,并不一味地以批评政府和社会为乐,而是更主动地找到官方和民间之间的利益平衡点,从而引导公众话语。在中国,由于历史发展的原因,官民之间的话语博弈总是在一定范围内存在。因此,在面对一些事关国家的国际声誉问题时,需要官方与民间包容互信,形成协调一致的话语传播机制,增强国际话语权。

在世界多极化和全球化趋势下,国家的对外话语传播不是孤立的事件,提升国家的国际话语权,不是仅靠主流媒体或官方话语能够实现的,需要形成官民互动、协调一致的话语舆论场,甚至是官民统一的话语意志。在社会实践中,尤其是在一些官民对抗的国家中,官方话语与民间话语形成了两个完全对立的舆论场,不仅在国内是对立的,而且在国际事务中也是对立的,官与民相互拆台。这种话语态势,何来国际话语权。如:进入 21 世纪以来,发生在世界各地的"颜色革命",单从国内的舆论场分析,就是典型的官民两个对立的舆论场。实质上,发动"颜色革命",扰乱社会秩序的毕竟是少数,大部分民众不希望国家陷入混乱。但这样的民意诉求无法统一,更没有得到官方的有效回应。因此,让"颜色革命"发动者赢得了话语先机,形成了舆论导向。在形势多变、复杂多样的国际环境中,官民协调互动,是赢得国际话语权的重要形式。尤其在今天,中国作为最大的发展中国家,中国的崛起态势已经不可逆转。面对强势崛起的中国,西方国家当然不愿意看到一个强大中国的存在,更不愿意放弃他们的既得国际利益。因此,面对中国的发展,他们使出了惯用的手法,即"棒杀"和"捧杀"。先是采取"棒杀",通过技术封锁、经济制裁等方式,试图扼杀中国、迟滞中国的发展;当棒杀不起作用,无法迟滞中国发展时,西方国家开始发挥掌控话语权的优势,对中国展开大规模的"捧杀"策略。他们鼓吹 21 世纪是中国的世纪,21 世纪是中国全面超越美国,成为世界领导者的世纪。西方媒体大肆"捧杀"的背后是"中国威胁论",希望通过"捧杀"挑起中国与周边国家的矛盾,扰乱中国发展的和平环境。面对西方"棒杀""捧杀",中国官民媒体表现出了高度一致性。如:美国"萨德入韩"威胁中国安全问题,中国官方在表达我们的严重抗议时,民间舆论表达了同样的反对浪潮,强大的舆论压力迫使美韩不得不向中国作出某种承诺。应该说,美国"萨德入韩"既是一场国家综合国力的竞争,更是一场新媒体生态下的国际话语权竞争。通过这个案例,让我们更清晰地认识到,国际话语权竞争,不是官方单一主体的事情,而是需要形成民间与官方协调一致向世界传递中国的声音。

3. 积极推动文化交流,搭建跨文化传播的话语沟通桥梁。

一个国家、一个民族要屹立于世界民族之林,首先其文化要对世界产生巨大影响力。在经济、文化全球化深入发展的今天,一个国家要在国际社会中拥有话语权,首先要注重文化交流,让世界更多的国家了解本国文化特征。国际话语权的竞争,虽然说是由综合国力因素决定的,但最根本的影响因素还是文化因素。英国首相丘吉尔在一次演讲中提出:"英国宁可失去整个印度殖民地,也不愿意失去一个莎士比亚。"[①]由此可以看出,文化对一个国家的国际地位的重要性。尤其是在新媒体生态下,文化竞争不仅直接反映在国家的文化地位和经济利益上,更是反映在国家意识形态和国家核心利益的竞争上。

常言道"文化搭台经济唱戏",文化是推动国家交往的催化剂,我们在推动开展文化国际交流时,要学会与异质文化进行交流与互动。文化是一种民族语境,深刻地烙印着本民族的心理特质。民族间的交流首先开始于文化交流。同样,阻碍民族交流的最大障碍也是文化。文化是民族心理特质的反映,每个民族都有自己的心理特质,这种特质决定了不同文化之间交流的深度和广度。不管是开展国际文化交流,还是国内各民族之间的文化交流,首先要善于了解民族心理特质。"民族心理特质是各民族长期的文化积淀形成的,不同民族的文化差异,有两种表现形式,一种是通过民族语言、民族习惯、民风民俗等外在的文化现象表现出来。这种外在形式上的文化差异,我们可以通过有意识的控制加以调节。另一种是内在地表现为民族群体的文化心理特质上,这种内在形式上的文化差异,没有明确的表现形式。如果我们缺乏对一种民族文化的了解,就很难体会到这种内在的文化差异的存在。民族文化心理是一个民族在长期的发展过程中形成的精神纽带和心理支撑,不管这个民族群体中的个体和居住地域如何变化,但

---

① 转引自李俭. 丘吉尔说"宁愿失去一个印度,也不愿失去一个莎士比亚"[EB/OL]. http://app. 71. cn/? wd=％E6％9D％8E％E4％BF％AD&app=search&controller=index&action=search&type= all.

民族的文化心理特质不会因此而发生本质性的变化。在文化全球化趋势下,区域文化的多样性不可阻挡。尽管民族文化在当今文化发展变化的潮流中,民族文化的外在表现形式会发生一些变化,但作为民族文化结构体系中的核心部分和内在根基的文化心理仍将通过凝聚、内化和积淀方式支持和维护着本民族的文化传承,以一种强大的精神心理力量影响和支配着民族群体中的个体在不同时代的文化行为。虽然这种个体文化行为体现在个体价值判断上,但它却是整个民族的社会文化的集中体现。"①我们只有了解了民族心理特质后,才能摈弃民族偏见,畅通民族交流渠道。随着文化全球化深入发展,国与国之间的文化交流是大势所趋。在开展文化国际交流与传播时,既要充分考虑不同国家受众的文化传统和文化心理特质、思维方式和价值判断,同时还要充分考虑受众的文化情趣。尽管个体的文化情趣有所差异,但文化群集中的文化情趣有趋同性。因此,开展文化国际交流时,要注重找出双方的文化兴奋点,通过文化兴奋点助推文化国际交流。

自古以来,中国在开展文化国际交流中积累了丰富的经验,丝绸之路、西天取经、鉴真东渡、郑和七下西洋等都是中华民族与世界民族之间开展跨文化交流的典范。在经济和文化全球化趋势下,跨文化传播②和交流将更为频繁,并且将逐渐成为一种文化传播的常态。从文化生态学视角而言,跨界文化交流和传播,有利于推动世界文化的多样性发展,构建健康持续的文化生态系统,有效防止文化霸权和文化垄断。我们要认识到,文化总是烙印着民族的心理特质。因此,开展跨文化传播和国际交流,不是要求文化同质化,更不是推广所谓的普世价值。而是在相互尊重、推进文化多样性的基础上进行平等的文化交流与互动,在求同存异的基础上形成你中有我、我中有你的文化生态。

目前,随着中国经济发展和国际影响力的提升,中国传统文化在世界的影响范围逐步扩大,尤其是中国儒学文化思想成为中国与世界各国开展文化交流的共同兴奋点,我们要抓住这个有利时机,充分发挥新媒体的传播功能,以新媒体为载体,积极推进中国文化与世界各国文化的平等交流与互动,搭建跨文化传播的话语沟通桥梁和平台。

4.利用地缘政治关系,提升话语的国际区域影响力。

地缘政治是研究国际政治关系的一个重要概念,目前已经发展为一门地缘政治学科。地缘政治学的基础理论主要来源于海权论、陆权论、空权论、太空权

---

① 罗昌勤.文化生态学视阈下探析多民族地区文化融合与社会和谐[J].前沿,2012.(11):157-172.

② 美国学者萨默瓦(Larry Allen Samovar)对跨文化传播的定义是:"跨文化传播指的是拥有不同文化感知和符号系统的人们之间进行的交流,他们的这些不同足以改变交流事件本身。"

论等。从地缘政治学的基础理论来源可以看出，地缘政治非常重视一个国家所处的周边政治关系。

在国际交流与话语传播中，根据地缘政治的地位关系不同，可以划分出重点传播对象、一般传播对象等。所谓重点传播对象，即处在特殊地缘政治地位、国家相互关系密切的战略合作伙伴国家受众。而一般传播对象就是地缘政治地位不是很重要，同时又是非战略合作伙伴关系国的受众。在国际话语传播中，地缘政治突出的国家对提升国际话语权具有重要的作用。对于话语传播国而言，地缘政治关系密切的战略合作伙伴国由于具有共同的利益趋势，传播国的主张容易得到支持和理解，话语权容易得到维持。而非地缘政治战略合作关系国，传播国的主张在他们这些国家容易受阻，传播国的国际话语容易被弱化。因此，一个国家想要提升自己的国际话语权，要善于利用好地缘政治关系，与地缘政治关系较好国家加强沟通和交流，在一些重大的国际事务中，通过加强沟通和交流形成共识，赢得最大范围的国际支持，以提升话语传播的话语权地位。

我国的地缘政治关系发展经历了从一边倒到一条线、一大片的发展历程。这样的地缘政治关系一直持续到 20 世纪 80 年代。在不同的地缘政治关系下，我们形成了不同话语传播格局，比如在"一边倒"的地缘政治关系时期，话语传播对象主要是社会主义国家。对社会主义国家我们主要是以说好为主，而对资本主义国家则是以说坏为主。正是在这种话语传播格局下，由于缺乏与资本主义国家的交流和互动，资本主义国家则是根据自己的理解肆意抹黑和歪曲丑化中国，严重解构了中国的国际话语权。20 世纪 70 年代以后，在"一条线、一大片"的地缘政治构图下，中国在一定程度上改善了与美国为首的西方国家关系。与此同时，注重加强与非洲国家构建良好关系，在国际事务中加强与非洲国家的交流与合作，中国的主张得到广大非洲国家的理解与支持。中国的话语传播在世界上有了一定的影响力，并顺利恢复了联合国常任理事国地位。

20 世纪 80 年代以来，特别是改革开放以来，中国进一步加强地缘政治的构图，加强了对中亚国家的影响，深化与欧洲、俄罗斯、非洲及东南亚国家的互信合作，不断改变我们的地缘政治结构，在一些重大国际事务中，中国的影响力也在不断提升，国际社会寄希望于中国解决国际争端的呼声和愿望不断加强。但我们应该清醒地认识到，与西方发达国家相比，中国对地缘政治的把控力远不如西方国家，中国构建的地缘政治版图还不稳固，在许多国际事务中还受制于以美国为首的西方国家。中国周边的地缘政治架构还处于松散状态，存在着影响中国稳定发展的系列因素。关于构架怎样的地缘政治关系，英国学者马丁·怀特提出了一个杆秤原理，即"秤的平衡和天平的平衡不同，不要求两端的重量完全相等。由于杠杆的作用,较轻的秤砣可以与较重的物体保持平衡"①。马丁·怀特提出的杆秤原理对话语传播力较弱的国家提升国际话语权具有重要的借鉴意义。从中国地缘政治架构看,中国的话语传播分布还不平衡,中国的国际话语权还被围困在西方发达国家的话语霸权中,时刻受到西方话语大国的威胁和冲击,我们还不足以远离西方话语大国而架构起我们自己的势力范围。但并不能由此认为我们在国际话语权竞争上无能为力,只有挨骂的份。虽然我们的话语传播力不能与西方国家寻求平等竞争,但我们可以充分利用地缘政治关系,发挥杆秤原理,在一定的国际区域内首先赢得话语权,然后以点带面,以"四两拨千斤"的巧势,逐步拓展我们的话语空间。特别是新媒体生态下,为我们利用好地缘政治优势提供了条件。

第三节　新媒体生态下强化媒体话语权的路径

话语权既是一种权力,也是一种权利。权力与权利之间是一种动态平衡关系,如要可持续地掌控权力,就要能够持续地维护权利,当权力与权利之间的平衡关系受到破坏,两者势必形成对立关系,进入话语的零和博弈,其结果必然导致双输。作为新媒体话语主体的国家公民,不管从公民个体利益还是从国家群体利益而言,话语权要得到持续的保障,就必须要在维护公民权利与维护国家利益之间保持利益的平衡,既要做到维护受众个体的利益,更要旗帜鲜明地维护国家利益,形成相互维护的利益平衡机制。

一、保护公众话语利益和维护国家利益的动态平衡

媒体要赢得公众和社会的尊重,最重要的就是要维护公众与国家的权益。从根本上而言,公众个体利益与国家利益是一致的,但在某些具体问题上,两者之间存在一定的博弈,但这种博弈必须是建立在非零和博弈的基础上。从公众层面而言,权益的获取不是通过损害国家利益而得到的,而是在维护国家利益这个根本大前提下去争取。同样,国家利益也不是一个独立于公众利益之外的独立体,维护国家利益的本身就是在维护公众利益。但在一些具体问题上,当两者之间产生利益博弈时,国家利益与公众利益之间也需要寻求利益平衡点。

---

① 转引自董海涛.全球化语境下我国对外传播中的平衡策略研究[D].武汉大学 2012:131.

（一）保护传播主体的话语权益

在新媒体生态下，新的媒介大量涌现，为公众从话语受众变成话语传播者创造了条件。公众的话语意识越来越强，从某种意义而言，新媒体成为了大众传媒的公器。作为一种传媒公器，"谁来说""说什么""怎么说"成为一个至关重要的问题。如何做到既能有效保护传播主体的话语权益，又能使说者守规、传播有序，有效维护新媒体话语传播的良好生态。

1. 培育公众话语的理性行为和媒体权责意识

文化现象是上层建筑的集中反映，它来源于一定社会的经济、政治和社会关系，并对一定的经济、政治和社会环境产生双向互逆影响，也就是常说的作用与反作用的关系。人们的思想文化行为总是来源于相应社会环境，并影响和被影响着社会环境。马克思指出："人创造环境，同样，环境也创造人。"①在新媒体生态环境下，人们越来越深刻地感受到"社会宏观环境对人的思想政治品德的形成、发展起决定性的影响"。在人人都可以成为"金喇叭"的新媒体生态系统中，如何营造一个对社会发展产生正向影响的媒体话语环境，需要培养话语传播主体理性的话语行为，形成一个文明健康有序的媒体话语空间。我国宪法规定公民在行使言论自由的同时不得损害他人的言论自由。因此，如何才能既保障自身的言论自由，又不损害他人的言论自由，这就需要言者自律。从某种程度而言，新媒体为公众提供了"无所顾忌"的言论空间，但如果言者在新媒体上的话语都无所顾忌，整个新媒体生态中的话语秩序将会被破坏，公众话语权益又如何谈起？由此可知，新媒体给言者创造的话语空间并非无所顾忌的非理性言论，而是要在充分树立媒体权责意识的基础上，开展理性的话语传播。尽管新媒体为言者提供了自由的言论空间，但是权利和义务从来都是对立统一和相互依存的，单一的放大权利而不遵从义务，最终将导致无序和混乱。因此，正确理解话语权益，培育理性的话语行为和树立媒体权责意识，是维护公众个人言论自由的基本要求。

2. 构建传播主体话语权益的制度保障

新中国成立以来，我国在保障公民言论自由的法制化建设方面作了大量工作，从《宪法》到各种专门法律，都相应规定了公民的言论权益，形成了较完备的法律制度体系。如，我国《宪法》第35、41条明确规定："公民有言论、出版、集会、结社、游行、示威的自由。""公民对于任何国家机关和国家工作人员，有提出批评

---

① 马克思恩格斯选集（第一卷）［M］. 北京：人民出版社，2012：172.

和建议的权利。"①同时,在《刑法》《民法典》等适用性法律中,对言论自由进行了具体的规制。这些条款对维护公民话语权益,保障公民话语权起到了重要作用。话语权既是公民说话的权利,也是公民的一种社会权益。尽管我国相关的法律制度条文中没有明确体现公民的话语权条款,但法律对于公民言论的规制和保护,实质上就是对话语权的规制和保护,这表明公民的话语权已经有了法理依据。但随着新媒体的深入发展,新媒体话语空间和交流模式相对于传统媒体而言发生了巨大变化,既有的现行法规对维护新媒体的话语传播存在诸多不足,需要进一步加快法制建设,把新媒体的话语传播纳入法治轨道,以维护话语传播主体权益。新媒体的广泛运用,赋予了民主的新时代内涵。尽管民主的本质没有变,但新媒体推动着人们对民主与法治的再认识和更深层的理解。马克思指出:"在民主制中,不是人为法律而存在,而是法律为人而存在;在这里法律是人的存在,而在其他国家形式中,人是法定的存在。民主制的基本特点就是这样。"②邓小平也指出:"社会主义民主和社会主义法制是不可分的。"③在传统媒体条件下,公民对民主与自由的认识是理性认识多于感性认识,但在新媒体生态下,尤其是新媒体产生的初期,公民更多通过媒体言论自由度来理解民主与自由,并把自身在媒体中的话语自由度作为衡量民主权利的一种标尺。比如,有人把在媒体上能够无所顾忌传播话语视为享有充分的自由,与此对应的,把国家对媒体言论的管控视为缺乏民主或侵犯民主权益等等。因此,随着新媒体不断拓展公众话语空间的同时,需要进一步加强新媒体的话语传播制度建设,突出话语传播的制度规制,通过制度体系保障话语传播主体的话语权益。

(二)维护国家话语传播利益

话语权是国家重大利益之一,尤其在新媒体生态中,失语就要挨"骂",已经形成了基本共识。一个不能有效掌控媒体话语权的国家,根本无从谈及维护国家利益。比如在进入 21 世纪的前 10 年时期内,我们经常看到西方一些媒体对中国进行大肆抹黑。不管发生什么事情,西方媒体都能把责任往中国身上推,都是中国的不是。中国人在法国遭遇歹徒抢劫,西方媒体不是谴责歹徒,而是几乎一致责难受害的中国人,要么说中国人不应该带钱在身上,要么说中国人不应该到那种地方去,甚至还把话语转向,认为是中国人素质太低,才遭到歹徒抢劫等等,总之,尽力把被抢劫的责任推到中国人身上。在西方媒体的大肆抹黑下,中

①　中国人大网法律法规库.《中华人民共和国宪法》[EB/OL]. http://www.npc.gov.cn/npc/c505/201803/e87e5cd7c1ce46ef866f4ec8e2d709ea.shtml.

②　马克思恩格斯全集(第 2 卷)[M].北京:人民出版社,1995:39-40.

③　邓小平文选(第 1 卷)[M].北京:人民出版社,1956:281.

国人素质低的国际形象就展现在了世界面前。毫无疑问,国家利益受到了极大的伤害。也是在这一时期,除了西方媒体抹黑、丑化中国外,国内一些媒体也与国外媒体遥相呼应,除了在人格素质方面进行自我丑化外,甚至还从体制上自我贬低,有意无意地充当了西方媒体的马前卒、吹鼓手,损害了国家利益。2016 年4 月,习近平指出:"网络安全和信息化是相辅相成的。安全是发展的前提,发展是安全的保障,安全和发展要同步推进。我们一定要认识到,古往今来,很多技术都是'双刃剑',一方面可以造福社会、造福人民,另一方面也可以被一些人用来损害社会公共利益和民众利益,网络安全需要全体人民的共同维护。"①

把网络安全与媒体话语传播中维护国家利益联系起来,说明了在新媒体时代,新媒体话语传播与国家安全息息相关,换一句话说,媒体话语权与国家安全紧密相联。这一点不难理解,我们也深有感受。进入 21 世纪以来,西方媒体不断炒作的"中国威胁论""中国崩溃论"等,事实上对中国安全构成了极大威胁。"中国威胁论"引起了中国周边国家的不安,甚至引发新一轮的军备竞赛,威胁国家安全;"中国崩溃论"引发国内民众对中国道路、理论、制度、文化的质疑,失去民族自信,同样威胁国家安全。因此,国家失去了对媒体话语权的掌控后,国家的方针、政策将无法准确、真实地传递给国际、国内的民众,势必损害国家利益。因此,新媒体话语传播中维护国家利益,是媒体传播主体的责任和义务。

回到现实生活中,大众如何在进行媒体话语传播时维护国家利益?首先,作为公民,忠于国家、维护国家利益是公民的基本责任和义务。国家利益高于一切不是口号,应该是公民应该遵循的基本准则。其次,作为话语传播主体,其身份无论是言者还是受众,都要有基本的价值判断标准。尤其是当前,在西方媒体从总体上掌控着话语权的态势下,更需要我们每一个公民在事关国家利益、民族利益面前有自己的价值判断。尽管我们说网络把世界浓缩成了一个地球村,但国界没有消除。作为网民,首先必须是一个国家的公民,维护国家利益是公民的基本责任和义务。公民个体可以有多重价值选择,但在事关维护国家和民族民族利益面前,公民倡导什么、反对什么的价值判断的标准是唯一的。

二、话语自律是对话语权的保护

话语权与话语是密切联系的,两者有着内在的联系性。话语权并不具有永久性,需要持续地进行维护和强化。其中,话语自律是维护话语权持续发展的内在动力。新媒体为公众提供了一个极其便利而又相对虚拟的话语交流空间,但

---

① 习近平.论党的宣传思想工作[M].北京:中央文献出版社,2020:201.

这并不意味着我们就可以放纵言论。任何权利,都是有边界的,当一种权力被放纵到随心所欲时,带来的一定是混乱或灾难,其结果将会是失去。包括话语权在内,也是如此。因此,我们要赢得话语权或维护既得话语权,就必须做到话语自律。

(一)警惕媒体话语的软暴力

软暴力是一个相对概念,是区别于通过暴力行为给他人特质肢体带来伤害的行为。在现实生活中软暴力行为越来越突出,尤其在新媒体环境下,不断催生出各式各样的软暴力行为。其中,最为突出的软暴力就是语言软暴力。在新媒体话语传播实践中,语言软暴力对话语权造成极大的伤害。从国际范围内的话语传播而言,语言软暴力主要表现为隐瞒事实真相,以歪曲或造谣的话语蛊惑人心,扰乱人们的正确判断,以达到其既定的目标。国际范围内的语言软暴力一般都是为了达到某种政治目的,带有强烈的意识形态性质,在意识形态斗争领域中极为常见。如在 2019 年的香港修例风波中,以美国 CNN 为代表的西方媒体及个别港媒罔顾事实、颠倒黑白,将暴徒向香港警察扔自制汽油弹的暴力行为歪曲成香港警察向示威者施暴。通过大量造谣和歪曲事实的方式进行媒体报道,把暴力犯罪分子宣扬成民主斗士,以实现西方国家在意识形态斗争领域对中国的全面压制。这是一种典型的国际范围内的语言软暴力。从国内的话语传播而言,语言软暴力主要表现为侵犯个人隐私、进行网上道德审判等。其中,"人肉搜索"是最常见的语言软暴力形式。"人肉搜索"往往是一种"众怒",即某事件或人引起的"集体不宽容"现象。参与"人肉搜索"的网民,往往把自己视为维护正义的化身,通过网络公开他人的隐私,在网络的虚拟世界中对当事人进行道德审判。"人肉搜索"给当事人造成极为严重的伤害,属于典型的语言软暴力行为。实质上,不管是哪种形式的语言软暴力,都是在破坏媒体话语传播秩序,轻者违背社会常理和社会道德,重者违法犯罪,甚至危害国家安全。因此,语言软暴力是一种盲目的非理性话语传播行为,一定会失去公众的支持,对既得的话语权将产生极强的解构力。

(二)提高话语传播主体的话语自律能力

在传统媒体条件下,话语传播的信息量、传播时空等都在严格的控制范围内,有限传播是传统媒体的重要特征。以报纸为例,一条信息占据多大的版面,字数的多少,阅读范围等都是可控的。因此,传统媒体下的话语权一旦获得,将会有较长的持久力。但在新媒体生态下,一方面,各种新媒介组成的新媒体生态系统,其传播生态链的延伸力是传统媒体无法比拟的。另一方面,新媒体话语传播几乎不受版面和时空的限制,可以随时、随地发布信息,而且可以随时跟进修改、补充和完善。更为让人难以控制的是,新媒体信息的传播速度是无极限的,任何一条信息第一次发布出去后,极有可能在瞬间被 N 次转发,并在短时间内架构起一张不受时空阻隔的巨大传播网络。同时,信息在每一次被转发过程中,都有可能被修改,使信息在传播过程中受到衰减或增强,直至信息被完全改变。从新媒体话语传播而言,信息衰减虽然也会产生负作用,但与信息放大相比,其负作用远不及放大强。因此,我们重点还是在于关注信息的放大。在新媒体生态系统中,话语传播信息放大效应是一把双刃剑。从积极层面而言,有利于不断丰富信息,增加信息量,让受众对事件有更全面的了解;从消极层面而言,大量的信息堆积,容易造成信息泛滥,再加上在传播过程中,信息在不同的时空中被修改,使受众无法辨别真伪,干扰了受众的正确判断力,继而影响话语的传播力。因此,维护话语权,必须预防话语传播的无限放大而带来的话语失真,影响话语的影响力,从而造成对话语权的弱化。

中国拥有规模庞大的新媒体传播主体,除了 10 亿多手机网民用户以外,还有大量其他网络用户,他们都有条件成为新媒体的话语传播主体。互联网正在改变着这一庞大群体的生活方式,使他们中的每一个人都有可能成为信息的传播者或受众,都赋予了他们自由说话的权利。在这支庞大的传播主体队伍中,他们的话语能力和媒体素质参差不齐,加上他们各自的利益诉求不同,对信息的理解和处理能力差异较大。每一个传播个体都将按照自己的利益诉求修改信息,在这样的差异状态下被处理后的信息,带有极强的主观判断,缺乏价值共识,社会共鸣度不高,势必影响话语权的巩固和提升。因此,只有不断增强传播主体的社会共识和价值共识,提高话语自律能力,才能维护新媒体话语传播秩序,保护和巩固话语权。

第三章　新媒体生态下马克思主义大众化的特征与现状

随着新媒体时代的到来,推进马克思主义大众化的内外环境发生了巨大的变化,国际国内环境挑战更为突出。从国际环境而言,以美国为首的西方国家凭借着对新媒体的掌控和文化优势,通过新媒体向世界传播西方价值观和西方民主制度、生活方式等,丑化和异化社会主义意识形态和价值观,对中国特色社会主义理论和实践进行大肆的干扰和破坏;从国内环境而言,在网络成为人们的基本生活方式的态势下,如何正确认识面临的压力、把压力转化为机遇,需要全面深入研究新媒体生态下马克思主义大众化的话语传播现状。

第一节　马克思主义大众化的内涵和特征

马克思主义大众化包含两个基本阶段,一是外部灌输教育阶段,二是内化运用阶段。任何理论要掌握群众,都需要进行灌输教育,马克思主义教育也不例外。如何提高马克思主义灌输教育的效果,需要对马克思主义大众化的内涵和特征进行全面的把握。

一、马克思主义大众化的涵义

马克思主义理论是无产阶级用来指导革命斗争和国家建设的强大思想武器。自马克思主义传入中国以来,最先掌握和运用马克思主义的是中国知识分子中的先进分子,在他们的推动下,马克思主义逐步从掌握在少数人手中向被大多数人所理解和运用。

（一）大众化的内涵

"大众"即群体、群众。《现代汉语词典》把"大众"解释为"群众、民众"①；《辞海》把"大众"解释为"人群"②；"化"是一个动态词，喻含着过程。《辞海》把"化"解释为"转变成某种性质和状态"③，是一个动态过程。综合"大众"与"化"的内涵，"大众化"实质上是一个动态过程与静态结果的有机统一体。因此，可以把"大众化"理解为"转变成群众性质和状态"。"大众化"总是相对于"精英化"而言，因此，"大众化"其实质就是从"精英化"向"群众化"转变。我们今天讨论"大众化"一词，更多包含着"化大众"之意，即从理论掌握群众到群众运用理论的完整过程。

从现有的资料考证，"大众化"一词最早是由古希腊哲学家毕达哥拉斯在阐述哲学已经远离人们的生活的观点时提出来的，他认为"现象学派研究哲学远离了一切大众化"。之后，德国哲学家伽达默尔也从哲学应该源自社会实践的层面提出了"大众化"一词。他们提出"大众化"一词，更多的是从如何看待和运用哲学的视角提出的，缺少"化大众"之意，但对我们今天理解和阐释"大众化"的基本内涵有着重要的启发意义。

在中国，随着新文化运动的兴起，一大批中国知识分子积极投身到了革命的阵营中。尤其是大革命失败后，一大批觉醒了的中国知识分子认识到，中国的革命仅靠几个职业革命者无法完成，必须把广大人民群众发动起来，形成大众化革命，中国的革命才有可能成功。中国共产党成立后，为了调动群众的革命热情，首先从思想文化领域找到大众化的突破口。20 世纪 30 年代初期，中国共产党就积极推动文艺界建立左翼联盟。1930 年 3 月，在上海建立了中国左翼作家联盟（简称"中国左联"），一大批要求革命和具有革命觉悟的知识分子加入了中国左联，其中鲁迅、郭沫若等是代表性人物。中国左联主张在中国发展无产阶级和人民大众的普罗文学，发展无产阶级大众文艺。"大众化"一词也就是在左联举办的几次"文艺大讨论"中被提了出来。1931 年，中国左联在年度工作总结报告中第一次提出了"大众化"概念："文学大众化问题在目前意义的重大，只有通过大众化的路线，才能完成我们当前的反帝反国民党的苏维埃革命的任务，才能创造出真正的无产阶级革命文学。"④尽管中国左联提出的大众化是基于文学作品如何走群众路线的问题，但寓意了一个丰富的大众化内涵，即文学作品只有走进

---

① 现代汉语词典.北京：商务印书馆,2002:239.
② 辞海（上）.上海：上海辞书出版社,1999:1779.
③ 辞海（上）.上海：上海辞书出版社,1999:589.
④ 中国无产阶级革命文学的新任务.文学导报（第 1 卷第 8 期）,1931-11-15.

群众,实现群众化,才能被群众认知、认识,才能发挥文学的战斗作用。1939 年,毛泽东在《论新民主主义》一文中首次提出了文化大众化的号召。1942 年,毛泽东《在延安文艺座谈会上的讲话》一文中,专门对"大众化"的内涵进行了解释,他指出:"什么叫做大众化呢? 就是我们的文艺工作者的思想感情和工农兵大众的思想感情打成一片。"①尽管毛泽东是立足在文艺作品的视角解释大众化含义,但我们也可以看出,"大众化"即"群众化",突出强调群众性。

(二)马克思主义大众化的内涵

随着"大众化"概念从文艺界延伸到了社会科学领域的各个方面,如高等教育大众化、传媒大众化、哲学大众化等等。2007 年,党的十七大报告提出:"开展中国特色社会主义理论体系宣传普及活动,推动当代中国马克思主义大众化。"②马克思主义大众化问题被正式提出来。

讨论马克思主义大众化之前,首先要了解马克思主义的基本内涵。马克思主义理论是广义层面的马克思主义统称。包括马克思主义哲学、马克思主义政治经济学和科学社会主义三个部分的基本内容,统称马克思主义基本理论。在当代中国,马克思主义的内涵既包括马克思主义基本理论,同时还包括毛泽东思想、中国特色社会主义理论体系和习近平新时代中国特色社会主义思想等相关内容。鉴于本书研究的范围,书中研究的马克思主义大众化问题,泛指广义层面的马克思主义大众化。

关于马克思主义大众化的内涵,从总体上可以理解为通过把理论的学术话语转化为群众话语、把理论的抽象转化为具体的实践,使大众能够理解、运用和信仰。如何理解马克思主义大众化的内涵,毛泽东在《反对党八股》一文中作了精辟的论述,他指出:"现在许多人在提倡民族化、科学化、大众化了,这很好。但是'化'者,彻头彻尾彻里彻外之谓也;……如果是不但口头上提倡提倡而且自己真想实行大众化的人,那就要实地跟老百姓去学,否则仍然'化'不了的。有些天天喊大众化的人,连三句老百姓的话都讲不来,可见他就没有下过决心跟老百姓学,实在他的意思仍是小众化。"③从毛泽东的论述中,非常明确地告诉我们,马克思主义大众化最基本的要求就是理论要掌握群众,为群众所理解、掌握和运用。如何才能做到理论掌握群众,那就是要创造群众所需要和能理解的理论话语,正如列宁所指出的"最高限度的马克思主义＝最高限度的通俗化"④。从列

---

① 毛泽东选集(第三卷)[M].北京:人民出版社,1991:851.

② 胡锦涛文选(第二卷)[M].北京:人民出版社,2016:639.

③ 毛泽东选集(第三卷)[M].北京:人民出版社,1991:841.

④ 列宁全集(第 36 卷)[M].北京:人民出版社,1959:467-468.

宁和毛泽东的论述中,我们可以把马克思主义大众化理解为把马克思主义通俗化、普及化、生活化、民间化。

"通俗化"即把深奥的理论转化为通俗易懂。马克思主义理论内容广泛,是一个宏大的理论体系,涉及政治、经济、文化、社会建设、生态文明建设等方方面面。理论的原条文往往都是规范性的文本,难免会有普通群众难以理解的学术性话语。通俗化就是要把那些难以理解的学术性话语、枯燥的理论用生动形象的表现形式展现给人民大众,让大众能够理解和运用。如何把枯燥的理论通俗化,让普通群众理解和接受,艾思奇所著的《大众哲学》是一个典范。20 世纪 30 年代,艾思奇从人们的日常生活出发,用通俗化的话语对马克思主义哲学作了解读。如他在解读唯心论时,作了这样的阐述:"就日常生活里的情形来说,有一种人,常常以为自己所想的一切都是对的,而不管事实上究竟对不对,在做工作的时候,不是根据调查研究,按照事实的情况来决定工作方法,而是凭个人的感情办事,他以为世界上的事情可以任凭个人的主观随意创造或消灭,自己想要怎样便可以怎样。他这种思想就有着主观唯心论的性质。"①他用极其通俗的话语阐述了唯心论思想,让普通大众一看就明白。此书深受读者喜爱,到 1948 年底,12 年的时间里共出版了 32 版。当时不少青年就是看了此书后,深受影响,走上了革命道路。

"普及化"即理论的受众范围广泛,覆盖社会各阶层的群体。具体而言,马克思主义理论不仅被理论工作者掌握,还要被广大国家机关干部、企事业单位职工、学校师生、城镇市民、农村村民中的大部分成员所掌握和运用。

"生活化"即理论不能仅停留在理论层面,为写文章服务,而是要有效指导人民的生活实践。强调马克思主义理论的生活化,就是要突破理论的狭隘的政治性限区。马克思主义理论是科学体系,强调其科学性、严谨性、完整性,但不能因此而脱离群众生活而高高在上。理论只有紧密地与群众相联系,突出话语的生活化,才能真正让群众所理解和接受。如习近平在论述国家粮食安全时,用了"中国人的饭碗任何时候都要牢牢端在自己手上,我们的饭碗应该主要装中国粮"②的话语进行表述,这是每个老百姓都听得懂的生活话语,习近平用生活化的话语讲明了维护国家粮食安全的大道理。

"民间化"即理论的宣教要淡化官方色彩,增加民间意味。马克思主义大众化,顾名思义就是突出大众性,大众性与民间性是不可分割的。理论要能够被基层大众所掌握,就需要具备平民情怀。马克思主义是中国共产党的指导思想,是

---

① 艾思奇.大众哲学[M].北京:民主与建设出版社,2021:35-36.
② 陈锡喜.平易近人——习近平的语言力量[M].上海:上海交通大学出版社,2014:38.

指导中国革命和建设的理论武器,从一开始就具有政治性,与国家政权紧密地联系在一起,天然地带着"官气"。在现实生活中,每每提到马克思主义的时候,群众总是觉得深不可测,从而敬而远之。究其原因,与马克思主义缺乏平民情怀、"官气"多于"民气"有直接的关系。因此,推进马克思主义大众化,就需要放下理论话语的"傲气",多用民间化的话语阐明国家的大政方针政策,让基层群众理解。如:"九年义务教学生,法规定下要执行;谁家父母做不到,属于违法讲分明。"①这是一首民间山歌,宣传我国的义务教育法,这样的宣教方式,改变了传统的"不准……,必须……"等"官气"教育话语,用极具百姓情怀的民间山歌,向群众讲明了义务教育的基本要求。事实上,党的方针政策、国家的法律法规都与百姓生活密切联系着,都是马克思主义的重要体现,需要我们更多地用平民化的话语解释他,才能更容易获得普通群众认同和理解。

二、马克思主义大众化的特征

马克思主义是指导中国革命和建设的理论武器,大众化的目的就是要让群众能够理解和运用这个理论。因此,马克思主义大众化要充分体现在人民与大众、时代与创新、整体与层次、严谨与通俗的有机统一。

(一)人民性与大众性

以人民为中心是马克思主义执政党的鲜明特色,当然也是马克思主义大众化的主要特征。在中国,人民大众是一个统一概念,人民性与大众性包含在最广大人民群众的范畴中,马克思主义活的灵魂全部体现在人民大众实事求是实践活动中。马克思主义成为中国革命和社会主义现代化建设的理论指南与中国共产党把全心全意为人民服务作为根本宗旨是高度统一的,这就决定了马克思主义内涵中的人民大众性的特质。因此,如果脱离人民大众来谈论马克思主义大众化,那就是无源之流,终将枯竭。为什么人民性与大众性是马克思主义大众化的首要特征,因为人民大众才是马克思主义理论产生和发展的源泉,正如毛泽东所强调的:"人民,只有人民才是创造世界历史的动力。"②中华民族从站起来、富起来到强起来的伟大实践,不仅是中国共产党根本宗旨的体现,也是马克思主义指导下的中华民族的创造性实践活动,是实现和维护人民群众根本利益的根本出发点和最终归宿,决定了马克思主义的人民性的特征。其次,大众性是马克思主义大众化的动力源泉,它的理论不是凭空产生的,其全部理论都来自人民群众

---

① 覃彩銮. 山歌颂改革[M]. 南宁:广西民族出版社,2013:28.
② 毛泽东选集(第三卷)[M]. 北京:人民出版社,1991:1031.

的伟大实践。同时,马克思主义不是僵化的教条,它在指导人民大众的实践中得到了不断的丰富和发展。理论一旦被群众掌握,将产生无穷的生机和活力。而群众愿不愿意掌握这种理论,还在于理论是否能够真正为人民群众解决思想上的困惑,能否给群众带来看得见的实惠。实践已经证明,马克思主义指导下的中国革命和建设实践是人民大众最看得见、感受最深的实惠。

(二)时代性与创新性

任何理论的产生都基于一定的时代背景,理论的进一步创新和发展同样必须紧扣时代的脉搏,否则理论将失去其存在的价值。正如马克思所指出:"每一阶段都是与同一时期的生产力的发展相适应的,所以他们的历史同时也是发展着的。"①马克思主义的产生有着鲜明的时代背景,自 14 世纪资产阶级文艺思想开始出现到 17 世纪资本主义制度的建立,特别是经过 18 世纪资本主义工业革命,推动了资本主义生产大发展。然而,随着垄断资本的出现,资产阶级与工人阶级之间出现了难以调和的矛盾,也同时助推了世界工人运动的兴起。也就在这个时期,以傅立叶、圣西门为代表的空想社会主义思想发展到了鼎盛期,这些思想对工人运动产生了极为不利的影响,甚至阻碍了工人运动的发展。无产阶级争取自身解放的时代要求,呼唤着顺应时代要求的新理论产生。马克思主义也就在时代的呼唤中应运而生。自从有了马克思主义,世界无产阶级革命运动就有了科学的理论武装,无产阶级运动从此找到了根和魂。在世界无产阶级革命运动和俄国十月革命的影响下,饱受殖民统治的中华民族也开始觉醒,李大钊、陈独秀等一大批先进知识分子开始重新寻找中华民族崛起的出路和指导思想。在马克思主义指导下,承担起民族复兴重任的中国共产党诞生。也就从那时开始,中国共产党在马克思主义指导下,带领全国各族人民开展了艰苦卓绝的新民主主义革命斗争,推翻了压在中华民族头上长达百年的"三座大山",建立了新中国,实现了中华民族站起来的伟大目标。马克思主义是时代的产物,它在中国的传播和发展中无时无刻不体现着时代的脉搏,赋予着鲜明的时代气息。因此,离开了时代性,马克思主义就将失去其存在的价值和生命力。

理论的全部生命力在于创新,只有不断创新的理论,才能紧跟时代的步伐,才能在指导实践并在实践中不断丰富和发展。马克思主义与中国共产党"联姻"的百年,是马克思主义创新发展的百年。在中国共产党近百年的奋斗史中"创造性地将马克思主义与中国革命和建设的实际紧密相连,实现了马克思主义的五次生态演进;第一次生态演进,创造性地回答和解决了在中国进行什么样的革

---

① 马克思恩格斯文集(第三卷)[M].北京:人民出版社,2009:576.

命、怎样进行民主主义革命的问题，形成了马克思主义中国化第一次历史性飞跃的理论成果——毛泽东思想；第二次生态演进，探索和回答了什么是社会主义、怎样建设社会主义的问题，形成了马克思主义中国化第二次历史性飞跃的理论成果——邓小平理论；第三次生态演进，探索和回答了建设什么样的党、怎样建设党的问题，形成了马克思主义中国化又一次与时俱进的理论成果——‘三个代表’重要思想；第四次生态演进，探索和回答了实现什么样的发展、怎样发展的问题，形成了把马克思主义中国化推进到新境界的最新理论成果——科学发展观；第五次生态演进，探索和回答了建设什么样的中国特色社会主义、怎样建设中国特色社会主义的问题，形成了习近平新时代中国特色社会主义思想。”①由此可以看出，马克思主义的生命力在于与具体的实践相联系，在实践中不断推动马克思主义创新发展。

（三）整体性与层次性

马克思主义是一个完整的理论体系，任何一部分单独分割开来，脱离马克思主义的世界观和方法论进行片面的理解，都有可能失去理论本身的真理性和对实践的指导价值。这一点，在世界无产阶级革命运动和中国革命和建设进程中，我们有过深刻的教训。在中国新民主主义革命和社会主义建设时期，我们曾经出现过把马克思主义理论体系分割开来，抽取其中的只言片语，教条化地对待马克思主义，给中国革命和建设带来了巨大损失。因此，马克思主义是一个有机整体性的理论体系，只有坚持把马克思主义作为一个体系指导实践，其理论的科学性、真理性和实践价值才能体现出来。

马克思主义虽然是一个有机整体的理论体系，但是，这个理论体系是由各个层次的理论架构起来的。将马克思主义的内容进行细分，包括马克思主义基本理论以及中国化马克思主义等。马克思主义基本理论本身也包含了马克思主义哲学、马克思主义政治经济学、科学社会主义等三个部分的内容；中国化马克思主义也包含了毛泽东思想、中国特色社会主义理论体系、习近平新时代中国特色社会主义思想等内容。同时，中国特色社会主义理论体系还包含了邓小平理论、‘三个代表’重要思想、科学发展观等三个部分的内容。各个具体的理论之间都不是独立存在着，而是相互联系、承上启下、一脉相承的。习近平在党的十九大报告指出：“新时代中国特色社会主义思想，是对马克思列宁主义、毛泽东思想、邓小平理论、‘三个代表’重要思想、科学发展观的继承和发展，是马克思主义中

---

① 罗昌勤.从生态论视角试析马克思主义中国化生态演进的理论成果及其经验[J].黑河学刊，2012(03):1-3.

国化最新成果。"①事实上,中国化马克思主义的每一个创新理论的形成,都是在继承马克思主义基本理论的基础上,把马克思主义基本原理与中国的具体实践相结合、同中华优秀传统文化中国结合而形成的,与前一个理论形成承上启下、一脉相承的层次性关系。从理论本身所反映的对象而言,也包含着多个层次。如仅从毛泽东思想而言,就包含了新民主主义革命的理论、社会主义革命的理论、社会主义建设和改革的理论等。在这三个理论层次之下,我们还可以继续往下分层。

就马克思主义大众化的对象而言,同样具有层次性。从总体上而言,马克思主义大众化的对象包括工人、农民、知识分子以及新的社会阶层等四大群体。不同群体之间由于受到政治关系、社会地位、民族差异、文化差异等影响,他们对马克思主义的认知、理解和信仰程度存在差异。因此,推进马克思主义大众化,需要充分考虑不同层次对象的实际情况,制定与之相适应的大众化方案,才能产生实效、满足不同层次群体的诉求。

(四)严谨性与通俗性

马克思主义理论来源于实事求是的实践基础,其基本原理是辩证唯物主义和历史唯物主义。马克思主义是科学真理,其科学性不仅体现在理论上,更充分地体现在社会主义革命和建设的伟大实践中。既然马克思主义是科学,就需要用严谨的态度来对待。具体而言,一是要正确理解马克思主义理论的科学体系的基本内涵,以实事求是的态度研究、传播马克思主义;二是要坚持用发展的、全面的、系统的观点对待马克思主义,要站在历史和时代的背景下理解马克思主义,防止用只言片语来曲解马克思主义;三是要突出马克思主义的时代性,从世情、国情、党情出发,以马克思主义的世界观和方法论解读历史、分析现状。

马克思主义大众化需要突出通俗性,但在实践中,要防止把通俗性变成"庸俗化""低俗化""媚俗化"。"庸俗化"就是粗俗化,缺乏政治意识、原则意识,没有信仰,在大是大非面前,缺乏理论自信。为什么在一段时期里,国际国内充满着形形色色的马克思主义过时言论,其中一个重要原因就是我们庸俗化对待马克思主义。如盲目的政治挂帅、把马克思主义万能化、神圣化等,诸如此类的庸俗化形式,恰好为马克思主义过时论找到了口实。因此,在马克思主义大众化进程中,庸俗化一直是被反对和重点批判的。1917 年,列宁在《国家与革命》一书中,专门批判了把马克思、恩格斯神化的庸俗化言论。他指出:"当伟大革命家在世

---

① 习近平.决胜全面建成小康社会 夺取新时代中国特色社会主义伟大胜利——在中国共产党第十九次全国代表大会上的报告[N].人民日报,2017-10-28(001).

时,压迫阶级总是对他们施加迫害,并诋毁他们的学说,当他们逝世后,便试图把他们变为无害的神像,可以说是把他们偶像化,赋予他们的名字某种荣誉,以便'安慰'和愚弄被压迫阶级,同时却阉割革命学说的内容,磨去它的革命锋芒,把它庸俗化。"①列宁的论述,非常鲜明地指明了常见的把马克思主义庸俗化现象。毛泽东也在多个场合批判了庸俗化倾向。1941 年,他在《改造我们的学习》一文中,用"言必称希腊"来批评把马克思主义教条化的现象;"低俗化"就是低级、粗俗,缺乏思想内容;"媚俗化"就是盲目地迎合世俗,无原则地迁就受众,甚至为眼前利益或商业利益,不讲政治原则和社会效益等。"低俗化、媚俗化"都是马克思主义大众化的敌人,都是对马克思主义通俗化的曲解和歪曲。

"通俗化"主要是针对传播话语而言,就是要放下理论的学术话语架子,用老百姓听得懂的话语宣传、讲解马克思主义。前文在解释马克思主义大众化的内涵时,已经对"通俗化"的内涵作了阐述。关键问题是如何使马克思主义理论的话语实现通俗化,做到用群众熟悉的生活化话语解读马克思主义深奥的理论。这方面,毛泽东作出了表率,他一生中反复强调推动理论通俗化的一个方法是"应当认真学习群众的语言"②。事实上,毛泽东等人为我们如何实现马克思主义话语的通俗化作出了很好的榜样,他们有很多普通老百姓一听就明白的大众话语。如毛泽东在反对党八股时提出"老鼠过街,人人喊打",把调查研究和解决问题比喻为"十月怀胎,一朝分娩",把具体问题要具体分析比喻为"入乡随俗""看菜吃饭,量体裁衣"等;邓小平针对改革创新发展提出的"摸着石头过河""不改革就是死路一条""发展才是硬道理"等;习近平就治国理政提出的"惩治腐败要抓早抓小,有病马上治"③"鞋子合不合脚,自己穿了才知道"④"小康不小康,关键看老乡"⑤等。这些话语都是用生活化语言阐明了我们党的大政方针和主张,浅显直白,老百姓一听就明白。因此,马克思主义大众化的传播话语既要反映出理论自身的科学严谨性,同时在话语上又要体现出通俗易懂性。

三、马克思主义大众化的要求

在推进马克思主义大众进程中,要避免两种错误倾向,一是为了抢占人气指

①　转引自朱佳木. 马克思主义首先是革命的理论[J]. 2018(06):16-19.
②　毛泽东选集(第三卷)[M]. 北京:人民出版社,1991:851.
③　习近平谈治国理政(第一卷)[M]. 北京:外文出版社,2014:394.
④　习近平谈治国理政(第一卷)[M]. 北京:外文出版社,2014:273.
⑤　黄晓华. 美丽篇章藉春风——习近平总书记考察海南纪实[EB/OL]. http://cpc. people. com. cn/n/2013/0413/c64094-21124967-3. html.

数而让其庸俗化、低俗化和媚俗化,背离了马克思主义的理论品质;二是要排除打着阐释马克思主义旗号的伪命题干扰,立足于理论发展的基本要求推进马克思主义大众化。

(一)立足于马克思主义的理论品质

能够掌握群众的理论必须是实事求是、与时俱进的,"坚持一切从实际出发,理论联系实际,实事求是,在实践中检验真理和发展真理,是马克思主义最重要的理论品质"①。马克思主义历经 180 多年,从无产阶级革命斗争的理论发展到社会主义建设理论,内容体系不断丰富发展,其理论逻辑和实践逻辑不断清晰完善。马克思主义大众化的根本目的在于让这个科学的理论掌握群众,并指导群众开展实践活动。因此,马克思主义必须能够而且一定能够回应群众在不同时代和实践环境条件下提出的要求。特别是事关我们事业全局的社会主要矛盾随着新时代的到来而发生了转化。因此,党的十九大根据中国经济社会发展实际,对我国社会主要矛盾作出了新的判断,社会主要矛盾已经转化为人民日益增长的美好生活需要和不平衡不充分的发展之间的矛盾。依据新矛盾、新实践、新使命,我们党确立了"两个 100 年"的奋斗目标,紧紧围绕统筹推进"五位一体"总体布局和协调推进"四个全面"战略布局建设中国特色社会主义。这一切都立足于从中国的国情实际出发,实事求是地把马克思主义理论联系到社会主义现代化建设的实践中。正如习近平所指出:"把坚持马克思主义和发展马克思主义统一起来,结合新的实践不断作出新的理论创造,这是马克思主义永葆生机活力的奥妙所在。"②今天的世界复杂多变,马克思主义大众化要坚持从实际出发,从变化的世情、国情和党情出发,与时俱进地用马克思主义的世界观和方法论去审视、思考和解决人民大众在实践中遇到的新问题、新困难。当前,中国正在推进经济社会全面转型发展,全面深化改革进入攻坚期,全面建成小康社会进入决胜阶段,社会各个领域长期积压的矛盾也会在这个时期集中呈现。人民群众在实践中难免遇到各种困难,对一些社会问题难免产生困惑,人民群众迫切需要得到精神上的排忧解难。面对人民群众的实际困惑,必须从理论逻辑和实践逻辑的双重层面去解惑释疑,这两者也是推进马克思主义必然要求。但在马克思主义中国化 180 多年的进程中,我们也认识到,在不同的历史时期、不同的发展阶段、不同的大众化对象,在理论逻辑与实践逻辑的具体环节上有所侧重,但实事求是始终贯穿其中,这是马克思主义理论的品质和灵魂。

---

① 马克思主义基本原理概论[M].北京:高等教育出版社,2010:16-17.

② 习近平.在哲学社会科学工作座谈会上的讲话[EB/OL].http://www.xinhuanet.com/politics/2016-05/18/c_1118891128.htm.

(二)厘清马克思主义大众化的三个"伪命题"①

1.马克思主义要不要大众化

从 2012 年党的十七大提出推进马克思主义大众化命题以来,在不同的领域都有人提出"马克思主义要不要大众化"的问题。仅从字面看这个问题,似乎是一个需要讨论的问题,但结合马克思主义理论本质再深入思考,这又是一个不需要讨论的问题。原因很简单,马克思主义理论不是束之高阁的空洞理论文本,而是指导无产阶级实现自我解放和发展的理论,特别是马克思主义指导下的中国特色社会主义伟大实践,不是某个人能够实现的,而是全体中华儿女的共同努力。马克思主义不仅是中国共产党的指导思想,而且也是全体人民参与社会主义伟大实践运动的理论指导,没有了马克思主义的指导,我们的社会主义就要偏离轨道,这也是全世界社会主义运动得出的经验教训。因此,"马克思主义要不要大众化"显然是一个"伪命题"。

为什么把"马克思主义要不要大众化"称之为"伪命题"。只要我们从理论逻辑和实践逻辑的层面稍加思考就能明白。从世界层面而言,马克思主义诞生 180 多年来,之所以能够不断丰富和发展,并焕发出勃勃生机,最为关键的问题就在于马克思主义理论本身来源于人民大众的实践;从中国层面而言,马克思主义之所以能够不断丰富和发展,最根本的一点就是马克思主义指导人民大众开展中国革命和建设的伟大实践。正如邓小平所指出:"只有结合实际的马克思主义,才是我们所需要的真正的马克思主义。"②"任何事情都是干出来的。"③邓小平这些论述深刻揭示了真正的马克思主义是在社会主义实践中产生和发展的,凡是脱离实际的理论,尽管打着马克思主义的招牌,披上马克思主义的外衣,但骨子里却没有半点马克思主义,而实践的主体就是人民大众。因此,马克思主义从其诞生的那一刻开始,就天然地与人民大众成为一个不可分割的有机体。

关于"马克思主义要不要大众化"是"伪命题"的结论,我们再换思考角度提出一个问题,世界上存在"不需要大众化的马克思主义"吗? 如果这样的马克思主义存在,那它的理论基础是什么,理论本质又是什么,理论的服务对象如何体现? 很显然,离开大众化的基本前提,我们很难回答这几个问题。因此,马克思主义不是存放在图书馆的精神典籍,而是指导人民大众实现自我解放实践活动

---

　① 注:"马克思主义要不要大众化、马克思主义能不能大众化、马克思主义大众化必然降低理论的学术性"等三个观点源自《延边大学学报(社会科学版)》2010 年第 1 期孙亮所著文章《破除马克思主义大众化研究中的"五个伪命题"》。

　② 邓小平文选(第三卷)[M].北京:人民出版社,1993:213.

　③ 邓小平文选(第二卷)[M].北京:人民出版社,1993:221.

的科学真理。人民大众实现自我解放,既是精神的也是物质的。说是精神的,因为人民大众需要理论的指导;说是物质的,因为理论的力量能够变成强大的物质力量。人民大众只有实现了精神和物质的解放,才是真正意义上的解放。正如马克思、恩格斯所指出:"批判的武器当然不能代替武器的批判,物质力量只能用物质力量来摧毁;但是理论一经掌握群众,也会变成物质力量。"①因此,"马克思主义要不要大众化"是一个"伪命题",正是基于这些基本的判断而得出的。如果我们陷入"马克思主义要不要大众化"这样一个"伪命题"的讨论中,有可能会造成撇开马克思主义大众化的主体维度去做一些毫无价值的争论。

2. 马克思主义能不能大众化

为什么说"马克思主义能不能大众化"也是一个"伪命题",根本原因在于没有立足于中国共产党的建党宗旨,把中国共产党和人民大众对立起来。实质上,之所以有人质疑"马克思主义能不能大众化",他们认为马克思主义是一个政党理论,理论的对象是政党及其成员,而党外大众不在其列。这样一种解释,有极强的迷惑性,表面看起来似乎有道理,但是这个问题的背后,却混淆了三个基本问题:一是中国共产党与人民大众的关系;二是马克思主义到底是抽象的政党学说,还是革命和建设实践的指导思想;三是马克思主义到底是一种纯知识理论,还是一种科学理论武装。分析这三个层面的问题,存在四大背离马克思主义理论本质的倾向,一是认为马克思主义仅是政党理论,实则是把党对人民大众对立起来,背离了中国共产党全心全意为人民服务的宗旨,偏离了我们党以人民为中心的主题;二是把马克思主义理论解释为党化理论,割裂了党和人民群众的鱼水关系;三是把马克思主义与实践分割开来,动摇马克思主义的实践基础,偏离马克思主义实践本质;四是把马克思主义视为纯知识理论,实则是要否认马克思主义指导下,中国革命和建设实践取得的伟大成就。

实践已经证明,如果马克思主义不能大众化,中国革命和中国特色社会主义建设实践就不能取得胜利。因此,提出"马克思主义能不能大众化"问题,仅是从一种知识需要的视角发问,而避开了马克思主义辩证唯物主义和历史唯物主义的方法论特质。今天,用马克思主义的世界观和方法论看待问题已经得到了越来越广泛的认同。好日子不是轻轻松松、敲锣打鼓就能得来的,需要我们脚踏实地地干出来。再者,没有正确理论指导的实践,那是盲目的。因此,说"马克思主义能不能大众化"是一个"伪命题",是基于中国革命和中国特色社会主义建设实践的基本判断。发问"马克思主义能不能大众化",历史和现实已经证明了,有了明确的答案,已经无须讨论。

---

① 马克思恩格斯选集(第1卷)[M].北京:人民出版社,2012:9.

3.马克思主义大众化必然降低理论的学术性

关于什么是学术,目前比较认同的观点认为,学术就是"对存在物及其规律的学科化论证"。因为学术涉及对存在物的学科化论证,这必然涉及论证话语、论证逻辑等基本问题。学术的论证话语强调系统性和专业化,恩格斯指出:"一门科学提出的每一种新见解都包含这门科学的术语的革命。"[①]习近平也在多个场合强调要创新学术话语。这里就有一个值得我们思考的问题:学术话语是否就是大众听不懂的话语?学术话语是否等同于深奥?学术过程必然是一个创新过程,创新就一定带来新的东西,这是毋庸置疑的。但学术话语并不等同于深奥、难懂的话语。学术是一个创新的过程,但绝不是"造词运动"的过程。"学术话语体系建设绝非是要关起门来自我欣赏'家乡话'"[②]。实质上,赢得大众是学术的一个重要任务,学术理论的价值也是体现在服务大众和服务大众的实践上,这一点与马克思主义大众化的基本要求是一致的。如果学术话语都是深奥、晦涩、大众听不懂,显然背离了学术创新的本意。

马克思主义的创立者绝不是在书斋里完成马克思主义的创立、创新和发展的。关注社会现实,与社会实际紧密相联是马克思主义的重要学术方式。"马克思主义大众化必然降低理论的学术性"论者是对学术的误解,在他们的内心深处,深深烙印着学术就是难懂、学术话语就是高深莫测的思想认识,大众化与学术之间天然的对立着,讲大众化就不可能再追求学术,同样,如果强调学术,就无法大众化。这种认识与马克思主义理论联实际、从实践中来到实践中去、与时俱进的理论品质完全背离,实质上就是对马克思主义的教条化。马克思主义不是象牙塔中的学术研究,它与世界和中国的无产阶级革命、社会主义革命、建设和发展的实践有机的联系在一起。正如毛泽东所指出的"中国的革命战争,实际就是农民战争"[③]。马克思主义是指导中国革命和建设取得胜利的根本理论武器,同时,又在中国革命和社会主义建设中不断得到创新和发展。很显然,如果没有马克思主义的大众化,马克思主义的生机和活力就要停止,其学术创新也就成了无源之水,终将枯竭。马克思主义在中国实现了几次理论飞跃,依靠的正是马克思主义准确地阐释现实的理论高度说服了大众、吸引了大众,得到了人民的认同和信仰,推进了马克思主义大众化,并在大众化进程中不断丰富了理论本身的学术话语体系。由此可见,"马克思主义大众化必然降低理论的学术性"这一观点缺乏基本的实践依据。

---

①　资本论(第 1 卷)[M].北京:人民出版社,2018:32.

②　沈壮海.学术话语体系建设的理与路[N].光明日报,2017-01-06(11).

③　毛泽东选集(第二卷)[M].北京:人民出版社,1992:692.

四、马克思主义大众化的对象

大众化的对象在不同的历史时期有一定的差异性,即使在同一时期,不同阶层、不同身份的对象之间也存在差异。因此,有必要就马克思主义大众化传播对象的特征及对理论的认同心理倾向作一个分析。

(一)马克思主义大众化的话语传播对象

大众是一个泛指概念,马克思主义大众化的对象既是一个泛指的对象,更要是一个具体的群体对象,以便明确马克思主义传播对象的身份,制定针对性的传播策略。从职业上划分,包括企(事)业单位职工、农民、人民解放军、学生、公务员等;从学龄层次划分,包括大学生、中学生和小学生等;从年龄结构划分,包括老年人、中年人、青年人和少年儿童等;从居住区域划分,包括城镇居民、农民村民等;从政治身份划分,包括中共党员、民主党派人士、无党派群众等。除此之外,我们还可以从民族属性、阶级成分等细分下去。目前学界和理论界在研究马克思主义大众化时,由于研究的内容和视角不一样,往往会确定不同的传播对象。事实上,任何一个研究马克思主义大众化的学者,都会首先确定传播对象,否则我们的研究就是泛化的,没有指向性。正如毛泽东所指出:"共产党员如果真想做宣传,就要看对象,就要想一想自己的文章、演说、谈话、写字是给什么人看、给什么人听的,否则就等于下决心不要人看,不要人听。"[①]在教育教学领域有一句名言"因材施教",同样,在理论宣传领域,也要突出强调传播对象,根据对象不同,制定具体的传播方案和措施。如果传播对象不明确,往往会造成传播内容与传播对象之间的信息不对称,就无法做到让理论说服人。

(二)马克思主义大众化话语传播对象的特征

马克思主义大众化话语传播对象是由多个复杂群体组成的,从民族成分划分,至少包含着 56 个民族;从年龄成分划分,有不同年龄阶段的群体;从阶级成分划分,有工人、农民;从职业成分划分,有学生、公务员、事业单位职工、企业员工、自由职业者等等。很显然,在这些群体内部,我们还可发继续细分下去。每一个群众内部存在着这样那样的差异,具有不同的个体特征。因此,推进马克思主义大众化,非常有必要清楚传播对象的特征,以便做到有的放矢。

1.话语传播对象的时空变化性

从总体上而言,人民大众是马克思主义大众化的对象。在不同的历史时期,

---

①　毛泽东选集(第三卷)[M].北京:人民出版社,1991:836.

人民大众的具体含义有所不同。从时间上而言,据相关史料记载,马克思主义最早于 1899 年传入中国,当时上海广学会出版的《大同学》一书中,对马克思作了这样的描述:"以其百工领袖著名者,马克思也。"事实上,从 1899 年到 1917 年俄国十月革命爆发期间,梁启超在《新民丛报》、朱执信在《民报》《新世界》等刊物上,都曾经在一定程度上提及了马克思及马克思主义。尽管从 1915 年起,中国兴起了新文化运动,但由于当时中国先进知识分子对马克思主义的基本内容和核心要义还不是很了解,马克思主义还没有引起广泛的关注。列宁领导的俄国十月革命取得胜利,建立了世界上第一个无产阶级政权,让苦苦寻求民族复兴的中国先进知识分子看到了希望的曙光。我们讲俄国十月革命一声炮响,给中国送来了马克思主义。这句话带有强烈的时空内涵,从时间上讲,1917 年俄国十月革命胜利后,中国先进知识分子才开始关注到马克思主义,也进一步助推了中国知识分子的觉醒,为 1919 年"五四"运动爆发奠定了思想基础;从空间上讲,马克思主义传入中国,跨越了地域界限和群体界限。地域界限很容易理解,马克思主义从欧洲大陆传入了中国;从群体界限上而言,"五四"运动爆发前,马克思主义大众化的对象主要是中国社会中的先进知识分子和一些爱国青年,他们主要集中于大城市中的劳动密集型的工厂,知识分子集中的学校。而在广大农村、社区的群体对马克思主义了解甚少。随着新民主主义革命的深入开展,特别是毛泽东等中国共产党人创新性地提出了农村包围城市,建立农村革命根据地,开展工农武装割据,马克思主义的传播空间得到了拓展,单从受众而言,马克思主义的传播受众从知识分子向广大工农群众扩展。随着受众群体的变化,传播空间也从城市向农村拓展。因此,马克思主义大众化的传播对象,呈现出较强的时空变化性特征。

2.话语传播对象的能动性

能动性是指:"对外界或内部的刺激或影响作出积极的、有选择的反应或回答。人的能动性与无机物、有机生命体、高等动物的能动性有别,称为主观能动性。"[①]马克思主义大众化话语传播对象是人,因此,对象具有主观能动性。所谓主观能动性就是人具有主动认识世界并改造世界的内生动力。从群众认识、理解和运用马克思主义理论而言,这是一个动态变化的过程,特别是随着实践的深入而进行着动态的变化。马克思主义是科学的理论,其科学性来自于实践。作为社会基层的人民大众而言,很难从理论层面去理解马克思主义的科学性问题,他们更多的是从社会实践的现实层面来理解马克思主义的科学性。他们的理解往往最直接、最简单,那就是马克思主义能不能给他们带来实惠。理论掌握大众

---

①　马克思主义基本原理概论[M].北京:高等教育出版社,2010:196.

的过程既是把抽象的理论变为通俗化的过程,更是用理论指导实践,产生巨大的物质效应的过程。当理论能够转化为生产力的时候,就是大众掌握理论的时候。简单而言,一个理论能不能大众化,关键看理论能不能掌握大众和被大众掌握。大众掌握理论的过程,是一个动态变化的过程,一个时期内,大众对某个理论可能是认同的,但随着时空的变化,这种认同也会发生变化。就如马克思主义在中国的传播,就经历了一个动态变化的过程,从开始时大众对马克思主义的质疑、观望到今天的认同、理解和自觉的践行。同样,马克思主义在苏联和东欧等的传播也经历了一个动态变化的过程,从开始的认同、接受到后来的质疑、抛弃。这些变化,都集中地反映了马克思主义大众化传播对象的能动性。新媒体时代的社会是一个高度信息化的社会,大众对信息的选择具有主观能动性。因此,推进马克思主义大众化,需要从对象的特征出发,组织话语信息,提高话语传播效率。

3.话语传播对象的层次差异性

从马克思主义大众化话语传播的具体对象而言,包括工人、农民、知识分子、人民解放军、学生等基本群体,在这些基本群体中,由于职业、工作对象、生活环境的不同,他们对马克思主义的理解和认同表现出了较强的差异。即使在同一群体中,由于地域、年龄、受教育程度、家庭环境、工作环境、个体价值观、传播媒介等的差异,对马克思主义的理解、接受和认同等同样表现出巨大的差异。因此,研究马克思主义大众化,有必要掌握传播对象的层次差异性特点。从地域差异而言,在中国东南西北中五大区域中,地理环境、经济社会发展程度等方面差异比较突出,各个区域的经济条件、生活条件等都直接影响着人们的思想观念,马克思主义在不同区域的传播基础差异也较大,在中东部地区,经济社会发展程度较高,马克思主义在大众中的现实说服力较强。而在西部等欠发达地位,人们的生活环境、经济条件相对比较差,马克思主义在大众群体中的说服力还不强,还需要进一步提升;从传播受众的社会身份差异而言,在马克思主义大众化的基本群体中,可以分为国家公务员、企(事)业职工、军人、学生、农民等多个层面,每一个层面又可以分出多个群体,如国家公务员中,有领导干部、有普通职员;事业单位职工中,有高级知识分子、有普通职工,这些不同群体中有党员、有非党员,他们对马克思主义的理解、接受和认同都存在较大差异。从传播媒介的差异而言,尽管我们说人类已经进入了新媒体时代,但传统媒体并没有完全被新媒体取代,还呈现着传统媒介与新媒介并存的媒体生态环境,不同的群体对信息的获取渠道呈现多样化的态势。在新媒体发展较滞后的欠发展地区,广播、电视等传统媒体是大众获取信息的主渠道,而在新媒体发展较快的地域,手机等新媒体成为大众获取信息的主要渠道。除此之外,社会发展中的其他不平衡、不充分等问题都影响着马克思主义大众化进程。因此,推进马克思主义大众化,需要充分考虑话语传播对象的层次性差异问题。

（三）马克思主义大众化话语传播对象的心理效应

从马克思主义大众化话语传播而言，其心理效应主要是受众个体在选择、接受和认同马克思主义过程中的心理反应。从总体而言，马克思主义大众化的过程，是一个社会实践的过程，但从受众个体而言，却是一个心理聚效与实践活动相互联动的过程。对于受众个体而言，要不要相信、接受和认同马克思主义，有一个心理活动的过程，这种心理活动受到周边的人和物的影响，容易形成群体聚效的心理效应的过程。

1. 从众心理效应

所谓从众心理效应，是指个体行为根据其周边的群体行为而采取相似或相同的趋同行动倾向。从话语传播而言，这种从众心理效应体现为两个方面：一是受众与周边群体有着特殊的亲近关系，当群体中的其他个体都接受和认同马克思主义的时候，其本人尽管对马克思主义还存在这样或那样的疏远，但在从众心理效应的影响下，也会推动他本人主动了解马克思主义，最终实现对马克思主义的接受和认同；二是作为生活在群体中的个体，都希望成为群体的一员，不希望被孤立。当群体中的大众都接受和认同马克思主义的时候，也会给他本人产生一种被孤立的思想压力，促动自己主动了解马克思主义并逐步形成与大众步调一致的思想认识。实质上，据心理学研究表明，从众心理效应并不持久，其心理行为不具有确定性，正如"墙头草"一样摇摆不定。因此，我们在推进马克思主义大众化进程中，要特别关注这种从众心理带来的马克思主义大众化效应，不要被表象掩盖了本质。马克思主义大众化不是虚化地存在着，大众化的核心本质是入脑、入心，要使个体从内心深处对马克思主义产生认同，并指导个体实践。因此，需要辩证地看待因从众心理形成的马克思主义大众化现象，一方面要看到其积极性的一面，给予肯定和认可，同时又要看到其不确定性的一面，要通过进一步的持续工作，使其从从众认同转化为个体内心的个体认同，从而形成对马克思主义的真正信仰。

2. 权威心理效应

在中华民族延绵几千年的传统文化中，崇尚权威一直是传统文化中的一个重要组成部分。所谓权威效应主要是指传播者的权威力、公信力等对受众产生的影响，由于传播者自身的社会地位、学识程度、话语影响力等综合影响，受众对传播者产生了一种由衷的崇敬感和信任感，从而对传播者的话语和思想产生认同。权威效应在推进马克思主义大众化的进程具有重要作用，需要重点研究和扶持。理论大众化并不具有天然性，需要经过灌输、内化和认同的基本过程。正如列宁所指出的："工人本来也不可能有社会民主主义的意识,这种意识只能从外面灌输进去。"①马克思主义尽管是在世界无产阶级运动实践基础上产生和发展,并在中国化进程得到了创新发展,形成了指导社会主义革命和建设的强大理论武器。但这些理论最早总是由理论精英从人民大众的实践活动中归纳总结出来的,并从理论逻辑和实践逻辑层面经过进一步升华,形成了具有普遍意义的理论体系,并用于指导更高层次的实践。这也是理论来源于实践、指导实践,在实践中不断丰富发展的基本过程。理论尽管来源于实践,但绝对不是对实践的简单总结,而是赋予了理论内在的哲学内涵和方法论思维,形成理论自身的学术话语和实践话语特色。因此,经过升华的理论,要再次回到实践中,成为指导大众实践的理论武器,"灌输"是必不可少的。要"灌输"就必须要有"灌输"者,即传播者。从传播学的研究表明,传播者的权威对"灌输"效果产生着重大的影响力。实际上,在现实生活中,我们会发现,一个极其普通的群众哪怕讲的是真理,也难以引起社会的认同和关注。但如果这样的话语是从一个有较强影响力的社会人物口中讲出,将会产生巨大的影响力,这就是我们通常所说的权威效应。研究表明,马克思主义大众化的传播者权威力越大,其公信力强,传播效果越好。因此,推进马克思主义大众化,要特别注重加强传播者的权威力和公信力建设,通过权威效应提升传播效果。

3.求新心理效应

求新是人之心理常情,生活在千变万化的动态世界中,不变的视觉和话语极易引起人们的视觉和听觉疲劳。因此,求新成为人们对现代生活的基本追求。尤其是青年群体,喜欢新生事物是他们的心理常态。从心理学和传播学的相关研究显示,新生事物容易引起人们大脑皮层兴奋,同样,新的传播话语也容易引起人们更多的关注和思考。马克思主义不是僵化的理论,而是不断与时俱进和丰富发展的科学理论。理论创新与实践创新是相辅相成的,理论创新的目的就是为了指导实践创新,同样,实践创新也为理论创新提供丰富的资源。因此,马克思主义大众化进程本身就是不断创新发展的过程,用僵化的教条式的思想对待马克思主义,难以说服大众。因此,马克思主义大众化要取得实效,必须主动适应大众的求新心理需要,不断开拓思维,创新传播内容和形式,让受众时刻保持新鲜感,以提升传播效果。

4.逆反心理效应

从传播学的视角分析逆反心理,主要是因为传播的内容和方式不能达到受众的预期需要,或者是传播的内容和方式违反受众的基本认同、缺乏公信力等原

---

① 列宁选集(第1卷)[M].北京:人民出版社,2012:317.

因造成的。具体到马克思主义大众化的话语传播活动中,引发受众产生逆反心理主要有三种情况:一是传播内容脱离大众实际,在话语传播中,教条式、孤立地对待马克思主义,甚至把马克思、恩格斯在 19 世纪讲的个别话语"灌输"给受众,完全脱离中国的实际和中国特色社会主义发展的实际,理论完全不能解释社会现状,说服不了群众,当然会引起受众的情感逆反。二是传播话语"官气"太重。在马克思主义大众化进程中,我们不乏看到大量的官话、空话,缺乏实际内容。马克思主义不是束之高阁的空洞理论,而是要解决中国特色社会主义建设的实际问题,推动实践创新。用大量的官话和空话高唱马克思主义,误导了大众对马克思主义的基本判断,误以为马克思主义就是讲官话、唱高调,这自然会引起受众的判断逆反。三是传播方式僵化呆板。随着新媒体时代的到来,新媒体成为人们的基本生活方式,特别是手机等便捷移动媒体,被人们大量使用于基本生活中。但在马克思主义大众化的话语传播活动中,在传播方式上缺乏与时俱进。在现实生活中,我们也经常看到一些单位强制要求群众集中收看一些视频节目,实质上,这些视频节目完全可以通过移动平台向公众传播。正是这种教条化、形式化的传播方式,引起了受众对马克思主义传播的行动逆反。

逆反心理效应对推进马克思主义大众化产生了极强的阻碍作用,因此,需要我们采取措施,克服马克思主义大众化进程中的官僚主义、形式主义,用大众听得懂的通俗话语、看得见的实绩编写马克思主义传播话语,消除大众的逆反心理。

第二节　新媒体生态下马克思主义大众化话语传播的现状分析

推进马克思主义大众化既要与时代紧密相联,还要立足现实反思历史、尊重历史、借鉴历史经验。但最重要的还是要立足于时代条件,直面现实中的世情、国情和党情,根据民情现状选择传播话语,诠释现实和引领现实。与传统媒体相比,在新媒体生态下的话语特点已经发生了巨大变化。因此,从现实出发,研究马克思主义大众化的话语传播,本身就是马克思主义实事求是的立场、观点和方法的运用。

一、马克思主义大众化话语传播的优势

在上网已经成为人们基本生活方式的态势下,各种基于网络技术兴起的新

媒体和使用新媒体的庞大受众为推进马克思主义大众化创造了前所未有的机遇。前文已经提到，目前中国的手机网民已达9亿多人，约占全国人口的66.6%。新媒体所具有的快捷、个性多元的传播特性，为马克思主义大众化带来了前所未有的优势。

（一）新媒体话语传播时空的零间隙

传统媒体下的话语传播，传播内容的容量有限、传播速度比较慢，使得整个传播流程出现了比较大的间隙。随着互联网的飞速发展，以手机等移动新媒体领航的移动传播媒介彻底改变了传统媒体条件下的传播方式，无论从传播容量、传播速度等都是传统媒体无法比拟的。有了新媒体的传播介体，不仅在传播内容上可以实现现场直播，使得传播的内容更真实、更直接。同时，在传播时间上也实现了时时传播和连续传播。因此，在新媒体生态下的话语传播，拓展了话语传播的时空范围。在传播时间上实现了"随时"，传播者只需动动手指，瞬间就可以把相关信息传播出去；在传播空间上实现了"随地"，传播者不受空间地点的限制，利用随身携带的通信工具就地实现话语传播。从受众接收信息的层面而言，也实现了"随时随地"的零间隙接收信息。在网络覆盖的地方，任何人在任何地点都可以不受时间和空间的限制，时时了解党和国家的方针政策、了解社会发生的大小事情，新媒体话语传播时空的零间隙拓展了马克思主义大众化的传播空间。

（二）新媒体话语传播途径的多维化

新媒体生态下的话语传播突破了传统媒体的平面传播方式，实现了多链条、立体化的传播。笔者在前文已经提出，在传统媒体下，马克思主义传播主要是通过口口相传、散发传单、印制书籍等方式，如"五四"运动前后，马克思主义在中国的传播主要是通过李大钊、陈独秀等人创办刊物、开展演讲、课堂讲授等方式进行传播，这样的传播方式，无论从传播容量、传播覆盖面、传播受众等都是有限的。新中国成立后，传播条件得到了一定的改善，增加了广播、电视的方式，并印制了大量经典著作，但传播途径仍旧比较单一，传播路径比较长，容易造成在传播过程中的信息衰减，甚至引起传播信息失真，降低了马克思主义话语传播的时效性。

在新媒体条件下，除了手机、平板电脑等新媒介外，一些传统媒介也从技术上改进了传播手段，使得传播生态链极其丰富，在传播形式上除了文字、图片外，还增加了音像等。新媒体实现了把文字、音像、艺术动画、展演等传播形式融为一体，形成了多维化的传播途径，增强了话语传播的艺术感染力，使得传播内容丰富多彩，传播形式活泼生动，增强了对受众的感染力和亲和力，提升了马克思主义话语传播实效。

（三）新媒体话语传播信息的多元化

随着新媒体技术的发展，在新媒体支撑下的话语传播平台呈现了多元化发展趋势，给受众有了更多的信息选择空间。在传统媒体下的话语传播，单向的信息传播形式，受众对信息没有选择的权利，只能被动接受，极易引起信息接受疲劳，不利于受众对话语传播信息的理解和接受。在新媒体生态中，构建了以"两微一端"为主体的话语传播平台，话语信息渠道多元，受众对话语信息有了自由选择的空间，同时，新媒体也为传播主体提供了多维互动的信息传播渠道，使受众能够从信息接受者秒变为信息传播者，增强了公众对信息的关注和研究，加强了传播主体对信息的理解和内化。

近年来，微博、微信用户飞速增长，据相关数据统计，在 10 亿多的手机网民中，95％使用了微信传播信息。甚至包括一些农村文化水平较低的手机用户，也通过微信的语音传播功能开展了信息传播。除了微信逐步"平民化"以外，微博也被广泛地运用于大众的日常信息交流活动中。与此同时，官方掌握的新闻客户端也通过形式灵活的方式向受众推送公众喜闻乐见的新闻信息。微博、微信、新闻客户端构成了新媒体生态中多元化的话语传播链条。在这多元话语传播系统中，传者与受众实现了平等的交流与互动，没有了高高在上的传播者。正是在这样的多元化信息传播中，马克思主义的主流话语，经过传播主体的不断转发、评论，拉近了传者与受众的距离，拓宽了官方与民间的对话空间，有利于官方能够及时、真实地获取民意，使党和国家的政策更贴近民意、更反映群众的诉求，也更提升马克思主义的说服力。

二、马克思主义大众化话语传播的挑战

推进马克思主义大众化面临着一系列的挑战和问题，归结到一个根本问题上就是话语权斗争。随着经济全球化、文化多元化的深入发展，社会主义和资本主义两种意识形态的斗争越来越激烈。特别是在社会主义意识形态建设的话语权还相对弱势的现实状况下，我们既要面对外来的"和平演变"，又要警防内部的思想解构。进入新媒体时代，新媒体成为西方攻击马克思主义的主渠道。一些国内外敌对分子不惜手段争夺新媒体话语权，通过新媒体传播大量抹黑马克思主义的话语，通过断章取义、混淆视听的手段，干扰公众对马克思主义的理解和判断。改革开放 40 多年来，中国特色社会主义建设事业取得了巨大成就，国际地位不断上升，中国在全球话语权的影响力不断提升，这让习惯了冷战思维的西方国家感到了压力和不安，他们不愿意看到一个强大的中国重新屹立于世界民族之林，他们加紧了在各个领域与中国争夺话语权。这些多因素相互交织，使得

意识形态领域的话语权斗争越发激烈。

（一）国际环境对马克思主义话语传播的影响

随着改革开放的深入推进,世界政治、经济、文化等的发展变化对中国的影响也逐步从间接走向直接。同时,随着中国的发展日益融入世界,甚至在有些领域与世界融为一体,两种意识形态的斗争也进入白热化状态,许多原来处于隐性状态下的斗争形式开始公开化。

1.西方意识形态对马克思主义话语传播的冲击

从人类发展史而言,各国之间政治、经济、文化的相互交流是客观潮流,不管是愿意还是不愿意,这种国际范围内的交流是不可阻挡的,而且还将随着国家经济社会的发展不断深化。同时,社会主义与资本主义两种不可调和的意识形态斗争也将随着全球化进程加深而进入白热化状态。随着中国国力的日益强大,在经济、文化、军事等领域不断缩小与西方资本主义国家的差距,冷战时期的那种大棒式的意识形态斗争方式已经不起作用,迫使西方资本主义改变意识形态的斗争策略,"他们将一改过去的霸王风度,工于心计地将其意识形态的价值观念编码在一套又一套的文化机器中,引诱人们产生'意识形态无国界'的错觉,使西方理念轻易地潜入人们的意识底层"①。实质上,随着思想文化全球化的发展趋势,两种社会形态下的意识形态斗争更为尖锐和激烈。特别是随着中国特色社会主义事业不断发展和壮大,让西方国家感受到了前所未有的压力和不安。他们改变了过去意识形态斗争的大棒政策,采取胡萝卜加大棒的斗争策略,从政治、经济、思想文化、宗教等领域对中国进行了全面的意识形态渗透,抢夺话语传播权。

第一,散布各种非马克思主义思想,削弱公众对社会主义的价值判断。20世纪80年代末、90年代初,随着苏东巨变,世界社会主义运动进入低潮,西方国家抓住这个难得的机遇,在媒体的配合下大肆散布"社会主义失败论""马克思主义过时论""文明冲突论"等。随着苏联的解体,一些西方政客叫嚣用三个月的时间让世界"赤色"从地球上消失。在西方强大的媒体舆论面前,一些原来打着社会主义旗号的非洲、拉丁美洲、独联体国家纷纷向西方国家表忠心,明确表示放弃社会主义道路,世界社会主义运动笼罩在深重的阴霾之中。在中国国内,尽管以邓小平同志为主要代表的中国共产党人面对西方国家意识形态的进攻,处变不惊,沉着应对,但国际范围内的社会主义运动低潮对中国也产生了强烈的冲击和干扰,公众对马克思主义的认同度受到了严重削弱。

---

① 转引自金坤城.加强意识形态管理 确保意识形态安全[J].前沿,2010(15):184-187.

　　第二，通过媒体掌控意识形态话语权。笔者在前文对以美国为首的西方国家掌控新媒体话语权的问题展开了讨论，以美国为首的西方国家依靠自身在新媒体领域的技术和资源优势，在新媒体的话语传播中具有不可撼动的话语权优势，他们也从来没有停止利用媒体工具对中国开展意识形态的渗透。如在传统媒体时代，有中国大众比较熟悉的"美国之音""英国 BBC"等媒体；在新媒体时代，以美国为首的西方国家通过媒体掌控话语的能力则更强、范围更广、手段更隐蔽。仅美国的好莱坞大片，每年都将占据中国电影市场的绝大部分市场份额。这些大片宣扬的个人英雄主义、无政府主义、拜金主义等西方价值观，对社会主义核心价值观教育形成强大的解构作用，特别是对正在形成世界观和价值观的青年一代而言，对他们形成社会主义信念和马克思主义信仰所生产的负面冲击是非常突出的，严重削弱了马克思主义在社会主义意识形态领域的话语传播权。

　　第三，通过文化交流向青年一代渗透非马克思主义的世界观、人生观和价值观。从 20 世纪初开始，西方国家就已经开始了他们的文化渗透战略。如在1909 年美国就利用清政府的战争赔款设立中国教育文化基金，要求清政府选派青年学生到美国留学。之后，法、日、英、比、意、荷等国仿效美国退回赔款余额，充作对华的教育基金，为中国培养留学生。西方国家的这一战略，在客观上为中国培养了一批留学人才。在主观上，西方国家绝不是为了振兴中国的教育事业，而是为了培植亲西方势力，为进一步从思想上控制中国奠定基础。以美国为首的西方国家也在这一战略中尝到了甜头，特别是率先实施这一战略的美国，在中国培植了大批亲美势力，为国民政府倒向美国奠定了基础。当前，西方国家仍然以这样的方式作为意识形态斗争的战略首选，大大小小不计其数的基金会分布中国在各行各业，尤其在高校比较集中。这些基金会以捐资助学、助研的名义资助学术机构、青年学生到西方国家去学习和交流，也派专家学者到中国讲学与访问，通过文化传播与交流，渗透西方的价值观和西方意识形态。这些基金会，为西方国家在中国培植了一批吹鼓手。正如习近平总书记所指出的："有的人捧西方理论、西方话语为金科玉律，不知不觉成了西方资本主义意识形态的吹鼓手。"[1]近年来，西方国家面向我国青年一代的意识形态渗透，往往都会披上一层美丽的外衣，掩盖不可告人的目的。因为其隐藏性好，往往使一些人看不到其巨大的威胁性；也因为与利益挂钩，使一些人在个人利益面前，把国家利益抛之脑后。"在有的领域中马克思主义被边缘化、空泛化、标签化，在一些学科中'失语'、教材中'失踪'、论坛上'失声'。"[2]这一切，对青年一代树立马克思主义的世

---

① 习近平谈治国理政(第二卷)[M].北京:外文出版社,2017:327.
② 习近平谈治国理政(第二卷)[M].北京:外文出版社,2017:329.

界观、人生观和价值观都产生着强烈的负面影响,严重削弱了马克思主义话语传播权的构建。

2.苏东巨变对马克思主义国际话语传播的削弱

19世纪40年代,随着《共产党宣言》的发表,无产阶级对资产阶级的斗争从自发走上自觉。纵观整个国际共产主义运动,从宏观上表现为两种制度下的经济、政治、文化的对立,而在微观上则是马克思主义意识形态和资本主义意识形态的对立和斗争,更直接地表现为围绕两种意识形态争夺话语权。因此,谁掌控了话语权,谁就会在斗争中掌控主动权。纵观整个世界的国际共产主义运动,马克思主义意识形态话语权的争夺与共产主义运动实践紧密相连。当世界社会主义运动在俄国取得成功,社会主义从一国变成多国的时候,马克思主义意识形态话语权得到了提升,并不断产生国际影响,一些亚非拉等国也纷纷宣称自己走的是社会主义道路。尽管他们所宣称的社会主义并非马克思主义指导下的科学社会主义,但也足见马克思主义意识形态话语的影响力。

随着20世纪80年代后期世界局势的巨大变化,国际共产主义运动实践遭遇了挫折,马克思主义意识形态话语权也被严重削弱。掌控着国际话语权的西方媒体,对解构马克思主义意识形态话语权起到了推波助澜的作用。在西方媒体的轰炸下,失去了国际话语权的国际共产主义运动陷入了迷茫。受到西方媒体话语的影响,仅有的4个社会主义国家中的一些民众也对马克思主义产生了怀疑。

苏联的解体和东欧社会主义运动的失败,对中国马克思主义意识形态话语权建设产生了极大的负面影响。国际和国内反华势力趁机相互勾结,对中国社会主义制度和马克思主义意识形态进行了大肆的攻击和诋毁。尽管在老一辈无产阶级革命家的领导下,中国稳住了阵脚,坚定不移地坚持"一个中心,两个基本点"的方针路线,使中国走出了困境,并成功地踏上了建设中国特色社会主义现代化强国的征程,但苏东巨变对中国特色社会主义建设、对马克思主义意识形态话语传播的建设所产生的负面影响在短期内是难以消除的。

(二)国内环境对马克思主义话语传播的影响

国际大环境与国内小环境总是相互交织在一起,共同影响一个国家的政治、经济和文化建设。中国处于社会转型发展时期,全面深化改革进入攻坚期,利益诉求多样,思想文化多元在这一时期集中体现,加上国内各种长期积压的矛盾,都将随着社会转型而集中展现出来,对马克思主义话语传播建设带来了巨大的挑战。

1.发展不平衡不充分的利益矛盾削弱了马克思主义话语的号召力和认同力

　　市场经济必然带来追求利益最大化,这也是市场经济与计划经济的最大区别,在市场经济利益最大化的趋动下,同时推动着市场主体利益的多元化诉求。伴随着市场主体利益多元化诉求,一些人把追求物质利益作为原动力,人的社会地位、世界观和价值观都将集中指向物质利益。简单而言,人们把占有物质利益的多寡作为衡量自身社会地位和事业成功与否的标准。在极端狭隘的功利思想影响下,"一些人厌倦政治、厌倦理论,产生消极颓废的情绪。马克思主义在一定程度上受到排挤和被边缘化"①。随之而来的是社会道德失范现象加重,权钱交易成为另一种"常态",马克思主义指导下的社会主义道德体系和价值体系被削弱,在一些领域甚至被解构,马克思主义在大众中失去了号召力。

　　人们也经常感慨,架构一种道德体系需要一个长期的过程,而解构一种道德体系则是短期内就可以实现。就如"助人为乐"这个中华民族的优秀传统文化,经过了几千年的文化沉淀,却几乎被一个法官一纸判文给毁掉。实践在不断给我们敲响警钟,"一个政权的瓦解往往是从思想领域开始的,政治动荡、政权更迭可能在一夜之间发生,但思想演化是个长期过程。思想防线被攻破了,其他防线也就很难守住"②。新中国建立后,我们用三年时间进行社会主义改造,消灭了剥削阶级赖以存在的经济基础,建立了社会主义制度,在中国存在了几千年的剥削制度,中国共产党仅用三年时间就给予了消灭。从1956年开始,中国进入了轰轰烈烈的社会主义建设阶段。尽管这一时期的物质基础仍然比较薄弱,人们的物质生活水平比较低,但一个没有剥削阶级的社会主义,让人们真正感受到了当家作主的社会一员。社会主义制度在中国的确立,让人们从感性的视角认知了马克思主义关于人类理想社会的理解,马克思主义在人民大众中产生了较强的吸引力和认同力。但随着中国社会主义市场经济的深入发展,社会出现了大量新兴的社会阶层,使得整个社会的阶层分化突出,加上社会转型、体制转轨带来的社会深刻变化,一些在原有体制下处于社会优势地位的群体,因体制转轨而变为弱势群体,这些群体具有强烈的被"剥夺"感,对马克思主义的态度也是发生了根本性转变,从原来的认同转为质疑,甚至站到对立面,对马克思主义产生反感、抵触和厌烦情绪,这对马克思主义大众化构成了严重冲击。从社会民众而言,理论掌握大众的前提是给大众带来利益的满足,当一种理论不能满足大众的利益诉求时,被排斥就不可避免。

　　当下,中国正面临全面转型发展,制度体系正在进一步完善。人民对美好生活的需要同发展不平衡不充分之间的矛盾进一步凸显。区域发展不平衡、分配

　　① 马晨,雷琳.当前我国马克思主义意识形态面临的挑战[J].社会科学,2008(01):73-77.
　　② 十八大以来重要文献选编(上).北京:中央文献出版社,2014:465.

差距过大、民生发展不充分等系列矛盾制约了人民对美好生活的追求。一些群体因利益诉求得不到满足造成了心理失衡,甚至产生了对党和政府的不信任,这些都将加剧公众对马克思主义认同力的降低,削弱马克思主义话语的号召力和认同力。

2.多元化社会思潮降低了马克思主义话语的吸引力和权威力

当经济全球化成为不可阻挡的世界潮流时,伴随而来的是文化全球化的趋势加剧,中国曾经一家独大的单一文化形态开始向文化多元化方向发展。当今中国的文化形态除了具有中国气派的社会主义、马克思主义思想文化外,大量西方文化形态和思想观念通过新媒体涌入中国,构成了思想文化多元化的文化形态。对当下的思想文化多元化的问题,我们应该从两个方面去辩证地看待。从积极层面看,文化多元化有利于我们开展文化交流,认清各种文化形态的优劣利弊,吸引其他文化形态的优秀文明成果,丰富和发展社会主义思想文化,增强马克思主义话语影响力;从消极层面看,文化多元化一定带来社会思潮的多样化,在多样化的社会思潮中,多种社会思潮相互交织,极易扰乱人们的思想价值。尤其是当下的中国,社会正在进行全面转型,各种长期积压的矛盾在这一时期集中爆发,急需统一全社会的思想,应对各种社会危机。但由于文化多元化引起了社会思潮的多样化,导致人们的思想认识多样复杂、价值观判断难以统一,马克思主义话语吸引力降低,马克思主义话语权被削弱,对推进马克思主义大众化产生了极为不利的负面影响。

在文化多元化的大趋势下,西方国家凭借自身经济和文化上的优势,以新媒体为主渠道,推动非马克思主义社会思潮在新媒体上肆意传播,这些思潮被国内或国外的一些学者加以阐释,从隐性和显性两个方面否定社会主义制度、否定中国共产党的领导、否定社会主义核心价值观。如有学者围绕民主社会主义思潮,提出了"只有民主社会主义才能救中国"的言论;围绕西方宪政思想和公民社会社会思想,提出了"西方民主具有普世性"的言论;除了西方主导下的思潮外,国内一些民主激进分子,也积极配合西方国家里应外合,推动形成了新儒教、历史虚无主义等思潮。如围绕新儒教思想,提出了"用新儒教取代马克思主义信仰"的言论。除此之外,还有一些人大肆抹黑邱少云等英雄人物、美化汪精卫等历史反面人物,通过历史虚无主义扰乱人们的思想价值判断。当今社会中涌现的种种非马克思主义社会思潮,对识辨能力不强的民众,特别是青少年群体产生极强的迷惑性,扰乱了人们对马克思主义主流价值观的判断和践行,降低了马克思主义话语的吸引力和权威力。

3.开放化的新媒体传播弱化了马克思主义话语的主导力和控制力

与传统媒体的话语传播相比,开放化是新媒体话语传播的主要特点之一,开放化的新媒体话语传播更难以控制。因此,在新媒体开放状态下开展马克思主义话语传播,将给我们带来系列新挑战。

第一,在开放化的新媒体生态下,西方非马克思主义社会思潮对我国主流意识形态造成极大的冲击。互联网发端于美国,时至今日,美国仍然掌控着全球互联网的技术主流,拥有不可撼动的掌控地位和媒体话语权。2009年时,有学者作了一个统计,"国际信息网络中,95%以上为英文信息,3%为法文内容,世界上其他众多的不同语系只占2%,而中文信息不足0.4%。"①时至今日,尽管十年过去了,但这样的比例不会有很大的变化。以美国为首的西方国家,仍然对互联网有绝对的掌控权和话语权。虽然开放化的新媒体推动了全球信息传播和交流,但在意识形态斗争越来越复杂激烈的今天,这样的开放化新媒体加剧了意识形态的斗争和对立。从新中国建立以来,以美国为首的西方国家,从来没有停止过对华的敌视态度,对中国实施"西化"和"分化"的企图从来没有停止。在新媒体生态下,开放化的媒体传播为西方国家"西化"和"分化"中国提供了更为便利的渠道。尽管近年来我们提高了互联网的管控能力,但在网络意识形态斗争日渐成为全球意识形态斗争的主阵地的时候,我们在理论上、思想上、技术上与西方国家相比,还存在较大差距。如何控管好新媒体,用马克思主义话语讲好中国故事的意识和能力还有待提升。

第二,在开放化的新媒体生态下,碎片化的传播话语弱化了马克思主义话语的吸引力。笔者在前文阐述了在新媒体生态下,媒介、传播内容以及受众的碎片化趋势将更为明显。新媒体打破了传统媒体对新闻的垄断,当人人都可以传播新闻时,媒介、传播内容以及受众都呈现出碎片化特征。碎片化的话语形式在媒介中传播,当然有利有弊,但利弊要关系不能一概而论,要放在具体的环境中去分析和比较。仅从马克思主义话语传播而言,利弊关系也非常明显。从有利层面而言,碎片化的话语有利于简化传播内容,使传播内容言简意赅,有利于受众识记;从不利的层面分析,马克思主义是严谨的科学体系,其内容带有较强的学术性、逻辑性和实践性。对于其中一些深奥的理论,有时需要用较长的话语解读,才能向受众讲清其中的深刻道理,三言两言的解读,不但讲不清、道不明,甚至还引起受众的误解。这样的问题,在新媒体生态中尤为突出。在传播实践活动中,我们经常发现一些对党的方针政策断章取义的传播信息,缺乏前后的逻辑联系,或者是根据自身利益诉求随意解读党的方针政策,误导了受众。碎片化的话语传播,由于缺乏系统的逻辑关系,容易造成传播内容失真,容易造成公众的误解。这在一定程度上削弱了党和政府的公信力,弱化马克思主义话语吸引力。

---

① 刘忠厚.信息网络时代社会主义意识形态建设新探[J].理论学刊,2009(02):18-21.

第三，在开放化的新媒体生态下，多元价值取向弱化了马克思主义话语的主导力。互联网改变了世界，让世界变得更小；互联网也改变着人们的生活，让人们有了更多的交流渠道；互联网也在改变人们的价值判断，让人们面对着多元的价值判断和选择。在传统媒体下，由于传播媒体掌控在统治阶级手中，媒体的传播话语都是经过严格的斟酌，符合统治阶级的利益要求才能传播出去。媒体影响下的价值判断和价值选择都已经既定成型，基本不存在多元的价值选择问题。但在新媒体生态下，话语传播主体、传播内容、传播形式、传播媒介都呈现多样性，传播者和传播受众都能够根据自身的好恶对信息进行取舍和加工，经过取舍加工后的信息带有极强的个人价值判断倾向。同时，在这样开放的新媒体传播态势下，一些敌对势力也可以根据民众对信息的好恶，有意识地编造信息，以迎合受众的胃口。我们今天谈论得最多的网络大 V、键盘手等，他们中不乏这样一些人，以编造虚假信息、断章取义党的方针政策等形式，故意放大社会矛盾，引导公众误解党的方针政策，使公众对社会主义主流意识形态产生怀疑，对马克思主义产生不信任感。同时，又不遗余力地宣扬西方所谓的普世价值，误导公众的价值判断和选择，这些都将在一定程度上阻碍马克思主义大众化的话语传播。

（三）内生动力对马克思主义话语传播的影响

对马克思主义的认同，外因仅是推动力，起到根本作用的还是内因，内因才是具有决定性作用的因素。在经济全球化、文化多元化趋势下，马克思主义大众化的话语权建设面临众多的挑战，除了外部因素的推动外，最根本的问题还在于我们自身内部问题上。因此，还得注重从内生动力问题上找原因。

1.公众对马克思主义信仰教育的心理认同感较为缺乏

"信仰的前提是个体必须从内心深处产生坚信不移的需要、情感和意志。任何一种信仰教育，包括马克思主义信仰教育在内，如果缺乏了心理认同这个最基本的内生动力，其教育效果就难以保障。当前，社会在一定范围内出现了马克思主义信仰危机，尽管我们开展形式多样的马克思主义信仰教育活动，但这样活动走形式比较多，表面教育活动开展得轰轰烈烈，但在形式重于内容的教育方式下，公众从心理上对马克思主义还是处于不接受、不认同状态。究其原因是多方面的，其中至少有两个主要的影响因素：一是受到西方非马克思主义社会思潮的影响，马克思主义理论本质被曲解。一些人通过新媒体散布'社会主义失败论'、'马克思主义过时论'、'共产主义渺茫论'等思想。这些非马克思主义思潮对公众，特别是青年大学生的思想认识造成混淆，干扰了人们的价值判断，动摇了公众对中国共产党的领导和社会主义道路的认同感。二是受到市场经济条件下个别党员领导干部大搞物化崇拜、权钱交易、嘴上大讲马克思主义、行为上与马克思主义信仰背道而驰等影响,导致人们马克思主义信仰的内生动力较为缺乏,容易对教育内容产生阻碍,并从内心深处对马克思主义信仰教育产生逆反心理,继而形成抵触情绪,甚至表现为行为偏差。"①党的十八大以来,以习近平同志为核心的党中央以抓铁有痕、踏石留印的意志反"四风",从中央八项规定出台、党的群众路线教育实践活动、"三严格三实"专题教育、"两学一做"学习教育、"不忘初心,牢记使命"主题教育等系列教育活动,党的作风建设取得了前所未有的成就,党的公信力得到了增强,公众对马克思主义的心理认同逐步提升。但我们也清醒地认识到,形式主义的危害仍然存在着,影响公众对马克思主义信仰的因素并没有消除,公众对马克思主义认同的内生动力仍然不足。

2.教育的功利化倾向使马克思主义理论在高校的知识体系中被边缘化

高校大学生是马克思主义大众化的重点对象,研究马克思主义大众化问题,高校大学生群体是重点需要关注的群体。从近年来的调查研究情况显示,受到教育功利化思想的影响,高校马克思主义大众化的内生动力严重不足。"随着大学毕业生就业压力不断增大,大学生学业功利化倾向也越来越突出。不少大学生从大一开始就为了增加就业'法码',围绕各种考证而忙碌,一些被大学生视为对就业无多大帮助的基础理论学科被轻视。特别是传播马克思主义理论的思想政治理论课,尽管被列为高校必修课。但现实情况下,不少学生认为思想政治理论课仅是一种政治说教,与未来就业关系不大、帮助不大,与其花精力学习它,还不如多考几本证,增加就业筹码。因此,大部分学生学习思政课,仅是为了获得学分。对一些理论难点和热点问题无法做到透彻的理解和探讨,也缺乏去探讨这些问题的动力。在教育功利化面前,甚至一些专业课老师也在学生中宣扬思想政治理论课无用论。这些言论和行为,使马克思主义理论课程在大学生知识体系中不断被边缘化,对开展马克思主义信仰教育造成了极为不利的负面影响。大学生不重视马克思主义理论的学习和理解,对马克思主义理论的当代价值缺乏正确的认识,必然影响大学生群体马克思主义信仰的内生动力的形成。"②

3.部分党员干部的言行失范影响了公众对马克思主义的信任

共产党员,特别是党员干部的一言一行,是马克思主义大众化的活教材。在一些领域,社会公众信与不信马克思主义,关键还得看党员干部给公众什么样的示范导向。李大钊、毛泽东等中国老一辈马克思主义者给我们如何做一个真正的马克思主义者留下了丰富的宝贵遗产。正如爱国华侨陈嘉庚所感言,"中国的希望在延安"。在当时的环境和条件下,一个从国外回国的华侨为何能够发出如

---

①　罗昌勤.当代大学生马克思主义信仰教育的生态思维[J].理论导刊,2016(04):13-16.

②　罗昌勤.当代大学生马克思主义信仰教育的生态思维[J].理论导刊,2016(04):13-16.

此的感言？那是因为陈嘉庚从毛泽东等老一辈马克思主义者身上看到了他们用实际行动把民族伟大复兴担在自己的肩上。在实践中，最能让老百姓读得懂的马克思主义大众化教材还是党员干部的言行和示范。正如邓小平所指出的："凡是需要动员群众做的，每个党员，特别是担负领导职务的党员，必须首先从自己做起。"①说一千道一万次，还不如实实在在地做一次，这就是榜样的示范作用。在新民主主义革命时期，我们广大党员干部带头学、示范用，极大地增强了马克思主义的吸引力和感召力，吸引了一大批优秀青年奔赴延安加入马克思主义政党队伍，为中华民族站起来作出了卓越贡献。

随着改革开放和市场经济的深入推进，一些党员干部经受不住市场经济的考验，受到功利思想的影响，拿权力作筹码，搞权钱交易。对待马克思主义不是真学、真信、真用，而是一知半解，甚至乱用。正如党的十九大报告所指出的："党内存在的思想不纯、组织不纯、作风不纯等突出问题尚未得到根本解决。"②表现在实际生活中，一些党员干部缺乏党性修养，如河南一官员某面对记者的采访，向记者提出了"你是准备替党说话，还是准备替老百姓说话"的质问。这充分表明我们一些领导干部缺乏党性修改，忘记了我们党的宗旨和原则，把共产党组织推到群众的对立面；还有一些党员干部缺乏群众情怀，骂出了"老百姓就是给脸不要脸的玩意儿"等等言论。领导干部这些言论，忘记了自身的公仆职责，把干部和群众视为两个对立的群体。尽管这些案例仅是个案，但也给我们敲响了足够的警钟。历史和实践反复证明，人民群众对马克思主义的认同和信仰的内生动力来自身边无数党员干部的言行示范，正是他们身边党员的影响，使他们从内心深处产生了对马克思主义的认同。反之，也是如此。当下，少数党员干部理想信念动摇，宗旨意识淡薄，缺乏党性修养，嘴上说一套，实际另干一套，言行不一，这样的失范严重的影响了我们党在社会公众中的公信力，弱化了公众对马克思主义的认同和信仰，损害了马克思主义话语传播。

(四)传播要素对马克思主义话语传播的影响

话语传播既是精神层面的问题，更是实践层面的问题，同时还受到传播媒介等传播要素的影响。因此，研究马克思主义大众化话语传播的挑战，无外要从受众的精神诉求、话语传播的实践环节、传播媒介的整体运用，以及话语自身的适用对象等几个重点传播要素去探究。

---

① 邓小平文选(第二卷)[M].北京：人民出版社，1994：342.

② 习近平.决胜全面建成小康社会 夺取新时代中国特色社会主义伟大胜利——在中国共产党第十九次全国代表大会上的报告[N].人民日报，2017-10-28(001).

1. 马克思主义的理想化与世俗化的精神诉求的矛盾困境

人类是社会存在物,有着自身的理想诉求,不仅追求物质满足,同样也追求精神满足。人类追求精神层面的满足既有理想化的一面,也有世俗化的一面,是人的理想生活与现实生活的双重诉求。马克思发现了人类社会从原始社会向共产主义社会发展的基本规律,并为我们描绘了人类最美好的共产主义社会的理想状态。但是,马克思在描绘这个美好社会的同时,又特别从"现实的人"的基准出发,提出人类社会发展从低级到高级的发展规律。人类美好社会共产主义社会的实现,需要从低级到高级的逐步发展而实现。马克思主义为人类建立了科学的世界观和历史观,为人类如何处理理想与世俗的关系问题提供了基本的方法论。但我们有些人仅看到马克思所描绘的人类最美好社会的结果,而没有关注到马克思所指出的要达到这样的结果,需要经历怎样的过程。更有人基于自己所处的现状,去简单地否定人类实现美好社会的可能性。实际上,马克思已经关注到了社会发展中的理想化与世俗化的问题,马克思指出:"我们首先应当确定一切人类生存的第一个前提,也就是一切历史的第一个前提,这个前提是:人们为了能够'创造历史',必须能够生活。但是为了生活,首先就需要吃喝住穿以及其他一些东西,因此第一个历史活动就是生产满足这些需要的资料,即生产物质生活本身。"①从马克思的阐述中,明确地告诉了我们物质与精神的基础与前提,理想与世俗的人文关怀。事实上,马克思在阐述共产主义必然实现的客观规律时,也多次强调了对人的世俗诉求的基本关怀。但在现实生活中,人们往往忽视理想与世俗之间的时空关系,陷入理想与世俗的矛盾困境中,进而对马克思主义、对党的方针政策等产生怀疑、质疑。如一些人总是用他现有的世俗生活环境质疑共产主义社会的实现问题,把形上的理想社会与形下的世俗社会等价起来,并基于形下的世俗社会经验去质疑形上的理想社会。通俗而言,由于我们还处于社会主义初级阶段,物质生活水平还达不到马克思所描绘的理想社会的状态,也因此成为一些人质疑马克思主义理论的依据。

新中国建立在一个半殖民地半封建的社会形态上,新中国刚建立时,国家经济体系基本处于崩溃状态,人民生活极度贫困和落后。1840 年以来,世界上大多数帝国主义国家都侵略过中国,除了掠夺中国丰富的矿产资源外,到 1949 年止,中国政府仅向帝国主义国家赔款的白银就达到 17.6 亿两。按今天的市场汇率计划,相当于 4549.6 亿元人民币。这对于当时的中国而言,是一个多么庞大的数字。只有知晓历史,才能更客观地分析现实。建立在这样一个一穷二白基础上的新中国,我们只用 70 年的时间,总体上摆脱了贫困,跻身世界经济大国,

---

① 马克思恩格斯选集(第 1 卷)[M].北京:人民出版社,2012:158.

成为世界上第二大经济体。这得益于马克思主义理论的科学指导,从理论上而言,人们应该对马克思主义产生无限的认同和信仰。但事情恰恰相反,反而让一些人陷入了理想化与世俗化的精神诉求的困境。事实上,原因也很简单。改革开放以来,随着市场经济体制的深入推进,在推动中国经济高速发展的同时,也带来了人们价值观的变化。这一点不难理解,中国有句古话"不患寡而患不均",当经济发展比较落后,物质需求还没有得到基本满足的情况下,人们的关注点主要集中在如何解决基本生存问题上,很少有人去关注全社会的分配公平问题。但随着物质需求的极大满足,特别是人们从追求满足物质需求转向追求美好生活后,自然会把更多的注意力集中在国家的上层建筑层面。事实上,在一个国家进入现代化的进程中,人民大众的关注点总是在理想化与世俗化之间的动态变化,"在经济发展的初级阶段,人们以物质主义需求为主,因为经济的增长和物质生活的改善能增进幸福感,那么当经济发展到一定水平时,经济增长所带来的幸福感就会减弱。……另一方面,在物质生活上过得富足的人,会认为个人归属、自我表达以及公民权利等更加重要,他们会要求一个更加人性化、更加自由的社会。……"①而发展不平衡、不充分是中国的基本现状。因此,人们对美好生活的理想追求与现实之间有较大差距,特别是长期的粗放型发展,使得这种差距更为突出,也往往让人们因此而陷入理想社会与世俗社会的矛盾困境中。

　　理想与现实之间的矛盾总是难以调和,满足不同群体的理想需求需要一个相对长期的过程。因此,在推进马克思主义大众化的话语传播时,特别要避免脱离实际,防止超越社会主义初级阶段的基本国情,用"乌托邦"式的理想来遮蔽普遍性的基本现实,因为这样只能让马克思主义陷入更深的理想化与世俗化的精神诉求的困境中。要注重引导受众立足于理想与现实的基本关系,正确理解党的最高纲领和最低纲领的辩证关系,善于从理想社会与世俗社会的矛盾困境中摆脱出来。

　　2.马克思主义的精英化与大众化的实践方式的差异困境

　　"精英"泛指社会优秀人物,主要对社会发展有重要影响力的社会群体;大众泛指社会公众,社会学讨论的大众,更多带有基层民众,即"草根"的含义。"精英"与"大众"是一个相对概念,在社会发展进程中,社会精英与草根民众之间总是处于矛盾的相对统一状态中。在马克思主义大众化的话语传播中,"精英"与"草根"两个群体在话语表达的内容与传播方式上存在较大的差异。

　　第一,精英主导的话语传播与草根话语诉求的差异。任何一个国家和社会,

---

　　①　郭莲.中国公众近十年价值观的变化——"后现代化理论"的验证研究[J].国家行政学院学报,2011(03):28-31.

都会产生社会精英群体,他们拥有较强的话语权,影响着国家大政方针政策的制定和执行,中国也不例外。自从马克思主义传入中国以来,在相当长的一段时期内,都是社会精英掌握着马克思主义传播的话语权,或者说,马克思主义大众化基本上是在社会精英的主导下推进的。在马克思主义大众化的初期,由于马克思主义中国化的程度还比较低,理论话语还比较抽象,这时由社会精英来主导并掌握着传播话语权是必要的。但随着马克思主义大众化进程加深,社会精英主导下的马克思主义大众化话语传播在一定程度上存在着与大众草根话语相冲突的问题,如"一些理论研究缺乏人文关怀、一些学者充当特定利益集团的代言人、一些宣传舆论对弱势群体切身利益的忽视等。"①甚至出现个别精英人物为了个人利益,成为利益集团的话语代表,丧失道德底线讲假话,把理论宣传变成个人利益或集团利益的代言工具,传播话语更多的是反映精英阶层的利益,缺乏对社会草根大众的关怀。尤其在传统媒体条件下,精英阶层往往控制和主导着媒体传播,他们的话语容易成为社会的主流,影响着国家政策的制定,而草根大众的诉求很难主导社会话语方向,更难影响国家政策的制定。

　　第二,精英文化与草根文化在相互认同上的差异。"精英"与"草根"是社会中两个对立统一的阶层,这种对立统一主要体现在思想文化的差异上。精英文化是由社会的精英阶层在社会实践中所形成的文化现象,其文化受众主要是受教育程度较高的社会群体,往往是国家干部、知识分子或社会成功人士。而草根文化是由社会底层民众在社会实践活动中所形成的文化现象,相对于精英文化能登"大雅之堂",草根文化更多的是体现平民化、大众化,甚至还带一定的"俗气",往往被精英阶层视为"不能登大雅之堂",主要是基层大众的自娱自乐。精英文化在社会发展的不同时期所体现和主导的文化导向有所不同,如在新文化运动时期,主要是社会中的文化精英主导了精英文化;在新民主主义革命时期,主要是政治精英主导了精英文化;在改革开放时期,一些改革先锋和经济能人主导了精英文化。精英文化的受众以社会精英群体居多,往往都比较高端。正是因为精英文化的社会优势,使得社会中出现了对精英的追求和盲从,甚至出现"一夜成名、一夜暴富"的错误价值追求。当社会出现对精英文化的盲从后,容易造成草根与精英之间产生裂痕,社会过度盲从精英文化后,往往出现两种现象,一是草根群体对草根文化的遗弃,这种现象是少部分,主要集中在全力跻身社会精英阶层的个体;二是对精英文化的不信任和抗拒,这种现象是普遍现象,毕竟能够成为社会精英的是少数。当精英文化缺乏对草根的人文关怀,把草根群体

---

　　① 李春会.马克思主义大众化传播的现实困境[J].燕山大学学报(哲学社会科学版),2012(03):6-15.

排除在体制之外后,带来的是草根群体"自觉"的置身于体制之外,与精英文化形成对抗。因此,马克思主义大众化需要在精英文化与草根文化之间架起信任和沟通的桥梁,找到相互认同的平衡点,在传播话语上既强调话语有科学性和严谨性,又要突出通俗化和平民化,在传播话语中体现"雅俗共赏",使草根文化成为对主流文化的有益辅助和补充。

第三,精英文化与草根文化在话语表达上的差异。精英文化与草根文化代表着社会的不同群体,其话语表达必然倾向维护自身群体的利益,这是利益诉求的必然导向。在媒体传播中则表现为话语表达上的差异,无论是在传统媒体中还是在新媒体生态系统中都存在着,只不过表现形式有所不同。在传统媒体条件下,精英阶层掌控着社会的主要传播媒介,并利用掌控的媒介比较顺利的传播和表达自己诉求。而草根阶层由于缺乏对传播媒介的掌控,他们的诉求很难通过媒介表达出来,必然导致草根群体的诉求被弱化。在新媒体生态系统中,尽管精英群体和草根群体的话语表达平台都比较丰富,但话语表达的渠道和被重视的程度仍然存在较大差异。在新媒体兴起的初期,无论是官方还是民间,都搭建了无数的话语交流平台,而且这些交流平台让公众有了平等双向交流的互动空间,这在一定意义上改变了传统媒体条件下官方对媒体的单向控制。但交流平台的搭建,并不意味着畅通了话语表达的渠道。在新媒体发展的初期,一些地方政府和部门是"谈网色变",面对汹涌而来的草根话语,一些地方政府和部门只能采取"封""堵"的方式控制草根话语,甚至一些部门从技术上进行身份识别,使得草根话语诉求很难顺利进入到官方的视野中。一些看似热闹非常的话语交流平台,也只不过是草根民众的"群内"交流而已。随着新媒体的发展和国家对草根群体诉求的重视,精英文化与草根文化在话语传播上的差异有所缩小,但两者的话语被重视程度仍然比较大,差异还比较突出。

3.马克思主义话语的碎片化与整体性的传播困境

"碎片化"是对新媒体条件下话语传播的特征描述。碎片化与整体化是一个相对概念,原意为完整的事物被分割成若干个小块。从语言传播学而言,就是一个完整的话语体系被分割成一句句的零碎话语。从马克思主义话语传播视角分析,在传统媒体时代,媒体传播话语比较系统,一般都要从理论的起源、理论的历史价值、当代价值等进行系统全面的阐述,把问题的来龙去脉向受众讲清楚、让受众理解。但在新媒体生态系统中,特别是"两微一端"成为话语传播的主流后,短平快的新媒体话语逐渐形成,信息、受众、媒体都出现了碎片化,在新媒体的碎片化传播中,一些系统的理论往往被浓缩或简化为一句话。新媒体的碎片化传播,对马克思主义大众化的话语传播有利有弊,我们要辩证地去看待碎片化问题。从有利的视角看,碎片化改变了过去对马克思主义理论解释的冗长繁杂,原本一句话讲清楚的问题,非要长篇大论,让群众读不明白。碎片化的话语直奔主题,话语干脆利索,更有利于草根大众对马克思主义的理解和认识;从不利的视角看,马克思主义包含着内在的哲学思维,具有理论体系的整体性、逻辑性特征,我们对理论内涵的正确理解需要具有一定的整体性思维和逻辑关系思维。偏离整体性和逻辑性、孤立地看待马克思主义,容易犯教条主义错误。关于这一点,我们党自成立以来,在推进马克思主义中国化、大众化进程中,也多次犯了这样的教条化错误。在新媒体生态下,马克思主义传播话语的碎片化,容易导致一些缺乏理论基础的受众只从话语本身的支言片语中去理解马克思主义的内涵,由于缺乏对马克思主义本源的理解,容易造成认识上的偏差。同时,这种碎片化的话语形式,也容易给一些人对马克思主义进行庸俗化、污名化解读提供了条件,弱化了社会公众对马克思主义的认同和信仰。因此,在新媒体生态下,我们处理不好马克思主义话语传播的整体性与碎片化的关系问题,就容易陷入马克思主义话语传播的困境中。

4. 马克思主义话语的外来化与中国化的转化困境

马克思主义源自西方文化背景下的一种思想学说,尽管它提示了人类社会发展的基本规律,是指导世界无产阶级革命运动的科学理论。但它毕竟是立足于 19 世纪西方无产阶级革命运动的实践基础上形成的学说,理论本身的一些话语深深地烙上了那个时代的特质。"也就是说,原生态的马克思主义隶属于西方文化,作为原生态马克思主义的理解者和实践者的当代中国人却置身于中国文化。"[1]因此,推进马克思主义大众化,首要问题就是要解决传播话语转化的三个困境:一是要把理论本身的西式话语转化为中国话语。马克思主义的理论本源来自于西方,不可避免地烙着西方的话语特质,推进马克思主义大众化首先解决的问题就是中国化的问题,只有把来自西方背景下的理论转化成具有中国风格和中国气派的本土理论,才能为大众所接受和认同。二是要把理论的学术话语转化为通俗话语。马克思主义是揭示人类社会发展的基本规律的学说,是一个科学的理论体系,本身具有严谨的学术性和逻辑层次关系。从马克思主义大众化的实践经验而言,作为社会精英阶层,都很难做到能够全部理解马克思主义理论的学术话语,作为社会草根民众,就更难以理解这些深奥的学术话语了。因此,把理论本身的学术话语准确地转化为通俗话语,实现马克思主义的通俗化,让草根民众理解、接受马克思主义,是推进马克思主义大众化话语传播首要解决的问题。三是要把理论的精英话语转化为大众的草根话语。马克思主义大众化的核心要义在于大众掌握马克思主义,这是一个说得容易做起来难的问题。推

---

① 彭启福.马克思主义"三化"中的诠释学问题[J].马克思主义与现实,2010(06):159-164.

进马克思主义大众化是一项系统工程,其中最基本的问题就是如何让大众接受马克思主义的传播话语,使理论深入人心。如果这个基本问题都解决不了,或者解决得不好,就很难再说使理论化大众的深层次问题啦。如何让理论深入人心,基本的前提就是要实现大众化,而实现大众化的前提首先又要解决理论本身的学术性话语向大众化的草根话语转化的问题。学术性话语实质上就是一种精英话语,马克思主义的本质是实践的,实践的本质又是大众的。因此,马克思主义不能停留在精英话语层面,必须让马克思主义形成一种"草根"话语,深入草根民众,才能指导实践、掌握大众。正如毛泽东所指出的:"马克思主义必须和我国的具体特点相结合并通过一定的民族形式才能实现。"①因此,当前摆在我们面前的首要任务就是要把"学术的马克思主义、教科书的马克思主义、讲坛上的马克思主义"传播话语转化为草根大众的马克思主义传播话语。

三、马克思主义大众化话语传播挑战生产的缘由

在新媒体生态下,马克思主义大众化的话语传播存在着诸多挑战,这些挑战既有延续传统媒体的弊端,也有不适应新媒体的话语传播的新变化。同时,与传播主体的社会地位、生活境遇,经济社会发展环境紧密相联。因此,我们在分析马克思主义大众化的话语传播挑战产生的原因时,必须从传播内容、传播主体、传播媒介等层面去探源。

（一）在传播话语上注重马克思主义的政治"口号",忽视理论价值的实践本质

马克思主义的科学性和真理性价值体现在马克思主义是建立在实践基础上的理论,其理论的全部要义既来源于实践,又指导实践,其理论的真理价值由社会主义实践的伟大成果来展现。正如习近平所指出的:"马克思主义的科学性和真理性在中国得到了充分检验,它的人民性和实践性在中国得到了充分贯彻,为中国革命、建设、改革提供了强大思想武器,使中国这个古老的东方大国创造了人类历史上前所未有的发展奇迹。"②在马克思主义指导下,中华民族实现了从站起来、富起来到强起来的伟大飞跃。中国能够实现这个伟大飞跃,其中的核心问题就是中国共产党的领导。因此,马克思主义中国化自始至终都深刻地烙印着中国共产党的政治性特质,有着鲜明的社会主义意识形态特征。马克思主义

---

①　毛泽东选集(第二卷)[M].北京:人民出版社,1991:534.

②　习近平.在纪念马克思诞辰200周年大会上的讲话[EB/OL].http://www.xinhuanet.com/2018-05/04/c_1122783753.htm.

的社会主义意识形态政治本质是其基本的特征,其传播话语的政治性是最基本的话语形态。正是如此,在马克思主义大众化的话语传播中容易造成为了体现政治性而陷入传播话语的政治口号中,而忽视了马克思主义的实践本质。实质上,传播者把马克思主义政治口号化,恰好是传播者政治意识弱化的具体表现。马克思主义理论的科学性和世界价值不是在政治口号的话语中,而是它的实践意义,即与人们在建设中国特色社会主义实践活动中的现实利益和思想情感紧密联系。如果只强调马克思主义的政治口号,忽略了马克思主义的实践本质,容易造成"人们'嘴上说的'与'心里想的、手上做的'相脱节,这是一种典型的价值观与价值相背离的状态"①。马克思主义大众化关键是实践,而实践的主体是人民大众。因此,马克思主义大众化不能只停留在只见"物"而不见"人"的政治口号上。把马克思主义政治口号化,就会出现理论的无本之源。毛泽东指出:"应当学会不用书本上的公式而用为群众事业而奋斗的战士们的语言来和群众讲话。"②在一定时期内,我们在推进马克思主义大众化的话语传播中,注重了马克思主义的政治性话语,却忽略了马克思主义的实践本质,没有高度重视把马克思主义指导下的伟大实践的实绩用群众喜闻乐见的话语形式表现出来。正是这一点缺失,使得马克思主义的强大理论价值没能充分向大众展示;也还是这一点缺失,让一些人没有深刻认识到中国特色社会主义的伟大成就与马克思主义的科学指导分不开。

（二）在传播话语上注重马克思主义的理论"解读",忽视了现实矛盾对理论的"消解"

任何一种理论能不能被大众所接受和认同,并不在于理论本身的学术价值,而是在于指导实践的价值。当然理论的学术价值和实践价值并不是截然对立的,理论来源于实践,又高于实践。但在实践活动中,一些理论往往又脱离于实践而被单一的学术化。这样的理论就缺乏生机和活力,对大众的认同度较低。从马克思主义大众化的实践而言,"马克思主义的思想观念和理论上的每一次重大突破,都是在正确认识、处理和解决社会经济发展进程中的突出的、主要的矛盾和带全局性、战略性的重大关系问题中实现的。"③自20世纪80年代后期以来,世界局势发生巨大变化,特别是进入21世纪以来,经济全球化步伐加快,社

---

① 转引自赵野田.社会主义核心价值体系大众化的困境与出路探析[J].思想教育研究,2011(08):33-36.

② 毛泽东选集(第三卷)[M].北京:人民出版社,1991:842.

③ 徐其清.论党的第三代中央领导集体坚持和发展马克思主义的新路径[J].江淮论坛,2004(02):5-11.

会矛盾错综复杂。在社会矛盾极为复杂化的当下,任何实践既具有创造性,也同时具有破坏性。这种破坏性实践具有强大的反噬能力,它能够消解掉以往既有的理论认同。苏联、东欧社会主义运动的挫折就是一个典型的例证。当前,中国特色社会主义事业进入关键期,特别是中国进入社会转型期,改革开放进入攻坚期和深水区,社会长期发展积累的各种矛盾在这一时期集中爆发。中国特色社会主义的基本实践就是要解决矛盾,推动社会向前发展。因此,理论对社会现实矛盾的解读尤其重要,如果理论解读不了现实问题,缺乏说服力,理论的魅力和吸引力就要被弱化,认同力就要降低,社会矛盾就会"消解"公众对马克思主义的认同力。

　　一段时期以来,伴随着苏联的解体和东欧社会主义国家的改旗易帜,社会上出现了中国崩溃论、马克思主义过时论等思想,一些人对马克思主义产生了质疑。这其中有意识形态斗争的大环境因素,也有我们自身对理论的解读停留在理论层面,缺乏与实践紧密相联的内在因素,其中后者还是主要因素。实践证明,任何科学的理论,如果仅停留在理论层面的话语解读,无论如何也是掌握不了大众的。因此,理论只有与实践有机融合,用实绩来解读理论,理论才能有说服力,才能化大众。由中央电视台等多家单位联合摄制的《厉害了,我的国》《我们走在大路上》等大型纪录片,用最真实的、老百姓看得见的实绩诠释了中国特色社会主义伟大成就,是新时代推进马克思主义大众化话语传播的典范。这些片子让大众真正理解了什么是中国特色社会主义,是一部完美的道路自信、制度自信、理论自信、文化自信的宣传教育片。但从总体而言,这样的宣传片还是太少了。如何把理论成果结合到社会现实中,与社会主义伟大实践有机结合,还有许多工作需要我们去做。

　　(三)在传播方式上剥离了受众的接受需要,忽略了受众的接受能力

　　受众需要是马克思主义大众化产生实效的前提和基础,如果马克思主义不能满足受众某一方面的需要,理论就缺乏吸引力和感召力。马克思主义传入中国已有百年时间,在百年的中国化历程中,出现了几个大众化高潮时期,其中最典型的高潮时期就是新文化运动至新中国成立的这段时期。马克思主义自传入中国就迅速兴起了一次大众化的高潮,这与受众的需要紧密相联。1840 年以来,中国被西方列强用枪炮开启了进入近现代史的大门,也让中国从此进入了血泪与耻辱的历史时期。无数仁人志士为中华民族的复兴进行了各种探索,包括学习西方的技术和体制等,但最终都以失败而告终。为此,毛泽东曾一所见血的指出:"中国人向西方学得很不少,但是行不通,理想总是不能实现,多次奋斗,包括辛亥革命那样全国规模的运动,都失败了。国家的情况一天比一天坏,环境迫

使人们活不下去。人们对西方资产阶级文明、资产阶级民主主义、资产阶级共和国方案的'怀疑产生了,增长了,发展了。'"①就在中国人民苦苦寻求救亡图存的办法时,马克思主义指导下的俄国十月革命取得了胜利。同时也让近乎绝望中的中国人民重新看到了民族复兴的曙光。因此,马克思主义成为大众发自内心的需要。在马克思主义百年的中国化进程中,我们既看到了马克思主义大众化的高潮期,也经历了受众对马克思主义的质疑期。我们在分析产生高潮和质疑的因素时,都集中的体现在受众是否需要的问题上。20世纪80年代中期以来,我们在马克思主义大众化的话语传播中,对传播受众的需要研究不够,传播者更多的是站在自身的立场,从传播者自身对理论的认识对受众进行灌输,而较少去研究受众对理论的需要和感受,致使传播主体之间的关系不和谐,造成了传而不通、传而不畅,传而无效的局面。

马克思主义大众化的话语传播除了在传播方式上剥离了受众的接受需要,同时也忽略了受众的接受能力。马克思主义是一个系统的科学理论,它具有自身严谨的学术话语。在推进马克思主义大众化进程中,学术话语用在精英阶层的部分群体尚且基本可行,但如果用学术话语面向草根民众进行传播,显然不能被接受。在推进马克思主义大众化进程中,为什么出现阻梗,最突出的原因就是因为在传播话语上过多地使用了学术话语、理论话语、政治话语,这些话语超越了受众的接受能力。因此,推进马克思主义大众化,只有把这些话语结合到受众的社会实践活动中,转化成受众能够接受的草根话语,才能提高受众的接受能力。

（四）在传播方式上疏远了受众的情感价值,制约了受众的内生动力

话语传播是传播主体之间的情感交流,其中,情感价值判断是形成话语传播的重要因素。人们接受一种理论不仅取决于对理论的需要,更是基于对理论的情感价值。当一种理论呈现的价值与受众的个体情感协调一致时,这种理论就容易被接受和认同。相反,就会出现情感上的排斥。从调查数据显示,50周岁以上的群体对马克思主义的认同度要明显高于40～49周岁年龄阶段的群体;而00后出生的青年群体,对马克思主义的认同度要明显低于90年代之前出生的群体。这样的一种数据分布,实质上反映了不同年龄阶段的群体对马克思主义的情感价值判断。50周岁以上年龄段的群体,他们经历了改革开放前后中国社会发生的巨大变化,经历了从生活的贫穷到富足的变化过程,有了鲜明的贫富对比,他们是中华民族从站起来到富起来、强起来的见证者和参与者,对马克思主

①　毛泽东选集(第四卷)[M].北京:人民出版社,1991:1470.

义指导下的中国特色社会主义伟大实践具有较高的情感认同,对当今中国社会发展进程中出现的各种矛盾,有着比较理性的经验判断。他们认为,今天的社会矛盾相比于改革开放前的忍饥挨饿,那算不了什么,也相信中国共产党有能力解决今天的社会矛盾。因此,对马克思主义的认同度比较高。而00后的青年群体,一开始就生活在相对富足的生活环境中,他们缺乏中国发展的前后对比的实践经验。对马克思主义的实践指导价值停留在理论的认知上,缺乏情感上的价值认同。他们面对当今社会发展中出现的一些社会矛盾缺乏理性的思考和判断,加上受到外来思潮的影响,对马克思主义产生质疑、认同度不高也就不足为奇。

　　面对当今中国社会不同年龄阶段的群体推进马克思主义大众化,在传播话语上要注重尊重不同受众的情感。不可否认,在当下的马克思主义大众化的话语传播中,存在着话语过度学术化、政治化的倾向,传播话语要么抽象、晦涩、难懂,要么照本宣科。一些领导的报告中充满着言不由衷的假话、空话、大话、套话,没有现实意义,群众既不爱听,也听不进去,还造成了群众对马克思主义理论的误解和质疑。马克思主义大众化的传播话语过度学术化和官话,实质上就是弱化了受众的情感价值,使受众对马克思主义缺乏情感认同,从而使受众从内心深处产生了对马克思主义的逆反,制约了受众对马克思主义认同的内生动力源。因此,要赢得大众的情感认同,马克思主义大众化的传播话语要讲行话、讲"土话"。传播马克思主义要立足于大众的社会实践,"空讲社会主义不行,人民不相信"①。要多讲群众最关心的现实问题,才能增强受众对马克思主义的情感认同和情感价值判断的内生动力。

---

① 邓小平文选(第二卷)[M].北京:人民出版社,1994,314.

第四章 新媒体生态下马克思主义大众化话语传播的生态变革

俄国十月革命胜利后，马克思主义引起了正在苦苦寻求中国复兴出路的中国早期先进知识分子的关注，李大钊等人把马克思主义翻译成中文，开启了马克思主义在中国的传播。尽管那时还没有专门提出马克思主义大众化的问题，马克思主义传播话语大部分也还局限在对马克思主义的解释上，但把马克思主义向中国学界进行传播，实质上已经开始了大众化的征程。时至今日，马克思主义大众化经历了100多年的风雨兼程，其话语传播经过了不断的演变，话语范式、话语传播机制都经过了多次的转换和重塑。

第一节 新媒体生态下马克思主义大众化话语传播的演进创新

在欧洲无产阶级运动实践基础上产生的马克思主义，它能够在中国这块具有5000多年不间断文明史的土地上落地并创新发展，成为中国革命和建设的指导思想，被人民群众认同和信仰，除了马克思主义本身的科学性以外，也反映了马克思主义在中国化的进程中说服了大众，有着契合于大众认可和接受的话语言说方式。马克思主义是发展着的、不断与时俱进的理论体系，并随着时代的变化而变化，其话语传播也在随着大众化的进程中经历着演进创新。

一、马克思主义大众化话语传播的动态演进

任何外来思想理论的传播过程，一般都要经历对经典理论的解读、话语表述的转换、话语范式的创新以及民族本土化的话语塑造等基本过程。在这些过程中，每个环节都是承上启下的联动存在和相互影响。

（一）马克思主义经典理论的中国化解读

马克思主义传入中国并被中国人民所接受，并非偶然事件，也不是帝国主义文化殖民的产物，而是中国人民在寻求民族复兴过程中，经过多种主义的选择，并通过实践检验，能够指导中华民族实现伟大复兴的主观能动的选择。毛泽东指出："从 1840 年的鸦片战争到 1919 年的'五四'运动的前夜，共计七十多年中，中国人没有什么思想武器可以抗御帝国主义。不得已，中国人被迫从帝国主义的老家即西方资产阶级革命时代的武器库中学来了进化论、天赋人权论和资产阶级共和国等思想武器和政治方案，组织过政党，举行过革命，以为可以外御列强，内建民国。但是，这些东西也和封建主义的思想武器一样，软弱得很，又是抵不住，败下阵来，宣告破产了。"①毛泽东的论断告诉了我们这样一个事实：1840年以来，当帝国主义用枪炮强行打开了中国的国门后，中华民族从此开启了一部屈辱和血泪的近现代历史，一个主权独立、疆土完整的封建帝国，被帝国主义敲得七零八落，变成了半殖民地半封建的社会，不但失去了主权独立，还被迫割让了大片领土，中华民族随时都有被灭国的可能。面对民族的巨大生存危机，不少仁人志士开始寻求救国之策，但正如毛泽东所指出的，从思想文化到技术、体制都用了一个遍，都没有能够实现民族复兴，反而让民族陷入更加混乱的地步。

正当中国广大仁人志士陷入救国无策的困境之时，列宁领导的俄国十月革命取得胜利，并建立了世界上第一个社会主义政权，这对中国的影响非常大。早期觉醒的李大钊、陈独秀等先进知识分子在关注马克思主义的同时，他们也在深入思考一个基本问题：一个国情与中国相似的封建农奴制国家，在马克思主义指导下变成了社会主义国家，并把社会主义从空想变成了现实。于是，李大钊、陈独秀等开始研究马克思主义。李大钊他们也清楚，作为一种外来思想，要能够被中国大众理解和认同，最关键就是要对马克思主义理论进行中国化的解读，把马克思主义的西式话语转化为中国话语。很显然，在没有实践经验支撑的情况下，要完成这样的话语转化面临着巨大的困难。李大钊、陈独秀开始的第一项工作就是着手对马克思主义理论进行话语转化（翻译）和理论内涵的解读，实质上也就是对马克思主义进行中国化宣传。显然，马克思主义中国化早期阶段的工作主要还是依赖中国精英阶层，通过精英们来唤醒民众。1919 年 5 月，李大钊发表了他的第一篇马克思主义解读文章《我的马克思主义观》，在这之后，李大钊又连续发表了《再论问题与主义》《法俄革命之比较观》《庶民的胜利》《布尔什维主义的胜利》等解读马克思主义的文章，这些文章既阐述了马克思主义理论的内

①　毛泽东选集（第四卷）［M］.北京：人民出版社，1991：1513-1514.

涵,又结合中国的基本国情阐述了对待和应用马克思主义的基本观点。李大钊通过解读的方式,向大众介绍了马克思主义。与此同时,与李大钊一起号称"南陈北李"的陈独秀也对马克思主义进行了深入解读。陈独秀不仅创办了《新青年》,用专刊的方式介绍马克思主义,先后在《新青年》杂志上刊载介绍马克思主义的文章多达 130 多篇,他还先后发表了《马克思主义学说》《穷人和富人热天生活的比较》《对于现在中国政治问题之我见》等宣传马克思主义的著名文章,为马克思主义传入中国并被公众接受作出了重大贡献。除了李大钊、陈独秀外,毛泽东、何叔衡、陈谭秋等都是马克思主义中国化早期宣传的贡献者,为马克思主义传入中国并推动中国化作出了突出贡献。

中国早期的先进知识分子对马克思主义的介绍比较注重即战力,他们寄希望于能让马克思主义短期内产生战斗力。所以在宣传和介绍马克思主义的时候,一般都是有选择性地对马克思主义理论进行话语转化,以实现马克思主义指导中国革命的即战力。因此,他们更多的是注重对经典理论的解读,使之从西方话语转化为中国话语,以便让更多的公众了解马克思主义的基本内涵。这种有选择性的经典解读,对当时正在寻求救国图存的中国大众产生了巨大的影响力。《先驱》报曾刊文指出:"马克思主义在中国,历史是很短的,至今不过三年左右。可是一面因为受了国际资本主义的压迫和俄罗斯无产阶级革命的影响;他一面因为先驱者的努力宣传,竟使马克思主义能在最短时间发达起来,信奉马克思主义的人日益增加起来。"①

(二)马克思主义理论话语融入中华民族本土

经过中国精英阶层对马克思主义经典理论进行早期的中国化解读传播后,马克思主义逐渐被公众所认知。但作为一种具有西方文化烙印的外来思想理论,要成功与具有 5000 多年文明积淀的民族相结合,仅对经典理论的解读还远远不够,必须要实现理论话语的民族化和本土化,使之融入中华民族的文化血脉中。实现马克思主义理论民族化需要从本民族的话语特点去解读和实践,使大众不但听得懂,能理解,还能够喜闻乐见。实质上,马克思主义民族化的话语传播,从中国共产党成立起就已经开始。在整个过程中,中国共产党一直比较注重把马克思主义的基本理论与中华民族的思维逻辑相对接,并不断对其进行话语转化,使之符合中国大众的思维方式。

马克思主义大众化最首要的基本问题是如何让理论掌握大众。马克思、恩格斯创立马克思主义理论时,他们是基于欧洲当时无产阶级实践运动的时代,其

---

① 转引自刘国军.论国际因素对近代中国社会变革的影响[J].学术论坛,2008(03):9-12.

理论话语既包含着英法等国的无产阶级运动实践,也充满着欧洲民族话语的表达特质。作为文化思维和话语体系完全不同的中国大众,要理解马克思主义的真正内涵还是充满着困难与挑战的。因此,马克思主义在中国的大众化,首先要实现传播话语的民族语言转化,构建具有中国文化思维和话语特质的马克思主义话语体系。为此,李大钊曾指出:"努力研究中国的客观的实际情形,而求得一最合宜的实际的解决中国问题的方案。"①需要明确的是,我们在构建中国特质的马克思主义话语体系时,不是仅对马克思主义经典言论的翻译和解释,更不是简单的"克隆",而是要基于中国的具体国情,把马克思主义的基本原理与中国的实际国情相结合,在充分尊重和体现中华民族心理和文化思维的基础上,用具有中国特质的民族语言构建马克思主义传播话语体系,使马克思主义掌握大众,并逐步烙上中国的文化印痕。简而言之,就是赋予马克思主义的中国风格、中国气派。毛泽东是中国早期传播马克思主义的先进分子之一,也是马克思主义大众化话语传播的第一人。毛泽东在关于运用什么样的话语宣传马克思主义的问题上,他曾明确指出:"和民族的特点相结合,经过一定的民族形式,使之新鲜活泼的、为中国老百姓所喜闻乐见的中国作风和中国气派。"②在实践上,要能够做到这一点并非易事。毛泽东在如何把马克思主义赋予民族化的话语范式方面为我们作出了表率。由于毛泽东谙熟中国的历史,他非常善于引经据典、用百姓草根话语讲马克思主义大道理。如用"懒婆娘的裹脚布又长又臭"批判形式主义;用"游泳中学习游泳"说明实践出真知等。今天,我们"翻开《毛泽东选集》,鲜明朴实的文风扑面而来,生动活泼的语言引人入胜,深入浅出的论述让人茅塞顿开"③。

马克思主义是科学真理,它提供给我们的是原理和方法论,而不是教义。因此,要特别注重把马克思主义经典话语融入本民族的话语体系中,构建具有本民族话语特质的话语传播体系,形成具有中华民族特色的本土话语。

(三)马克思主义中国化理论继承与创新的生态演进

理论是为实践需要而产生的,又在实践中不断创新、丰富和发展。马克思指出:"理论在一个国家的实现程度,总是决定于理论满足这个国家的需要的程度。"④什么样的理论才能满足国家的需要,在多大程度上才能满足国家需要,这

---

①　转引自张世飞.二十世纪二十年代"中国化"和"马克思主义中国化"的思潮互动[J].中共党史研究,2010(02):56-62.

②　毛泽东选集(第二卷)[M].北京:人民出版社,1991:534.

③　习近平.努力克服不良文风 积极倡导优良文风[J].求是,2010(03):3-7.

④　马克思恩格斯选集(第1卷)[M].北京:人民出版社,2012:11.

显然是一个难以回答、但又是非常现实的问题。理论的最大生命力在于指导实践取得预期的成功,而实践又是在不断演进发展着的。因此,理论只有不断创新发展,并随着时代发展而不断演进,才能真正满足指导实践的要求。从马克思主义传入中国,时至今日,经过了五次创新演进,实现了五次理论话语范式的创新和发展,指导了中国革命和建设的实践需要。

1.马克思主义中国化第一次创新成果

马克思主义中国化的第一次创新演进,"创造性地回答和解决了在中国进行什么样的革命、怎样进行民主主义革命的问题,形成了马克思主义中国化第一次历史性飞跃的理论成果——毛泽东思想。毛泽东思想是马克思主义中国化第一次生态演进形成的第一个重大理论成果。马克思主义在新文化运动之时就已经传入中国,但早期的中国共产党人对马克思主义的学习也是基于对其基本理论的阐述,一开始并没有意识到要将马克思主义中国化。随着1927年蒋介石、汪精卫相继叛变革命,第一次国内革命宣告失败。中国共产党人从此走上了开展武装革命斗争的征程,但由于僵化、教条地对待马克思主义,中国共产党人在城市领导的一系列武装起义都以失败而告终。就在中国革命面临向何处走的紧要关头,以毛泽东同志为主要代表的中国共产党人,在充分分析中国社会和中国革命的国情基础上,重新解读和认识马克思主义,把马克思主义基本原理和中国革命的实际环境相结合,认真分析马克思主义基本原理与中国革命各要素之间的关系,冲破了僵化、教条地对待马克思主义的传统束缚。在总结井冈山等农村革命根据地革命斗争成功经验与失败教训的基础上,客观分析中国革命不同于西方无产阶级革命运动的特点,提出了要将马克思主义中国化。开始了中国革命新道路、新途径的艰难探索,为中国革命找到了一条农村包围城市、最后夺取全国政权的具有中国特色的革命道路,实现了马克思主义在指导中国革命进程中的第一次创新演进,形成了中国共产党历史进程中的第一个马克思主义中国化重大理论成果——毛泽东思想"[①]。

2.马克思主义中国化第二次创新成果

马克思主义中国化的第二次创新演进,"探索和回答了什么是社会主义、怎样建设社会主义的问题。形成了马克思主义中国化第二次历史性飞跃的理论成果——邓小平理论。邓小平理论是马克思主义中国化第二次创新演进形成的第二个重大理论成果。从上世纪50年代后期开始,中国共产党人就开始对社会主义建设和发展进行了艰苦的探索,但由于受到极'左'教条主义思想的影响,对什

---

① 罗昌勤.从生态论视角试析马克思主义中国化生态演进的理论成果及其经验[J].黑河学刊,2012(03):2-3.

么是社会主义、怎样建设社会主义这一根本问题一直没有弄明白。当历史进入上世纪80年代末90年代初,社会主义国家纷纷易旗换制,世界社会主义运动进入低潮,以美国为首的西方资本主义国家在欢庆赤旗必将最终被他们消灭的时候,中国社会主义建设面临着艰难的抉择。在这历史紧要关头,以邓小平同志为主要代表的中国共产党人破除思想僵化,冲破个人崇拜的束缚,在全国开展了'实践是检验真理的唯一标准大讨论',在党内重新确立了实事求是的思想路线。邓小平等中国共产党人重新思考什么是社会主义、怎样建设社会主义这个重大而根本的问题,创造性地提出了走自己的路,做出了实行改革开放的战略决策,并在党的十二大上提出了建设有中国特色的社会主义的科学命题和历史任务,开创了中国社会主义改革开放和现代化建设的新时代。实现了马克思主义在指导中国特色社会主义建设进程中的第二次生态演进,形成了中国共产党历史进程中的第二个马克思主义中国化重大理论成果——邓小平理论。"①

3.马克思主义中国化第三次创新成果

马克思主义中国化的第三次创新演进,"探索和回答了建设什么样的党、怎样建设党的问题。形成了马克思主义中国化又一次与时俱进的理论成果——'三个代表'重要思想。'三个代表'重要思想是马克思主义中国化第三次创新演进形成的第三个重大理论成果。20世纪90年代以来,世界科技革命迅猛发展,以知识经济为中心的综合国力的竞争日益激烈。中国经过20多年改革开放的成功实践,整个社会已经和正在发生着广泛而深刻的变化,各种利益格局开始重新分化和整合,社会经济成分、组织形式、就业方式、社会结构、利益关系、分配方式日趋多样化,新矛盾也大量涌现。特别是国际上一些长期执政的大党在经济建设取得突出成绩的时候,却先后都丧失了执政地位,中共党员中也存在严重的理想信念动摇、领导干部腐败、基层组织涣散等问题。这一切给领导人民掌握着全国政权并长期执政的中国共产党带来了严峻的挑战和考验,如何加强党的执政能力建设、提高拒腐防变和抵御风险的能力、巩固执政地位也就成为中国共产党面对的又一重大新课题。以江泽民同志为主要代表的中国共产党人以开拓创新的理论品质,客观分析和总结了世界各执政党,特别是共产党的执政经验与失败教训,再一次从中国的国情出发,科学地回答了在新的历史条件下建设一个什么样的党和怎样建设党这一重大历史课题,提出了'三个代表'重要思想。'三个代表'重要思想的提出,是马克思主义在指导中国如何加强党的建设的根本问题认识上的第三次创新演进,形成了中国共产党历史进程中的第三个马克思主义

---

① 罗昌勤.从生态论视角试析马克思主义中国化生态演进的理论成果及其经验[J].黑河学刊,2012(03):2-3.

中国化重大理论成果——'三个代表'重要思想"①。

4.马克思主义中国化第四次创新创新成果

马克思主义中国化的第四次创新演进,"探索和回答了实现什么样的发展、怎样发展的问题。形成了把马克思主义中国化推进到新境界的最新理论成果——科学发展观。科学发展观是马克思主义中国化第四次创新演进形成的第四个重大理论成果。进入21世纪以来,随着世界各国经济社会快速发展,人们对发展问题的认识不断深化,在发展方式的选择上有了重新认识,特别是一些发达国家开始从以单一的经济增长导向转到经济社会综合协调发展、从以物为中心的发展转到以人为中心的发展、从不惜以破坏和浪费资源为代价追求经济数量增长转到主张可持续发展这样一种发展方式的转型。中国经过30多年的快速发展,已经顺利实现了现代化建设'三步走'战略的第一步、第二步目标。但在经济社会发展取得突出成就的同时,我们也为几十年大规模的粗放型经济发展模式付出沉重代价,形成了经济发展方式极不合理,区域发展极不协调,发展极不全面,分配极不公平等严重问题,这些问题加剧了社会矛盾,成为中国进一步发展的严重阻碍,怎样发展的问题也就成为中国共产党人面临最为现实的严峻问题。以胡锦涛同志为主要代表的中国共产党人紧紧围绕中国现阶段发展中遇到的'为什么要发展、什么叫发展、怎样发展'这一重大问题,提出了以人为本、全面协调可持续的科学发展观。科学发展观的提出,是马克思主义在指导中国全面推进社会主义经济建设、政治建设、文化建设、社会建设全面发展中的第四次创新演进,形成了中国共产党历史进程中的第四个马克思主义中国化重大理论成果——科学发展观"②。

5.马克思主义中国化第五次创新成果

马克思主义中国化的第五次创新演进,探索和回答了建设什么样的中国特色社会主义,怎样建设中国特色社会主义的问题。取得了新时代马克思主义的重大理论创新成果——习近平新时代中国特色社会主义思想。党的十八大以来,以习近平同志为主要代表的中国共产党人坚持从马克思主义基本原理出发,紧密联系新时代中国特色社会主义建设实际,围绕实现中华民族伟大复兴中国梦,建设富强、民主、文明、和谐、美丽的社会主义现代化强国目标,相继提出了"全面建设小康,全面深化改革,全面依法治国,全面从严治党"的四个全面战略

---

① 罗昌勤.从生态论视角试析马克思主义中国化生态演进的理论成果及其经验[J].黑河学刊,2012(03):2-3.

② 罗昌勤.从生态论视角试析马克思主义中国化生态演进的理论成果及其经验[J].黑河学刊,2012(03):2-3.

布局和"创新发展、协调发展、绿色发展、开放发展、共享发展"五大发展新理念，形成了统筹推进"五位一体"总体布局、协调推进"四个全面"战略布局的中国特色社会主义建设战略思想，继续推进马克思主义中国化进程，不断丰富和发展中国化马克思新内容。习近平新时代中国特色社会主义思想既是对马克思列宁主义、毛泽东思想、邓小平理论、"三个代表"重要思想、科学发展观的继承和发展，又是马克思主义理论的再一次重大创新，推进了马克思主义中国化进程的第五次创新演进。

马克思主义中国化的每一次创新演进，既是对马克思主义理论的丰富和发展，又是马克思主义大众化的进一步推进。在每一次的创新演进进程中，马克思主义理论话语的中国化大众化都得到了进一步创新和发展。

（四）当代中国马克思主义理论话语的人本关怀

一种理论的人本价值和关怀是理论大众化的前提和基础，没有以人为本的理论价值取向，就会缺乏群众的认同基础，实现大众化的目标是难以达到的。理论的人本关怀有两层含义，一是怎么说，即在理论文本的话语表达中要体现以人为本，这是最基础的；二是怎么做，即理论在指导实践中要体现出以人为本，这是显现的、群众看到见、摸得着的人本实绩。如果嘴上说着要以人为本，但在实践中却是另外一种情况，理论就没有说服力，就缺乏认同基础。我们说一种理论是科学真理，其真理性就体现在理论与实践的有机统一。

马克思主义大众化首先是传播话语得到认同，因此，在构建马克思主义大众化的话语体系上，需要体现出以人为本的语言。马克思主义大众化的传播话语除了要架构比较稳定的马克思主义理论品质的话语外，还要根据时代发展需要与时俱进地构建传播语言，只有体现时代性的语言范式，才能得到大众的认同。如在党的十七大之前，我们更多的是强调"效率优先、兼顾公平"，但党的十七大后，在关乎大众切身利益问题上，更加注重以人为本的话语表述。党的十八大以后，在关乎大众切身利益问题上，不仅从理论上进行关切，更注重从制度层面进行落实，增强大众的实际获得感。习近平在党的十九大报告中，204 次提到了"人民"，成为整个报告出现频率最高的词汇，这是前所未有的。大会还把"不忘初心，牢记使命"作为会议的主题，深刻诠释了马克思主义执政党的人民大众情怀。事实上，从党的十八大以来，以习近平同志为核心的党中央围绕人民中心，以实际行动构建了马克思主义大众化的话语体系。如先后开展了"党的群众路线教育实践活动""三严三实专题教育活动""两学一做学习教育活动""不忘初心牢记使命主题教育活动"等，这些活动始终围绕的主题就是我们党的全心全意为人民服务的宗旨。

进入新时代,推进马克思主义大众化进入到了一个新的高度,逐步形成了以人民为中心的大众化话语范式。习近平指出:"坚持一切为了人民、一切依靠人民,充分发挥广大人民群众积极性、主动性、创造性,不断把为人民造福事业推向前进。"①事实上,从党的十八大以来,在习近平的一系列讲话中,都充分体现着人民大众的情怀,彰显着人民主体的话语体系。马克思主义理论来源于实践,但它又高于实践。因此,从马克思主义理论的自身价值而言,它具有理想性,但更具有现实性。当代中国马克思主义突出强调以人为本,构建了以人民为中心的话语体系,把理论与对人民的现实关怀有机结合。可以说,当代中国马克思主义理论的最新成果,从基本内容到话语形式都充分尊重人民群众的价值主体,以实现人民群众的价值追求为己任,得到了广大人民群众的广泛认同,这种以人为本的话语内涵,有效提升了马克思主义大众化的话语权地位。

二、马克思主义大众化话语传播的演变逻辑

马克思主义大众化的话语传播是一个动态演变的过程,决定和影响这种演变逻辑的是中国革命和建设的实践。这种演变逻辑比较突出地体现在从马克思主义经典理论的解读到指导中国革命和建设的伟大实践、从传统平面媒体单向话语传播到新媒体立体化的多维话语传播、从夺取政权的理论话语到巩固政权的理论话语传播等。

(一)从马克思主义经典理论的解读到指导中国革命、建设和改革的实践

马克思主义在中国的传播从总体上可以分为认知阶段和实践阶段,认知阶段是第一阶段,主要是对马克思主义经典理论的基本认识和解读,实践阶段是第二阶段,主要体现在把马克思主义理论付诸实践,把理论认知转化为实践活动的阶段。第一阶段主要是李大钊等中国早期先进的知识分子对马克思主义理论的理论认知和解读。这一时期的传播主要表现为对马克思主义经典理论进行话语转化,即把俄文、德文版的马克思主义著作翻译成中文版,并就这些经典著作中的一些内容进行解读。从总体而言,由于传播手段有限,这一时期的传播还是局限在报纸杂志的媒介话语中,传播对象主要还是精英阶层和上流社会。传播内容更多地偏重于解读马克思主义的内涵,并试图用马克思主义理论来解释中国当时的问题,从总体上还没有把马克思主义运用于实践活动中。因此,这一时期的马克思主义传播,主要还停留在对经典理论进行解读的层面。

1920 年 8 月,在陈独秀的领导和策划下,中国第一个用马克思主义理论武

---

① 习近平.在庆祝中国共产党成立 95 周年大会上的讲话[J].理论参考,2016(07):4-12.

装起来的共产主义小组在上海成立,这是马克思主义大众化从经典解读阶段向实践探索阶段转化的标志。继上海成立共产主义小组之后,北京、武汉、长沙、济南等地也相继建立了相关组织,尽管名称有所不同,如北京称之为共产主义小组、武汉称之为共产党支部、长沙称之为共产主义小组、济南称之为山东共产主义小组等,但共同点是都用马克思主义理论作为组织的行动指南。自从有了这些组织以后,对马克思主义的宣传就从精英阶层的自发行为变为有组织的统一行动,从马克思主义的经典话语解读向指导组织统一行动方面转变。1921 年 7 月,毛泽东等 13 位代表聚集上海,召开了第一次全国代表大会,大会正式宣告中国共产党成立。可能当时谁也没有想到,正是这次会议,翻开了中国乃至世界历史的新纪元。中国共产党的成立,不但改写了中国历史,更为关键的是改变了中华民族的命运。也就从那时开始,对马克思主义的宣传教育,也不再局限于精英阶层,而是开始向大众化转化。

中国共产党为了更系统化地推进马克思主义大众化话语传播,先后在上海建立了人民出版社、上海书店等,形成了出版、经销一体化的马克思主义宣传链条。这些机构建立起来后,对马克思主义的宣传更全面和系统,马克思主义的传播话语更系统化,对马克思主义理论认知、理解、认同和接受的群体人数大量增加,瞿秋白、周恩来、刘少奇等一大批优秀青年加入到传播、信仰马克思主义的队伍中。这时的马克思主义就不再是停留在对经典话语的解读了,而是逐步成为指导中国新民主主义革命的思想武器。

理论是为指导实践的需要而产生的,这也是理论的生命力、能够大众化的基本前提。19 世纪 40 年代以来,为了救国图存,中国人尝试过各种方式方法,马克思主义之前的各种主义都在中国竞相登台亮相,但中国人民最终选择了马克思主义,究其原因,最根本一条就是马克思主义能够解决中国现实之困。实质上,对普通民众而言,并非一开始就接受马克思主义,马克思主义大众化是在实践中得到民众认同和接受的。

马克思主义大众化从经典理论话语解读到指导中国革命和建设实践,体现在从理论到实践的解决中国面临的实际困难。当中国面临什么是新民主主义革命,怎样进行新民主主义革命的现实之困时,中国共产党人创造性地把马克思主义基本原理与中国具体实际相结合,丰富和发展了马克思主义革命理论,形成了毛泽东思想,成为了指导中国新民主主义革命的理论武器。毛泽东思想指导中国革命的成功实践,进一步丰富了马克思主义的话语体系,极大地提升了马克思主义话语权地位,把马克思主义大众化推进了一大步;在社会主义建设时期,当我们面临什么是社会主义、怎样建设社会主义;建设一个什么样的党、怎样建党;实现什么样的发展、怎样发展;建设什么样的中国特色社会主义、怎样建设中国特色社会主义等之困时，中国共产党人一次又一次地从马克思主义的基本原理出发，运用马克思主义的世界观和方法论，基于中国具体实践，不断创新马克思主义理论，形成了邓小平理论、"三个代表"重要思想、科学发展观、习近平新时代中国特色社会主义思想等一系列中国化马克思主义理论，这些中国化马克思主义理论成为中国特色社会主义建设进程中的强大思想武器，指导了中国特色社会主义伟大实践，取得了让世界为之瞩目的伟大成就。自中国共产党成立以来，中国共产党人不仅从理论上极大地丰富了马克思主义的话语体系，在实践中推进了马克思主义大众化，实现了马克思主义从经典理论话语解读到指导革命和建设的伟大转变。

（二）从传统平面媒体单向话语传播到新媒体立体化的多维话语传播

你讲我听是传统媒体条件下最典型的话语传播形式，由于受到传播条件的限制，话语传播一般形成了一个相对单一的传播链条。传统媒体单向状态下的话语传播，传播主体中的传者与受众有着相对分明的身份角色，两者的身份角色一般不会发生互变。同时，传的内容也不会在传播进程中发生变化，从记者信息采编到媒体编辑印刷，再到受众阅读信息，整个流程形成一个相对单向的链状，在这个生态链中，难以衍生出新的传播链条。在这样的生态链中，比较有利于媒体对传播话语的掌控，需要传播什么内容，用什么样的话语去传播内容，都在媒体的掌控中。这样的传播形式虽然有利于对传播内容的掌控，但约束了传播主体的创新动力。对传者而言，由于掌控了话语传播的话语权优势，往往具有居高临下的优越感，但凡有优越感的群体，主动创新的能力比较缺乏，容易造成呆板、枯燥，致使传播内容、传播形式长期不变；对受众而言，在传播过程中只是话语的被动受者，对传播内容尽管不满意，但也只能被动地接受，无法表达自己的话语，无奈中只能以抵触、漠视、应付等心态对待。因此，在传统媒体条件下，马克思主义大众化的推进程度受到了较大的限制。

与传统媒体的话语传播相比，多维化呈现是新媒体话语传播的主要特点之一。在新媒体生态下，传播生态链不再是单向的，而是呈多维交错状态。首先，传播者与传播受众不再是固定不变的，两者随时交换角色；其次，传播内容也呈多元状态。传统媒体下，传播内容在媒体上编辑印刷后，就不可更改，将会原汁原味传达给受众。而在新媒体生态下，传播主体可以根据自身对问题的理解和认识，随意更改传播内容。在实践活动中，我们也经常发现，从传播者发出一条信息，经过新媒体多次传播后，再次回到原来传播者时，这条信息的内容已经变得"面目全非"，甚至已经完全改变了原意。

新媒体时代，搭载在 PC 和 APP 平台上的大量传播媒介构成了一个"物种"

丰富的新媒体生态系统。时至今日,PC 平台与 APP 平台的应用软件大部分实现了互通。如:QQ 传播媒介,刚开始只能搭载在 PC 平台上,无法在手机、平板等移动媒介中使用,经过技术改进,QQ 实现了在 PC 与 APP 平台上的同步运行。同样,目前用户最多,影响最大的微信传播媒介,刚开始只能在 APP 平台上使用,一定程度上限制了用户的使用范围。经过技术革新,微信也实现了 PC 与 APP 平台的同步使用。当下 QQ、微信、微博、博客、BBS 论坛等传播媒介,构成了新媒体生态中丰富的话语传播链条,推动话语传播完全呈现在一个多链条的传播状态下。

在开放的新媒体生态下,马克思主义大众化的话语传播不再是"你讲我听"的话语传播形式,传播主体双方都具有话语权。原来处于传播链条最底层的老百姓,也有了成为话语传者的机会。新媒体推动了马克思主义理论真正融入了大众的生活,大众创新马克思主义话语的积极性和主动性被调动起来。例如:每当我们党的一些重要会议召开或者重大政策出台,喜欢歌谣的民族地区的民间歌手,都会主动把会议或政策的主要精神,编写成山歌的形式,在群众中传唱。这种来自草根的传播话语,极大地丰富了马克思主义话语传播的内容和形式。

(三)从夺取政权的理论话语到巩固政权的理论话语传播

马克思主义是无产阶级进行革命斗争,建立无产阶级政权的思想武器,这是毋庸置疑的。因此,在革命战争年代,马克思主义的传播话语更多地趋向于夺取政权,更多地反映出马克思主义政治斗争的思想理论。理论是为指导实践服务的,在革命战争年代,我们最大的实践就是武装夺取政权。因此,马克思主义理论的核心价值就在于指导中国反帝反封建的新民主主义革命取得胜利。革命时代的马克思主义大众化的话语传播,就是要鼓动更多的人参与到革命斗争来,打碎旧的制度枷锁,这是由当时中国革命的需要而决定的,这也是由当时中国的客观现实所决定的。正是这种革命性的传播话语,调动了数以千万计的广大群众参与革命的热情,并最终推翻了反动统治,建立了新中国。

新中国成立后,我们的核心任务已经全面转移到社会主义建设上来,按理论满足实践需要原则,这时候的马克思主义传播话语应该紧跟时代发展的需要,转化话语传播的思维方式,从革命斗争性话语转化到指导社会主义建设实践话语中。但随着新民主主义革命的胜利,马克思主义在相当长的一段时期内仍然仅被视为夺取政权斗争的工具加以宣传,这在一定程度上弱化了马克思主义自身的价值。对社会公众而言,为了中国革命胜利的需要,他们认同和接受马克思主义。但在社会主义建设年代,社会公众需要社会主义建设理论,如果我们忽视了这一根本变化,仍将马克思主义当作一种夺取政权的工具性理论进行宣传,势必弱化了马克思主义的真正价值,阻碍了公众对马克思主义的认同和信仰。这方面,我们有过深刻的教训。比如:从1956年开始,我们在宣传马克思主义的话语体系中,大量存在"无产阶级专政下继续革命的理论""以阶级斗争为纲"等烙着革命年代印痕的话语,在一定程度上弱化了马克思主义的时代价值,这也是"马克思主义过时论"思潮产生的原因之一。也因此引起了公众对马克思主义的抵触,影响了马克思主义大众化进程。

任何理论的终极价值不是体现在其自身的学术价值,而是体现为满足指导实践需要的理论武器。在社会发展的不同阶段,人们的实践诉求有所不同,对理论的需要诉求总是在变化发展着。因此,我们不能僵化地对待马克思主义,要用发展变化的视角研究和宣传马克思主义。我们很多人都知道马克思主义是无产阶级实现自身解放的理论武器,正因为如此,不少人狭隘地认为马克思主义仅是斗争性理论。实质上,马克思主义作为夺取政权的工具仅是马克思主义理论体系中的冰山一角,绝不是马克思主义的全部。真正的马克思主义彰显着终极的社会发展的人本关怀,马克思主义理论中关于人的全面发展理论是其他任何理论不曾涉及的。因此,当革命政权建立后,马克思主义话语传播要突出转化到巩固政权的价值追求上来,这也是体现理论满足大众需要的具体体现。

1978年,党的十一届三中全会召开,我们党果断停止了以阶级斗争为纲的传播话语,把工作重心转移到经济建设上来,提出了"一个中心、两个基本点""三个有利于标准"等推动经济社会发展的新时期马克思主义传播话语,在宣传话语和实践中充分体现了人本需求。这一时期的马克思主义话语传播,从根本上适应了国家发展的主题和公众的诉求,既推动了社会和国家的全面进步,又极大地调动了全体民众参与社会主义建设的积极性,推动了马克思主义大众化进入到了一个新的历史时期。改革开放以来,突出推动经济发展、突出效率优先,经济建设取得了巨大成就。但在一些领域,精神文化建设、社会的公平正义等涉及党的执政基础的人本关怀却受到了不同程度的弱化,马克思主义大众化的实际效果受到了一定影响。

党的十八大以来,以习近平同志为核心的党中央高度重视党的建设、民生建设,把党风廉政、关注民生、改善民生作为马克思主义大众化话语传播的主题,突出回应群众的关切、解决群众关心的热点问题。马克思主义传播话语突出了以人为本的价值取向,改变了过去突出强调"政治宣传""政治教育"的话语导向,重新构建了新时代马克思主义传播话语的社会主义意识形态价值取向、人本关怀的价值取向相统一的话语体系。在推进马克思主义大众化的话语传播中,统筹关注了国家诉求、社会诉求、民众诉求的三者统一,同时又坚持"以人为本"、突出人民性的人本主体价值取向,这些都集中反映了马克思主义理论为巩固政权而提供的理论指导之价值所在。

第二节　新媒体生态下马克思主义大众化
话语传播的机制转换

马克思主义大众化传播话语具有鲜明的时代性,并随着时代的变化需要对传播话语进行话时的转换和调整。在不同的时期,对马克思主义大众化的传播话语进行转换,要坚持转换的基本原则不动摇,转换维度要生态联动,话语转换目标要注重入脑、入心,突出实效性。

一、继承与创新相统一的话语转换原则

马克思主义大众化话语转换必须正确对待不同历史时期的话语体系,科学地把握好话语转换的界限,要突出尊重历史、创新未来。新中国成立 70 多年来,特别是改革开放 40 多年来,中国特色社会主义各项事业取得了举世瞩目的成就,中华民族不但实现了站起来的目标,还逐步实现了富起来,并踏上了强起来的伟大的征程。中国之所以取得如此伟大的成就,与我们党一直以来在坚持马克思主义理论本质的前提下,把继承与发展相统一的创新马克思主义话语体系有重大关系。

(一)坚持马克思主义理论本质的话语体系

理论的生命力在于不断创新,但对理论的创新需要坚持承上启下。从毛泽东思想到习近平新时代中国特色社会主义思想,马克思主义中国化经历了五次创新演进,每一次演进,都是对马克思主义话语体系的创新,形成了新的中国化马克思主义理论成果。从第一次创新演进形成毛泽东思想,到第五次创新演进形成的习近平新时代中国特色社会主义思想,都突出解决时代性的困境和难题,也正是如此,中国革命和建设事业才取得了不断进步。从中国共产党推进马克思主义大众化的五次话语体系转化而言,尽管每一次转换都形成了新的理论成果,但坚持实事求是的马克思主义理论本质始终不变。毛泽东思想是第一次对马克思主义话语体系进行转化,其根本目的是解决在中国如何认识什么是新民主主义革命,如何进行新民主主义革命的问题。毛泽东思想创新了马克思主义关于革命的理论,但实事求是始终是毛泽东思想活的灵魂之一;邓小平理论是马克思主义中国化第二次创新演进的理论成果,其首要的基本问题就是要搞清楚什么是社会主义、怎样建设社会主义的重大问题。邓小平理论创新了马克思主

义关于国家学说、社会主义生产力与生产关系等理论,但坚持实事求是、一切从实际出发,在实践中坚持和发展真理一直是邓小平理论的核心要义。诸如此类,一直到马克思主义中国化最新理论成果——习近平新时代中国特色社会主义思想,都是对马克思主义的创新和发展,形成新的马克思主义话语体系。尽管马克思主义大众化进程中的话语体系有了创新和发展,但马克思主义实事求是、理论联系实际的本质始终不变,这也是推进马克思主义大众化话语传播机制转换的基本前提和要求,是不可动摇的基本原则。

(二)坚持继承与创新相统一的话语体系

在马克思主义传入中国 100 多年的时间里,不断展现出其强大的生命力,这种生命力主要表现在对马克思主义的继承和创新发展。马克思主义不是僵化的理论体系,它需要在具体的实际中不断丰富和发展。在马克思主义中国化百年的历程中,实现了五次重大的理论创新,形成了毛泽东思想、邓小平理论、"三个代表"重要思想、科学发展观、习近平新时代中国特色社会主义思想等中国化马克思主义,极大地丰富了马克思主义话语体系。中国共产党人在创新马克思主义理论进程中,始终坚持创新与继承相统一,既不把马克思主义当成一成不变的教义,盲目守旧,也不脱离中国基本国情搞盲动式创新,而是坚持运用马克思主义的世界观和方法论分析中国的具体国情,坚持马克思主义科学体系的基本理论、基本范畴、立场、观点和方法,把马克思主义的基本原理与中国具体实际相结合,在坚持中创新,在创新中发展。恩格斯曾深刻指出:"马克思的整个世界观不是教义,而是方法。它提供的不是现成的教条,而是进一步研究的出发点和供这种研究使用的方法。"[①]当今时代,人类已经进入了新媒体时代,中国特色社会主义所面临的新情况、新问题是马克思所处时代无法预见的,我们从马克思的经典论述中找不到可供参考的现成理论。尤其中国特色社会主义事业是一项全新事业。"马克思没有讲过,我们的前人没有做过,其他社会主义国家也没有干过。所以,没有现成的经验可学。我们只能在干中学,在实践中摸索。"[②]中国特色社会主义要发展、马克思主义要发展,就必须要创新,没有创新,马克思主义就将变为僵化的教条,其生机和活力就要停止,就一定会失去其吸引力和说服力。但这种创新,必须是在坚持继承的基础上,把继承与创新相统一的创新。正如邓小平所强调的,创新不能丢了本和老祖宗,社会主义的本和老祖宗就是马克思主义。

---

① 马克思恩格斯选集(第 4 卷)[M].北京:人民出版社,2012:664.
② 邓小平文选(第三卷)[M].北京:人民出版社,1993:258.

（三）坚持政治性与学术包容性辩证统一的话语体系

马克思主义具有鲜明的社会主义意识形态特性，是指导无产阶级解放自身的战斗武器，政治性是马克思主义话语的基本特性，从马克思主义大众化的实践经验而言，政治性话语具有自身特定的话语逻辑，推进马克思主义大众化，绝不能否定或弱化其政治话语，没有了政治性，马克思主义就失去了其理论的魅力和价值。同样，马克思主义是一个完整的科学体系，话语的逻辑关系极其严密。推进马克思主义大众化，也不能否定其话语体系中的学术逻辑性和话语系统性。只有把坚持政治性与学术包容性辩证统一起来，反对为了大众化而不要政治性或不要学术性的狭隘的、庸俗化的大众化思维，这是推进话语转换必须坚持的一条重要原则。

在马克思主义大众化的话语转换实践中，我们要警惕两极倾向，一是狭隘的马克思主义意识形态话语霸权，以突出政治性为借口，官话大行其道，把马克思主义大众化的学术话语边缘化；二是自傲的马克思主义学术话语，这种倾向容易发生在学术界。一些人以突出马克思主义学术性为幌子，否定马克思主义的政治性，对政治话语不从中国的实际出发而一概加以否定和批判。因此，在推进马克思主义大众化的话语转换中，既要维护马克思主义政治性话语本质，又要考量理论体系的学术话语价值。政治性与学术性之间不存在零和博弈，我们不能为了突出马克思主义的政治性，就排斥和否定学术性话语的价值；同样，也不能为了突出马克思主义理论的学术性，就去一味地批评和否定政治性话语的价值。要坚持政治性与学术性相统一，形成相互包容、相互促进的话语生态。

二、受众需要与传播实效相统一的话语转换维度

需要与实效是推进理论大众化需要考虑的两个基本问题，因此，推进马克思主义大众化，要基于话语对象需要的维度考虑话语转换实效。实质上，需要与实效是相互统一的有机体。理论需要灌输，灌输对象的需求强烈，灌输效果就明显，反之，实效性就较差。因此，话语对象维度要从兴趣、接受能力、个体的价值取向、利益诉求等因素去考量；话语内容维度要强调草根性的大众话语，把学术话语转化为群众草根性话语，提升话语的亲和力。同时，注重话语的政治性与生活化的有机统一，要在生活中找到政治性话语的契合点。

（一）受众需要的维度

理论是指导实践的武器，在人类实践活动中，一刻也离不开理论的指导。社会活动中的人，从事任何社会实践活动，首先要选择一种指导实践的思想武器。

在思想文化多样化、信息传播渠道多元化的信息化社会,尽管人们对理论的选择也出现了多元化倾向,但满足实践的需要是人们选择理论的基本价值取向。

1. 满足受众的心理兴趣需要

从教育学而言,兴趣是最好的老师,也是最有效的学习催化剂,传播学也如此。马克思主义大众化的话语传播一般都具有政治性的色彩,由于受到去政治化的非理性思想影响,社会生活中的一些人理想化地想把自己置身于政治环境之外,远离政治话语。尽管这样的想法在具有阶级和阶级斗争的当今社会是不可能存在的,但仍有人把漠视政治性话语视为远离政治,对政治性话语存在偏激性的心理抵触。因此,如何用科学的话语表达马克思主义的科学内涵,使之对受众产生兴奋点,提高话语传播效果,是马克思主义大众化话语传播需要关注的话题。在新媒体生态下,信息传播链条众多,受众对信息获取渠道多元、多样,受众对信息的选择呈现多样化。因此,要使受众接受和选择马克思主义话语,就需要转换为受众喜欢的大众话语。实践证明,"空洞的说教早已失去任何教育意义,只能引起人们的逆反心理,是绝对做不到大众化的"①。党的十八大以来,从满足传播对象的心理兴趣需要的视角出发组织传播话语,取得了较好的实践效果。比如:"习大大""打老虎、拍苍蝇""美丽中国""厉害了,我的国"等话语,都引起了受众的极大兴奋,提升了马克思主义大众化的话语吸引力。

2. 符合受众的接受程度

推进马克思主义大众化需要话语传播的通俗化、本土化、民族化、生活化等,这是毋庸置疑的。由于我国是统一多民族的国家,56个民族50多种语言,民族心理和民族语言之间有较大的差异。即使是同一民族,由于受教育的程度不一样,对话语的接受能力也不一样。因此,话语转换要充分考量受众的接受程度,针对不同的对象进行话语转换。比如:用民族山歌形式宣传社会主义核心价值观、宣传党的十九大精神,这是一种好的话语形式,但不能一概而论。对农村文化水平比较低的群体,这种话语形式非常受到群众的喜欢,也符合他们的接受能力。但如果硬要把这种话语形式移置到高校、机关单位等知识分子、政治理论水平比较高的群体中,就满足不了受众的需要。同样,一个理论水平、学术水平比较高的专家,可以在高校作一场极其精彩的推进马克思主义大众化的学术报告。但如果把这场报告移置到农村或社区,其学术性话语就难以让受众理解和接受。传播学认为,受众有一个比较复杂的接受心理,除了自身的文化水平、社会地位等因素外,传播内容、传播方式、传播者的影响力等都影响着受众的接受心理。

---

① 刘书林.当代中国马克思主义大众化与思想政治工作新任务[J].思想政治工作研究,2008(01):26-28.

因此,推进马克思主义大众化,要分析受众的话语接受程度,根据不同的对象,选择有针对性的传播话语。

3.尊重受众的个性诉求

在信息化社会,受众对信息获取的渠道多元、多样,受众对信息的诉求日益呈现个性化的特征。不同阶层、不同年龄、不同职业的受众,对信息的诉求有较大差异,传统媒体条件下那种一元化的信息传播模式已经不适应新媒体生态下的信息传播要求。尊重个性诉求,根据不同受众设置传播内容、选择话语传播形式,是新媒体生态下马克思主义大众化需要考量的话语维度。比如:高校的思想政治理论课教学课堂,在传统媒体条件下,由于学生信息获取渠道非常有限,课堂中的知识性传授显得非常重要,也是学生听课的兴奋点。但新媒体生态下,大学生对知识获取的能力得到了极大提升,更为重要的是知识获取的渠道非常多元,大学生可以通过多种渠道获取相关的知识。如果我们的思政课仍然把简单的知识传授作为课堂教学的重点,这显然不是学生听课的兴奋点。事实上,在思政课堂上,学生关注的重点不再是是什么,而是为什么。因此,作为传者的教师,应该尊重学生的个性诉求,要从分析为什么的视角满足学生的需要。

4.关切受众的利益诉求

一种理论能不能大众化,或者大众化的程度如何,一定与其关切大众的利益程度有密切联系。马克思指出:"人们的奋斗所争取的一切,都同他们的利益有关。"①"思想一旦离开利益,就一定会使自己出丑。"②理论话语传播如果离开了大众的具体切身利益,将变成空洞无物的说教物,理论将无法获得大众的认可,自然不可能掌握大众。即使是列宁所强调的理论灌输,也同样是把满足群众利益诉求放在第一位。列宁指出:"无产阶级取得国家政权以后,它的最主要最根本的利益就是增加产品数量,大大提高社会生产力。"③因此,理论灌输与关注利益诉求是辩证统一体。也正是如此,中国共产党从成立的那一天起,就把关注和实现大众切身利益作为自己的全部奋斗目标。当然,大众利益有广义和狭义之分。广义上的大众利益泛指民族的总体利益,如实现中华民族伟大复兴中国梦就是广义上的大众切身利益;狭义上的利益则是具体的,甚至具体到每一个特殊的群体,如医疗、卫生、教育、养老、住房等都是具体利益。具体利益是多样、复杂的,不同群体在不同阶段的具体利益诉求有所不同。如在改革开放前,绝大部分群众的具体利益是如何吃饱、穿暖。而在当今,除了极少部分个体仍旧在追求吃

---

① 马克思恩格斯全集(第1卷)[M].北京:人民出版社,1956:82.

② 马克思恩格斯全集(第2卷)[M].北京:人民出版社,1957:103.

③ 列宁全集(第42卷)[M].北京:人民出版社,1987:369.

饱、穿暖外,大部分群体已经开始追求吃好、穿好。因此,推进马克思主义大众化是一项与时俱进的系统工程,仅从关注大众切身利益而言,在话语传播上就必须做到与时俱进,因时而变。只有马克思主义大众化话语传播时刻做到了关注大众利益、把大众利益作为话语体系的重要组成部分,马克思主义才有吸引力和说服力。正如毛泽东所强调的:"一切群众的实际生活问题,都是我们应当注意的问题。假如我们对这些问题注意了,解决了,满足了群众的需要,我们就真正成了群众生活的组织者,群众就会真正围绕在我们的周围,热烈地拥护我们。"①邓小平也指出:"不重视物质利益,对少数先进分子可以,对广大群众不行,一段时间可以,长期不行。"②因此,关注受众利益诉求,是中国共产党推进马克思主义大众化的基本经验。

党的十八大以来,我们党把关注受众利益诉求放在首要的突出位置,以问题为导向,找发展差距,补民生短板。实施了脱贫攻坚战略,使8000多万贫困人口摆脱了贫困,实现了稳定脱贫。党的十九大报告指出:"必须多谋民生之利、多解民生之忧,在发展中补齐民生短板。保障和改善民生要抓住人民最关心最直接最现实的利益问题,一件事情接着一件事情办,一年接着一年干。"③党的十九大报告是关注大众利益诉求的宣言书,也是新时代马克思主义大众化话语体系的核心内容。高度重视受众的利益诉求的话语体系,特别是在民生短板上,围绕社会弱势群体的利益诉求构建传播话语,成为提高马克思主义大众化话语吸引力的重要维度。

(二)传播实效的维度

当马克思主义话语传播从精英阶层转向大众阶层后,传播话语要从学术性、解读性向民族性、大众性话语转换,要构建实践性强、民族草根性突出、经典性与时代性相互融合、传者与受众有机对话的话语体系,把突出话语传播实效作为话语转换的基准。

1. 从精英话语向民族草根性大众话语转换

马克思主义大众化是一个不断演进的历史过程,其话语传播体系也随着大众化的整体进程不断调整和变化。在马克思主义传入中国的早期,传播对象主要是中国的精英分子,因此,传播话语更多的是精英话语。但随着大众化的进程,马克思主义不能仅停留在精英层面,需要拓展大众化对象。因此,向草根民

---

① 毛泽东选集(第一卷)[M].北京:人民出版社,1991:137.
② 邓小平文选(第二卷)[M].北京:人民出版社,1994:146.
③ 习近平.决胜全面建成小康社会 夺取新时代中国特色社会主义伟大胜利——在中国共产党第十九次全国代表大会上的报告[N].人民日报,2017-10-28(001).

众传播马克思主义,让马克思主义真正成为全体中国大众认同、自觉践行的思想武器,需要传播话语具有民族草根性。马克思、恩格斯创立马克思主义,是为广大无产阶级实现自身解放的战斗武器,从一开始就具有草根性。但由于马克思主义在一个极其特殊的环境下传入中国,需要由中国的先进知识分子和社会精英阶层首先掌握和运用,这是由当时中国特殊的历史条件所决定的,这不是马克思主义受众的本来面目。随着马克思主义中国化进程从革命理论到建设理论,马克思主义就需要回归大众的本源,体现草根情怀。

从中国实践层面而言,尽管马克思主义中国化的创新成果都是在总结人民大众实践的基础上形成的,但经过高度概括和总结的理论成果,其话语形式规范、严谨。要使这些创新成果被大众认知、认同和运用,需要不断地对话语进行转换,使规范、严谨的话语变成大众化的草根话语,马克思主义才能真正做到融入大众生活,为大众的社会实践服务。只有马克思主义话语融入了大众生活,反映大众基本生活状态,马克思主义大众化的话语才能取之不尽,用之不绝,才能绽放其生命活力,才能真正实现马克思主义从"一人"说到"专家"说,再到众人说,众人用,众人信仰。

2.构建多种话语和谐共生的话语体系

中国是一个由56个民族组成的多民族国家,尽管每个民族都有自己的语言,有些民族还有自己的文字,但每个民族都以开放包容的态度接纳其他民族,从最基本的语言文字上进行了大融合。正是这种文化态度,决定了各民族文化深度交流和融合。以广西壮族和汉族的语言文化交流为例,"在广西区内,使用壮语的不仅是壮族,还包括大量的汉族人也使用壮语进行日常的语言交流。从壮汉民族的日常语言使用情况分析,两民族的语言使用融合度相当高。在经济社会发展相对比较快、人口流动量比较大的城镇,汉语和壮语成为人们日常交流的主要通用语言。据统计,在壮族人口聚居区生活的汉族,94%的人会使用壮语进行日常交流。同样,在城镇及城镇周边生活的壮族,从年龄分布情况看,70岁以上的壮族老年人,80%会讲汉语或能听懂汉语的语言表达内涵;70岁以下及年轻人,基本上都能比较流利地使用汉语进行交流。在这些地方,壮汉民族进行交流时,汉语和壮语可以随意地进行交叉使用。壮汉民族语言的深度融合,从民族团结的视角而言,加深了民族间的认同和团结。"①由此可以看出,尽管中国的民族成分众多,但各民族之间并不是相互僵化的文化系统,而是相互融入、和谐共生,对异质文化不是排斥而是相互学习和借鉴。

---

① 罗昌勤.文化生态学视野下广西壮汉民族文化融合与认同探析[J].广西民放研究,2016(01):136-142.

马克思主义大众化突出强调外来话语与本土话语的融合、主流话语与草根民间话语的融合。从语言本身而言，来自西方的马克思主义要在中国本土扎根，进行话语的转换和重构是必不可少的环节，这个环节已经实现并不断完成，形成了具有本土话语风格的毛泽东思想、中国特色社会主义理论体系和习近平新时代中国特色社会主义思想。或者说是完成了马克思主义大众化的第一步工作，如何把马克思主义融入大众生活，这是推进马克思主义大众化的第二阶段工作，当然这两个阶段不是相互独立，而是相互融合、协调推进的过程。当代中国社会，多民族之间形成了一定的文化差异和话语差异，尽管相互之间形成了话语融合，但民族心理差异始终存在着。因此，推进马克思主义大众化，非常有必要从当下中国多民族现状出发，运用现代技术手段和新媒体的多元传播媒介，构建多种话语和谐共生的话语体系，形成主流话语、草根民族性话语相互融合的话语传播格局。

三、理论严谨性与生活通俗性相统一的话语转换方式

一种思想理论要实现大众化，首要解决的问题是入脑、入心的问题，然后才是应用的问题。如何才能做到入脑、入心，关键还在于群众是否接受。马克思主义的本源在欧洲，从一定意义上属于外来思想文化，如何才能在中国实现大众化，需要在传播话语上实现几个转换和有机统一，一是话语的系统性向碎片化转换，把文本的系统性与话语的碎片零散性有机统一；二是主流话语向大众话语转换，注重主流话语与大众话语的有机统一；三是话语的政治性向生活化转换，既要坚持话语的政治性方向，又要注重把政治目标话语与生活目标话语有机统一。

（一）从理论的文本系统性向实践活动的系统化与碎片化相融合的话语转换

马克思主义不仅需要用理论自身的科学性和真理性说服大众，更需要把马克思主义深刻的理论话语转换为大众的实践活动语言。从实践需要层面而言，这个转换过程具有两层含义：一是把马克思主义经典作家的抽象话语转换为具有中国气派和中国风格的通俗话语；二是把具有中国气派和中国风格的文本性逻辑话语进一步转换为具有草根性的零散话语，把追求话语的严密逻辑性转换为满足群众每项具体实践活动需要的"碎片化"话语。从马克思主义理论话语体系的整体性而言，具有理论的完整性和学术的严谨性，但这样的话语还不足以让大众接受，实际上还是停留在精英阶层状态。只有把这些系统完整性和学术严谨性的话语，根据受众实践活动的具体需要进行拆分，使之"碎片化"，才有利于大众所掌握，才能真正深入草根民众。

当然，马克思主义话语"碎片化"不是对马克思主义话语体系的支解，而是把

少数人能够理解和掌握的严谨的系统性的学术话语体系转换为多数人、特别是草根民族能够理解的片断化的话语,服务于草根大众每一项具体的、分散的社会实践需要。

(二)从主流文化的显性解释向大众文化雅俗共赏的话语转换

主流文化是一个民族在长期的社会实践中积淀而形成的,秉承了一个国家和民族的文化本体,深层次地影响着国人的文化观念和价值判断,起着引领国家和民族文化发展方向的作用。主流文化一旦形成就将一以贯之,主流文化必须是大众的、科学的文化。大众文化是"一个地区、一个社团、一个国家中新近涌现的,被大众所信奉、接受的文化"[①]。很显然,大众文化具有阶段性特征,延续性不强,但大众文化的话语草根性突出,往往都是反映公众的生活诉求,具有极强的群体吸引力。大众文化是社会文化多样化的产物,是对社会主义主流文化的重要补充。但并不是所有的大众文化都是积极向上的,其中也参杂着低俗文化的成分。如曾经流行一时的"超级女声""非诚勿扰"等大众文化,其中不乏充斥着误导青少年"一夜成名的娱乐传销""非钱勿扰"的低俗文化成分。因此,对待大众文化,既要考虑其受众的众多性特点,以鼓励和引导为主,发挥大众文化对社会主义文化建设的补充作用,丰富社会主义文化内容。由于大众文化对传播媒体的依赖性较强,在传统媒体下,大众文化难以形成较大影响力,更不会对主流文化形成冲击。但在新媒体生态下,便捷的传媒渠道为大众文化的形成提供了条件,而且极易影响整个社会,特别是大众文化中的低俗文化成分,极易冲击主流文化的发展。

从20世纪50年代至70年代末,中国社会文化形态比较单一,马克思主义不仅是社会的主流文化,而且占据着绝对的统治地位。在这一时期的马克思主义大众化的话语体系中,马克思主义的政治性话语成为社会文化的主体,为马克思主义主流文化影响和凝聚社会主义价值观发挥了突出作用。20世纪80年代以来,随着国际形势的变化和中国改革开放的深入推进,世界各种文化形态也随着国门的打开而涌入中国。长期受单一文化形态影响的中国公众,这些外来文化引起了他们极大的兴趣,尤其是那些非主流的通俗、感性的文化形态,引起了国人特别是青年人的莫大兴趣和追捧,再经过媒体的整合、创新与推动,迅速成为与主流文化并驾齐驱的大众文化形态。总体而言,社会主流文化与一段时期内流行的大众文化并非径渭分明,无论是主流文化,还是大众文化,都反映了受众思想取向和价值诉求。两者的区别在于受众群体存在差异。主流文化的受众

---

① 杨毅.论"黄色出版物"对当前大众文化的影响[J].出版广角,2013(06):64-67.

是全体公众,反映整个社会的共同诉求。大众文化的受众具有特定的群体性,如:"超级女声"节目,主要受众群体是青少年。

在新媒体生态下,马克思主义大众化就是把马克思主义主流文化融入大众文化场域,尤其要放下主流文化高高在上的身姿,要善于借助大众文化的草根话语,通过民间文学艺术等群众喜闻乐见的形式,把马克思主义话语融入其中,要善于借助媒体的运作,把传统的马克思主义显性话语解释向大众文化雅俗共赏的话语转换,拓展马克思主义受众群体,把马克思主义主流文化潜移默化到大众文化产品中。实践证明,马克思主义大众化不能仅靠主流媒体的单一传播,要注重整合吸收,多元共生,利用大众文化载体和形式推进马克思主义大众化。

（三）从学术研究的严谨性向生活话语的通俗性转换

中国的基本国情就是差异化特征突出,这种差异不仅体现在自然环境的差异、经济社会发展程度的差异,还体现在民族心理差异等方面。差异除了体现在群体间外,还体现在群体内部。因此,纵向横向差异、宏观微观差异构成了中国的基本国情特征。仅从推进马克思主义大众化层面而言,这种差异也将导致公众对马克思主义理论的理解存在差异。因此,需要在差异中找到他们之间的最大公约数,这个公约数就是话语的通俗化。简而言之,"通"即用中国话语解释马克思主义经典理论;"俗"即用老百姓的话语传播马克思主义。实践证明,当我们忽略或不重视话语的通俗性时,容易把宣传马克思主义变成脱离大众的基本生活的枯燥说教,这样的话语往往基于马克思的经典话语,寻章摘句地进行解读,群众听不懂,也不愿意听。或者过多地宣传遵从学术的严谨性,纠结在烦琐的逻辑论证话语中,话语脱离了群体的现实生活。

马克思主义大众化话语传播突出强调从学术话语的严谨性向生活话语的通俗性转换,就是解决大众听得懂的问题。对马克思主义的学术研究是精英们要做的事情,但研究成果不能束之高阁,最有价值的研究成果是能够为大众服务。如果我们的研究成果缺乏把学术性话语转化为通俗性话语,就很难实现大众化。再者,推进马克思主义大众化不是仅让大众认知马克思主义,最终极的目标是要实现马克思主义"化"大众。很显然,只有用群众的语言构建马克思主义的话语,才能真正做到"化"大众,否则就是形而上学,马克思主义大众化就是一句空话。关于如何才能真正做到大众化,毛泽东主张躬下身段向群众学习。因为只有向群众学习,传播话语才能实现生活化和通俗化。

随着马克思主义大众化深入推进,停留在精英阶层的学术性话语已经不能满足大众对马克思主义的需求,急需把马克思主义的话语传播从学术研究的严谨性话语向草根性、通俗化的群众话语转换。党的十八大以来,以习近平同志为核心的党中央,坚持以人民为中心,为推进马克思主义大众化传播话语的通俗化作出了重大贡献。在老一辈革命家创立的"农村包围城市""星星之火可以燎原""实事求是""实践是检查真理的唯一标准""科学技术是第一生产力"等通俗化的话语基础上,创新性地提出了"中国梦""把权力关进制度的笼子""绿水青山就是金山银山""打老虎拍苍蝇""鞋子合不合脚,自己穿了才知道""小康不小康,关键看老乡""构建人类命运共同体"等大量传播马克思主义的通俗化话语,这些话语群众听得懂,喜欢听。因此,推进马克思主义大众化,需要对话语形式进行转换,把传播话语从学术研究的严谨性向生活话语的通俗性转换,是马克思主义大众化话语传播的一种方法,也是一种态度和话风,更是一种走群众路线的作风。

第三节　新媒体生态下马克思主义大众化话语传播的结构变化

在新媒体生态下,人人都可以做记者,都是"新闻机构",能够随时随地采集信息和发布信息,媒体中的每一个个体都是话语的传播者,同时又是话语的受众。因此,在新媒体生态下,马克思主义大众化话语传播的主体趋向多元,受众身份多变,话语传播媒介多样。

一、马克思主义大众化话语传播的结构"微化"

从传播学的视角分析,话语传播包含传播主体、传播内容和传播媒介三个基本要素,这三个基本要素也是传播学领域的三个基本结构。在新媒体生态下,"两微一端"的微媒体传播逐渐成为社会草根传播的主流,传播学传统意义上的传播主体、传播内容和传播媒介三大结构呈现出结构融合与"微化"的特点,微博、微信等新媒介被广泛认同和运用,新媒体生态下呈现出微传播的传播态势。

（一）传播主体"微化"

新媒体生态下的传播主体包括传者与受众。从传播者而言,在传统媒体中,传播者往往是一个系统单位,代表着国家进行话语传播。在不同层级的国家机关中,都有自己的传播机构,这些不同层级的传播机构组成了一个庞大话语传播队伍。在新媒体生态下,在传播载体"微化"的推动下,传播者不再由国家传播机关垄断,每一个大众个体都有可能成为话语传者。尤其是10亿多的手机用户,可以说,每一个用户都搭载了一个属于自己的传播平台。因此,在新媒体生态下,话语传者呈现了明显的个体化特征。在传统媒体时代相当时期内,看报纸、听广播、听报告是人们接受信息的主要渠道,看电视成为一种奢侈,不是所有受众都能够享受的,人们获得信息的渠道非常有限,渴望了解更多信息是受众的需求。因此,在那样一种传播状态下,组织受众集体听报告既是传播主体的需要,也是传播受众的需要。我们一个单位、一个部门经常性把全体人员组织起来,听专家作长篇报告,这在传播媒介不发达、传播信息比较有限的媒体状态下是非常必要的,对那个时代的思想文化传播起到了良好的作用。但在新媒体生态下,受众获取信息的渠道呈现多样化,从早期的 BBS 论坛、QQ,再到今天的微博、微信等,极大地拓宽了受众的信息获取渠道,除了国家重大政治生活中的会议以外,我们已经很难看到成百上千的受众一起听报告的大型会议场面。今天,作为话语传播者,再也不用集中大批的受众进行集体信息传送,可以通过新媒体点对点或点对面地进行话语传播,比如当前最受大众喜欢的 QQ 群、微博群、微信公众号、微信朋友圈等,都能够实现点对面地进行话语传播。作为受众而言,已经从过去的集团化向个体化转变,受众的"微化"特点比较明显地呈现在新媒体话语传播生态中。

(二)传播内容"微化"

新媒体在话语传播内容上与传统媒体相比,最大的变化就是传播内容趋向碎片化。这种变化主要得益于新媒体多元化的传播渠道、高效低廉的传播成本。在传统媒体下,除了传播渠道相对稳定和封闭外,更为重要的是,话语传播内容需要经过多道采编程序,从记者采集信息到媒体编辑的取舍、到媒体编印、发行部的包装发行、发行途中的运输、专门的邮递派送、读者拿到传播物,这一系列的传播流程,任何一个中间环节都不能少。因此,从经济学而言,在传统媒体下,话语传播的成本比较高。正是如此高的传播成本,作为任何一个媒体而言,都要对传播成本进行精心的计算,在传播内容上都要给予受众尽可能多的信息,要在有限的版面内,通过系统化地阐述,把传播内容尽量讲清楚、说明白。因此,传播内容往往都比较系统、全面,篇幅都比较长。

在新媒体生态下,排除网络和信息技术开发成本的前提下,单就话语传播的层面而言,从信息采集到信息送达受众,无论是编辑还是传送,其工作量都大为降低,传播成本比较低廉。尤其是在信息传播大众化的当下,一些信息传播的成本几乎忽略不计。如公众通过微信社交平台转发一条信息,如果抛开购买手机和流量的成本,几乎可以说,这条信息的发出成本是"0"。正是如此,传播媒体就无需再在传播内容的篇幅上考虑成本,更无需组织人力对传播内容进行系统化的编辑,传者可以随时随地地对传播内容进行碎片化传播。因此,传播内容的"微化"特征比较突出。

（三）传播媒介"微化"

当下的中国，手机为网民阅读和传播信息提供了极大的便利。据第十三次全国国民阅读调查显示：平均每个人每天用手机阅览的时间为 62.21 分钟，相比较于 2014 年增加 28.39 分钟。2014 年全国报纸总体零售量下滑到 30.5%。《腾讯网总编辑王永治对未来媒体发展的 10 点预测》中就提出"报纸除了倒闭没有别的出路"，其观点指出到 2019 年很有可能 2/3 以上的纸媒将会"关停并转"，"不是新媒体搞死了旧媒体，而是用户放弃了纸媒转移到了新媒体"[①]。虽然说，报纸在短期内倒闭的观点值得商榷，难免低估了传统媒体的生存和适应力。但这些数据表明，随着新媒体时代的到来，传统媒体时代的这种大型化的话语传播媒介已经悄然向新媒体的微载体转化。"微"已经默默融入了大家的生活。因此，微信、微博、微电影等越来越成为人们生活中必不可少的一部分，传播媒介的"微化"提高了人们对零散时间的利用效率。

二、马克思主义大众化话语传播的内容多样

从传播学分析，话语传播的基本元素包括传播主体、内容主体和媒介主体。其中内容主体是马克思主义大众化话语传播的核心，涉及传什么的问题。在一定时期内，一些人对马克思主义存在认识和理解上的偏差，认为马克思主义仅是政治理论。因此，有些人一听说马克思主义这个词，就条件性地反射是政治说教。其实这是对马克思主义传播内容主体的极大误解和偏见。马克思主义的内容主体不仅体现在政治性话语体系中，还体现在经济、文化、社会建设、生态文明建设等各个领域，全方位地反映着中国特色社会主义事业的全部内容。

（一）政治建设话语主体

马克思主义具有鲜明的阶级性、政治性特征，政治性话语是其他内容的主导，讲政治、树立政治意识是推进马克思主义大众化的基本要求。在新媒体生态下，党政机构、政府工作人员、政府新闻机构发言人以及政府委托的网络发言人是政治传播的主体力量。政治传播主体的主要职责就是对传播对象进行政治宣传和思想政治教育，把党和国家的意志准确地传达给受众，使受众理解国家的政治意图。政治传播主体的话语传播活动具有鲜明的政治属性，概括起来，表现在三个方面：一是传播主体代表着党和国家政府。如：党和国家领导人的政治报

---

① 马崇俊，胡鹏. 新媒体环境下传统报纸的困境与对策研究［EB/OL］. http://media.people.com.cn/n1/2016/1221/c408986-28966797.html.

告,党政机关领导干部的工作报告、新闻发言人的谈话等,它们都代表着党和政府进行话语宣传。二是传播内容具有鲜明的阶级意识形态性。马克思主义天然地代表着无产阶级的利益。在资本主义和社会主义两种不可调和的社会意识形态斗争下,马克思主义大众化的话语传播内容,离不开意识形态斗争的特性。三是传播方式突出政治灌输。理论虽然来源于人民大众的实践,但需要理论精英从人们的实践中去归纳、总结和提升。经过归纳提升的理论,无论是理论逻辑、还是实践逻辑都将是质的提升。人们要运用它再次指导更高层次的实践,需要有一个再学习的过程。这种学习的过程需要进行灌输教育,这是理论掌握大众的基本规律。为此,列宁指出:"工人本来也不可能有社会民主主义的意识,这种意识只能从外面灌输进去。"①列宁的灌输理论强调公众的社会主义民主意识不是天生的,需要进行持续宣传和教育。一般而言,社会公众的职业特点、受教育的程度、社会利益诉求的实现程度等都将影响着他们对政治宣传的接受和认同度,而且这种接受和认同不是永恒不变的,而是随着其社会生活状态的变化而变化着。所以,马克思主义大众化的政治灌输需要持续进行。但在新媒体生态下,由于传播媒介的高度发达,政治传播主体的传播活动要注重因时、因地、因对象的变化,及时创新传播内容,突出话语的动态变化。

（二）经济建设话语主体

党的十九大报告提出了统筹推进"五体一体"的总体布局,"五位"指的就是经济建设、政治建设、文化建设、社会建设、生态文明建设。经济是基础,涉及国计民生的基础性问题,决定政治等上层建筑问题。随着经济全球化的深入发展,一个国家的经济制度、经济政策影响着一个国家的生存大计。在当下的中国,国内经济形势、中央经济工作思路和重点、经济政策、国家宏观调控、资本市场与金融投资、金融危机、深化国有企业改革、农村集体经济的发展、供给侧结构性改革、消费结构改革、房地产、中国经济转型与结构调整等等经济问题都是全社会的热点问题,社会公众迫切需要得到权威的信息。因此,进入新世纪以来,党的每次重要会议或经济政策调整,从政府到社会研究机构都会组建专门的专家对经济政策进行解读。如北京市委党校主办的宣讲家网站,专门开辟了经济宣讲栏目,邀请了国内知名经济界专家对我国经济进行宣传和教育;国内影响力最大的学习强国 APP 平台,也专设了经济栏目,就社会公众关心的经济问题进行解读。除此之外,我国一些地方政府还建立了经济政策研究中心,对我国经济问题进行专门研究。这些力量,形成了马克思主义大众化的经济话语传播主体。

---

①　列宁选集(第 1 卷)〔M〕.北京:人民出版社,2012:317.

(三)文化建设话语主体

文化是一个国家的软实力,与经济硬实力的显性作用相比,文化的影响更多地体现在隐性方面,影响着一个国家的思想和价值观取向。当今世界,各国对文化建设高度重视,尤其在文化传播方面,特别注重掌控思想文化传播的话语权。如美国学者约瑟夫·奈在《软实力》一书中提出:"在信息时代,软实力正变得比以往任何时候都更有影响力。"①实质上,在约瑟夫·奈之前,美国政界、军界一些人就已经提出诸如"在宣传思想上花1美元,等于在国防上花5美元""一个自由电台的威力等于20个师"等思想,这些思想的核心就是强调了文化建设对社会发展的巨大影响力。实践证明,推进马克思主义大众化取得实效,最突出的就是马克思主义文化传播是否取得实效。2011年10月15日,我们党提出了文化强国战略。这是马克思主义中国化文化传播史上的一次重大事件,翻开了马克思主义文化传播的新历史。会议提出了"依托重大节庆和民族民间文化资源,组织开展群众乐于参与、便于参与的文化活动。支持群众依法兴办文化团体,精心培育植根群众、服务群众的文化载体和文化样式"②。这是我们党在文化传播主体建设方面的重要思想。

需要特别指出的是,任何一个国家都存在着主流文化和大众文化两种文化形态,国家要实现文化强国目标,主流文化的建设,特别是主流文化对大众文化的引领作用非常关键。因此,推进马克思主义大众化,要持之以恒地加强主流文化建设,构建马克思主义文化建设话语主体。但同时,我们又要高度关注大众文化对公众的影响,特别是对青少年群体的影响。在互联网时代,大众文化形态纷繁复杂,对青少年的影响较为突出。如在中国当今社会中,青少年追星是一种典型的大众文化形态。如果引导得当,将有利于青少年的健康成长。相反,如果引导不当,也有可能扭曲青少年的价值判断。实事上,追星是大多数国家的社会问题,一些明星能激起观众神性崇拜。从文化传播而言,这些演艺明星、体育明星又是文化传播主体的重要力量,他们向受众提供的榜样示范对社会文化建设产生重要影响力。因此,需要用主流文化引领大众文化的发展方向,推动大众文化与主流文化同向同行,成为社会主义文化建设的重要组成部分。

(四)社会建设话语主体

马克思主义关于社会建设的话语体系中,构建和谐社会是重要的话语内容。

---

① 转引自李琳,洪晓楠.约瑟夫·奈的软实力理论评析[J].大连理工大学学报(社会科学版),2011(12):88-93.

② 《中共中央关于深化文化体制改革推动社会主义文化大发展大繁荣若干重大问题的决定》[EB/OL].http://politics.people.com.cn/GB/1026/16017717.html.

马克思是在客观分析资本主义社会不可调和的贫富差距矛盾的基础上提出的人本社会建设理念。从党的十六大以来,我们党就把构建和谐社会作为我们社会建设的目标。党的十九大进一步丰富了和谐社会建设的内涵,不仅从总体上提出了把我国建设成为富强民主文明和谐美丽的社会主义现代化强国,而且还在政治、经济、文化、社会建设、生态文明建设等方面提出了具体的建设和谐目标要求。实质上,追求和谐是中国传统文化中的重要内容。在中国传统文化典籍中,有丰富的和谐社会内涵。仅从话语体系中,就有大量描绘和谐社会的话语。如"礼之用,和为贵""君子和而不同,小人同而不和""兼相爱""爱无差"等。尽管这些社会建设思想在当时的中国社会状态下带有明显的幻想成分,但它们都来源于中国传统社会建设思想之中。新中国成立后,中国共产党把构建和谐社会付诸了具体的实践。1953 年开始的社会主义改造,从根本上消灭了剥削阶级赖以存在的生产资料私有制基础,把构建和谐社会从理想带入了现实。党的十八大报告提出:"社会和谐是中国特色社会主义的本质属性。"①党的十九大进一步提出了构建充满活力而又和谐有序的社会。至此,社会和谐不仅是全体中华儿女的期盼和追求,也成为马克思主义大众化话语体系的重要内容。

（五）生态文明建设话语主体

马克思主义不仅是无产阶级夺取革命政权的理论,它同时还包含着丰富的生态文明思想。马克思主义提倡人与自然和谐统一。马克思认为:"劳动首先是人和自然之间的过程,是人以自身的活动来引起、调整和控制人和自然之间的物质变换的过程。"②马克思的论述,充分体现了马克思主张人与自然的和谐共生。人具有改造自然和征服自然的能力,但这种能力不是居高临下、毫无节制的掠夺,而是通过人的劳动,让自然更美好,让人与自然更和谐。实践证明,人与自然的关系失去了和谐,或者人类对自然采取掠夺式的征服,必然招致自然的报复。关于这一点,恩格斯早就向人类发出了警告。他强调:"我们不要过分陶醉于我们对自然界的胜利。对于每一次这样的胜利,自然界都对我们进行报复。每一次胜利,起初确实取得了我们预期的结果,但是往后和再后却发生完全不同的、出乎预料的影响,常常把最初的结果又消除了。"③从马克思主义经典作家的系列论述中,充分体现着现代生态文明建设的思想。

中国共产党对马克思主义生态文明思想的认识也是一个逐步深化的过程,这种认识也在实践中不断得到深化,甚至有些是在付出沉重代价后得出的经验

---

① 胡锦涛文选(第三卷)[M].北京:人民出版社,2016:624.
② 资本论(第三卷)[M].北京:人民出版社,2018:923,935.
③ 马克思恩格斯选集(第 3 卷)[M].北京:人民出版社,2012:998.

总结。随着新中国的建立和全面转入社会主义建设,毛泽东等中国共产党人开始关注人与自然的关系问题。1955 年,毛泽东在《征询对农业十七条的意见》中提出:"在一切宅旁、村旁、路旁、水旁,以及荒地上荒山上,即在一切可能的地方,均要按规格种起树来,实行绿化。"①这是中国共产党早期提出的改造自然的基本思想,这种思想包含着把自然状态的绿色改造为人工状态的绿色的绿化主张。除了改造荒山之外,毛泽东等还特别注重对水利的开发和利用,对长期困扰中国百姓的水患治理极为重视。在 1934 年的时候,毛泽东就提出了"水利是农业的命脉"的思想。新中国成立之初,毛泽东就发出了"一定要把淮河修好""一定要根治海河"的号召。毛泽东具有强烈的改变生态环境的愿望,他根据中国南方水患多,北方干旱多的地理国情,率先提出了南水北调的设想,他为我们构绘了一幅"更立西江石壁,截断巫山云雨,高峡出平湖"美景,这样的美景无不体现出中国共产党人的生态文明建设思想。

生态文明建设是一个庞大的系统工程,其中蕴涵的各种矛盾关系极其复杂。如何处理好人与自然的和谐共生,特别是处理好经济发展与保护环境的关系问题,各个国家都走了一些弯路。我们国家也不例外。随着我国经济的高速发展,粗放型的经济发展模式不断加重了环境的承载力,经济发展与环境保护的矛盾日益突出,因环境问题引发的社会矛盾日益增多,因环境恶化对经济发展的抑制作用明显体现出来。

中国共产党人针对生态环境与经济发展的矛盾现状,不断丰富和发展马克思主义生态文明话语内容。如邓小平提出了社会主义发展要"能够持续、有后劲""植树造林,绿化祖国,造福后代""要把种树种草、绿化祖国的责任放在各级党委、政府和所有领导干部的肩上"等生态文明建设思想;江泽民提出:"既要考虑当前发展的需要,又要考虑未来发展的需要,不要以牺牲后代人的利益为代价来满足当代人的利益。"②胡锦涛提出了"尊重自然""保护自然""顺应自然""人与自然和谐相处"等生态发展理念,创立了科学发展观。在党的十八大上,科学发展观作为我们党的指导思想写入党章,进一步丰富了马克思主义生态文明建设的话语体系。随着中国特色社会主义进入新时代,党的十八大以来,以习近平同志为核心的党中央,更加注重生态文明建设,把"生态文明建设"与"政治、经济、文化、社会建设"纳入国家总体布局,提出了统筹推进"五位一体"总体布局的战略,进一步明确提出了"坚持人与自然和谐共生"的要求,形成了具有中国特色的马克思主义生态文明建设话语体系。

---

①　毛泽东文集(第六卷)[M].北京:人民出版社,1999:509.

②　江泽民论有中国特色社会主义(专题摘编)[M].北京:中央文献出版社,2002:279.

三、马克思主义大众化话语传播的受众多变

受众是话语传播体系中三大要素之一,是考察传播效果的核心要素。在新媒体生态下,受众趋向多变,可以从两个层面理解。一是与传统媒体相比较而言,在传统媒体下,受众的身份相对固定。但在新媒体生态下,由于信息交流比较频繁,而且信息流向不再是单向流动,逆向流动也是新媒体信息流动的特征之一。因此,在具有多个传播链条的新媒体生态系统中,信息传播的传者与受众有可能随时发生身份互换。二是从受众群体的个体差异而言,由于受众是一个宏观概念,可以从居住环境、社会身份等层面划分,还可以从职业、民族、年龄、性别等层面划分出更细微的不同受众群体。在这些群体中,又呈现出学历、家庭背景、工作环境、生活状况等差异。每一受众个体的理解能力、个体诉求、价值判断呈现多样化,而且不断变化。因此,马克思主义大众化的话语传播要充分考量受众的差异,根据不同层面的受众研究其话语接受心理和诉求,因地制宜地制订话语传播策略。

（一）从居住区域划分受众

1.农村居民受众

对农村居民的界定有不同的观点,从社会学来界定农村居民,需要考虑其出生地、身份证所在地等。但从传播学视角出发,主要从其相对固定的居住地来界定其身份。因此,农村居民并非单指农民,除了农民之外,还包括长期居住在农村的非农村人口居民。从话语传播对象视角分析,农村居民话语接受过程有其自身的特性。

第一,村民对国家政治关注度不高,对国家政策的认知、理解缺乏主动性。由于受到居住环境、村民自身的文化程度等因素的综合影响,农村居民整体上对国家政策不够关心,对国家一些重大战略不太了解,也缺乏了解的主动性和积极性。调查数据显示,在国家扶贫攻坚的力度如此之大的今天,村民能够经常性地接触扶贫工作干部,但能够比较准确回答国家有哪些扶贫政策、脱贫目标、脱贫标准的村民仍旧不多。他们更多地关注自己的眼前利益,实际利益。他们甚至认为了解政策是干部们的事情,与他们无关。近几年,每年暑期,都有大学生到农村通过宣讲、发放宣传单等方式协助国家开展扶贫政策宣传。尽管他们不了解国家的扶贫政策,但很少有村民主动到宣讲现场听讲座,发放到村民手中的宣传单,大部分被村民随手扔掉,仔细阅读者不多。由于村民对国家政策的了解缺乏主动性,致使他们中的大多数对国家政策并不十分了解,难以正确维护其自身利益。

第二,村民把新媒体工具当作新时代的玩具。随着网络和信息技术的快速发展,超过 30％的农村已经实现了网络全覆盖,网络电视逐步取代了传统的电视信息传播。我国农村手机网民的规模已经达到 2.22 亿,但在这支数量庞大的网民队伍中,利用手机看国家重要新闻的比例不到 20％。手机除了通讯外,主要是用来玩游戏,或聊一些"八卦"话题,他们把手机作为主要的娱乐工作使用。究其原因,主要还在于网络媒体的娱乐信息对村民具有强大的吸引力。相反,马克思主义传播话语无论从传播内容、传播形式等都难以引起村民的兴趣。

第三,农村闲时文化的低俗化倾向突出,冲击了主流文化环境。近年来,农村文化建设取得了长足发展,公共文化设施建设不断完善。但是,农村文化的低俗化倾向需要引起我们的足够重视。调查数据显示,大部分村民的闲暇时间都沉浸在玩牌、麻将等涉赌文化中。随着农村生产结构的调整,村民的闲暇时间越来越多,涉赌文化现象在农村也越来越严重。当然,从国家法律而言,法律层面定义的赌博在金额上需要达到一定的数额,农村很多涉赌现象还达不到违法程度,但农村这种涉赌性质的娱乐活动几乎充斥着整个农村。我们在调查中发现,有些村的村民,几乎全村、全家族参与涉赌活动。一些村民整天沉浸在涉赌活动中,对国家政策等漠不关心,生产发展、乡风文明建设等受到严重影响,社会主义主流文化受到了严重冲击。

2.城镇居民受众

城镇居民主要是长期相对固定居住在城镇的公民。城镇居民并非专指户口在城镇的居民,还包括长期居住在城镇的非城镇户口人员。由于受到经济社会发展的影响,与农村居民相比,城镇居民的流动性比较大,受教育程度普遍比较高,尤其是高校集中的地方,集中了大量社会精英,在他们的推动下,城镇居民总体上比较关注国家政策和时政变化。城镇的文化建设程度要普遍高于农村,城镇居民的业余文化生活比较丰富,思想比较活跃,视野开阔,容易接受新生事物。

(二)从社会身份划分受众

传播学研究表明,影响传播效果的因素有很多,诸如传播内容、传播形式、传播者素质、受众身份、传播媒介等,其中受众的社会身份对话语传播效果的影响是最突出的。在教育学中针对受教育者的差异,提出了因材施教的问题。实质上,在传播学研究领域,根据传播对象的差异开展传播活动,是传播学研究的重点。从社会身份层面划分,马克思主义大众化的受众对象包括马克思主义研究与教育人员、领导干部、中共党员、青年大学生、普通社会大众等。

1.马克思主义研究与教育人员

马克思主义研究与教育人员是一支具有双重身份的特殊受众,其特殊性在于他们既是马克思主义大众化的受众,同时又是马克思主义大众化重要的话语传播者。作为马克思主义大众化的传播者,要把马克思主义最新成果准确无误地传播给其他受众,需要自身从受众的身份不断加强学习。

2.领导干部

领导干部是国家公权力的掌握者和执行者,掌握着党和国家政策制订和执行的话语权。领导干部既是马克思主义大众化话语传播的主要传者之一,又是重要的受众,他们的一言一行都在传播马克思主义。因此,对领导干部的马克思主义教育的要求,要高于对普通干部群众的要求。领导干部对马克思主义理论不能仅停留在认知和理解,更要运用于指导实践。进入新时代,领导干部尤其要注重学习和理解习近平新时代中国特色社会主义思想,并着眼于运用理论指导实践的自觉性和坚定性。

3.普通党员

普通党员既是马克思主义大众化的主要受众,也是全体受众的示范者。党员是群众的一面镜子,其言行举止对其周边群众产生着较大的影响力,尤其对马克思主义的认同和信仰的影响较为突出。作为普通党员的马克思主义受众,重点要通过"不忘初心 牢记使命"的主题教育,把"两学一做"落到实处,加强自身的马克思主义理论水平,以一个合格党员的身份影响着周边普通群众对马克思主义的信仰和对中国特色社会主义的理想信念。

4.青年大学生

随着中国全面推进高等教育大众化,高校大学生的数量有了大幅提升,青年大学生对马克思主义的认知、理解和认同状况,是评价马克思主义大众化的重要指标。"青年一代有理想、有本领、有担当,国家就有前途,民族就有希望。"[①]历史反复证明,谁赢得了青年,谁就赢得未来。青年大学生是一个特殊的群体,他们朝气蓬勃,接受新生事物快,信息掌握渠道多样,创新意识强。但他们又是一个还未完成社会化的群体,对社会的认识停留在感性层面,缺乏理性思考,世界观和价值观还未定型,极易受到外部环境的影响。他们对马克思主义的认识和理解大多停留在感性层面,还需要不断深化并提高理论认知和实践认同。因此,要重点研究青年大学生受众的特点,有针对性地对他们开展马克思主义大众化话语传播。

5.普通群众

普通群众是一个泛概念,基本群体包括党政机关普通工作人员、企事业单位

---

① 习近平.决胜全面建成小康社会 夺取新时代中国特色社会主义伟大胜利——在中国共产党第十九次全国代表大会上的报告[N].人民日报,2017-10-28(001).

职工、城镇居民和农村居民等。普通群众是党执政的基石和力量源泉,是马克思主义理论创新和发展的实践基础。马克思主义大众化成效的最终评判标准就是普通群众是否信仰、认同马克思主义,是否坚定中国特色社会主义的理想信念;马克思主义的世界观和方法论是否成为人民群众思考问题和解决问题的基本观点和方法。如果这一点没有在广大群众中树立起来、运用起来,就不能说马克思主义大众化真正掌握了大众。因此,推进马克思主义大众化,既要抓住精英群体的典型示范和引领作用,更要注重突出抓好马克思主义教育的普及,突出马克思主义深入基层,进入千家万户。在马克思主义大众化普通群众这个受众群体中,包含着教师等公共服务部门广大职工这个特殊受众群体。他们同样既是马克思主义大众化的受众,同时又是传播者。他们对马克思主义的认同和信仰言行,对周边群众同样产生着较大影响。特别是教师群体,他们自身的马克思主义观对身边的学生影响极为重要。历史和现实的经验反复证明,把这个群体抓好了,马克思主义大众化的工作就取得了事半功倍的成效。从总体而言,由于普通群众的成分比较复杂,包括了来自不同行业的受众。因此,对普通群众开展马克思主义大众化的话语传播,还需要根据实际受众对象,采取针对性的教育策略。

四、马克思主义大众化话语传播的载体多样

马克思主义大众化话语传播载体逐步形成了具有中国特色的媒介载体、文化载体和思想政治教育载体等。在信息化时代,马克思主义大众化话语传播载体无论是媒介载体、文化载体、思想政治教育载体等都发生了巨大变化。传播媒介从传统媒介的单向信息传播向新媒体媒介的多链条的立体化信息传播转型,形成了传播媒介种类的多样性;文化形态载体从主流文化形态话语向文化多样性形态话语转换,形成了主流文化与大众文化协调统一的多样话语样态;思想政治教育从单向灌输向人本教育的互动交流转化,形成了政治价值与人本价值同向推进的多元性思想政治教育的价值取向。

（一）传统媒体向新媒体融合转型的媒介种类多样性

互联网技术和信息技术推动了人类话语传播媒介从传统媒介向新兴传播媒介的快速转型发展。在传统媒体时代,传播媒介主要是报纸、杂志、广播和电视等纸媒体和广电媒体。在新媒体生态条件下,不仅纸媒体和广电媒体的种类和数量都得到了拓展,而且还产生了以手机等移动媒体为代表的第五媒体。第五媒体的出现,颠覆了传统的话语传播形态,赋予了马克思主义大众化话语传播的新形式和新特点,推动了马克思主义大众化话语传播的新变化。

马克思主义伴随着俄国十月革命的胜利传入中国,由于受到当时传播条件

的限制,传播媒介极其有限。从总体而言,传播媒介主要局限在纸媒体和传播者的口口相传,中国早期的马克思主义传播者基本上是通过自办的报纸杂志、传单以及少量的书籍来宣传马克思主义。陈独秀于 1915 年创办了《新青年》,先后刊载了 130 多篇传播马克思主义的文章,对当时国人认知、了解马克思主义起到了重要作用;1918 年,李大钊在北京创办了《每周评论》杂志,与《新青年》形成了南北呼应,在当时堪称宣传马克思主义的姊妹刊。正是《每周评论》连续刊载了《共产党宣言》的中译片段,特别是刊载了《共产党宣言》第二章的相关内容后,对当时中国知识分子认知、认同、信仰马克思主义产生了巨大的推动力和鼓舞力。在《新青年》《每周评论》的影响下,戴季陶、沈玄庐等人又于 1919 年在上海创办了《星期评论》杂志、周恩来等人在天津创办了《觉悟》杂志等,这些刊物在宣传马克思主义思想方面发挥了突出作用。除了这些宣传马克思主义的专刊外,当时比较有影响力的《晨报》《民国日报》《实事新报》《京报副刊》等也开辟了马克思主义的宣传专栏。除此之外,各地共产主义小组也创办了诸如《共产党》《劳动者》《上海伙友》《机器工人》《工人周刊》等刊物,这些对早期宣传马克思主义都发挥了突出作用。

从土地革命到新中国成立,马克思主义大众化话语传播媒介得到了新的发展和壮大。中国共产党先后创办了《红色日报》《新华日报》《解放日报》、延安新华广播电台、北京新华广播电台等报刊和广播电台。这些传播媒介全面宣传了马克思主义和我党的主张,为新民主主义革命的胜利作出了突出贡献。新中国成立后,马克思主义大众化话语传播媒介进入了全面发展时期,报纸、杂志、广播、电视全面发展,构成了推进马克思主义大众化的话语传播的立体化格局。

从总体而言,特别是马克思主义传入中国的早期,尽管是在传播媒介非常有限的情况下,马克思主义在中国同样受到了广泛的关注,一大批社会精英加入到了马克思主义大众化传播队伍中,使马克思主义迅速被认知、理解,成为了中国共产党的指导思想,并指导中国革命取得了胜利,建立了新中国。尽管如此,由于受到传播媒介的限制,在相当长的一段时期内,马克思主义大众化进程主体上仍然处于精英阶层。随着中国特色社会主义进入新时代,无论是大众的实践需要,还是党的执政需要,都迫切需要不断丰富和壮大马克思主义大众化话语传播新载体。

以手机等移动媒体为代表的第五媒体,无论是从媒介自身的大众化、还是传播内容和传播形式,都进入了大众传媒时代。在新媒体时代,虽然我们还不能说新媒体已经取代了传统媒体,但新媒体已经成为全社会最主要传播工具,尤其是"两微一端"成为新媒体最主要话语传播载体。《人民日报》《光明日报》《文汇报》《解放军报》《新华网》《人民网》等主流传播媒体开通了微信公众号,创办了微信传播平台。除此之外,各地、各机构还创办了大量架构于"两微一端"的传播媒介。如中宣部创办的"学习强国"、人民网创办的"学习大国"、新华网创办的"学习进行时"、中央党校创办的"学习中国"、各地方党校创办的干部学习微平台等,构成了新媒体的传播媒介生态,全面推动了马克思主义大众化话语传播从传统媒介向新兴媒介的融合转型,构建了新媒体生态下话语传播媒介载体的多样性结构。

(二)主流文化与大众文化协调统一的话语样态多样性

大众文化的话语草根性突出,往往都是反映公众的生活诉求,具有极强的群体吸引力。进入 21 世纪以来,小说、电影、电视剧、电视节目、网络游戏、各种歌舞会等大众文化产品蓬勃发展,给公众的精神世界带来了很强的感性愉悦。在这个过程,一大批思想积极向上,引领先进文化发展方向的作品,在大众文化产品中获得了群众的认同和青睐。如《厉害了,我的国》《人民的名义》《我和我的祖国》《战狼》等影视剧,《中国诗词大赛》《走进春晚》《加油向未来》《中国民歌大赛》《中国成语大会》等电视栏目,极大地激发了群众的热情,吸引了大批观众。这些文化产品可谓是精品,推进了社会正能量的发展,推动了马克思主义大众化的话语传播。一条比较成功的经验就是内容要体现人民性、话语要突出通俗性、形式要激发群众兴奋性,把内容和形式与马克思主义理论本质有机结合,突出理论内容的生命力、彰显话语的亲和力和感召力。在新媒体时代,马克思主义大众化要顺应时代的变化,主动融入大众文化体系中,成为大众文化中的重要一员。

在党的十七大正式提出了推进马克思主义大众化的战略要求之前的时期里。受到传统思维的影响,马克思主义一直被视为严谨正统的政治思想文化,马克思主义传播的文化载体主要掌握在官方文化体系中,很少被民间的文化载体所涉及。如在 20 世纪 90 年代,用民间山歌形式宣传党的政策,往往被视为不够严谨。因此,在一定程度上限制了马克思主义大众化的草根路线。随着新媒体时代的到来,新媒体推动着大众传媒的快速发展,大众文化形式宣传马克思主义开始被重视起来。如近几年,各地方通过新媒体举办廉政短信比赛、网络红歌比赛、学习党的十八大、十九大精神网络征文比赛等。一些高校通过新媒体举办了纪念红军长征胜利 80 周年红歌比赛、征文比赛、演讲比赛等。在我们的传统印象里,似乎这类比赛都是要把人集中在某个地方统一进行。但有了新媒体,一切都在改变着,所有这些活动都可以通过网络形式在一个既虚拟又现实的环境中进行,说它虚拟,是不用把人都召集在一起,人与人之间没有实际接触,说它现实,新媒体又把参与活动的人都真实地展现给网络观众。近几年,网络革命文化成为新媒体时代的一个热名词,越来越多的人,特别是青少年群体参与到这样一个新的革命文化传播形式中。网络革命文化正在借助新媒体成为我国文化形态中的一个重要部分,并成为青少年群体喜欢的大众传媒形式,为马克思主义大众化的话语传播提供了难得的机遇。

马克思主义是我国的主流思想文化形态,其传播必须借助文化载体。随着马克思主义大众化的提出,其传播文化载体也要从传统的精英主流文化载体中走出来,融入大众文化中,特别要发挥大众文化载体的传播作用,用大众文化载体开展主流文化传播。主流文化在整个国家的文化形态中居于统治地位,对大众文化等其他文化具有引领作用。近年来,伴随着文化全球化发展趋势,大众文化开展得轰轰烈烈。但由于受到社会思潮多样化、价值多元化和文化多样性的影响,大众文化中不乏掺杂着低俗、庸俗的成分。因此,在一些领域,大众文化缺乏主流文化的引领,有些大众文化走向了低俗、庸俗的偏道,在丰富多样的文化现象背后,实质上造成了一种文化繁荣的假象,其中的一些文化产品不仅偏离了社会主流价值取向,对社会主义文化建设产生负面影响,甚至误导了一些青少年成为西方文化的崇拜者,对马克思主义产生抵触,挑战社会主流价值观。因此,迫切需要把马克思主义主流文化融入大众文化之中,把马克思主义的传播载体从精英化向大众文化转型,用马克思主义文化引导大众文化的发展方向。

(三)政治价值与人本价值同向推进的思想政治教育价值取向多元性

在传统媒体条件下,由于教育对象的信息获取渠道比较有限,信息不畅通,教育对象需要依赖教育者来获取相关信息。因此,单向的灌输教育也能够让教育对象接受和认可。在传统的灌输教育模式下,国家和社会价值需要是教育的根本出发点。因此,教育者往往只考虑从国家和社会需要的层面进行话语组合,也有学者称之为政治需要的话语,这样的话语不可避免地带有单一的政治价值取向。在传统媒体中,尤其在信息传播渠道比较有限、媒体提供给公众信息量不多的情况下,灌输教育的弊端没有显现出来。

在新媒体生态下,信息渠道多元、多样,尤其是网络大数据,几乎能够满足受众所有的信息需求。公众获取信息的渠道呈全方位畅通态势,公众不再需要教育者简单的提供信息。因此,传统的灌输教育话语与公众的话语诉求势必存在矛盾和对立。教育者高高在上的我讲你听的灌输式教育不再被教育对象认可,教育者对信息的诉求不再是"是什么"的问题,他们更多地诉求是希望对信息得到"为什么"的解答,他们需要双方平等的交流与探讨,而不是居高临下的说教与训话。

思想政治教育是做人的工作,以人的获得感为价值效度的判断标准。因此,从教育对象出发,以教育对象为本开展思想政治教育,应该是教育的基本选择。

思想政治教育是一种满足价值需要的教育,因此,教育的内容和形式还要充分考虑教育对象的接受心理。以思想政治教育为载体推进马克思主义大众化,传播的话语体系应该建立在受众既有的知识储备和认识模式上。比如,"中国梦"的提出,受众最关心的是中国梦的三个基本内涵"国家富强、民族振兴、人民幸福"与他的关联度有多大,其实就是一种最初的价值需要判断。因此,教育者要通过"中国梦既是国家梦,更是人民梦,是以实现每个人的梦想而凝聚起来的中国梦"为传播话语,引导受众去体悟和认同。思想政治教育从政治价值取向向人本价值转型,除了内容外,更主要的是体现在话语转型,从马克思主义大众化的传播效果而言,往往话语形式决定内容的传播效果。马克思主义的科学真理性已经在中国革命和建设中得到了实践的反复证明。这样的科学真理,为什么大众化的程度低,群众的认知度不高。实事上,在马克思主义大众化的实践中,大部分的群众不抵触、不质疑马克思主义,但也不认同。究其原因,与我们长期以来在推进马克思主义大众化进程中的话语运用存在较大关系。"我们的整个世界的经验都是从语言这个中心出发展开的。"①思想政治教育是一门融政治学、语言学、艺术学为一体的学科。思想政治教育是以说服人为价值目标,没有语言的正确运用,理论难以说服人。

新媒体把人带入了虚拟世界,但同时也给人与人之间创造了平等的对话和交流的平台。传统媒体的垄断性话语权威被新媒体的说服性话语权威所取代。理论要说服人,首先理论本身必须是科学真理,其次理论教育的方式方法要适应形势的变化,做到因时因人而变。邓小平指出:"时间不同了,条件不同了,对象不同了,因此解决问题的方法也不同。"②推进马克思主义大众化,要发挥好思想政治教育载体作用,特别是在高校推进马克思主义大众化,这是一个重要的载体形式。因此,要坚持以人为本,突出思想政治教育话语的人本价值,推进思想政治教育载体从单一的政治价值取向向人本价值转型,提高马克思主义大众化话语传播实效。

第四节　新媒体生态下马克思主义大众化 话语传播的接续创新

改革开放 40 多年来,中国特色社会主义事业用世界瞩目的成就诠释了马克

---

① 转引自吴波.论伽达默尔解释学与黑格尔辩证法的关系[D].陕西师范大学,2006:31.
② 邓小平文选(第二卷)[M].北京:人民出版社,1993:119.

思主义的科学性和真理性,特别是 2008 年世界金融危机爆发后,让全世界重新认识了马克思主义。马克思主义从俄国十月革命胜利后传入中国,在中国风雨兼程了 100 多年,让中国发生了翻天覆地的变化。在马克思主义指导下,中华民族实现了从站起来到富起来、并踏上了强起来的伟大征程。中国正日益走进世界舞台的中央,马克思主义的话语影响力正不断增强,话语传播生态得到良性持续创新发展,马克思主义大众化话语正在以全新的话语生态持续推进和创新。但是,我们也应该看到,"马克思主义中国化取得了重大成果,但还远未结束。我国哲学社会科学的一项重要任务就是继续推进马克思主义中国化、时代化、大众化。"①

一、强化社会主义意识形态的话语传播

坚持社会主义意识形态是推动马克思主义大众化话语传播的基本要求,在资本主义与社会主义两种意识形态斗争日趋激烈的当今世界,维护意识形态安全是一切其他工作的前提和保障。为此,习近平强调指出:"经济工作是党的中心工作,意识形态工作是党的一项极端重要的工作。"②为什么要突出强调意识形态的极端重要性,有一点是要明确的,当今世界,两种意识形态的斗争,是一场没有硝烟的战争。要赢得这场战争的胜利,坚持党的领导是前提,同时要增强社会主义意识形态的话语阐释力,主动拓展社会主义意识形态话语空间,掌控意识形态话语权。

(一)坚持党的领导与推动社会积极参与有机统一

东西南北中,党是领导一切的,居于中心地位,坚持党对意识形态工作的领导,是在当今复杂多变的国际环境下,确保马克思主义话语不变向、不变色的基本保证。党管思想宣传工作、掌控意识形态话语权是在中国革命和建设实践中形成的一条成功经验。毛泽东曾反复强调:"要责成省委、地委、县委书记管思想工作,管报纸、学校、文学艺术和广播。"③中国共产党在整个新民主主义革命时期,坚持党对思想文化的领导,管控话语权,确保革命的正确舆论导向。改革开放后,特别是 20 世纪 80 年代中后期以来,随着社会思想不断趋向多样化,西方敌对势力对中国的思想文化渗透不断加剧,意识形态领域的斗争日趋激烈,而党

---

① 习近平. 2016 年 5 月 17 日在哲学社会科学工作座谈会上的讲话[EB/OL]. http://cpc.people. com.cn/n1/2016/0519/c64094-28361550.html.

② 习近平谈治国理政(第一卷)[M].北京:外文出版社,2014:153.

③ 毛泽东文集(第七卷)[M].北京:人民出版社,1999:247.

内一些干部对意识形态斗争的复杂性和重要性认识不足,缺乏对意识形态斗争话语的引导和掌控,导致意识形态工作在一些领域出现弱化的现象。与此同时,20世纪80年代后期,世界局势发生重大变化,苏联、东欧等社会主义国家在意识形态斗争中败下阵来,不重视意识形态工作给这些国家和政党带来了亡党、亡国的惨痛教训。为此,邓小平曾告诫全党:"加强党对思想战线的领导,克服软弱涣散的状态,已经成为全党的一个迫切的任务。"[1]

面对世界范围内意识形态斗争的复杂性和残酷性,20世纪90年代以来,我们党对意识形态斗争重新作出了正确的研判,加强了党对宣传思想工作的领导,使党对意识形态话语权建设朝着正确的方向发展。中国共产党不断丰富和发展了马克思主义意识形态建设的话语体系,鲜明地提出了党管媒体、党媒姓党的主张。习近平强调:"必须把意识形态工作的领导权、管理权、话语权牢牢掌握在手中,任何时候都不能旁落,否则就要犯无可挽回的历史性错误。"[2]当前,坚持党对意识形态话语权的领导和掌控,已经成为社会共识,有效提升了讲好中国故事、传播好中国声音的能力。

今天,新媒体越来越深入群众生活,已经成为人们生活中不可或缺的基本组成部分。新媒体推动下的话语自由得到了充分体现,但同时也带来了意识形态领域的系列挑战。一些人打着言论自由的旗号,挑战国家主权、破坏民族团结、损害党和政府的形象、歪曲历史抹黑民族英雄等,这给我们如何管控新媒体话语传播提出了严峻的挑战。我们要引导公众正确认识和理解坚持党对意识形态话语权的领导和掌控的基本内涵,深刻理解党对话语权的领导和掌控不是"禁言"。我国宪法明确规定了公民有言论的自由,但每个公民在争取自己言论自由的同时,还必须维护他人的言论自由。每个中国人在言论自由的同时,还要履行维护国家政治安全和文化安全的义务和责任。因此,坚持党对意识形态话语传播的领导与社会公众广泛参与是相辅相成的共生关系。在新媒体生态下的话语传播,不再是传统的"你说我听"的单向传播,而是大家都在说、大家都在听的全民传播。正是在这样传播主体呈现多维、多变的态势下,国内、国外的一些敌对势力、社会不同政见者等纠结一些所谓的"公共知识分子"以"解密历史""社会良心"等为幌子,发表一些与社会主义主流意识形态相背的言论,以标新立异的观点吸引眼球,甚至利用微信、微博、论坛、讲坛、甚至课堂散布否定社会主义、否定党的领导的言论。"一些涉世不深、荒于历史学习的青年学生被误导,成为不辨

① 邓小平文选(第三卷)[M].北京:人民出版社,1993:47.
② 转引自王伟光.牢牢掌握意识形态工作领导权管理权话语权[N].人民日报,2013-10-8(007).

是非、不分荣辱、缺少理想、没有追求、精神空虚、思想肤浅、道德沦丧的一代。"①
试想,如果任由这样的言论误导青少年,使青少年人生的第一颗扣子就扣错,我
们这个民族的出路又在哪里。因此,加强意识形态话语权的领导和掌控,目的就
是要在全社会形成积极向上的思想文化,把全党全国各族人民士气鼓舞起来、精
神振奋起来,特别是要把社会话语精英的意见领袖组织起来,形成无数多个传播
社会正能量的团队,始终引领全社会的话语方向。

(二)增强社会主义意识形态传播的话语阐释力

新媒体最鲜明的特征就是大众传播,当以网络为载体的新媒介成为社会主
义意识形态话语传播的主要载体时,社会主义意识形态传播也就从精英传播转
为大众传播。意识形态斗争最深层次的问题是两种制度的斗争,而体现出来的
则是话语权争夺。社会主义意识形态要在斗争中赢得胜利,必须增强话语的主
动权和引领力,尤其要增强我们自身对马克思主义话语的阐释力,"让党的创新
理论'飞入寻常百姓家'。"②

1.突出社会主义意识形态话语的主旋律

在新媒体生态下,大众传媒越来越发达,各种社会思潮凭借现代传媒抢占阵
地、争夺地盘。如果我们主动争夺社会主义意识形态领地的意识不强,我们阵地
就会被压缩,甚至失去阵地。因此,如果在社会主义主流意识形态领域失声,或
者话语弱化,就一定会被非社会主义意识形态的话语所湮没,这是历史实践中得
出的结论。

在大众媒体高度发达的今天,新媒体的话语碎片化趋势突显,我们每一个人
都湮没在形形色色的话语碎片中,传统的系统性语言往往难以引起新媒体受众
的关注。尤其是受到传统政治文化的影响,总认为社会主义意识形态话语是政
治说教,从内心深处给这些话语烙上了"政治化"的标签。因此,一些受众对社会
主义意识形态话语产生一种习惯性的政治偏见,并与之保持一定的距离。因此,
在新媒体生态下,社会主义意识形态话语传播要主动适应新媒体的碎片话语特
征,把系统性与独立性、整体性与个性化的话语相结合,既要体现社会主义意识
形态的本质要求,也要适应新媒体受众的阅读方式,善于把社会主义意识形态的
系统性话语转化为具有中国气派的个性化语言,主动占领新媒体的话语阵地。
在新媒体推动的大众传媒态势下,我们应该客观地认识到,尽管在一些领域存在
社会主义主流意识形态被边缘化的倾向,但社会主义主流意识形态仍然占据着

---

① 张国祚.关于巩固马克思主义在意识形态领域指导地位的几个问题[J].求是,2006(10):46-48.

② 习近平.在全国宣传思想工作会议上的讲话[EB/OL].http://www.gov.cn/xinwen/2018-08/
22/content_5315723.htm.

社会文化传播的主流。正如党的十九大报告所指出："近五年来,思想文化建设取得重大进展。中国特色社会主义和中国梦深入人心,社会主义核心价值观和中华优秀传统文化广泛弘扬。"①

2.突显大众媒体话语的社会主义价值共识

大众文化是市场经济的产品,带有市场经济本身所特有的市场性和商业性特征,其发展不可避免地受到市场经济的商业力量和经济逻辑的支配,大众的文化消费需求与国家、社会的文化发展需求之间还缺少共同的价值平衡。今天,大众文化已经成为了人为的公共领域的一种消费主义。在狭隘的消费主义影响下,大众文化"只能创造出私人的享乐原则、消费与逸乐休闲的把戏"②。由于受到商业利润的影响,大众文化往往会忽略社会利益,并对社会主流文化产生一定冲击。这样一来,大众文化与社会主义文化所倡导的价值取向就存在矛盾,甚至有时双方之间的矛盾还比较突出。特别是我国大众文化发展的体制、机制还不成熟,文化产品的内涵还没有形成自身固定的文化价值导向,背离社会主流文化形态的现象时有发生。如何调和两者的矛盾,是社会主义文化建设所要解决的问题。

从国际范围而言,今天美国的好莱坞大片、风靡中国的韩剧等是大众文化的代表,创造了极高的市场商业价值。但有时我们只关注其商业价值,而忽略了其社会价值。实际上,不管是美国好莱坞大片,还是韩剧,它们除了追求商业利润,迎合大众的消费需求之外,还非常注重宣传和倡导本国的核心价值观,它们的文化产品所体现的社会价值与国家所倡导的主流价值观是一致的。如美国好莱坞大片,不管它刻画什么样的内容,用什么样的高科技形式展现,但几乎所有的美国好莱坞大片都共同反映了美国所倡导的民主、自由、平等的核心价值观,极力打造"个人英雄主义""个人奋斗主义""普世价值"的美国神话;韩剧也是如此,它所反映出来的民族认同、国家认同、社会使命、孝长尊长的价值取向,与韩国所倡导的核心价值观是保持一致的。尽管美国好莱坞电影商一直强调它们是100%的商业企业,没有票房的电影是不可能拍摄的。但不管是美剧还是韩剧,产品的价值取向不会与国家、社会倡导的主流价值取向相矛盾、相冲突,而且还时刻充当着宣传国家、社会核心价值观的主体。

从中国大众文化发展现状而言,大众文化与社会主义意识形态主流文化之

① 习近平.决胜全面建成小康社会 夺取新时代中国特色社会主义伟大胜利——在中国共产党第十九次全国代表大会上的报告[N].人民日报,2017-10-28(001).

② [英]阿兰·斯威伍德著,冯建三译.大众文化的神话[M].上海:生活·读书·新知三联书店,2003:125.

间还存在"矛盾"点,根本原因还在于两者的价值诉求存在偏差。实质上,大众文化是社会主义文化体系中的重要组成部分,建设文化强国,绝不能让大众文化游离在社会主义主流文化的轨道之外,我们需要用社会主义意识形态引领大众文化的发展方向,使之始终沿着社会主义意识形态的文化轨道发展,不偏轨、不走样。正如毛泽东所指出:"真正人民大众的东西,一定是无产阶级领导的。资产阶级领导的东西,不可能属于人民大众。"①大众文化与社会主义意识形态主流文化在根本利益上应该是一致的,解决双方之间的矛盾,需要大众文化与社会主义主流意识形态文化形成高度的话语契合。一段时期以来,我们对大众文化如何发展的问题,更多停留在提要求方面,尤其在制度要求方面,国家出台了不少文件。但如何把这些文件落到实处,在实践中创新一批大众性、通俗性的话语还不多,还不够丰富和全面,也就是我们常说的社会主义意识形态对大众文化的话语解释力不强。特别是在实践中,缺乏社会主义意识形态对大众文化的话语引导。在新媒体生态下,推动大众文化的媒体话语向社会主义主流意识形态话语转换,需要主动"生产"可供大众文化使用的社会主义主流意识形态话语。当然,"生产"并不是迎合,而是主动地创造。受到传统思维的影响,大众往往认为社会主义意识形态就是政治说教,与群众的文化消费格格不入。因此,"生产"社会主义意识形态话语,就是要从大众的日常生活出发,用通俗性、草根性的群众话语来阐释社会主义思想文化,形成价值共识。

(三)拓展社会主义意识形态话语传播的全球空间

冷战结束以后,军事霸权和政治强权越来越不得人心。随着世界政治多极化、经济全球化、文化多样化趋势加快,文化实力成为反映国家综合实力的重要指标,正在成为全球权力转移的核心,知识的拥有量将成为未来世界竞争的衡量标准。中国经过改革开放 40 多年的高速发展,围绕中国发展的"中国经验""中国模式""中国道路""中国方案"等话题成为世界的热词。与此同时,"中国威胁论""中国崩溃论""中国殖民论"等"妖魔化"中国的话语也充斥在世界各种媒体中。世界媒体关于中国褒扬的、贬斥的、担忧的声音参杂在一起,让人们对中国难以形成正确的评判。为此,破解国际范围内对中国发展的偏见和误解,还需要我们不断拓展国际话语空间,特别是社会主义意识形态的话语空间,形成我们自己的话语权。

1.以开放、包容、引领的国际视野拓展国际话语空间

当今世界是一个开放的世界,各种文化相互交融。只有开放,才能让别人有

---

① 毛泽东选集(第三卷)[M].北京:人民出版社,1991:855.

机会了解自己。同时当今世界也是一个需要相互包容的世界。只有包容，才能以更开放的胸怀接纳世界文化。如果社会主义意识形态建设不能以开放的视野放眼世界，就容易使自身陷入狭隘的民族主义泥潭，也无法让世界了解自己的发展状态，更不能影响世界。人类发展至今，各国产生了无数的思想文化。但凡对世界有影响力的思想文化都是在开放中不断发展进步，进而影响整个世界。如：中国的儒家文化，最早发源于春秋各诸侯国，特别是春秋五霸，后经孔子的集成和发扬，形成了儒家思想。秦汉以后，儒家文化传入了朝鲜、日本、东南亚等国，形成了儒学文化圈。儒学思想文化无论是在春秋各国之间的传播，还是往朝、日等国外传播，如果没有一种开放的胸怀，是难以实现的。再如，马克思主义产生于欧洲，却能够成为全世界无产阶级实现自我解放的理论武器，"在人类思想史上，没有一种思想理论像马克思主义那样对人类产生了如此广泛而深刻的影响。"①究其根本原因，就在于马克思主义不是僵化的教义，而是以开放、包容的态度融入世界各国文化，并在实践中不断丰富和发展，马克思主义在保持理论的开放性中科学阐释和回答了世界社会主义运动的理论和现实问题。如马克思主义与中国具体实践相结合、同中华优秀传统文化相结合，不断得到了创新和发展，形成了毛泽东思想、中国特色社会主义理论体系和习近平新时代中国特色社会主义思想的中国化马克思主义理论，指导了中国革命和建设的实践。同样的道理，资本主义所倡导的自由、平等、民主等思想，一直影响了几个世纪的世界资本主义革命和实践，至今仍然是影响全世界最重要的思想之一。特别是其所倡导的自由主义思想，在与马克思主义、民族主义、保守主义等思想的交流与碰撞中，始终以开放的精神吸纳各家之长，从而保持了资本主义持续发展。借鉴这些思想的发展经验，中国特色社会主义主流意识形态要赢得话语权，也需要以更加开放的视野吸纳世界文化，融入世界文化发展洪流中，以拿来主义的态度，汲其精华，去其糟粕。在大众传媒高度发达的今天，中国特色社会主义意识形态只有主动融入世界思想中，才能"提高中国设置国际议题和制定国际规则的话语水平"②，从而提升中国的国际话语权。

当今世界，和平与发展成为世界的主题，尽管在新冷战思维、强权政治等影响下，世界和平与发展都面临严峻挑战。但经济、政治、文化全球化的趋势浩浩荡荡，各国之间的文化交流不可阻挡，需要我们以开放包容的视野对待世界多样

---

① 习近平.在纪念马克思诞辰200周年大会上的讲话[EB/OL].http://www.xinhuanet.com/2018-05/04/c_1122783753.htm.

② 陈以定.当代中国外交中意识形态建设与国际话语权建构——基于中国外交话语分析视角[J].学术界，2012(07):79-87.

性文化。正如习近平所指出:"文明是包容的,人类文明因包容才有交流互鉴的动力。"①有了包容,不同思想文化之间的冲突就可以化解,不同社会制度和意识形态就可以实现相互尊重、平等交流、和平共生。中国有着几千年"和而不同"的包容文化传统,只要我们继续秉承"海纳百川,有容乃大"的包容视野,中国特色社会主义一定能够获得世界的认同,从而拓展国际话语空间。需要特别指出,我们主张包容,是在相互尊重与平等交流基础上的包容,不是迎合,更不是放弃原则。"中国是一个大国,决不能在根本性问题上出现颠覆性错误,一旦出现就无法挽回、无法弥补。"②在事关国家根本利益问题上,任何包容都是以不损害国家和人民的根本利益为前提的。

有了开放包容的国际视野,就会赢得更多的话语创新空间。只有话语创新,才能引领国际话语。纵观世界发展,中国在国际话语创新方面赢得世界的广泛认同,如"和平共处五项原则"的提出,使被孤立、被扼制的中国逐渐为世界所认知与接纳。"和平共处五项原则"的提出,一开始就得到了第三世界国家的广泛认同,今天已经成为各国共同的国际共识;又比如"三个世界划分""一国两制""构建人类命运共同体""一带一路"等国际话语,已经成为了国际共识,不断引领世界话语方向。但就国际话语创新能力而言,中国与西方国家相比,还有较大差距。近年来,西方国家提出的"自由、平等、民主""法治国家""文明冲突论""普世价值""软实力"等话语,甚至包括针对中国提出的"中国威胁论""锐实力""新殖民主义"等话语,在国际上都获得了一定的认同度。可以说,当今世界,能够在全球范围内有影响力的话语,大部分都是由西方国家提出,全球大部分的话语阐释力还掌控在西方国家手中。中国作为世界第二大经济体国家,经济实力与话语影响力还不匹配,尤其是有全球影响力和能够引领国际发展方向的话语还较少。因此,还需要以保持开放、扩展包容、追求引领的国际视野拓展国际话语空间,提升国际话语权。

2.以创新务实的国际担当拓展国际话语空间

新中国成立以来,中国在国际事务上一直主动承担大国的国际义务,以创新务实的作风参与国际事务。1955年4月,周恩来参加万隆亚非会议。会议期间,一些国家代表突然向中国发难,指责中国选择社会主义制度,逆世界主流而动。面对一些国家的指责,周恩来说:"西方国家控制我们命运的时代已经过去

---

① 习近平.文明交流互鉴是推动人类文明进步和世界和平发展的重要动力[J].求是,2019(09):1-7.

② 习近平.深化改革开放　共创美好亚太——在亚太经合组织工商领导人峰会上的演讲[EB/OL].http://news.chengdu.cn/content/2013-10/08/content_1290997.htm? node=16840.

了,亚非国家的命运应该由亚非各国人民自己掌握……"①周恩来的发言,语惊四座,会场爆发了长久的掌声和欢呼声。周恩来以创新务实的话语回应和阐释了中国的外交政策,连原来在发言中指责中国的国家代表,也给予了周恩来热烈的掌声。在这次会议上,中国提出的"和平共处五项原则"被大会写入会议国应该共同遵守的十项原则之一。

新中国成立以来,随着经济实力的增长,中国主动承担了与国家发展相适应的国际义务。长期以来,中国为非洲国家的发展给予了大量的援助和支持,树立了中国良好的国际形象。进入 21 世纪以来,中国在国际反恐、国际维和、防核扩散、维护国际通道安全、加强国际双边合作、减少贫困等方面都积极承担了大国的责任。如 2014 年西非一些国家爆发埃博拉疫情,中国政府迅速向相关国家派出防疫专家指导防疫,并提供了 4.7 亿元人民币的人道主义资金援助;2020 年 1 月,中国武汉爆发新冠肺炎疫情,中国以巨大的国际担当,对武汉实施封城,防止疫情向世界蔓延,同时秉持开放、透明的原则,向世界及时共享疫情防控经验和治疗措施。中国的国际担当,赢得了世界的广泛认同。除此之外,印度洋海啸、巴基斯坦地震、尼泊尔地震等重大灾害,中国都在第一时间向灾区和受灾人民伸出人道主义援助;最近 25 年来,中国累计派出了三万多维和人员,成为出兵、出资位列全球前 10 的国家;中国积极倡导通过双边、多边对话方式解决包括南海问题在内的纠纷,得到了相关国家的支持。中国这一系列国际行为,充分反映了中国务实的大国担当。随着"一带一路"倡议的推动实施,中国的国际话语空间将进一步拓展。面对资本主义国家空前泛滥的保护主义、民粹主义、单边主义思潮,中国向世界明确表明了"中国不打地缘博弈小算盘,不搞封闭排他小圈子,不做凌驾于人的强买强卖"②的合作共赢主张。

2008 年世界金融危机以来,作为国际大国的美国采取一系列"退群"行为和推动单边贸易保护,制造贸易摩擦,引发国际社会的广泛不满。而中国却趁势而上,有针对性地提出了"一带一路"倡议,在一定层度上优化了世界治理方案,遏制了世界经济"逆全球化"、区域合作"碎片化"的逆流趋势。中国面对难得的国际机遇,紧扣在"一带一路"的框架下,突出"互利互惠、合作共享"的合作理念,创新国际传播话语,讲好中国故事,把中国特色社会主义发展方案贡献给世界,赢得了国际社会的广泛认同,有效拓展了社会主义意识形态传播的全球话语空间。

---

① 转引自李连庆、张美荣. 周恩来与五四运动及他的民主精神[J]. 外交学院学报,1999(02):13-19.

② 习近平. 开放共创繁荣 创新引领未来——在博鳌亚洲论坛 2018 年年会开幕式上的主旨演讲[EB/OL]. http://www.xinhuanet.com/politics/2018-04/10/c_1122659873.htm.

二、坚定"四个自信"的话语传播语境

党的十八大以来,习近平反复强调要坚定中国特色社会主义道路自信、理论自信、制度自信、文化自信,是当代中国共产党人最核心的使命,也是马克思主义大众化话语传播的主体内容。改革开放 40 多年来,中国取得了令世界瞩目的成就。围绕中国道路、中国模式的议题成为世界关注的热点,坚定"四个自信"的话语传播成为马克思主义大众化的语境主流。

（一）中国特色社会主义道路自信

道路是一种制度体系,从广义而言,目前全世界有资本主义道路和社会主义道路。每一个国家都有选择自己道路的自由和权利,具体选择什么样的道路,是由这个国家的历史文化、国情特点所决定的,同时还受到经济文化等现实因素的影响。中国特色社会主义道路就是在党的领导下,立足于中国的基本点国情,坚持"一个中心,两个基本点",统筹推进"五位一体"总体布局,协调推进"四个全面"战略布局,努力实现建设富强、民主、文明、和谐、美丽的社会主义现代化强国目标。为什么这条道路我们有资格和足够的理由自信,主要是因为这条道路是人民的选择,这条道路使一穷二白、受尽 100 多年殖民统治屈辱的民族实现了民族站起来和富起来的伟大目标,正在向着强起来的目标征程迈进。

1. 中国道路自信的本源

"自信"往往指一种心理状态,反映个体对某一事物的评价呈现积极向上的基本心态。对一个群体而言,"自信"就是一种群体信心。对一个国家而言,"自信"是指对国家走向现代化的信心。"中国道路自信"就是全体中国人民对把我国建设成为富强、民主、文明、和谐、美丽的现代化强国的信心。

中国道路自信并非一开始就具备,而是一个历史发展和逐步深化的过程。1956 年,毛泽东在党的八大预备会上讲话时指出:"你有那么多人,你有那么一块大地方,资源那么丰富,又听说搞了社会主义,据说是有优越性,结果你搞了五六十年还不能超过美国,你像个什么样呢? 那就要从地球上开除你球籍。"①这是中国共产党对道路自信的最早表达,反映了中国共产党人对选择社会主义道路的信心;1978 年,党的十一届三中全会召开,结束了长达十年的全国内乱;在 1982 年召开的党的十二大上,邓小平正式提出了"走自己的路,建设有中国特色的社会主义"的号召。也就从这时开始,中国共产党开始探索中国特色社会主义道路;1987 年,党的十三大作出了中国将长期处于社会主义初级阶段的战略判

---

① 毛泽东文集(第七卷)[M].北京:人民出版社,1999:89.

断;2007 年,党的十七大召开,第一次对中国特色社会主义道路进行了全面论述。至此,中国共产党对中国道路的探索实现了从"建设有中国特色社会主义道路"到"建设中国特色社会主义道路"的伟大飞跃。2012 年,党的十八大明确提出了"坚定道路自信"的要求。"道路自信"的提出,是中国共产党经过 70 多年的社会主义建设实践得出的结论,反映了中国人民选择的这条道路的科学性和正确性,也反映了中国共产党和中国人民对走好这条道路的坚定信心。

道路自信来源于历史的考察和现实的依据。中国是一个有着五千多年文明史的大国,我们有过人类历史上最辉煌的文明成就,曾经是世界商业的中心。正如马可波罗在游记中所描述的:"凡是世界各地最稀奇最有价值的东西也都会集中在这个城里。这里出售的商品数量比其他任何地方都要多。"[①]但自 19 世纪以后,中国开始从强盛走向衰落,特别是 20 世纪 40 年代以来,西方帝国主义用枪炮打开了中国的国门,开启了中华民族长达百年的屈辱史。在这期间,中国仁人志士从来没有停止过民族振兴的探寻,技术救国、制度救国、道路救国等都试过了,但都以失败而告终,没有一样能够使中华民族站起来。直到中国共产党领导的新民主主义革命取得胜利,建立了新中国,完成了社会主义三大改造,建立了社会主义道路,中华民族从此开启了走自己道路的探索。在社会主义建设道路探索的初期,除了苏联模式外,没有其他更好的经验可模仿,只能按当时苏联模式建设中国的社会主义,走了不少弯路,遇到了不少挫折。从毛泽东提出"以苏为鉴",中国共产党人开始探索中国自己的道路,在经济领域从"计划"到"市场"、从"经济增长"到"经济发展"、从"又快又好"到"又好又快"、从"效率优先、兼顾公平"到"效率与公平并重"等等经济发展方式的转变;在政治领域,"人民民主专政""人民代表大会制度""民族区域自治制度""中国共产党领导的多党合作制度""基层民主选举""基层民主自治""党内民主制""协商民主制"等政治体制和机制得以确立。同时,还废除了领导干部终身制等不利于中国发展的人事制度。由此,可以看出,中国道路自信是建立在见证历史的基础之上的。

道路自信除了考察历史,更来源于现实的发展成就。1949 年,新中国刚成立时,国民生产总值是 123 亿美元,人均只有 23 美元。当时的美国人均国民总产值是 1882 美元,是中国的 81 倍。2021 年底,中国国内生产总值约 114 万亿元(约合 17 万亿美元),人均 80976 元(约合 12551 美元),比 1949 年增长了545.7倍;2021 年,美国国内生产总值约 23.04 万亿美元,人均约 67990.4 美元,是中国的 5.42 倍。这里有两个数据是可以比较的,一是国内生产总值 2021 年比 1949 年增长了 545.7 倍,二是人均收入与美国相比,从 1949 年 81 倍缩小到

---

① 　转引自申友良.《马可·波罗游记》里的元初商业文化[J].社科纵横,2015(05):109-115.

2021 年的 5.42 倍。① 70 多年的社会主义建设,中国经济取得了巨大成就,已经实现了全面建成小康社会的伟大目标,正向着第二个百年目标迈进。1949 年,5.4 亿人口中,文盲率超过 80%,在 20% 的非文盲中,还包括认识几百个汉字的人在内;从 1994 年开始,中国已经全面实施了 9 年义务教育。2018 年底,广东、河北、江西、福建、河南、江苏、内蒙古、青海、四川、云南、新疆、陕西、浙江等省区的一些地方开始实施 12 年义务教育试点;70 多年来,中国科技水平突飞猛进,在一些领域领先世界水平。中国用仅占世界 7% 的耕地面积解决了占世界 22% 人口的温饱,使 14 亿人把饭碗牢牢地端在自己的手上。

实践证明,中国人民选择的这条道路,实现了中华民族从站起来到富起来的伟大转变,正在向着强起来的目标迈进。这条道路能够让中华民族实现民族伟大复兴梦想,这就是我们自信的本源。

2. 中国道路自信的方向

经过 70 多年的社会主义建设探索,中国找到了自己的发展道路。但必须清醒地认识到,社会在发展,国家在变化,中国特色社会主义道路并非坦途一片,关于道路的选择仍然存在一些杂音,前进的道路上依然存在偏"左"或"右"的风险。因此,坚定中国道路自信,就是要坚持既不走封闭僵化的老路,也不走改旗易帜的邪路。

新中国成立以来,由于受到美国等西方国家在政治上的压制、经济上的封锁,再加上受到当时"冷战"思维的影响,中国选择了一边倒的外交政策,主要与当时的社会主义国家交往,尤其是全面模仿苏联模式,甚至在一些领域是照搬照抄苏联的做法。由于此时苏联自身建设也陷入军备竞赛的漩涡,在社会主义阵营中推行大国沙文主义,使社会主义逐渐失去了创新的活力。因此,世界社会主义建设给予中国的经验并不多,从总体而言,新中国成立到 1978 年党的十一届三中全会之前的时间里,中国总体上是"关起门来搞建设"。由于教条化地对待马克思主义,致使中国社会主义建设陷入了僵化和封闭,社会主义事业遭受了严重的挫折。人民生活水平普遍较低,物质资料极度匮乏。到 1978 年,中国贫困人口达到 7.7 亿,贫困率超过 80%;在政治领域,由于受到封闭僵化的道路的影响,中国政治生态遭到全面破坏,法治受到践踏,科技文化教育事业发展缓慢。1978 年,党的十一届三中全会召开,党中央果断作出了改革开放的伟大抉择。全国上下从农村到城市、从机关到企业、从计划到市场、从企业的行政化到市场化、从平均主义到多劳多得等方面全面推进改革,打破了长期束缚生产力发展的体制机制,解放了生产力,极大地调动了人民群众的生产积极性。仅从经济增长

---

① 资料来源于国家统计局统计数据,http://www.stats.gov.cn/tjsj/tjgb/ndtjgb/.

数据而言,2010 年,中国经济总量超过日本成为世界第二大经济体,到 2021 年底时,中国经济总量已经超过 100 万亿元。与此同时,政治、文化等领域的各项改革也稳步推进,依法治国全面推进,民主与法治建设取得了突出成绩,人民生活质量全面提高,国家综合国力全面提升。在全面推进改革的同时,中国同步实施了全面开放政策,从沿海到内地、从南方到北方,从沿海到沿江,中国实施了全方位的开放。2013 年 11 月,党的十八届三中全会又作出了全面深化改革的决定,提出了"一带一路"倡议,进一步把改革开放推向深入,把中国推向世界。实践证明,固步自封,关起门来搞建设,走封闭僵化的老路不能使中国走上现代化。

在全面深化改革的同时,我们也清醒地认识到,改革不是改旗。坚持党的领导、坚持社会主义道路,这是改革必须坚持的基本原则和前提。当前,国内民主社会主义思潮、历史虚无主义思潮、新自由主义等思潮泛滥,一些敌对势力趁机制造话语混乱,故意混淆视听。特别是在中国社会主义建设遇到困难时,总是有一些人跳出来,大吹特吹这些思潮如何好,如何能救中国等。如国内的一些所谓大 V 公然提出了"只有民主社会主义才能救中国"的谬论,这些言论对我国青年一代造成较为突出的负面影响。国际上,一些敌对势力希望通过改革,使中国走上苏联改旗易帜的老路。在这个问题上,并非危言耸听。20 世纪 80 年代中后期,戈尔巴乔夫在美国指导下推进激进式的改革,通过修宪取消党的领导地位,取消党对国家工作、党对军队的领导,模仿西方国家实行总统制等。其结果正如西方国家所预期一样,苏联走向了解体;2011 年 9 月 11 日,美国副国务卿佐利克在英国《金融时报》撰文指出:"中国如果不进行根本的结构性改革,会陷入'中等收入陷阱'的危险。"佐利克所指的根本性的结构性改革,就是要求中国把国有企业私有化。这与美国当年推动俄罗斯的休克疗法式的私有化改革如出一辙。实践证明,西方模式并非普世,中亚、北非等国通过颜色革命走上了西方主导的发展模式,但并没给国家带来发展,反而使国家长期陷入混乱,民不聊生,人民生活水平大幅降低。这需要引起我们高度的警觉。因此,习近平反复告诫全党,在改革问题上,"胆子要大,步子要稳"①。这里的方向就是要坚持中国共产党的领导、坚持马克思主义的指导地位、坚持社会主义道路。任何改旗易帜的改革,都将把中国带入邪路。

3.中国道路自信的国际视野

中国道路自信不是阿 Q 式的盲目自信,也不是夜郎自大式的自我满足,而是立足于国际视野的比较而得出的道路优势。这种优势既纵比于社会主义国家,也横比于发达资本主义国家和新兴市场经济体国家。首先,与国际上其他社

---

① 习近平谈治国理政(第一卷)[M].北京:外文出版社,2014:88.

会主义国家相比,中国改革开放要早于朝鲜、越南、老挝、古巴等国,中国对什么是社会主义这一根本问题的思考,要早于其他社会主义国家。早在1978年,中国就作出了改革开放的伟大抉择。而与我国相邻的越南是1986年开始进行革新开放;朝鲜在经历了20世纪80年代经济停滞发展的严峻条件下,于1991年作出了扩大对外开放,并实施稳步的经济改革;老挝也于1986年作出了革新开放的决策,但由于老挝主要是以农业经济为主,工业基础较为薄弱,再加上敌对势力的意识形态渗透,致使老挝在较长时间内难以集中精力致力于国家经济发展;古巴虽然是几乎与中国同时提出进行经济体制改革的社会主义国家,并于90年代中期提出了全方位的对外开放,但改革开放的步子和胆子都不大,改革开放的优越性没能充分体现。因此,尽管这些社会主义国家都先后进行了革新开放,但是探索适合自己国情的发展道路的主动性不足,没有形成符合自身国情特点的发展道路,致使国家总体发展与中国的差距逐步拉大。其次,与发达的资本主义世界相比,中国特色社会主义道路的优越性在几次大规模的金融危机面前充分表现出来。1998年爆发的亚洲金融危机,因为韩国、新加坡等国过分强调外向型经济,没有建构符合自身国情特征的经济结构,长期的景气表象掩盖了潜在的经济危机,政府疏于对经济和市场的有效调控,过分信任和依赖市场这只无形之手,而忽视了政府这只有形之手的作用,导致在金融危机来临之际束手无策;2008年爆发于美国的次贷危机,对中国经济的发展也带来了巨大威胁。但中国的道路优势、社会主义的制度优势在应对危机时要明显地强于西方资本主义国家,政府之手的调控效果要优越于资本主义国家,在国家一系列强有力的政策调控下,2009年中国就走出了经济危机的阴霾。正是中国应对经济危机的成效,使得西方国家开始重新研究马克思和马克思主义理论。实质上,中国之所以能够从容应对这场来势汹汹的经济危机,正是社会主义道路体制优势的展示。我们历来强调统筹协调发挥市场的作用和政府的作用,"两只手"总比一只手更有力量、更灵活。再次,与新兴市场经济体相比,中国创新趋动发展的能力更强,制度更有力。以印度、巴西为代表的世界新兴经济体,吸引了大量发达国家的外资投入,推动了经济的快速发展。但同时,国家的经济主导权被外资掌控,一些发达国家把高污染、高耗能的企业搬入新兴经济体国家,致使环境遭到严重破坏。因此,尽管印度、巴西的经济发展速度比较快,但人民群众并不能享受经济快速发展给他们带来的愉悦。由此可见,中国道路的自信,也是来自于环比世界的发展。

(二)中国特色社会主义理论自信

中国特色社会主义理论主要指马克思主义基本原理与中国具体实际相结

合、同中华优秀传统文化相结合,形成的毛泽东思想、邓小平理论、"三个代表"重要思想、科学发展观、习近平新时代中国特色社会主义思想等中国化马克思主义。中华民族之所以能够实现从站起来、富起来到强起来的伟大飞跃,正是有了中国化马克思主义理论的正确指导。尤其是改革开放40多年的伟大实践,中国化马克思主义理论展示出了强大的理论指导力。

1.毛泽东思想是马克思主义中国化的第一次理论飞跃

毛泽东思想是中国共产党人把马克思主义基本原理与中国具体实际相结合、同中华优秀传统文化相结合,形成的马克思主义中国化第一个理论成果。毛泽东思想从中国的具体国情出发,运用马克思主义的世界观和方法论分析中国的具体国情,既回答了什么是新民主主义革命、怎样进行革命的重大问题,又同时对怎样走向社会主义道路、如何建设和发展社会主义的基本问题进行了艰辛探索。毛泽东思想的主要内容是在新民主主义革命时期形成的,在社会主义革命和建设时期又得到了进一步的丰富和发展。

第一,毛泽东思想创新了新民主主义革命道路理论。从1840年鸦片战争以来,为了救国图存,多少仁人志士为了中华民族的复兴抛头颅、洒热血,前赴后继地寻找救国良方。各种主义和思想都在中国竞相登场,甚至西方的一些治国思想也搬到了中国。"但是行不通,理想总是不能实现,多次奋斗,包括辛亥革命那样全国规模的运动,都失败了。"①究其失败的原因,其中最主要的一条就是没有从中国的实际出发,联系中国当时的国际、国内环境和阶级成分分析中国的革命问题。以毛泽东同志为主要代表的中国共产党人把马克思主义基本原理与中国具体实际相结合、同中华优秀传统文化相结合,创造性地提出了具有中国特色的农村包围城市、开展工农武装割据、武装夺取政权的新民主主义革命道路。毛泽东新民主主义革命道路理论不仅从理论上回答了开展什么样的革命问题,还从实践上解决了如何进行革命的问题。

第二,毛泽东思想开创了社会主义革命的新形式。在中国共产党诞生不久,毛泽东就提出了"用社会主义拯救中国"的主张。新中国成立后,以毛泽东同志为主要代表的中国共产党人也开始着手思考如何进行社会主义革命、建立社会主义制度的问题。在没有更多可借鉴的有效经验参考的境况下,毛泽东等不是一味照搬苏联的模式,而是围绕着如何建设一个人民民主专政的社会主义国家进行了系统思考。毛泽东强调,要确保和巩固革命成果,就需要一个以工人阶级领导的、以工农联盟为基础的人民民主专政的社会主义国家政权。经过三年的过渡期,从1953年开始,中国共产党开始领导社会主义"三大改造",开启了社会

---

① 毛泽东选集(第四卷)[M].北京:人民出版社,1991:1470.

主义革命征程。我们党虽然在 1949 年建立了新中国,推翻了国内反动统治,但国内阶级成分比较复杂,工人阶级、农民阶级、民族资产阶级、小资产阶级等同时并存,多种生产资料所有制共存。尤其是民族资产阶级,他们曾经是革命的同盟军。中国显然不能采取苏联的模式,通过暴力手段消灭私有制。基于中国的基本国情,毛泽东丰富和发展了马克思主义关于消灭私有制的革命理论,提出了社会主义过渡时期"一化三改"的总路线。毛泽东指出:"我们进行社会主义革命所用的方法是和平的方法,社会主义革命的目的是为了解放生产力。"①以和平方式把私有制改造成为社会主义公有制,建立社会主义制度,走了一条完全不同于苏联的改造道路,为社会主义中国的发展和繁荣奠定了坚实的社会和制度基础。

第三,毛泽东开创了探索中国社会主义建设道路的新课题。中国经过社会主义"三大改造",建立了社会主义制度,但关于如何建设社会主义,没有太多的经验可以借鉴和参考。因此,这个重大的问题对于中国共产党来说是一个全新的课题。同时,唯一可以模仿的苏联模式又出现了一系列问题,给中国共产党如何建设社会主义敲了警钟。毛泽东在深入分析苏联社会主义建设过程中存在的问题的基础上,提出了"以苏为鉴"建设社会主义的建设主张。他指出:"把马列主义普遍真理同我们中国实际情况相结合,不是硬搬苏联的经验。硬搬苏联经验是错误的。"②毛泽东非常明确地告诫全党,我们不能重复犯苏联已经犯过的错误。可以说,在当时完全无经验借鉴的环境下,毛泽东清醒地认识到了中国的国情特点,提出解决中国的问题不能照搬外国的既有经验,要探索与自身发展相适应的理论。由于受到当时国际和国内复杂的环境影响,计划经济和阶级斗争等一些固有思维限制了毛泽东等人对建设和发展中国特色社会主义理论的进一步探索,但"以苏为鉴"等思想的提出,成为中国共产党人探索中国特色社会主义建设理论的重要思想基础。

2.邓小平理论是中国特色社会主义理论体系的开篇之作

从 20 世纪 50 年代开始,美、苏主导下的整个国际社会陷入冷战状态,两种意识形态、两种制度的对抗成为世界主题,战争威胁与恐吓随时存在。第三世界国家的发展受到了西方发达国家的严重制约,国家贫困、民不聊生。谋生存、求发展成为广大第三世界国家的共同愿望。20 世纪 80 年代以后,国际形势发生重大变化,东欧巨变、苏联解体,第三世界等广大发展中国家求发展的愿望更为强烈。

以邓小平同志为主要代表的中国共产党人,准确判断国际形势的变化,提出

---

① 毛泽东文集(第七卷)[M].北京:人民出版社,1999:1-2.
② 毛泽东文集(第七卷)[M].北京:人民出版社,1999:176.

了和平与发展成为世界主题的重大论断。1978年,中国共产党在北京召开十一届三中全会,大会纠正了"文革"以来的一些错误思想和实践,提出了"以经济建设为中心"的发展战略。邓小平尤其重点思考了什么是社会主义这个重大的理论问题。邓小平指出:"什么叫社会主义,什么叫马克思主义?我们过去对这个问题的认识不是完全清醒的。"①正因为我们对这个重大理论问题不清楚,导致我们在建设实践中犯了不少错误,走了不少的弯路,甚至给中国社会主义事业带来了严重的损失。邓小平坚持解放思想、事实求是的马克思主义思想路线,以马克思主义者的世界眼光观察和思考中国问题,坚持立足中国现实国情、放眼世界变化之大势思考什么是社会主义。他说:"我们建立的社会主义制度是个好制度,必须坚持。现在我们搞经济改革,仍然要坚持社会主义道路,但问题是什么是社会主义,如何建设社会主义。我们的经验教训有许多条,最重要的一条,就是要搞清楚这个问题。"②邓小平以一个政治家的视野,以对人民和国家民族发展复兴负责的态度,把马克思主义的基本原理与中国的具体实际相结合,用马克思主义的世界观和方法论思考中国的发展问题,不但准确回答了什么是社会主义、怎样建设社会主义这个重大理论问题,明确了"解放和发展生产力、消灭剥削、消除两极分化,最终达到共同富裕"的社会主义本质内涵,创新和发展了马克思主义,形成了邓小平理论。邓小平理论是马克思主义中国化第二个创新理论成果,包含了社会主义本质理论、社会主义初级阶段理论、社会主义根本任务的理论、社会主义发展战略理论、改革开放理论、社会主义市场经济理论、"一国两制"理论、党的建设理论等丰富的内容。在邓小平理论的科学指导下,解决了长期以来束缚人民思想的系列问题,中华民族从此踏上了富起来的发展道路。

3."三个代表"重要思想是中国特色社会主义理论体系的接续发展

伴随着世界社会主义运动进入低潮,世界范围内的社会主义失败论、共产主义灭亡论甚嚣尘上,以美国为首的一些西方政客甚至嚣张地提出三个月内要让赤色从地球上消失。在国际反华势力的影响和支持下,中国国内的一些反动势力也趁机跳了出来,试图制造社会动乱。再加上国内正处于经济体制改革转型的关键时期,各种矛盾较为突出。面对国际形势的风云突变,以江泽民同志为主要代表的中国共产党人面对世情、国情、党情的新变化,处乱不惊,科学判断形势,沉着应对国际国内形势变化,全面把握大局,从容应对困难和风险,深入思考并科学回答了建设一个什么样的党、怎样建设党的首要基本问题。从党的十三届三中全会开始到党的十六大召开的13年时间里,江泽民思考得最多的问题就

---

①　邓小平文选(第三卷)[M].北京:人民出版社,1993:63.

②　邓小平文选(第三卷)[M].北京:人民出版社,1993:115-116.

是建设一个什么样的党、怎样建设党的基本问题。在这 13 年的时间里,我们党紧紧依靠人民,坚定不移地履行党的宗旨,坚决维护了党的稳定、国家的稳定,维护了人民群众的根本利益,将改革和发展的大局掌握在党和人民的手中。江泽民深入系统地思考世情、国情和党情的变化,对新世纪我们党所面临的系列新问题、新矛盾逐一作出了科学回答,形成了"三个代表"重要思想。"三个代表"重要思想是中国特色社会主义理论体系的重要内容,"始终代表中国先进生产力的发展要求""始终代表中国先进文化的前进方向""始终代表中国最广大人民的根本利益"是"三个代表"重要思想的核心观点。"三个代表"重要思想主要包括发展是党执政兴国的第一要务、建立社会主义市场经济体制、全面建设小康社会、建设社会主义政治文明、推进党的建设新的伟大工程等基本内容。"三个代表"重要思想是加强和改进党的建设,推进中国特色社会主义事业的强大理论武器。在邓小平理论的基础上,进一步回答了什么是社会主义、怎样建设社会主义的问题,创造性地回答了建设什么样的党、怎样建设党的问题,集中起来就是深化了对中国特色社会主义的认识,进一步丰富和发展了中国特色社会主义理论体系,全面推进了社会主义各项事业,开创了中国特色社会主义事业新局面。

4.科学发展观是中国特色社会主义理论体系的再一次接续发展

进入新世纪以来,世界处在大发展大变革大调整之中。长期以来的粗放式发展在积累了我国经济发展总量的同时,也在发展中带来了系列矛盾。这些矛盾突出表现在粗放式的发展方式突出,创新能力不足,自然环境对经济发展的承载力逐渐减弱;人民生活水平总体上达到了小康,但收入差距、区域发展不平衡不协调的趋势明显;社会主义法治建设深入推进,但依法治国仍然任重道远;社会主义文化繁荣兴盛,但用社会主义先进文化引领社会多元思想的能力有待提升;对外开放日益扩大,但发展的风险明显增多。面对社会发展中的新矛盾和新问题,以胡锦涛同志为主要代表的中国共产党人在深刻总结我国经济社会发展的基础上,围绕实现什么样的发展、怎样发展的根本问题进行了深入思考,创立了科学发展观。科学发展观的第一要义是发展,核心是以人为本,基本要求是全面协调可持续,根本方法是统筹兼顾。科学发展观重点解决经济社会发展模式问题。经济社会发展带有强烈的时代性特点,一个国家、一定的时期内,具体选择什么样的经济社会发展模式,应该由那个时代的发展任务来决定。改革开放前,社会生产力还比较低下,经济社会发展的重点是解决温饱问题。首先得把蛋糕做大,让老百姓有蛋糕可分。由于老百姓最基本的物质需求还没有解决,因此,发展方式不可避免地带有粗放型特征。改革开放以来,特别是改革初期,国家调整了发展战略,把国家发展重心转移到经济建设上来,其目的是非常明确的,就是要尽快让老百姓解决温饱。那个时候,我们提出了"效率优先",从某种层面而言,效率就是指经济发展数量的效率。很显然,在国家物质资料还极其紧缺的情况下,很难让老百姓在追求发展的过程中同时兼顾其他领域的协同发展。随着改革开放的深入推进,特别是随着极大地解决了物质紧缺问题的情况下,人们的生活水平不断提高,重新思考发展模式就成为了亟待解决的问题。科学发展观的形成和发展,实质上是马克思主义与中国具体实践相结合的产物,是马克思主义关于发展的世界观和方法论的集中体现。科学发展观"把我们对中国特色社会主义规律的认识提高到新的水平,开辟了当代中国马克思主义发展新境界"①。科学发展观突出强调以人为本的发展理念,深刻回答了发展为了谁、发展依靠谁的根本问题,是中国特色社会主义理论体系的重要内容,是对中国特色社会主义理论体系的再一次接续创新。

5.习近平新时代中国特色社会主义思想是马克思主义中国化的最新成果

2017 年,党的十九大在北京召开,以习近平同志为核心的党中央深刻分析了我国所处的历史方位和社会主要矛盾,作出了两个重大判断,一是我国已经进入新时代;二是我国社会主要矛盾已经转化为人民日益增长的美好生活需要和不平衡不充分的发展之间的矛盾。进入新时代,实现中华民族伟大复兴梦想是新时代的最大实践,为了实现这个梦想,我们还有许多工作要做,还要戮力同心地解决系列新问题、新矛盾。新实践需要新思想,解决新问题、新矛盾需要新的理论指导。

党的十八大以来,以习近平同志为核心的党中央坚持紧密结合新的时代条件和实践要求,深入思考新时代建设什么样的中国特色社会主义、怎样建设中国特色社会主义的重大理论和现实问题,以全新的视野深化对共产党执政规律、社会主义建设规律、人类社会发展规律的认识,形成了重大理论创新成果,创立了习近平新时代中国特色社会主义思想。

习近平新时代中国特色社会主义思想包含着丰富的思想内涵,包括"明确中国特色社会主义最本质的特征是中国共产党领导,中国特色社会主义制度的最大优势是中国共产党领导,中国共产党是最高政治领导力量,全党必须增强'四个意识'、坚定'四个自信'、做到'两个维护';明确坚持和发展中国特色社会主义,总任务是实现社会主义现代化和中华民族伟大复兴,在全面建成小康社会的基础上,分两步走在本世纪中叶建成富强民主文明和谐美丽的社会主义现代化强国,以中国式现代化推进中华民族伟大复兴;明确新时代我国社会主要矛盾是人民日益增长的美好生活需要和不平衡不充分的发展之间的矛盾,必须坚持以人民为中心的发展思想,发展全过程人民民主,推动人的全面发展、全体人民共

---

① 胡锦涛文选(第三卷)[M].北京:人民出版社,2016:618.

同富裕取得更为明显的实质性进展;明确中国特色社会主义事业总体布局是经济建设、政治建设、文化建设、社会建设、生态文明建设五位一体,战略布局是全面建设社会主义现代化国家、全面深化改革、全面依法治国、全面从严治党四个全面;明确全面深化改革总目标是完善和发展中国特色社会主义制度、推进国家治理体系和治理能力现代化;明确全面推进依法治国总目标是建设中国特色社会主义法治体系、建设社会主义法治国家;明确必须坚持和完善社会主义基本经济制度,使市场在资源配置中起决定性作用,更好发挥政府作用,把握新发展阶段,贯彻创新、协调、绿色、开放、共享的新发展理念,加快构建以国内大循环为主体、国内国际双循环相互促进的新发展格局,推动高质量发展,统筹发展和安全;明确党在新时代的强军目标是建设一支听党指挥、能打胜仗、作风优良的人民军队,把人民军队建设成为世界一流军队;明确中国特色大国外交要服务民族复兴、促进人类进步,推动建设新型国际关系,推动构建人类命运共同体;明确全面从严治党的战略方针,提出新时代党的建设总要求,全面推进党的政治建设、思想建设、组织建设、作风建设、纪律建设,把制度建设贯穿其中,深入推进反腐败斗争,落实管党治党政治责任,以伟大自我革命引领伟大社会革命"①。"坚持党对一切工作的领导,坚持以人民为中心,坚持全面深化改革,坚持新发展理念,坚持人民当家作主,坚持全面依法治国,坚持社会主义核心价值体系,坚持在发展中保障和改善民生,坚持人与自然和谐共生,坚持总体国家安全观,坚持党对人民军队的绝对领导,坚持'一国两制'和推进祖国统一,坚持推动构建人类命运共同体,坚持全面从严治党。"②这"十个明确""十四个坚持",以及党的十九届六中全会概括的"十三个方面成就",构成了习近平新时代中国特色社会主义思想的主要内容。

从毛泽东思想到习近平新时代中国特色社会主义思想,是马克思主义中国化五次生态演进所形成的五大中国化马克思主义理论。每一个理论的形成,都是对马克思主义理论的重大创新和发展。我们需要进一步明确的是,这五大理论的形成,不是在书斋里完成的,而是为了解决中国革命和建设的具体实践需要,每一个理论都是服务那个时代的实践的强大理论武器,每一个理论都推动中国向前发展了一大步,这样的理论构成的理论体系,我们没有理由不自信。

---

① 中共中央关于党的百年奋斗重大成就和历史经验的决议[EB/OL].http://jhsjk.people.cn/article/32284363.

② 习近平.决胜全面建成小康社会 夺取新时代中国特色社会主义伟大胜利——在中国共产党第十九次全国代表大会上的报告[N].人民日报,2017-10-28(001).

（三）中国特色社会主义制度自信

从 18 世纪中叶的工业革命开始,现代社会制度逐步形成和发展。时至今日,世界上存在和运行着各种制度模式,推动着国家的运转。一个国家和民族的发展,选择什么样的制度是关键。实践证明,世界上没有普世的制度,也没有普遍意义上的最好制度。制度好坏,关键是看能否促进国家和民族的发展,能否充分体现以人为本的制度关怀,能否得到人民群众的拥护。中国特色社会主义制度是社会主义本质的制度体现,是通过实践反复证明,并在实践中不断发展完善、能够实现中华民族伟大复兴的正确选择,是最符合中国国情的制度模式。归纳起来,我们的制度为何有足够的理由自信,一是这个制度在实践中体现了自身巨大的优越性;二是这个制度在实践中得到了人民的拥护;三是这个制度保证了中国梦的实现。

1.中国特色社会主义制度自信源自于中国国情

改革开放 40 多年来,中国特色社会主义制度的优越性得到了充分的发挥,人民代表大会制度、中国共产党领导的多党合作和政治协商制度、民族区域自治制度、基层群众自治制度等制度的社会认同基础越来越广泛。2019 年 10 月 31日,党的十九届四中全会通过了《中共中央关于坚持和完善中国特色社会主义制度、推进国家治理体系和治理能力现代化若干重大问题的决定》,进一步明确了中国特色社会主义制度三个阶段的建设目标,建党 100 年时,各项制度更加成熟、定型;到 2035 年时,各项制度更加完善,基本实现国家治理体系和治理能力现代化;到新中国成立 100 年时,全面实现治理能力和治理体系现代化,中国特色社会主义制度的优越性全面展现于世界。

人民代表大会制度是最符合中国国情、最具中国特色的政治制度。人民代表大会制度把坚持党的领导、人民当家作主、依法治国有机统一,保障人民通过人民代表大会行使国家权力,保障人大依法行使立法权、监督权、决定权、任免权,各级人大及其常委会成为全面担负起宪法法律赋予的各项职责的工作机关,成为同人民群众保持密切联系的代表机关。人民代表大会制度的优越性在于把人民性与权力的行使相统一。由人民选举产生的代表来自基层,具有广泛的社会性,最了解基层群众的意愿,最能反映基层群众的诉求。人民代表大会及其常务委员会作为国家权力机关,把行政和司法权委托给政府、法院和检察院(即"一府两院"),"一府两院"不是西方体制下的三权分立,而是行政、立法、司法的三权统一,并在中国共产党领导下行使人民赋予的权力,确保了行政和司法权力的高效运行。随着中国政治体制改革的深入推进,党的领导、人民当家作主和依法治国构成了具有鲜明特色的中国政治制度。

需要指出的是,中国的制度自信是建立在对西方制度本质的不断深入认识基础上的。从 20 世纪 80 年代以来,不断有人鼓吹要在中国实行西方的民主制度,鼓吹"三权分立""宪政民主"等。21 世纪以来,西亚、中亚、北非等一些国家,通过颜色革命建立了西方模式的民主制度。但残酷的事实告诉人们,这些按照西方模式建立起来的民主制度,不但没有让人们过上幸福生活,大多数国家的人们陷入万劫不复的灾难中。吵吵闹闹的议会看似非常民主,但往往是议而不决,议会也只不过是权贵争夺利益的舞台而已。事实上,在 20 世纪 80 年代,随着中国的改革开放,邓小平就旗帜鲜明地反对"西化",批判西方自由化思潮。理论界不少专家在深入研究西方的民主制度后,对西方民主制度也作了简洁深刻的评价。如经济学家高粱认为:"一个私有化,一个多党制,说来说去就是要折腾,折腾完了拉倒,老百姓死活他不管。"①国内外的实践证明,不顾国情照搬西方民主,带来的不是福音,只不过是"一枕黄粱梦"而已。苏联诺贝尔奖获得者索尔仁尼琴②,几乎用了半生时间宣扬西方民主制度,但当她流亡 30 多年终于回到了实行西方民主制度的俄罗斯时,俄罗斯人民今不如昔的生活状态,让他感慨万千。这位 90 多岁的老人,直到去世前 1 分钟,都还在控诉西方民主的劣行败绩,警醒人们不要盲目迷信西方的民主。

协商民主是中国特色民主制度的创新和发展。在当今的世界政党制度体系中有一党制、两党制和多党制,实行一党制的国家,往往是一党独揽政权,也不允许其他政党存在或参政;实行两党制的国家,往往是两党轮流执政。这样的政党制度看似民主,但往往出现更换一个执政党后,执政党为了自身的利益,对前一个政党的政策进行否定,使一些好的政策难以持续发展,浪费了国家资源,实质上就是一种不顾民众利益的"折腾";实行多党制的国家,往往是多党联合执政,每一个政党的背后都代表着一个集团的利益,有时候政党为了集团的自身利益而争吵不休,使国家的大政方针难以有效执行。中国实行的是中国共产党领导的多党合作和政治协商制度,体现了鲜明的中国政治制度特色,在世界多党派治国理政中具有唯一性。它是中国革命、建设和发展进程中逐渐形成的政治制度,符合中国的国情、党情特点,是现代民主的真谛,符合中国的国情,是中国特色民主政治制度的伟大创造。

民族区域自治制度促进了民族团结和发展。中国是一个由 56 个民族组成

---

① 玛雅.道路自信:中国为什么能[M].北京:中信出版社,2014:52.

② 亚历山大·索尔仁尼琴(1918 年 12 月 11 日—2008 年 8 月 3 日),俄罗斯作家,获得 1970 年诺贝尔奖,后因出版描写极权主义的巨著《古拉格群岛》被驱逐出国。他疯狂写作,揭露当时的所谓黑暗面,否定十月革命,宣扬反对一切革命的思想。作品在东西方都产生了强烈的反响,被国外敌对势力用来作为反苏反共的宣传品,产生了极其恶劣的政治影响,为西方制定反俄计划提供了依据。

的多民族国家,除了汉族之外,其他都是少数民族。在一个具有众多民族的国家里,实现了民族团结、和谐发展,各民族团结一心共圆复兴之梦。民族区域自治制度也是基于中国国情,赋予了中国特色的民族制度的伟大创造,推进了 56 个民族的团结和共同发展。2019 年 10 月 23 日,中共中央办公厅、国务院办公厅印发了《关于全面深入持久开展民族团结进步创建工作　铸牢中华民族共同体意识的意见》,进一步明确和强调了坚持以人民为中心,紧扣"中华民族一家亲,同心共筑中国梦"总目标加强民族工作,推进国家统一和民族事业发展。

基层群众自治制度是基层群众通过选举组成村委会或居委会,实行自我管理、自我教育、自我服务、自我监督的群众制度。基层群众自治制度是中国农民的伟大创举,20 世纪 80 年代初,广西宜州合寨村的农民,针对农村包产到户后,农村处于无人管理的问题,村民自发组织起来,经过协商,通过村民选举方式产生了第一个村民委员会,制订了村级管理的村规民约。村民委员会的诞生,开启了中国基层民众自我管理的序幕,也形成了极具中国特色的基层群众自治制度,丰富和发展了社会治理的制度体系。

经过 70 多年的社会主义建设和发展,中国特色社会主义制度已经架构了比较完善的制度体系,保障了有效的社会治理,在各个领域逐步呈现出了世界上其他国家无法比拟的制度优势。

2.中国特色社会主义制度自信的根基在于坚持马克思主义理论指导

马克思主义是中国特色社会主义制度自信之源,社会主义革命、建设实践取得的伟大成就是自信之本。改革开放 40 多年来,中国特色社会主义各项事业蒸蒸日上,最根本的原因就是中国共产党人坚持把马克思主义基本原理同中国具体实际相结合、同中华优秀传统文化相结合,不断丰富和发展马克思主义,形成了毛泽东思想、中国特色社会主义理论体系、习近平新时代中国特色社会主义思想为中国特色社会主义实践提供了强大的理论武器。

以马克思主义为指导建立起来的制度体系,显示出了强大的制度优越性。制度虽然是非物质的,但从国家而言,制度一定是物质的载体。国家的意志、执政理念通过制度的设计得到实现,最终将转化为人们看得见的物质成效。从"没有共产党就没有新中国、只有社会主义才能救中国、只有社会主义才能发展中国"以至 2008 年世界金融危机爆发后,有人提出"只有社会主义中国才能救资本主义"等等无不渗透着经过制度的考量而得出的结论。改革开放 40 多年来,中国特色社会主义各项事业所取得的成就,西方资本主义几乎用了 300 年时间。中国在这样短的时间内取得如此巨大的成就,如果没有优越的制度作保障,是不可能实现的。中国共产党把马克思主义作为推进国家治理体系和治理能力现代化的指导思想,始终践行全心全意为人民服务的建党宗旨。所有制度的设计都充分体现出为了人民、服务人民的制度特质,体现出马克思主义的人民性本质,中国特色社会主义制度自信的根基就在于此。

3.中国特色社会主义制度自信体现于强大的社会动员能力

对一种制度优越性的判断,不是仅靠理论的阐述,更重要的是要从实践中去判断。同时,既要看社会常态化发展中的制度运行,也要看社会处于非常态化时的制度动员力。而往往社会处于非常态条件下时,制度的优劣性更容易体现出来,人们对制度的认同感更为直接。所谓社会非常态是指社会遇到突发性的不可抗拒的重大变故、自然灾害等,对社会发展造成重大影响、对人民群众的生命财产安全构成重大威胁。改革开放以来,中国在应对一系列突发事件和自然灾害的过程中,中国特色社会主义制度体现出了超强的制度优越性,其制度的动员力是其他任何制度难以比拟的。

1998年,中国发生了百年不遇的洪灾,从北方的嫩江、松花江到南方的长江等江河流域,几乎同时爆发特大洪水,洪水淹没了3亿多亩土地,2亿多人受灾,嫩江、松花江、长江流域的十几个省市受到洪水威胁。在特大自然灾害面前,中国共产党带领全国各族人民,万众一心,调动全社会资源参与抗洪救灾。在灾害发生的第一时间,中共中央、国务院作出了抗洪抢险的决策,中央军委紧急调动27.8万名人民解放军和武警官兵投入抗洪救灾。同时,相关地方也动员民兵、群众近30万参与抗洪救灾。时任中共中央总书记江泽民、国务院总理朱镕基等中央和地方领导亲临抗洪一线指挥抗洪救灾。在强大的制度动员下,全国人民地不分南北、人不分老幼,举国上下心连心,捐资捐款支援抗洪救灾,港澳同胞、海外侨胞也自发地通过各种渠道和方式,参与到这场浩大的抗洪救灾中。肆虐的洪水在强大的中国人民面前退却了,人民群众的生命财产得到了最大限度的保护。社会主义制度的优越性在这场自然灾害面前得到了充分展示。除此之外,在2003年的"非典"、2008年的南方雪灾、汶川特大地震等突发事件和自然灾害面前,中国政府依靠强大的社会动员力和调动力,全国一盘棋、上下一条心,调动全社会力量投入到救灾中,得到了国际社会的高度钦佩,中国向全世界展示了中国特色社会主义制度的巨大优越性。

特别需要指出的是,2008年5月12日,四川省发生特大地震。时任国务院总理温家宝在灾害发生后的1小时27分时就已经赶赴灾区指挥救灾,并在飞机上指挥调动各方力量,赶赴灾区救灾。这与西方某些以人权楷模自居的国家在特大飓风灾害发生36小时后才成立救援指挥部形成鲜明对比。2008年四川特大地震发生后,中国特色社会主义制度以人为本的本质特性和运转的高效性得到了充分体现,再一次向世人展示了中国特色社会主义制度的优越性。这种制度的优越性还体现在国家强大的调动力和执行力上,在最佳救援时间内,"军方共出动 113080 人、出动各型飞机 1069 架次、军列 92 列、各种运输、后勤保障设备 11 万台。从废墟中挖掘被埋人员 21566 名，救治受伤人员 34051 名，转移安置受灾群众和游客 205371 名，调运各类物资 7.8 万多吨，抢修道路 557 千米。"①一些国外媒体对中国政府的快速反应和高效运转给予了高度评价，奥地利《新闻报》撰文指出："没有哪国军队救灾能力像中国军队这样出色。"有些西方学者也承认，"地震之后人们确实看到了中国制度体系的优越性，中国在短时间内动员巨大的力量投入，这是其他任何制度不可能比拟的。"②

更值得一提的是，中国在经过了 2008 年 5 月的特大地震后，8 月还成功举办了北京第 29 届奥运会，2010 年又成功举办了上海世博会，这些既反映了中国国力的提升，更体现了中国特色社会主义的制度优势。评价一种制度的优劣，至少可以从两个方面进行考量，在常态下表现为党和政府领导全国人民致力国家的经济社会发展，不断提高人民群众的生活水平，提升国家综合国力；在非常态下总能够把灾难的损失最大限制地降低，减少人民的生命财产损失，能够确保国家和社会稳定，领导人民群众战胜困难，恢复生产，没有制度的优势是难以实现的。

2020 年 1 月，一场突如其来的新冠肺炎疫情再一次对中国的制度进行了大考。2020 年 1 月，爆发于中国武汉的新冠肺炎疫情，以极强的传染力迅速波及全国，给人民群众的生命健康带来严重威胁。在党中央的坚强领导下，中国倾全国之力对病毒展开阻击战。在这场空前的阻击战中，中国共产党各级党组织的组织力和中国超强的全国动员力充分展示了中国的制度优势。许多外国政要对中国强大的制度动员力和统一步调的疫情防控无比感慨，对中国的制度优势由衷的赞许。

中国制度在一次又一次的大考中，向人民群众交付了一份份优异的答卷。中国特色社会主义制度所体现出来的优越性既让人震撼，更让人对这一制度认同。这样的制度，能不让人感到自信吗。

（四）中国特色社会主义文化自信

中华文化是世界 5000 年的文明发展史上少有几个没有中断过传承的文化之一，延绵 5000 年的文化传承积淀了深厚的民族文化情感，形成了优良的文化基因，孕育了优秀的传统文化。同时，在中华民族百年来反抗帝国主义压迫和剥削中形成了坚强不屈的革命文化；改革开放 40 多年来，中国共产党带领全国各

---

①　中共中央宣传部理论局.理论热点面对面[M].北京：学习出版社，2008：8.

②　董玮.外国政要和媒体高度评价中国抗震救灾工作[EB/OL]. http://www.chinadaily.com.cn/hqgj/2008-05/27/content_6715815.htm.

族人民砥砺前行,攻克一个个困难、涉过一个个险滩,破除一系列社会制度顽疾,社会主义现代化建设取得令世界为之瞩目的伟大成就,形成了抗洪精神、抗疫精神、抗震精神等。中华5000年的文明积淀孕育的优秀传统文化,凝聚着一个民族的精、气、神,是最具战斗力的精神武器。一个民族对自身的文化自信,是最基础、最广泛、最深厚的自信,是最坚固的民族防线。

1.中国特色社会主义文化自信源于中华优秀传统文化

中华民族5000年文化源远流长,从未间断,这是世界上任何一个民族都不具备的。5000多年来,我们形成了一系列具有民族特质的优秀传统文化,这些文化是中国先进文化的"根"和"魂"。如:构建社会主义和谐社会来源于"以和为贵,和而不同"的传统文化;建设社会主义生态文明思想来源于"天人合一,道法自然"的传统文化;社会主义核心价值观包涵着丰富的"言必信,行必果"等传统文化思想等。中华传统文化孕育了社会主义先进文化思想基因,坚定文化自信,既要强调对传统文化的弘扬和传承,又要突出对传统文化的创新与发展,只有在继承中创新,在创新中发展,文化信息才能有根、有魂,文化自信才可持续。

2.中国特色社会主义文化自信源于对举旗定向的正确选择

文化自信是道路自信的精神支撑。1840年,英法等帝国主义国家用坚船利炮打开了中国长期封闭的大门,开启了中华民族血与泪的近代史历程。但深陷苦难的中华民族从来没有失去信心,从那时开始,无数中华儿女为了实现民族复兴,他们在进行不屈不挠的斗争的同时,一些先进士绅开始放眼望世界,试图通过学习和模仿西方的模式实现民族振兴,"以夷制夷""天朝田亩制度""百日维新"等等都先后在中国登台亮相,虽然一个个都失败了,但中华民族实现民族振兴的信心没有丧失,探索民族解放的步伐没有停止。孙中山领导的辛亥革命,借鉴西方资产阶级革命自由民主精神,提出了自己的"三民主义"思想,推翻了清王朝的统治,同时也结束了中国长达两千多年封建君主专制统治。就在人们以为从此可以享受革命胜利成果,能够给中国带来民主与和平的希望时,国内官僚资本与帝国主义相互勾结,再次让中国人民的民主希望化为乌有。尽管辛亥革命推翻了封建专制统治,使人们的民主思想前进了一大步,但没有从根本上改变中华民族命运,人民大众仍然被压制在帝国主义、封建主义和官僚资本主义三座大山之下。在中华民族面临何去何从的危急时刻,马克思主义、中国共产党拯救了中华民族。中国共产党把马克思主义基本原理与中国革命实践紧密相联,继承和发展中华民族优秀传统文化,克服艰难险阻,探索具有中国特色的革命和建设道路。"走自己的路"是中国共产党带领各族人民充满文化自信的发展探索。举什么旗、走什么路,事关文化自信的方向和原则。今天的中国为什么能够自信,就是因为我们选择了高举中国特色社会主义伟大旗帜,坚定走中国特色社会主义道路。举旗、定向选择正确，才使得我们越来越对社会主义的文化充满自信。

3.中国特色社会主义文化自信源于中国特色社会主义制度所蕴含的人本思想

以人为本是制度得到群众认同的基础。中国特色社会主义根本政治制度、经济制度、社会制度、法律制度等都蕴含着深刻的人本思想，人民民主专政、民主协商等体现了社会主义各项制度的人本主义思想特质。在党的十九大报告中，提出了各项政策制度的制定要深入贯彻以人民为中心的发展思想，国家经济社会发展要坚持以人民为中心的发展思想，构建国家安全体系要以人民安全为宗旨，繁荣发展社会主义文艺要以人民为中心的创作导向等等。可以说，党的十九大报告通篇突出以人民为中心的思想。中国特色社会主义制度的特色性就是符合中华文明的特质，这种特质就是从中国的国情出发，深刻理解人民的诉求，得到人民的认同。党的十九届四中全会通过了《中共中央关于坚持和完善中国特色社会主义制度 推进国家治理体系和治理能力现代化若干重大问题的决定》，再一次明确了以人民为中心推进国家治理能力和治理体系现代化的目标要求。

三、发展民生的话语传播价值取向

中国共产党一直把解决和提高人民群众的生活质量作为执政的目标追求。保障和改善民生是一个时代性的话题，随着时代的发展变化，民生的内容也在不断变化和发展，并随着时代的发展，民生内容涉及面也将不断扩大。因此，保障和改善民生不仅是提高生产力发展水平的问题，更是一个涉及政治、经济、社会建设和生态文明建设的系统工程。

（一）关注民生是马克思主义大众化的内在动力

中国共产党保障和改善民生，这不仅是理论上的宣誓，而且必须让老百姓看得见实惠。邓小平强调："讲社会主义，归根到底要看生产力是否发展，人民收入是否增加。空讲社会主义不行，人民不相信。"①中国共产党从成立的第一天起，就把实现民族伟大复兴的责任担在自己的肩上。在中国共产党领导下，经过28年的艰苦卓绝的斗争，建立了新中国，实现了中华民族站起来。新中国成立之初，为了兑现民生承诺，中国共产党领导了土地改革运动，把地主为土地的主人一朝变为农民所有，让老百姓千百年来的土地梦变成了现实，拿到了属于自己土地的农民，深切感受到了成为国家主人的自豪感。改革开放以来，中国共产党提出了系列解决民生问题的理论和理念，如："三个有利于标准""小康不小康，关键

---

① 邓小平文选(第二卷)［M］.北京：人民出版社，1994:314.

看老乡"等。党的十八大以来,中国共产党提出了 2020 年全面建成小康社会的世纪新目标,强力推进振兴乡村和扶贫攻坚战略,在一个都不能少、一个都不能落下的扶贫攻坚要求下,8000 多万贫困人口稳定脱贫,全国平均贫困发生率控制在 1.7%,中国创造了世界脱贫史上的奇迹,在民生为本的发展理念指引下,中华民族实现了从站起来向富起来的伟大转变。进入新时代的中国,开始大踏步迈向强起来的征程。

马克思主义传入中国 100 多年来,人民群众对马克思主义的认同和信仰不断提升,理论自信得到加强。这一切归结于中国共产党对民生建设的高度重视和取得的伟大成就。因此,关注民生是推进马克思主义大众化最有力和最有效的传播话语,是推进马克思主义大众化的强大内生动力。

(二)保障和改善民生是马克思主义大众化话语传播的理论逻辑与实践逻辑

党的十八大以来,坚持以人民为中心的发展理念被提高到了历史新高度。在党的十九大报告中,习近平 204 次提到了人民,"人民"是整个报告中出现频率最高的词汇。中国共产党保障和改善民生不仅体现在理念上,更重要的是反映在实践中。理论的最大说服力是让人民大众获得实实在在、看得见摸得着的实惠,只有让人民大众获得实惠,理论才能说服和掌握大众。习近平指出:"党中央制定的政策好不好,要看乡亲们是哭还是笑。"①党的十八大以来,以习近平同志为核心的党中央以踏石留印、抓铁有痕的精神和勇气全面从严治党、全面深化改革,抓作风、强政纪,营造了风清气正的政治生态环境。农村基础设施建设全面改善、社会保障水平极大提升,长期困扰群众的看病难、上学难的问题有了很大改善,扶贫攻坚取得决定性进展,农村 8000 多万人口实现了稳定脱贫。纠正群众极为痛恨的官僚主义作风取得重大成效,"门难进、脸难看、事难办"得到了改变;"门好进、脸好看、话好说",就是"事难办"的不作为得到全面纠正。把坚持人民利益高于一切的执政理念贯穿于党中央治国理政的全部实践活动中。

一切工作出发点、落脚点都是让人民群众过上好日子,成为习近平新时代中国特色社会主义思想的实践主题。2012 年,习近平在参观大型展览《复兴之路》时,提出了中国梦思想,其中重要内涵之一就是人民幸福。人民幸福的重要衡量指标就是人民群众过上好日子。尽管不同群体、不同利益诉求者可能有自身特殊的幸福标准,但"学有所教、劳有所得、病有所医、老有所养、住有所居"是好日子的基本标准。"国家富强、民族振兴、人民幸福"是中华民族伟大复兴的全部内

---

① 央广新闻.习大大下乡记:政策好不好,要看乡亲们是哭还是笑[EB/OL]. http://www. xinhua-net. com/politics/2015-08/10/c_1116204126. htm.

涵,其中人民幸福最具有号召力和认同力。因为,中华民族的伟大复兴,最终要落实到人民幸福这个根本问题上。改革开放以来,我们党带领全国各族人民,以经济建设为中心,以改善民生为重点,人民群众的生活质量得到了极大提升。党的十九大以来,以习近平同志为核心的党中央,统筹推进"五位一体"总体布局、协调推进"四个全面"战略布局,不断满足人民群众从追求数量到追求质量的生活要求,不断丰富好日子的内涵、提升好日子的质量标准。

我们需要明确,保障和改善民生没有终点站只有新起点。特别是随着社会生产力的发展,社会主要矛盾已经转化为"人民日益增长的美好生活需要和不平衡不充分的发展之间的矛盾"。人们群众从追求物质的数量到追求物质的质量、从单一的追求满足物质质量到追求满足物质精神等综合因素的转变。由此可见,人们对美好生活的追求是没有止境的,对生活的追求总是随着社会的发展而不断发展变化。理论的科学性就在于不断指导社会实践以满足人们不断变化的动态需要。中国共产党高度关切保障和改善民生的动态变化,始终把保障和改善民生作为工作的重心,得到了全国各族人民的高度认同,习近平总书记也得到了全国人民的爱戴。其根本原因,就在于习近平从理论和实践两个层面强调"保障和改善民生是一项长期工作,没有终点站,只有连续不断的新起点"。[①]把人民最关心最直接最现实的利益问题作为习近平新时代中国特色社会主义思想的核心主题,可以说是抓住了理论大众化的核心价值取向,无论是从理论层面,还是实践层面都极大地推进了马克思主义大众的话语传播实效。

四、化解马克思主义"边缘化"的话语传播危机

随着新媒体时代的到来,社会主义和资本主义两种意识形态的斗争变得更为激烈,也更为隐蔽。受西方错误思潮的影响,在一些领域内存在去政治化倾向,马克思主义被边缘化的现象较为突出。正确认识西方思潮的危害性,深化马克思主义中国化理论的宣传教育,重构马克思主义话语传播体系、培育马克思主义信仰等工作显得尤为重要。

（一）正确认识错误思潮对马克思主义话语传播的消解力

在新媒体生态下,社会思潮呈现多样化态势。特别是西方价值观主导下的"新自由主义思潮、民主社会主义思潮、文化保守主义思潮、民族主义思潮、历史虚无主义思潮、拜金主义思潮、消费主义思潮"[②]等社会思潮,严重消解了马克思

---

① 习近平谈治国理政(第二卷).北京:外文出版社,2017:362.
② 罗昌勤.论新形势下高校思想政治工作的生态思维[J].理论导刊,2017(12):109-113.

主义传播话语的吸引力。这些思潮对马克思主义话语传播的影响集中表现为几个方面:"一是曲解马克思主义理论,动摇马克思主义的指导地位。如一些人把马克思主义关于'社会发展的规律'理论,说成是限制和排斥人的主观能动性的宿命论;把马克思主义关于'人类能动的征服自然和改造自然'的理论说成是对人类生态环境的破坏等。这些围绕马克思主义理论的错误言论,歪曲了马克思主义理论本质,误导社会大众对马克思主义理论本质的认识,其真正目的就是要否定马克思主义理论的指导地位。二是煽动中国特色社会主义悲观情绪,鼓吹私有化和自由化。以新自由主义和民主社会主义思潮为代表,他们对中国特色社会主义建设取得的成绩避而不谈,而是把目光紧紧盯在中国社会转型发展进程中的个别社会矛盾上,并把这种矛盾的出现归咎于中国特色社会主义制度,在社会中煽动公众对中国特色社会主义前途的悲观情绪。三是宣扬拜金主义思想,消解社会主义核心价值观。拜金主义宣扬金钱至上观念,以拥有金钱的多少作为衡量人生成功与否的标准。拜金主义思想对高校思想政治工作是一个极大的冲击,对宣传和践行社会主义核心价值观造成了极强的解构作用。四是宣扬历史虚无主义思想,弱化社会主义的道路认同和文化认同。如一些人热衷于美化、拔高像慈禧、李鸿章、袁世凯这样的一些反面历史人物。千方百计为他们找出那么一点材料,甚至不惜杜撰出一点材料,把他们的卖国形象美化、拔高成爱国形象,甚至不惜通过影视剧的形式宣扬这些反面历史人物的所谓'爱国'行为。与之同时,他们也不忘对林则徐、洪秀全、谭嗣同、孙中山、毛泽东等历史人物加以非难、贬低。甚至还有人美化帝国主义对中国的侵略和殖民统治,发表了诸如中国工业发展得益于英美帝国主义对中国的侵略的谬论。因此,历史虚无主义思想散布的社会主义'失败论'、马克思主义'过时论'、共产主义'渺茫论'误导了社会公众对马克思主义理论本质的认识,严重挤压了马克思主义话语传播空间,使马克思主义话语传播陷入边缘化的危机中。"[①]面对话语传播的边缘化危机,需要从新媒体时代的现实出发,正确认识错误思潮对马克思主义话语传播的危害性,坚持用社会主义主流意识形态重构话语权。

(二)深化马克思主义中国化三大理论体系科学内涵的宣传教育

毛泽东思想、中国特色社会主义理论体系、习近平新时代中国特色社会主义思想是马克思主义中国化的三大理论体系,指导中国革命和社会主义建设实践取得了举世瞩目的成就,不但实现了中华民族站起来,还推动着中华民族走向富起来和强起来的伟大飞跃。理论要掌握大众,对大众进行持续的宣传教育是必

---

① 罗昌勤.论新形势下高校思想政治工作的生态思维[J].理论导刊,2017(12):109-113.

不可少的,这也是思想理论大众化的基本规律。因此,需要持续对大众进行马克思主义科学理论体系的教育。我们不仅要让老百姓获得物质上的实惠,更要让老百姓明白这些物质实惠是如何来的,又怎样才能持续地巩固和发展。如果不把这些问题向大众讲清楚,我们事业的群众基础就不稳固。没有强大理论指导的实践,不但容易陷入盲目,而且容易偏向,难以实现可持续发展。邓小平指出:"光靠物质条件,我们的革命和建设都不可能胜利。过去我们党无论怎样弱小,无论遇到什么困难,一直有强大的战斗力,因为我们有马克思主义和共产主义的信念。有了共同的理想,也就有了铁的纪律。无论过去、现在和将来,这都是我们的真正优势。"①

开展马克思主义中国化理论体系的宣传教育,是物质与精神的有机结合体。也就是说,我们既要大力发展生产力,提高人民群众的物质生活水平,又要向群众讲清楚我们今天的幸福生活不是天上掉下来的,没有马克思主义理论的科学指导,就不可能取得今天的发展成就,要让群众真正明白理论在指导实践中的巨大作用。要让群众深刻地认识到,"马克思主义为中国革命、建设、改革提供了强大思想武器,使中国这个古老的东方大国创造了人类历史上前所未有的发展奇迹。"②只有把这些理论向大众讲清楚了,马克思主义才能获得认同和信任,马克思主义才能真正深入大众,扎根大众。

(三)用与时俱进的科学态度构建马克思主义传播话语

传播马克思主义要善于构建科学的传播话语,否则就容易引起公众对理论的误解,甚至导致理论的庸俗化。我们强调构建科学的马克思主义传播话语,要突出强调不能把马克思主义当教条,更不能断章取义、不顾时空变化的照搬照抄马克思主义经典作家的某个论述。比如,我们讲资本主义必然灭亡,社会主义必然胜利,这是人类社会发展的基本规律。但如果我们不顾时空条件,不顾资本主义与社会主义现实阶段的发展状况,单一地理解"资本主义必然灭亡,社会主义必然胜利",公众势必对我们的话语产生质疑,甚至对整个马克思主义理论产生质疑。作为公众个体,他们今天看到的资本主义仍然是生产力高度发达,人民生活水平总体较高。鉴于此,构建马克思主义传播话语,要让公众明白,马克思主义从历史发展趋势和规律出发预见了资本主义必然灭亡,但并没有给出具体的灭亡时间。今天的资本主义尽管受到自身无法解决的周期性的经济危机的反复摧残,但并非已经到了穷途末路的时候,它仍然凭借其强大的社会资本控制力维

①　邓小平文选(第三卷)[M].北京:人民出版社 1993:144.

②　习近平.在纪念马克思诞辰 200 周年大会上的讲话[EB/OL].http://www.xinhuanet.com/2018-05/04/c_1122783753.htm.

持着发展空间。尤其是经济全球化深入发展,资本主义的发展市场不仅没有缩小,还将在一定的领域进一步扩大。同时,随着资本本质的暴露,资本家对工人的剥削也日益被工人所认知,导致资本矛盾不断加剧。资本主义国家也在不断进行自我调整,尤其注重调整劳资矛盾,允许工人持股,资本家在一定范围让利于工人,通过这些措施缓和资本家与工人阶级的矛盾,也延缓资本主义"腐朽的、没落的、垂死的、挣扎的"的最终命运。这些基本关系如果不向公众实事求是地讲清楚,就容易使我们自身陷入被公众质疑的境地。

以科学的态度构建马克思主义传播话语,就是要坚持实事求是的基本要求,坚持用马克思主义理论的立场、观点和方法分析当今世界大势,既要放眼整个世界看中国的发展,又要立足中国实际国情客观分析我们自身的问题和压力。实事求是地向公众讲清发展的成就,分析存在的问题。只有以这样的态度和方式构建起来的马克思主义传播话语,才能引起公众的共鸣,才能得到公众的信任。

(四)持续培育马克思主义信仰的外延动力

信仰需要有动力机制,这种动力机制既有内在的形成,也有来自外在的培育。尽管马克思主义传入中国已经有 100 多年,但由于在较长的时间内,马克思主义主要掌握在精英阶层。因此,对于推进马克思主义大众化而言,还需要持续培育马克思主义信仰的外延动力。一是要旗帜鲜明地凸显马克思主义信仰对社会多元价值的引领地位。进入 21 世纪,随着经济全球化深入发展,文化多样性特征更为凸显,公众的价值取向日趋多元。多元化的价值取向"一方面为公众实现全面而自由的发展创造了更多的应然空间,但同时也承受着更为突出的价值迷茫。面对复杂的多元价值链,一些人陷入了深刻的理想信念危机之中"①。当前,中国社会转型深入推进,改革开放进入攻坚期和深水区,长期粗放性发展积累的社会矛盾集中呈现,一些领域的社会矛盾表现比较突出,面对矛盾和挑战,我们只有旗帜鲜明地坚持马克思主义信仰,才能守正创新马克思主义大众化话语传播。二是坚持以社会主义核心价值观引领马克思主义话语体系建设。党的十八大提出"富强、民主、文明、和谐,自由、平等、公正、法治,爱国、敬业、诚信、友善"的 24 字社会主义核心价值观,为公众找到了全社会共同遵循的最大公约数。构建马克思主义的话语传播体系,必须要有中国特色和中国风格,这是毋庸质疑的,但关键的问题在于话语的吸引力对于公众而言是否足够大。在新媒体时代,一些媒体为了使话语能够吸引公众的眼球,一味地追求话语之"酷",虽然短期内对吸引公众关注产生一定的效果,但难免有话语浮躁之嫌。马克思主义话语不

①　罗昌勤.当代大学生马克思主义信仰教育的生态思维[J].理论导刊,2016(04):13-16.

能靠哗众取宠来赢得公众,我们也不必要去追求哗众取宠。改革开放40多年来的伟大实践成就,是社会主义核心价值观的活水源泉,使我们有足够的自信用社会主义核心价值观引领马克思主义话语体系建设。三是抓廉政促政风提升公众对马克思主义政党的公信力。"一段时间以来,党内'四风'问题的泛滥,严重影响了党和政府同人民群众的密切联系,损坏了马克思主义政党的基本形象,弱化了马克思主义政党的群众基础。因此,抓党风促政风的着眼点就是要集中力量解决这'四风'问题。自2013年6月以来,全党开展党的群众路线教育实践活动,对'四风'问题进行了一次大排查、大检修、大扫除,党风、政风有了明显的好转。在开展党的群众路线教育实践活动的同时,中央继续加大反腐败的力度,一批隐藏在党内的'老虎苍蝇'被挖了出来,党的队伍不断得以纯洁。抓廉政促政风活动可谓是民心所向,大快人心,党和政府赢得了广大群众的信任,提升了公众对马克思主义政党的公信力。"[1]

五、创新马克思主义网络语境中的符号话语

在人类文明发展史上,符号比语言文字出现得更早。据考古资料显示,在人类还没有正式创造出语言文字之前,就已经创造了大量的符号来表达思想感情,作为人类交流的基本工具元素。人类进入现代文明后,语言符号和语言文字一直交替出现在人类的语言体系中。随着新媒体时代的到来,手机、智能APP等工具成为人们日常生活中必不可少的基本工具。微信、微博、QQ等新媒体交流软件在移动APP网民中的使用率超过90%,借助网络工具开展交流已经渗透到人们生活的方方面面,网络微平台已经开始全面取代面对面交流,成为人们工作和思想交流的首选方式。在生活节奏日益加快的网络时代,人们不再局限于文字的交流,而是开始追求用简洁的符号来表达自己的时下情感。于是,表情包这种新的语言符号出现在了网络平台,并迅速得到人们的认可。在当下的交流中,通过表情符号进行交流和沟通,在人们日常交流活动中占有重要的地位。

(一)新媒体表情符号话语传播的变革

1.新媒体表情符号的含义

新媒体表情符号也称为网络表情符号。它是伴随着新媒体社交软件发展起来的新生事物,在人们的交流活动中已经被大量使用,但目前学界对网络表情符号还没有统一的界定。"符号"一词渊源已久,但它的含义却没有统一的界定,哪怕是到了今天,人们对"符号"一词的理解也是含混不清。奥古斯丁曾对"符号"

作了一个解释,他认为:"符号是这样一种东西,它使我们想到在这个东西加诸感觉印象之外的某种东西。"①理解奥古斯丁对"符号"的定义,可以概括为"符号"是代表一种事物的另一事物,既是面向物质的,也是面向主观心理的。尽管奥古斯丁对"符号"的理解比较抽象,但至少告诉我们一个基本信息:"符号"在表达着我们的主观感受和心理趋向。借助奥古斯丁对"符号"的界定,我们可以把"网络表情符号"界定为"运用图文、动画等手段所模拟和再现出的人类和动物的表情、动作"②。

2.网络表情符号的形成和发展

网络表情符号是伴随着网络的广泛运用,在一次偶然事件中形成的话语表达方式。20世纪80年代的某一天,卡内基梅隆大学的法尔曼教授在电子白板上不经意地打出了一个字符":-)",随即引来学生的广泛关注,在随后的课堂教学中,法尔曼教授多次使用类似的符号来表达他和学生的即时情感,表情符号也随即传播开来。尽管网络表情符号的出现是偶然事件,但偶然中寓意着必然的因素。因为新媒体的广泛使用,人们不断追求话语传播的简洁和碎片。网络表情符号的出现恰好契合大众的话语追求。因此,网络表情符号一经产生就迅速在网络上走红。实际上,在实际使用过程中,人们发现使用表情符号并配合文字进行交流,既方便又能实时表达交流双方的内心情感,甚至人们发现,有时使用表情符号,比文字更能表达情感。于是,人们创造出了运用于各种领域的表情符号。随着科技的发展和网络传播平台的技术改进,网络表情符号由静态的图片逐步变成了动画卡通图,由单一的色彩变成颜色丰富的表情图。

随着QQ、微信等交流工具的产生,网络表情符号进一步丰富和发展。以QQ交流平台为例,腾讯提供给消费者的表情符号种类多达几百种,每一种类下面也有几十个具体的表情符号。这些表情符号涉及人们生活的方方面面,既有反映人们心理情感的,也有表达具体工作的,几乎达到无所不有。如仅反映人们心理情感的表情符号就多达70多种(如图4-1所示),这些表情符号全部是动画符号,表达着"微笑""抓狂""流泪""撇嘴""偷笑""发呆""白眼""愤怒"等情感。通过一张微小的动画图片,就向交流对象表达了自己的喜怒哀乐。这种表达既形象又生动,甚至一些无法或不便于用文字表达的情感,通过一个表情符号就能够把自己的情感恰如其分地表达出来。QQ平台除了心理情感的表情符号以外,还有诸如"节日祝福""学习表情""新居祝福"等等表情包。

---

① 转引自俞建章,叶舒宪.符号:语言与艺术[M].上海:上海人民出版社,1988:12.
② 叶云.网络表情符号的流变与延展空间[D].上海师范大学,2013:5.

图 4-1

目前,搭载在 QQ、微信等社交平台上的表情包,大致可以分类"系统自带的图像符号表情""官方提供的可下载表情包""用户自定义表情包"等三类,尤其是出现了"用户自定义表情包"后,推动了网络表情符号的革命性发展,网友甚至利用自己的真实头像自制表情符号,情感的表达就更为贴近实际、贴近生活。网络表情符号之所以能够被广大网民接受,归纳起来有四个方面的原因,一是网络表情符号能够用直观的动画图片表达自己的心理情感,比使用文字更简洁方便;二是网络表情符号反映的内容形式多样,能够满足不同群体的需求;三是反映的内容生动且娱乐性较强,获得网民喜欢;四是能够紧跟时代热点,更新快,实时反映网民的需求。

(二)新媒体表情包在马克思主义大众化话语传播中的运用探索

随着新媒体生态空间的不断拓展,移动 APP 用户数量不断扩大,QQ、微信等网络交流工具的使用量日益增加,如何充分利用 QQ、微信等网络交流工具开展马克思主义话语传播,使马克思主义话语更接近群众的生活,是新时代推进马克思主义大众化需要研究的一个课题。面对用户市场日益扩大的网络表情符号,如何通过网络表情符号宣传马克思主义,占领这一巨大的用户市场,值得认真去研究和探索。

2017 年 12 月 4 日,中纪委网站围绕从严治党推出了中央"八项规定"的网络表情包,引起了网民的极大关注。中纪委首次推出的"八项规定"表情包共 16 组,具体内容包括"警惕四风隐形变异""违规配备使用公车""整治公款吃喝""整治公款消费""禁止公款旅游""精简会议""精简文件""整治不作为""违规进入私人会所""违规高消费娱乐健身""整治特权思想""树立良好家风""反对四风""落实八项规定精神成果"等(如图 4-2 所示)。这些表情包很快获得了网友的青睐,许多网民把"八项规定"表情包下载到自己的手机中,时不时地向自己的亲人、朋友和同事发出一个表情包,提醒大家洁身自好。中纪委"八项规定"表情包的推出,收到了极好的廉政教育时效。

图 4-2

未来的世界是网络的世界,谁赢得网络,谁就将赢得世界。长期以来,纪委在人民群众的印象里是严肃的,基层群众往往也是唯恐避之不及。这次中纪委主动推出这套"八项规定"表情包,改变了人们对纪委的看法,使纪委与群众之间的距离一下拉近了不少,党风廉政建设更为接地气,群众的参与度得到了提升。正如习近平所指出:"很多网民称自己为'草根',那网络就是现在的一个'草根'。网民来自老百姓,老百姓上了网,民意也就上了网。群众在哪儿,我们的领导干部就要到哪儿去。"①中纪委把加强党风廉政建设内容以群众喜闻乐见的形式纳入网络平台,一改过去严肃刻板的宣传模式,让群众眼前着实一亮,引起了群众的兴趣和关注,增强了反腐倡廉的社会亲和力。

事实上,在中纪委系统化推出"八项规定"的网络表情包之前,一些民间的网站围绕着培育和践行社会主义核心价值观发布过一些网络表情包,但这种来自民间的自发行为,技术力量还不够成熟,产生的影响力还比较有限。尽管民间自发创新的这种宣传方式影响力不强,但恰好说明了这种宣传方式有着较为广泛的群众基础,值得我们跟进和推动。

网络表情符号随着网络技术的发展日新月异,发展空间极为广阔,表情符号所蕴含的表达方式也被群众广泛接受。推进马克思主义大众化话语传播,突出强化话语的通俗化,通俗化不仅是把话语讲得言简意赅,让群众明白,也同时要

---

① 习近平谈治国理政(第二卷)[M].北京:外文出版社,2017:336.

紧跟时代潮流,主动占领网络主阵地。若能合理创新马克思主义理论话语的网络表情符号,把马克思主义理论翻译成群众喜欢的网络话语来传播,将会进一步推动马克思主义话语的通俗化进程。在操作层面,可以组织力量,发布升国旗表情包、反腐表情包、一带一路表情包、民生建设表情包等。通过表情包反映党的政策等,将更有利于党的方针政策落地生根,更有利于推进马克思主义大众化进程。

探索利用网络表情符号推进马克思主义大众化的话语传播,需要坚持以内容为主,形式为辅。马克思主义是科学的理论,我们在推进马克思主义大众化时,不能为了追求形式创新而降低了对内容的科学性的把握和要求。不管采取何种形式的表情符号,必须要做到能够充分地传达马克思主义的本质内涵,这是基本原则和要求,否则容易使传播话语陷入庸俗化。

第五章　新媒体生态下马克思主义大众化话语传播载体的生态合力

理论总是要通过一定的媒介传播，才能被大众认知、理解和运用，才能最终深入群众、掌握群众。马克思主义大众化话语传播载体经历了从无到有、从文字到音像、从平面到网络的发展过程，这些载体在马克思主义深入民众，发挥理论掌握群众，推进群众运用理论方面发挥了突出作用。随着新媒体时代的到来，马克思主义大众化话语传播载体发生了巨大变化，第四媒体、第五媒体以及正在兴起发展的第六媒体，它们之间相互影响、相互作用，构成了新时期新媒体生态系统。能否利用好新媒体生态传播介质开展马克思主义传播活动，关系到马克思主义大众化的关键问题，发挥新媒体的载体功能，我们既要分析研究新媒体当前运行现状，又要研究新媒体的生态合力，根据新媒体发展趋势，推进媒体资源整合和综合利用。

第一节　新媒体生态下马克思主义大众化话语传播载体的运行现状

随着人类话语传播媒体的更新换代，以网络和信息技术为主体的新媒体逐渐成为话语传播的主体媒介，特别是以第四媒体和第五媒体为主体构成的新媒体生态系统，主导了人类话语传播媒体的发展方向。尽管以移动媒介为主体的第五媒体获得了大众更多的青睐，但开始于门户网站为主体的第四媒体时代，经过技术革新和理念再造，第四媒体在新媒体生态系统中仍然是一条重要的生态链，尤其在马克思主义大众化话语传播中继续发挥着不可替代的作用。与此同时，以手机等移动载体为主体的第五媒体，由于其使用的便捷性和信息互动能力极大提升，其发展速度及运用范围空前迅捷。特别是以手机为代表的移动媒介，逐渐成为人们生活中的基本组成要件,成为社会大众信息沟通和交流的基本载体。

一、第四媒体固定传播平台的话语传播载体

前面我们曾对媒体发展时代进行了讨论,认为第四媒体时代开始于 1980 年美国对多台个体平台电脑的成功联网,实现了信息的互联互通。在第四媒体时代的马克思主义大众化话语传播,主要的传播媒介是门户网站、BBS 论坛、电子资源平台等,这些平台间的相互交流功能不够突出,独立性比较强,主要还是在纵向链条上完成信息传播,相互之间的横向互动功能还不够突出和完善。尽管如此,第四媒体相比传统媒体而言,实现了信息的迅捷传播,极大地丰富了信息传播内容。今天,主流网站等第四媒体在马克思主义大众化话语传播中仍然发挥着重要作用。

（一）以主流网站为引领的定向平台型传播载体

1. 主流网站在马克思主义大众化话语传播中的作用

随着互联网技术的大众化,互联网逐渐从仅被少数人掌握的高大上的信息技术演变为在百姓生活中扮演重要角色的大众媒体。尤其是当原来在报纸、广播电视上传播的新闻内容被搬上互联网上以后,注意力转向了互联网的公众人数急剧增加。为了抢占新媒体宣传的制高点,政府及相关职能部门都争先开发了自己的门户网站,一些专门机构也针对自身的工作性质,开发了大量的主题网站。同时,传播马克思主义的专题网站也大量涌现,其中人民网、新华网、光明网、中国国际互联网络新闻中心等成为传播马克思主义的代表。

主流网站不同于其他商业性网站追求经济利益,而是以宣传马克思主义、党的方针政策为己任,主导着党和国家的舆论导向。我国最大主流网站之一的人民网,开设了"中央文献网""中国共产党历史网""中国共产党新闻网""中国统一战线新闻网"等 10 多个专题网站,旗下还设有"环球网""人民在线""外海网"等对传播中国故事的专题网站。除此之外,还专门开设了"毛主席纪念堂""周恩来纪念网""邓小平纪念网"等系列纪念中国伟大马克思主义者的专题网站,"强国社区""人民访谈""人民微博"等在线互动也出现在人民网平台上;中国另一个主流网站新华网,是全国最大的综合性新闻网站,新华网使全球新闻离我们更近。新华网开设有"新华时政""新华国际""数据新闻""新华思客"等专题。人民网、新华网、光明网、中国国际互联网络新闻中心等是当下中国传播马克思主义话语的生力军和主阵地。这些主流网站都是由国内最具有影响力的新闻单位创办,具有丰富的话语资源。主流网站的内容突出政治性,话语传播的时效性强,具有

较强的引导网络舆论导向的能力。每当社会中围绕一些热点、难点问题产生网络舆论危机的时候,往往都是人民网、新华网通过有力的发声,引导了网络舆论的走向,对社会舆论起到一锤定音的引导作用。

2.主流网站赢得话语权的实践探索

主流网站具有综合性、实践性强的特点,网站所反映的内容既有理论的模块,也有实践成就的展示,是系统化地推进马克思主义大众化的重要平台。以人民网为例,从内容到语种使用,都竭尽全力全面展示中国的发展,向国内外传递中国的声音。在内容上,除了开设多个专题网站外,还面向国内各省区市开设地方专题33个,可以说,人民网是一个涵盖了从中央到县区一级的大型综合主流网站。任何一个人,只要登录人民网,就能够较全面地了解中国发展的全貌。同时,人民网通过专题内容,能够及时回应社会各种热点、难点问题。如中国共产党新闻网专题,开设了习近平系列重要讲话数据库、党建资料库等,同时还开设学习大国、党员悦读等实践性栏目等,通过这些栏目,从历史到现实全面展示中国改革开放40多年的伟大成就,用铁的事实回应各种质疑中国发展的声音。至目前为止,人民网使用了18种语言进行话语传播,全方位、多视角地向世界讲述中国故事,传播中国声音,不断强化中国的话语权。

(二)以 BBS 社区论坛为主导的对话交流型传播载体

1.BBS 社区论坛在马克思主义大众化话语传播中的作用及影响

BBS 是 Bulletin Board Service 的简称,中文称之为电子公告版,人们习惯称之为 BBS 社区论坛,是互联网最早开发的信息交流系统。BBS 向互联网用户提供了极其丰富的信息资源,信息量大,信息更新较快,具有较强的交互性。尤其是其极强的交互功能,在一定时期内主导了互联网的发展潮流。BBS 最早出现在 20 世纪的 80 年代,20 世纪 90 年代开始传入中国,由于受到互联网技术发展影响,BBS 在中国的早期发展并不顺利,没有引起网络用户较高的关注。直到 1997 年 11 月 2 日,中国国家足球队在世界杯亚洲区预选赛失利后,一篇《大连金州没有眼泪》的帖子在"四通利方体育沙龙"上出现,着实引起了网民的极大轰动,BBS 社区论坛也开始在中国热了起来。特别是 BBS 社区论坛至此引起了中国高校学生的关注,并迅速发展壮大。随着 BBS 在中国的迅速发展,社区论坛很快成为网络舆论的集散地,加上 BBS 社区论坛的匿名性特征,使之很快成为人们发表诉求的首要选择,其影响力也越来越大。特别是进入 21 世纪以来的头 10 年,BBS 社区论坛曾一度引领着网络话语的走向。

近年来,BBS 社区论坛上的"高跟鞋虐猫事件""重庆最牛丁子户""华南虎照片事件""天价烟事件""躲猫猫事件""跨省追捕案""邓玉娇案""杭州飚车案"

"我爸是李刚事件""温州钱云会事件"等引发网络舆论风暴,其强大的互动性让人们再次深刻认识到了网络论坛的巨大威力。如何利用好网络论坛开展马克思主义理论宣传,发挥网络舆论在马克思主义宣传中的作用,成为推进马克思主义大众化的重要课题。

利用BBS论坛互动平台开展马克思主义传播,最大优势在于改变传统媒体和平面网站的单向传播模式,在互动媒体上,往往都是意见领袖、学科专家与公众的互动交流,对马克思主义传播起到了答疑解惑的作用。随着互联网的深入发展,网民数量的增加,BBS社区论坛成为公众网络交流的重要工具,上网不再是社会精英阶层的"特权"。BBS社区论坛相比微博、微信有更大的优势,它不受字数的限制,可以发表长篇帖子,话语表达不是碎片化,而是可以系统化的深度阐释。从传播功能而言,平面主流网站是信息的集散地,使公众能够享受到丰富的信息大餐。但信息的发布往往是单向行为,当公众对某些信息产生疑惑时,无处诉说。BBS社区论坛就能较好地提供了互动交流的空间,特别是马克思主义理论传播学者在论坛中开设的专栏,他们可以系统化地阐释马克思主义理论精髓,并可以随时与读者进行交流互动。马克思主义理论建立在科学理论基础之上,由于受到理论自身内在严密逻辑性的要求,传播者在论坛互动平台上推出的帖子,一般都是具有严密的理论逻辑和较高的政治站位,作为普通公众而言,由于受到自身知识体系的影响,往往感觉呈现给公众的这些理论高高在上,无法理解。如果传播者与受众缺乏交流,公众的这种感受将长期得不到有效化解,其结果将是公众对理论失去兴趣。因此,通过社区论坛互动平台,使传播者与受众能够就某一问题进行平等交流,拉近了传播者与受众之间的距离,使马克思主义话语传播多一份亲切感,既提升了传播的亲和力,又较好地维护了马克思主义理论与实践有机统一的理论本质。

2.BBS社交论坛赢得话语权的实践探索

随着互联网逐渐成为人们日常生活中的基本组成部分之后,意识形态的斗争开始从平面媒体向网络媒体转化。特别是随着网络技术的开放与融通,交流的硬件平台开始走向国际化,BBS、微博、微信等交流工具不再具有明确的国籍标签,这些交流平台几乎成为了国际共享平台。因此,自从BBS论坛成为人们思想交流和诉求表达的主要渠道后,话语权的争夺也就从传统的阵地争夺转向话题争夺。在传统媒体条件下,为了守住意识形态阵地,我们提出了守土有责,要看好自家的一亩三分地。但在BBS等交流平台成为国际话语交流的集散地后,仅靠传统的被动防守,显然已经无法真正赢得话语权。在网络已经成为国际话语交流载体的今天,我们除了坚持做好守土有责的阵地防守外,更重要的是要把被动防守变为主动进攻。常言道主动进攻就是最好的防守。因此,立足于中国改革 40 多年来取得的巨大成就,讲好中国故事,向国内外民众传播中国发展的声音,才是赢得话语权的最有效手段。

BBS 论坛作为最早网络交流的工具,通过 BBS 论坛讲中国故事,传播中国声音,取得了较好地实践探索。以人民网强国社区(BBS. people. com. cn)为例,该论坛集成了博客、微博、微视频、E 政、访谈、新闻等六大交流平台,在这些平台中,开设了"我向政府工作报告献一策""论坛一周热榜""论坛一周热评""博文一周热榜""微话题""地方来音""部委回声"等交流栏目。可以说,人民网强国社区论坛充分回应了公众的诉求,内容既有国家大事,也有老百姓的日常关切;既有理论阐释和引导,也有实践的回应。如开设了"社会主义改革开放中有阶级斗争吗"讨论议题,有 3 万多人参与了讨论。人民网强国社区论坛平均每天推出的主贴达到 1. 36 个,滚动保留的精华贴达到 1 万个左右,人民网用强大的议题引领社会正能量,较好地赢得话语权。特别是人民网论坛社区开设的"共青团微博发布厅"政务性微博,据不完全统计,从团中央到各地方团组织,累计粉丝超过千万,凝聚了一大批青年。正是人民网注重对人气的凝聚,使得每当发生网络舆论时,总是能够引领正确的话语方向。

从国际赢得网络话语权的经验表明,对 BBS 社交论坛的有效管理,是确保掌控话语权的重要手段。2011 年 5 月 9 日,人民日报发表了《管理互联网并不意味着限制网民思想》的署名文章,文章指出:"互联网的自由,也是法律之下、道德之下的自由。管理网络不仅需要政府,也需要全体网民的参与、社会各界的支持。"[①]一个政党、政府对网络的管理本是天经地义、利国利民的大好事,但文章一经刊出,立即遭到一批网络推手的大肆围攻和非难。一些人公然叫嚣不要愚民的信息控制、思想控制、红色灌输等。围绕网络是不是法外之地,要不要管理等问题,人民网论坛社区发起了讨论。经过网民的思想交锋,主流论坛的时时引领,网民在管理互联网的问题上形成了共识。网络是公共活动空间,不是法外之地,加强网络管理,还公众一个法治清朗的网络空间是维护公民正当权益的根本要求。管好网络舆论,要突出加强党对网络舆论工作的领导。2016 年 2 月 19日,习近平在全国新闻舆论工作座谈会强调:"党和政府主办的媒体是党和政府的宣传阵地,必须姓党。"[②]"党媒姓党"这是包括中国共产党在内任何一个政党都特别重视的一个问题,是确保党的方针、政策、路线等能够准确传播的基本要求。习近平关于"党媒姓党"的重要讲话,是深刻回答了新媒体时代党的新闻工

① 转引自张同."网络理想国"怎样创建?[EB/OL]. http://www. wenming. cn/wmpl_pd/zlzs/201105/t20110509_169822. shtml.

② 习近平谈治国理政(第二卷)[M]. 北京:外文出版社,2017:332.

作发展的一系列重大问题。实践证明,在新媒体时代,如果马克思主义不能占领并引领网络话语,那其他的非马克思主义思想就一定会占领这块阵地,这是毋庸置疑的。因此,如何用 BBS 社交论坛赢得话语权,是一个值得深入研究的时代课课题,需要我们从理论到实践的不断创新和运用。

(三)以专题网站为主体的任务驱动型传播载体

专题网站是传播马克思主义的重要载体,有利于以服务性和任务性的系统化方式推进马克思主义大众化,尤其是在针对干部的学习培训方面,效果比较突出。在新媒体生态下,通过网络推进理论专题学习,内容更为丰富,形式更为灵活多样,任务驱动更为明确。

1.专题学习网站在马克思主义大众化话语传播中的作用及影响

无论在什么时候,推进马克思主义大众化,干部都是关键因素。因此,善于抓住干部,以干部为引领,带动推进马克思主义理论的学习和宣传,是马克思主义大众化的重要形式。新中国成立前的延安整风运动,是对干部进行马克思主义理论教育的经典运动。改革开放以来,党对干部的理论专题学习不断常态化,从 1983 年开展的为期三年的"统一思想、整顿作风、加强纪律、纯洁组织"整党活动到 2000 年开展的"三讲"专题教育活动,都是在传统媒体下推动的主题教育活动。从 2008 年开展的"学习践行科学发展观"专题教育活动开始,教育形式有了新的变化,新媒体开始运用到教育活动中,发挥着重要的传播载体作用。

2008 年以来,这样的专题理论学习与以往不同,除了继承传统的学习方式以外,还发挥了网络在专题学习活动中的作用,拓展了学习时空,丰富了学习内容。据不完全统计,目前全国 31 个省(区、直辖市)建设的干部网络学习平台总数超过 500 个。一些专题学习网站在全国产生了重要的影响,成为干部开展马克思主义理论学习的重要基地。如中宣部主办的"学习强国"、人民网主办的"两学一做"专题、新华网主办的"学习进行时"专题、中央党校主办的"学习中国"专题网站、中国社会科学院主办的"中国社会科学"、北京市委宣传部主办的"宣讲家"等专题网站等,内容丰富、形式新颖,成为干部学习的重要阵地,也是推进马克思主义大众化的重要平台。归纳这些专题学习网站,在推进马克思主义大众化进程中的作用有几个共同的特点。

第一,内容丰富,理论宣传系统性强。从当前影响力比较大的"学习强国""两学一做""学习进行时""学习中国""中国社会科学""宣讲家"等专题网站而言,理论内容总体上涉及经济、政治、文化、社会建设、生态文明等五大领域,具体还细化到宏观经济、微观经济、社会主义民主与法治、科教法律、文学艺术、社会治理等方方面面,内容非常详细,既有文字材料,也有大量的图片和视频,对于干部群众而言,这些专题网站既是学习的平台,也是一个庞大的资料库。

第二,学习方式灵活、降低干部学习成本、提高学习效率。进入 21 世纪以来,整个社会进入了快节奏时代,干部工作节奏加快、强度加大,业务工作非常繁重,从客观而言,留给广大干部专门的理论学习时间是非常有限的,集中干部进行系统的理论学习培训在绝大多数的领域都不现实。因此,多数干部只能利用一些碎片化的时间提升自己的理论水平。专题网站平台的开设,在一定向度上解决了干部无法集中学习的客观困难。干部只要配备一台学习载体,在任何时间任何地点都可以进行学习,碎片化的时间被充分运用。专题网站学习平台既解决了干部的工学矛盾,又给了广大干部在学习内容上的自由选择权,能够根据自己的工作需要、发展需要,自主地选择学习内容。同时,干部们可以通过平台进行学习交流,也可能通过平台与专家进行交流互动,提升了学习效率。

第三,有利于对干部学习情况的监督检查。网络专题网站在给广大干部提供了自由学习空间的同时,也有利于对干部学习情况进行时时跟踪服务和检查。在传统的平面媒体下,虽然各部门都在强调干部的理论学习,但学习效果、学习基本状态难以把握。通过网络平台推动干部理论学习,除了为干部们解决了工学矛盾问题之外,还有利于搭建干部学习状态数据库,对干部学习状态进行时时跟踪检查,把干部理论学习的他律与自律有机结合,系统性推进干部理论学习。

2.网络专题学习网站赢得话语权的实践探索

网络专题学习网站的内容时政性强,理论话语表达严谨、规范,话语通俗形象,同时还具有较强的交互性。相比于传统平面媒体而言,更有利于提升马克思主义传播的话语权。

第一,内容时政性强,较全面系统反映当前国家经济社会发展的实际国情。在传统媒体时代,由于条件的限制,对干部的教育培训基本由各地方完成,教育内容和教育水平参差不齐,一定程度上影响了教育效果。随着新媒体的广泛运用,为开展线上学习教育创造了条件。在新媒体的支撑下,干部教育形式有了重大变化和创新,开始由面对面地集中线下教育向线上教育转型。在网络专题学习网站上,虽然教育对象与教育者不再面对面,但教育的内容更为系统和规范,容量更大,学习形式更灵活,更容易得到学者的喜欢。以"中国干部网络学院"专题网站为例,内容主要涵盖马克思主义、科学社会主义、党史、党建、哲学、经济学、统计学、法学、社会学等学科领域,涉及时事政治、党性修养、时政解读、政治理论、政府法治、经济管理、应急管理和领导能力建设等,同时还包括了一些服务性的知识教育,如:公务员考试等。在一些地方的"干部网络学院"课程中,还增加了地方特色的课程内容,如:广西干部网络学院设置了"广西特色课程"专题,内容涉及广西故事、凡事说理——广西热点面对面、红色传奇、勤廉榜样等专题。

当前,各层级运行的干部网络学院形成了在线学习、党政公选、企业管理和公务员考试题库、全国干部教育培训师资库等多功能于一体的网上教育教学培训系统。为干部提供及时、多样、便捷、优质的网络在线学习培训服务,解决干部培训覆盖面不够、培训资料不足等问题。干部网络学院对推进马克思主义大众化发挥了无可替代的作用。

随着时代的发展,这种面向领导干部的专题学习形式逐渐扩展到全体党员和干部群众。应该说,建立网络专题学习网站,是赢得话语权的重要实践探索。当然,由于技术手段的缺陷,这样的学习形式也还存在一些不足之处,比如存在只挂网不学习的情况、或请人代学、代考的情况等。但随着技术的发展和改进,这些缺陷都将得到解决。比如:增加对学习者的脸部识别、声像识别等,或学习过程的视频同步监控等。相信在不久的将来,通过完善这些技术手段,网络学习将不断规范,学习的时效性将进一步提升。

第二,网站内容增强了针对性和趣味性,语言表述更通俗化。在传统的理论学习上,多数是请专家面对面辅导报告,受到时间的限制,报告的内容篇幅有限,形式单一,往往难以激发学员的学习欲望。而在网络专题网站上,学习内容都是经过专家精心准备,话语表达形式多样,既有文字的深刻阐述,又有针对性非常强的图片和视频进行充分的佐证,容易引起学员的心理认同和情感认同,提升学习效果。任何理论都有其自身的逻辑性,因此,对于不专门从事理论研究的干部而言,要弄清楚理论的内在逻辑关系有一定的难度和困难,正因为如此,往往使得干部们认为理论学习枯燥无味,激发不了自身的学习动力。而网络专题网站无论是学习内容,还是话语表达的形式,相比于现场的学习辅导报告都要丰富得多。以全国各地的"干部网络学院"为例,在内容编排上,既有专家系统讲授的内容,也有短小精炼的微课,在内容编排上把文字、图片、小视频有机统一,甚至还运用动画、表情包等话语符号阐述一些深奥的理论,话语表达形式既做到了把通俗性和严谨性有机结合,在内容和形式上又满足了不同干部群众的学习诉求。增强了马克思主义理论话语的生动性和趣味性,提升了马克思主义理论在干部群众中的认同度,为赢得话语权奠定了坚实基础。

第三,专题网站搭建了学习的交互平台。交互性是网络的主要特性之一,依托互联网搭建的理论学习专题网站,普遍开设了学员与专家、学员与学员之间的学习交流平台。如各地的"干部网络学院"专题网站,普遍开设了"移动学习""成果分享""意见征集""网上调查"等具有交互功能的栏目,通过各种形式增加专家与学员,学员与学员之间的交流。学员在学习过程中,对一些关心的问题可以通过平台向专家提出咨询,专家也同时通过平台时时回应学员的问题。同时,学员之间也能够就某一问题通过网络平台进行交流讨论。与传统的专家辅导、学员自己读书看报的理论学习方式相比,网络专题学习网站拓展了学习主体之间的相互交流空间,为激发学习活力创造了条件。

二、第五媒体移动传播平台的话语传播载体

我们通常把第五媒体称为 APP 移动终端,APP 是英文 Application(应用程序)的简称。第五媒体与第四媒体相比,更突出了便捷性,尤其是手机作为第五媒体中的主流终端,显示了无与伦比的传播优势,成为新媒体生态中话语传播的主流。特别是微博、微信、微视频、短信等,已经成为推进马克思主义大众化话语传播的重要媒体。

(一)微博搭建了全民话语传播新平台

1.微博成为新媒体生态下的话语集散地

据微博 2020 用户发展报告数据显示,"截至 2020 年 12 月,全国微博活跃用户规模为 5.11 亿,手机微博用户规模为 3.16 亿人。"[①]微博成为人们网络社交生态系统中的重要一支链条。微博正推动着网络时代的社交媒体形成裂变式的话语传播,微博中的粉丝沉淀能力让许多网络运营平台看到了巨大的商机。特别是社会公众人物的微博专户,吸引了大量的网络粉丝,进一步推动了微博在社交媒体中的影响力。近年来,随着微博功能的扩充和完善,娱乐、休闲、社交,甚至包括营销等都进入了微博平台,微博成为人们在碎片化时间里进行沟通和交流的重要媒介,极大地满足了人们的碎片化的话语诉求,或者说微博正在逐步成为社会舆论的晴雨表,社会公众的一些诉求都在微博中集散。因此,微博在社交媒体中的话语影响力已经越来越突出,对马克思主义大众化的话语传播也必将产生重大影响。

2.微博成为引导社会舆论的新平台

微博具有突出的开放性和交互性特征,已经逐步成为民间和官方两个话语群体的话语集散地。微博所反映出来的民意舆情,也往往成为官方掌握民意诉求的晴雨表。被人们称为互联网之父的温顿·瑟夫曾指出:"互联网只是一面镜子,使用它的人在里面干什么,它就如实反映什么,与镜子本身并没多大关系。"[②]在微博呈现其话语集散地特征的初期,人们对微博等交流平台的认识还不全面,往往只认识到其负面的一面,而对如何正面看待微博,利用好微博方面

①　微博:微博 2020 用户发展报告[EB/OL]. https://data. weibo. com/report/reportDatail? id=456.

②　转引自王玮.公民网络政治参与现状及其管理策略研究[D].南昌大学,2012:27.

缺少研究。事实上,正如群体性事件一样,人们特别是政府部门非常害怕群体性事件的发生,而往往把所有的群体性事件都定位为负面事件。因此,对群体性事件是严防死守。而群体性事件背后所反映出来的民意诉求往往被忽视,甚至长期得不到解决,导致群体性事件在一定时期内呈现多发状态,极大地增加了社会维稳成本。微博的出现也是如此,由于微博最早都是个人的话语表达,而且更多是民间话语的诉求表达,政府对微博缺乏重视和利用,导致微博在一定时期内容易引发舆情危机。

进入 21 世纪以来,随着人们对微博话语传播功能的不断认识,政府重视了对微博的应用和管理,在管理理念上发生了从管理到治理、从防到导、从守到攻的变化。随着理念的变化,各级政府也充分意识到,以其花精力去防,还不如花功夫利用。于是,微博逐步成为政府引领舆论的重要工具。目前,微博引领社会舆论主要从两个方面体现出来。一是管控"意见领袖",发挥"意见领袖"的积极引领作用。微博的话语聚合效应主要以"意见领袖"为核心,很多议题的设置,话语走向引领都与"意见领袖"有着密切的关系。"意见领袖"在话语导向上往往表现为"红色""灰色""黑色"三个地带,发挥"意见领袖"的话语引领,要关注三个地带的"意见领袖"。红色地带的"意见领袖"是与主流价值相一致的,善于用积极向上的话语引领大众舆论,这类的"意见领袖",当然要大力支持,使其影响力进一步扩大;灰色地带的"意见领袖"往往以不持政治立场而自居,这类"意见领袖"往往是娱乐界人士较多,他们周边聚集着大量青年人,这是一支需要积极争取的力量;黑色地带的"意见领袖"往往以"公知"自居,他们的言论有时比较偏激,而且善于运用自己的社会身份影响力去赢得话语权,这些人的言论有时与社会主流价值相背。在社会改革进入攻坚期和深水区的关键时期,他们有时会利用社会矛盾的表象设置议题,发表自己的观点,这类议题容易赢得不明真相的民众认同。因此,处于黑色地带的"意见领袖"是我们要注重管控的对象,尤其要通过制度管制,限制其负面影响力。二是突出政务微博的正面话语引领。据第 47 次《中国互联网络发展状况统计报告》数据显示:"截至 2020 年 12 月,仅新浪平台认证的政务机构微博就达到 140837 个。其中,仅河南省就开通了 10130 个政务微博,是开通政务微博最多的省份。"①政务微博是新生的话语集散地,赢得了大量的粉丝关注和转帖。如公安部的"公安部打四黑除四害"(2019 年 1 月更名为"中国警方在线")政务微博,从 2018 年 12 月至 2022 年 4 月,注册粉丝量就达到 3205.9 万,转帖量达到 507 万;"共青团中央"的微博,仅半年时间的转帖量就达

---

① 中国互联网络信息中心:第 47 次中国互联网络发展状况统计报告[EB/OL]. https://www.cnnic.net.cn/hlwfzyj/hlwxzbg/hlwtjbg/202102/P020210203334633480104.pdf.

到 230 万。据不完全统计,仅半年时间里,排名前 20 位的政务微博粉丝总量达到 8371 万,转帖量 627 万。截至目前,政务微博已经覆盖全国所有省区市及重要部门,特别是绝大部分党政机关都开通了政务微博,成为各级政府和团体发布权威信息和回应民众关切的重要平台,也成为政府沟通民意的重要渠道。政务微博的开通,在畅通了民意诉求渠道的同时,也为系统化地宣传马克思主义提供了重要平台。

(二)微信创设了大众话语交流生态位

从生物学而言,生态位是生物体在生态系统中所占有的位置,以及他它们在生态群落中的生活方式。从新媒体生态系统而言,微信在新媒体生态系统中的生态位具有突出的地位和价值,微信在媒介竞争中的优势地位尤为突显,尤其是在话语传播和交流方面占据着其他媒介难以超越的优势。

1.微信搭建了新型的民间交流平台

微信的即时移动话语传播功能是其最核心的基础功能,也是其在新媒体生态系统中获得草根民众最认同的重要功能之一。微信不仅自身具有强大的文字、语音、视频通信实时功能,还具备了交流的延时功能,同时还集成了手机自身的通信录、QQ 通信录等,实现了手机、微信、QQ 有机统一一体,主动抢占了新媒体系统生态位。微信主打的语音话语传播功能,获得了草根民众的广泛认同和使用。其语音通信功能不仅延续了传统电话功能的话语亲切感,而且降低了通信成本,具有更大的优越性。一是通信费用降低,微信通信只需要消耗少量的流量,不需要支付较贵的电话资费;二是能够保留自己的通话信息,交流双方不需要即时接通,不需要像电话一样需要双方都在通信场才能进行交流;三是弥补了一些对文字不太熟悉公众的通信障碍。另外,微信兼容的文字、图片、视频等话语传播功能,形成了多元化的交流结构,满足不同群体的需求。特别是微信视频通话功能,能够把交流双方整合到一个同时存在的交流时空中,通过视频画面增强了交流的真实性,使交流双方不仅能够感受到语言的亲切,更能增强双方的情感互动和存在感。

微信最早是基于 SNS 社交平台改造而来。SNS 社交平台出现的时候,用户可以进行图片和文字传播,可以选择传播对象,但不支持转发,信息传播范围有限。经过技术创新的微信,增强了信息的转发功能,同时,增加了信息的隐密功能,使得用户在进行信息传播时有了是否是公开或隐密的选择权。随着信息技术的不断发展,微信话语传播功能也在不断完善,人性化更为突显,不仅实现了"朋友圈"的集体化公开交流,还实现了个体间的私密交流,构建了多位一体的话语传播平台,极大增强了微信话语传播的开放性和活跃度。除此之外,集成在微信平台上的各种支付功能,更是把大众与微信紧紧地捆绑在一起。在微信的推动下,中国民众一部手机走天下的态势正在形成。

2.政务微信架构了官方与民众沟通的新渠道

微信作为新媒体生态系统中新兴的三大交流媒介之一,虽然从时间上而言是后起之秀,但凭借其强大的草根群众基础,在使用范围和群体数量上超越了微博。受到我国传统的社会生态和体制环境影响,政府往往是立场鲜明、态度严肃,面向社会公众的话语用词严谨、规范统一,这种话语表达形式充分体现了政府的权威性,捍卫了政府不可挑战的权威,赢得了社会公众的敬仰和羡慕。因此,在传统媒体条件下,群众一般不会挑剔政府的这种形象。但随着新媒体时代的到来,亲民化的媒介拉近了社会机构与群众的距离,不断赢得民意。而政府因传统的刻板和严肃,与群众的距离越来越远,越来越大。甚至在一定时期内,政府的公信力不断下降。政府公信力下降与官方话语在群众中失信、政府缺乏与群众的沟通和交流无不具有直接关系,过分严肃和规范的话语表达不被群众认同和接受,使得政府逐渐远离群众,特别是远离了活跃在网络平台上的草根群众。因此,在新媒体生态下,转变政府的话语传播思维是大势所趋。

2013年4月27日,广东汕头市政府开通"汕头市政府应急办"公众微信号,这是全国最早的政务性质的微信公众号之一。随后,河南等地也相继开通了"河南消防"等微信公众号。在这些政务微信号的影响下,全国各地的政府部门都相继开通了微信公众号。很多原来需要在场服务的政府项目,都随着政务微信的开通而转为线上服务。在微信平台的推动下,政府与群众的沟通已经从在身份在场转向了网络沟通与交流,使政府与群众的交流渠道更为畅通和便捷。

第一,政务微信提升了政府的亲和力。在传统媒体条件下,政府往往以严肃而自居,百姓要到政府办事,还需要经过保安层层盘问,导致群众对政府往往是敬而远之。政务微信开通后,在政府与百姓之间架起了一座沟通的桥梁。随着微信功能的不断改进,政务微信把政府的服务功能进行了裂变式的拓展,一个真正的亲民政府形象在微信的推动下重新得以塑造。群众找政府只需在网上寻呼即可,大部分的事情都能够通过政务微信进行办理,原来需要排长队办理的小事情,现在只需要在手机上简单操作就能完成,极大提高了政府的办理效率。同时,政务微信还能够时时推送服务信息,向群众呈现了一个公开、透明、开放的政府,一改过去刻板严肃的政府形象,拉近政府与群众的距离。

第二,政务微信拓展了政府的信息传播。政府通过政务微信推送的信息,能够通过群众和政务微信号的粉丝进行二次转发,或在朋友圈中进行分享,使政府传播的信息呈现几何级数的增长,一方面扩大了党和政府的宣传力度,同时又形成了政府和群众一体化的宣传效果,使得群众主人翁的责任感能够真正体现出来。实践证明,党的方针政策要走进千家万户,仅凭宣传部门的自身力量是远远不够的,需要更多的群众参与进来,政务微信为群众参与提供了条件。利用好、发挥好、引导好群众的力量,能够极大地拓展政府的信息传播,让群众能够更真实、更快捷的了解政府的政策,进一步畅通政府与民众的沟通渠道。

3.政务微信有效引导了社会草根舆论

政务微信是党政机关在微信平台推出的官方微信公众号。政务微信在主体上突显官方性质,在内容传播上具有权威性、公共性和突出的服务功能。微信群体的草根性比较突出,聚集了社会大量草根民众。由于微信群体数量庞大,草根性突出,朋友圈内个体的媒体素养参差不齐,导致微信平台话语复杂多变、良莠不齐,一些具有迷惑性的信息往往误导公众,甚至一些人打着政府的旗号发布不实信息,降低了微信话语的公信力。

政务微信就是要突出政民沟通,通过政务微信有效地架构政府与草根群众的沟通桥梁,便于政府通过政务微信了解基层民意和诉求,准确传达政府声音。政务微信的出现,在一定意义上颠覆了传统的政府服务理念,把时时在场的低效率服务转变为网络时空的高效率服务。因此,开通政务微信,能够整合官民两个群体的信息传播,提高微信传播话语的公信度,有效引领草根舆论导向。

政务微信掌握舆论主导权是多方面的,最突出的就是主流媒体通过微信对舆论话语的引导。截至 2019 年 8 月,政务微信公众号突破了 10 万个。在这些数量庞大的微信公众号中,主流媒体的"央视新闻网""新华网""人民网""共产党员""学习强国""学习大国""学习中国""学习进行时""央广网"等公众微信在引领社会舆论方面发挥了突出作用。随着微信舆论影响力的扩大,在一些社会热点问题上,微信往往成为公众传播信息的触发器。在各种良莠不齐的信息传播中,如果政务微信在第一时间强势介入,凭借其强大话语掌控力,占据舆论的制高点,能够有效引导舆论走向,扼杀谣言的漫延。如 2018 年 7 月 15 日爆发的长春长生疫苗事件,迅速引爆整个网络。由于涉及民生和百姓生命健康安全,千千万万的民众都在关注这一重大突发事件,微信朋友圈就此进行了广泛传播,其中也不泛一些谣言。据统计,微信公众号对此事件的关注仅次于微博。尽管在账号数量上微信的关注量不如微博多,但由于每一个微信号有众多个体,实质上通过微信关注该事件的个体要远远多于微博,成为此次事件的重要话语传播平台。

在此次事件中,人民网、新华网、央广网等主流媒体紧跟国家权威机构,时时发布百姓最关心的权威信息,通过最权威的信息回应百姓的关切,如人民网在微信公众号发文称:"国家主席习近平对吉林长春长生生物疫苗案件作出重要指示指出,长春长生生物科技有限责任公司违法违规生产疫苗行为,性质恶劣,令人触目惊心。有关地方和部门要高度重视,立即调查事实真相,一查到底,严肃问责,依法从严处理。国务院总理李克强作出批示要求,国务院立刻派出调查组,对所有疫苗生产、销售等全流程全链条进行彻查,尽快查清事实真相,不论涉及哪些企业、哪些人都坚决严惩不贷、绝不姑息。"[①]主流媒体通过微信强力回应民意关切,把中央对该事件的态度准确传递给草根民众,既让群众了解真相,又让群众了解中央处理该事件的态度,这在很大程度上阻断了谣言传播的途径。以往时候,每当突出一些事件,谣言之所以能够肆意网络,就是因为草根民众了解事件真相的途径不畅通,不了解中央高层对事件处理的态度造成的。只有主流媒体发布了权威信息,让群众了解真相,谣言自然没有立足之地。

除在一些突出事件中有效引导草根舆论外,政务微信还通过微信公众账号平台向草根民众推送反映中国改革开放 40 多年来的巨大成就,向群众讲中国故事,传播中国好声音。如人民网微信公众号"悦读"栏目,在信息传播上坚持权威、实力和源自人民的理念,以图文并茂的形式向基层群众传播社会正能量的文章,受到群众的大量关切。在"服务"栏目中,又开设了"习近平系列重要讲话数据库"等,全面系统地向公众推送马克思主义理论。人民网推送的微文,既接地气,满足草根民众的需求,又不失理论的逻辑体系,满足了理论界学原著、学原文的需求。人民网全方位、立体化的话语传播,较好地引导了社会舆论导向。如人民网的微信公众账号文章《看"习大大"如何译成英文》等,一刊出就迎来了大量粉丝的刷屏。因此,随着微信的"草根性"越来越凸显,政务微信已经逐步成为政府掌握和了解民情的重要途径,成为政府服务群众的重要便捷窗口,也成为推进马克思主义大众化的重要话语传播平台。

（三）今日头条客户端构建了新闻传播生态圈

今日头条客户端与微博、微信并称新媒体话语传播平台的"两微一端"。今日头条已覆盖中央媒体、地方媒体,涉及公安、信访、检察、司法、基层组织、法院、共青团等在内的 100 多个政府和社会团体系统。今日头条的新闻传播质量越来越高,呈现给公众的媒体内容越来越优质。

1. 新闻信息实现了智能化的个性化推送

今日头条最大的特性在于依靠大数据运算,通过大数据＋好算法推动信息传播,以满足不同个体的信息需求。如客户想要了解北京的新闻,只要选择相应的城市名,平台就能够通过大数据计算,把对应的城市新闻呈现给客户。个性化的新闻信息传播,让公众有了选择权。新闻呈现不再是千篇一律,而是千人千

---

① 引自蚁坊舆情报告:长春长生疫苗造假事件［EB/OL］. https://www.eefung.com/hot-report/20180727162910.

面,时刷时有,随时更新。今日头条呈现给公众的新闻是通过大数据充分分析客户个体的兴趣后形成的,客户每一次浏览新闻后,系统就会记录下你浏览新闻内容的时间、浏览习惯,甚至还包括你的阅读环境等,经过多次的数据记录后,形成了用户个体数据流模型,为大数据计算个体的兴趣提供了依据。今日头条能够智能化地帮助用户快速找到自己感兴趣的新闻内容,提升了用户的心理体验和服务认同,同时提高了用户的阅读质量。用户每次登录系统,平台就会自动为用户推送你感兴趣的新闻内容,不需要用户再花过多时间去找自己需要的信息。今日头条把智能机器与大数据有机融合,实现了机器对用户的智能阅读,把原来用户找信息的传统阅读变成了信息找用户的现代智能化阅读。

2. 今日头条客户端搭建了共生共赢的新闻话语生态圈

今日头条实现了智能化的信息分送,通过大数据的智能化分析,为公众推送个性化的新闻内容,在满足用户新闻信息个性化需求的同时,也为今日头条赢得了数量庞大的用户信任。近半年来,新闻阅读量达到 39.5 亿,实现了今日头条客户端与用户的共生共赢。今日头条与微博、微信不一样,它自身不产生新闻,而是在充分整合互联网巨大的信息资源库的基础上,利用大数据技术的分析能力,为互联网新闻信息排查到属于它的读者,为读者找到自身感兴趣和需要的新闻。借助于产业领域的一个概念,微博、微信、专题网站等是新媒体生态系统中新闻生产者,而今日头条却是新闻传递员,就好比我们生活中的快递小哥一样,把新媒体生态系统生产的新闻准确传递给用户。今日头条尽管不生产新闻,但在新媒体生态系统中占据着极其重要的地位,特别是在净化新闻信息,为公众推送健康、有用、反映正能量的信息方面发挥了重要作用。互联网发展至今,通过互联网传递的信息良莠不齐,甚至不泛大量的垃圾信息,用户每天都要面对这些垃圾信息,并且花费大量精力去甄别这些垃圾信息。今日头条完全是在基于为用户服务的基础上,为用户选送优质的新闻内容。

随着今日头条的发展,新闻生产、新闻传播、新闻阅读三者构成了一条完整的新闻传播链条,为新媒体生态系统的可持续健康发展补齐了短板。截至 2019 年底,今日头条已经与超过 2700 多家新闻媒体签订了合作协议,为各家新闻机构准确向公众推送新闻。目前,为了进一步增强中国特色社会主义的话语传播力,从中央到地方各级党政机关陆续开通了政务头条号,使得今日头条与新闻机构形成了更深度的融合,搭建了共生共赢的话语传播生态圈。

三、马克思主义大众化话语传播载体运行现状分析

随着新媒体技术的发展,推动着话语传播载体不断创新发展,尤其是随着微

博、微信和今日头条引领了话语传播的主旋律以来,马克思主义的话语传播载体正在发生着新的变化。

（一）传播载体与传播主体的组合呈多样化

在传统媒体时代,话语传播的媒介与受众之间基本呈现单一的联系链条,受众与受众之间虽然也存在话语传播,这种传播多发生口口相传,能够通过媒介进行受众之间的话语传播的条件非常有限。因此,传统媒体时代的话语传播基本处于单一化状态。随着互联网的普及,传播技术的飞速发展,传媒载体呈现出多样化态势。除了微博、微信、今日头条等主流媒介外,各部门还自建了大量门户网站、专题网站等传播载体。特别是"两微一端"等传播媒介的出现,推动了传播领域的大变革。传统媒体时代的单向传播被彻底打破,取而代之的以"两微一端"为主流的多向话语传播。在新媒体生态下,话语传播的传者与受众之间已经没有严格的身份界限,传者与受众的身份时刻发生着秒变,前一时刻是话语传播者,后一时刻立刻变为话语接受者,人人都在说,人人都在听是新媒体时代传播领域的最大特征。因此,新媒体推动着传播领域的大变革,只要手中有一台连接互联网的设备,他就能够变成话语传播者。在人人都是传者的新媒体时代,信息传播十分迅速,对一些热点话语,往往按几何级数的增量进行传播。互联网给整个传播领域提供了开放、自由、交互的传播生态,传统媒体时代的你说我听的传播方式被众人说、众人听的传播方式取代,任何个人或集团,想要真正做到垄断和控制话语权,实属不易。

新媒体时代话语传播格局的裂变,给马克思主义大众化话语传播既带来挑战,更提供了难得的机遇。在传统媒体时代,马克思主义话语传播几乎呈单向传播,你说我听是基本的传播方式,而且传者几乎是固定,要么老师,要么专家,常见的面孔让受众产生了强烈的视觉和听觉的疲劳,传播内容的固化和呆板也常常让受众生产厌烦感,缺乏新鲜感的话语自然难以引起受众的兴趣。在新媒体生态条件下,一是传者呈现多样化,既有学界、理论界的专家学者和专门人士,也有来自最基层的草根民众;二是在传播话语上,既有专家的严密理论逻辑讲授,也有基层群众民族化话语的通俗演绎,甚至诸如"你说马列已过时,那是西方瞎嘟嘟;金融危机到来了,西方到处找马书;中国革命为何胜,全靠马列思想引;改革开放 40 多年,百姓生活大变天;中国特色扬世界,功归马列指导先"等这样的打油诗也能够在微信朋友圈广为传播,并且赢得群众的喜爱。因此,新媒体推动着马克思主义话语传播格局的变化,无论是传播载体还是传播主体,都呈现了多样化态势,并且两者之间进行了深度融合,多样化载体与多元化主体自由组合,构建了复杂多变的话语传播生态。

（二）传播载体格局呈现多元化

推进马克思主义大众化,自然离不开传播载体。从 100 多年前马克思主义传入中国以来,传播载体一直与时俱进。在新中国成立之前,马克思主义传播载体基本是平面的报刊媒体,由于受到传播载体的限制,传播渠道比较单一,传播范围和受众比较有限,马克思主义在很大程度局限于精英阶层的传播。新中国成立后,马克思主义传播载体发生了巨大变化,除了传统的平面报刊媒体外,还增加了广播、电视等传播载体,传播范围和受众迅速扩大,马克思主义传播开始真正踏上大众化历程。随着网络进入千家万户,马克思主义传播迎来了春天。特别是新媒体时代的到来,第四媒体的主流门户网站仍然占据着马克思主义传播的半边天时,第五媒体的移动终端已经强势崛起,迅速抢占了话语传播的"龙头"。

在新媒体时代,各地各部门的主流门户网站和专题网站,在宣传马克思主义中仍然发挥着重要作用。如前文讨论的人民网、新华网、宣讲家网、干部网络学院等主流门户和专题网站,这些网站坚持系统化地开展马克思主义理论宣传和教育,为公众系统化的理解和掌握马克思主义发挥了重要作用。当第四媒体在马克思主义宣传教育中仍然占据着重要地位的同时,以手机等移动终端的第五媒体则强势崛起,手机微博、手机微信、今日头条异军突起,进一步丰富了马克思主义话语传播的载体。据第 49 次《中国互联网络发展状况统计报告》数据显示,截至 2021 年 12 月,全国网站数量仍然有 418 万个,其中还不包括 edu. cn 的网站,事实上,仅.cn 下手网站数量也达到 272 万个,APP 达到 252 万款。中国公民平均周上网时间达到 28.5 小时。在 10.32 亿的网民规模中,使用电脑上网占35％,使用手机上网占 99.7％。在上网的场所分布上,在家通过电脑接入互联网的比例为 82.3％。通过这些数据反映出我国传播载体呈现多元化态势。从在区域范围的抽样调查情况显示,网民上网的载体并非固定不变,虽然手机是网民上网的主要载体,但在调查中,一些网民也表示,由于长期使用手机上网,对人的视力伤害也是不容忽视的问题。因此,有些网民回到家,或在办公室等有电脑的条件下,还是选择用电脑上网。由此可以看出,在新媒体时代,话语传播载体已经呈现了明显的多元化态势。我们在推进马克思主义大众化话语传播时,需要从这一基本态势出发,综合考虑和应用传播载体,以实现全方位、多载体地推进马克思主义大众化话语传播。

（三）传统媒体与新媒体的融合趋势加快

从推进马克思主义话语传播而言,由于新媒体追求短平快的快餐式话语传播,碎片化的话语传播特性突出,有利于把接地气的通俗化、简洁化的理论要点直观的传播给大众,但理论传播话语的系统性和逻辑性不足。相比而言,传统媒体在话语传播的系统性、逻辑性方面是新媒体不可比拟的,传统媒体更有利于把马克思主义理论自身的理论内涵和逻辑体系向受众阐述清楚,便于受众系统性地学习和掌握马克思主义。正是各自的优势所在,为双方融合创造了可行性条件。

在新媒体时代,尽管新媒体发展迅速,呈现一统天下的态势。但由于传统媒体也在不断求变、求新,以适应新媒体时代的传媒要求,传统媒体在话语传播中仍然占据着相当大的市场份额。以 2018 年为例,截至 2018 年 12 月,国内党报学刊的发行总量达到 9800 万份,其中《人民日报》《光明日报》《南方日报》等发行量比较大的报纸,发行量超过 200 万份。而且报刊的传播力相比于新媒体而言,仍然保持强劲的势头,在用户转载方面甚至超过网站信息。尽管如此,在新媒体的强势冲击下,公众追求快捷、便利的阅读方式不可阻挡,公众对纸质媒体的需求越来少越少是大势所趋,传统纸质媒体的生存空间越来小的发展态势不可改变。面临生存危机,传统媒体主动探索了与新媒体的有机融合。如全国现有的377 家党报中,有 259 家开通了官方微博,而且拥有相当高的人气指数,不少官方微博粉丝数量超过千万。党报党刊在推出官方微博的同时,有 288 家开通了微信公众号,虽然相比微博而言,微信公众号文章的阅读量要低于微博,但每篇文章的平均阅读量也超过了 10 万。从调查数据显示,地方党报党刊的微信公众号文章阅读量要高于中央报刊,这也说明,不同层级的传统媒体在与新媒体融合方面,有许多值得深入研究的问题。需要充分考虑具体情况找到融合的方向,实现效益最大化。此外,随着今日头条开展个性化、定单式的新闻推送,受到公众青睐的程度越来越高。目前,有 279 家报刊自办了新闻客户端,并与今日头条签订了合作协议,其中《人民日报》客户端下载量超过 2.2 亿次。当新媒体强势崛起,在一些人看衰传统媒体的危机中,传统媒体却找到了与新媒体融合发展的新路径,并且从当前的融合趋势而言,双方融合的广度不断拓展,深度不断延伸,融合趋势不断加快。

四、马克思主义大众化话语传播媒介载体的典型案例

推进马克思主义大众化需要发挥载体的综合作用,在宏观上要把传统平面媒体、广播电视、主题网站、移动 APP 等等传播载体综合利用起来;在微观上要把"两微一端"、微视频等有机融合,综合发力,向公众立体化、全方位地呈现马克思主义的真理价值,讲好中国故事、传播中国好声音,特别是要立足于公众对新媒体的依赖,探索新媒体平台建设。经过多年持续不断的建设和发展,全国搭建

了一大批推进马克思主义大众化的新媒体平台,其中不乏一批有特色的典型案例。

案例一:"学习中国"APP——探索马克思主义大众化移动传播平台的先行者

"学习中国"是由中央党校开发的一款手机端 APP(如图 5-1 所示),这款学习 APP 有一个突出特色的"实景地图"版块,按时间和地点以及关键词方式查询习近平的讲话内容。学习者只要根据自己掌握的基本信息输入相应的时间或地点,就能准确地呈现出习近平的讲话内容。"学习中国"APP 内容通俗易懂,简明扼要,特别是公众能够使用碎片化的时间进行学习,受到公众的广泛喜欢。使用者认为"学习中国"选择的内容接地气,趣味性突出,理论讲述通俗易懂,便于基层群众学习和理解。特别是微课程版块,把深奥晦涩的理论通过动画的方式向公众讲述,形式新颖,趣味性强,尤其是青年群众比较喜欢。

图 5-1

中央党校中国干部学习网常务副总编陈建才用"有趣、有料、有用"来高度概括"学习中国"APP 软件。他认为,"有趣"就是"学习中国"的内容能够通过一些趣味性的内容吸引受众。陈建才认为"学习中国"在呈现方式上突出用公众喜闻乐见的形式展示理论内容,增强理论的魅力,改变了人们对理论知识"高高在上"的传统认识,自然也就增加了对理论的亲切感,自愿去学它和用它;"有料"就是"学习中国"资料齐全,解读专家权威。据陈建才介绍,中央党校为了使这款APP 学习软件真正成为青年受众喜欢的学习软件,他们首先在内容上下功夫,做到理论解读深入、精准、通俗。五位中央党校的专家受邀为"学习中国"的内容把关。专家们通过大数据分析,将相关内容整合成简明扼要的知识树,既能够让受众在学习过程中对知识框架一目了然,同时又便于管理部门对"学习中国"的维护,及时精准地更新学习内容;"有用"就是突出强调服务受众。陈建才认为,以往我们更多的时候是板起面孔向群众讲理论,接地气、主动服务群众学习比较少,导致群众对理论的学习越来越产生距离感。"学习中国"在开发理念上突出服务受众,特别是服务受众的学习和理解。长期以来,人们普遍认为马克思主义理论比较深奥,难以理解,就是想学,也学不懂。同时,认为这些理论与自己的生活关系不大,学和不学一个样。因此,自然难以对理论学习产生前途兴趣。"学习中国"就是想通过主动服务,以通俗易懂的话语让群众感受到理论不仅好学,而且有用,激发公众的学习兴趣。

案例二:"学习强国"APP——搭建马克思主义大众化移动传播平台的典范

"学习强国"是由中共中央宣传部重点打造的一款移动学习 APP 软件(如图 5-2 所示),是至今为止功能最为强大、内容最为丰富的移动学习平台。该软件主要面向全体党员开放注册,截至 2019 年 6 月底,注册人数已经突破 1 亿大关。目前主要架构了"百灵""学习""电视台""电台"四大资源库。其中,"百灵"主要向公众呈现中国丰富的衣食住行玩等民族特色文化。在这个学习资源库中,通过"竖""炫""窗""藏""靓""秀""美食"等版块呈现各民族、各地的特色文化,公众通过这个平台,可以根据自己的需要了解不同的风土人情。为了让公众更迅速获取最精华的内容,该资源库还设置了一个"推荐"版块,集中呈现本资源库中最精彩的内容。"学习"是该 APP 最重要的资源库,设置了"要闻""新思想""理论""时评""党史"等 28 个版块的内容,涵盖了中国特色社会主义政治建设、经济建设、文化建设、社会建设、生态文明建设的内容,每个版块的内容都极其丰富。同时,为了便于公众学习方便,该资源库同样设置了"推荐"版块,把一些重要的内容、与其他相关资源库的链接等都集成到该版块中,非常便于公众学习和查阅资料。"电视台"是学习强国平台浏览量较大的资源库之一,该资源库开设了"第一频道""学习视频""联播频道""看电视""看理论""看党史""网络视听"等 15 个版块,这些版块的内容极其丰富,所有内容都通过视频的形式向公众呈现。所呈现的内容既有微视频,也有系统全面的专题政论片,把我们党的发展历程、马克思主义中国化发展进程、马克思主义中国化最新理论成果、为中华民族伟大复兴作出突出贡献的优秀人物,反映中国革命和建设的优秀影视片等通过微视频、专题片等进行了全面呈现,为公众提供了丰富的视听大餐。"电台"是学习强国开辟的一个特色资源库,设置了"听同期声""听原著""听新闻广播""听理论""听文化""听小喇叭"等版块,这个资源库的内容主要以听觉的形式向公众呈现习近平总书记的系列重要讲话、党的系列重要理论等。如"听原著"版块,包容包括《共产党宣言》《习近平谈治国理政》等马克思主义经典著作、党和国家领导人的选集、文集等,内容非常丰富博大,是指导我们实践的重要理论武装,是中共党员同志必学内容。但毕竟大家坐下来看书学习的时间有限,要抽出来一个完整的时间来看原著、学原文相对于在工作岗位上的党员来说比较困难。因此,"学习强国"平台搭建的"电台"资源库,通过听觉的方式向公众呈现我们党的重大理论、中国特色社会主义现代化建设的重大实践成果,能够最大限度地满足不同群体的学习需求。

图 5-2

　　"学习强国"平台除了资源库强大、内容丰富以外,在管理上也独具特色。该平台采取层级管理的方式,由支部书记先注册支部,党员个体再申请加入相应支部。这样一种管理模式,既让党员个体有了强烈的支部归属感,同时也便于支部书记组织大家集中学习,同时还能够关注到每个党员的学习情况。为了便于每个党员了解自己的学习进展,"学习强国"采取积分制,只要登录平台进行学习,系统就会自动按照相应的方式记录学习积分。通过积分情况,支部成员既能够了解自己的学习进展,也能够了解其他成员的学习进展情况,相互之间能够进行比较。

　　"学习强国"移动平台,以其强大的学习功能、丰富的学习内容、便捷的学习方式、个性化的管理模式赢得了公众的认同,成为新媒体生态下马克思主义大众化话语传播的典范。

案例三：主流网站——马克思主义大众化话语传播舆论引导的主力军

主流网站是我国最早系统化宣传马克思主义的新媒体载体，经过 20 多年的发展，已经初步奠定了马克思主义坚实的宣传阵地，成为我们党传播马克思主义的重要载体，也是引导马克思主义话语舆论的主力军。以人民网、新华网等为主体的主流网站，经过多年的网站建设和发展，在引领网络舆论方面发挥了重要作用。如人民网的强国论坛、新华网的发展论坛，坚持讲事实、摆道理，坚持以正面舆论为导向，用中国改革开放 40 多年来取得的巨大成就讲中国故事，传播中国声音，受到了公众的认可，不仅在国内，乃至在国际上都成为知名的中文论坛。

图 5-3

人民网、新华网（如图 5-3 所示）等主流网站把传统媒体与新媒体有机结合，在遵循互联网信息传播规律的基础上，把理论解读、专题报道、专家访谈、现场直播等形式有结合，以图文、音频、视频等形式，突出宣传党的方针政策，积极倡导社会主义核心价值体系。特别是在重要会议、重大活动期间，通过开设专题栏目，以时时报道的方式，在第一时间让公众了获得最真实的信息。如在党的十八大、十九大会议期间，通过开设专题栏目，全方位报道大会盛况；在每年的全国两会期间，除了对大会进行专题报道外，还开设了"强国论坛""我向总理说句话""我给省长捎句话""向政府报告献一策"等互动栏目，让群众有机会全方位的参与到两会活动中。在一些重大突发事件面前，主流网站坚持主动全面介入，报道事件真相，让群众第一时间了解事件真相。如 2008 年四川汶川地震，人民网、新华网等主流网站先后派出了几百人次的记者，深入灾区进行全面报道，通过开设专栏，对事件进行时时跟踪报道，让公众第一时间了解事件的全过程和救灾进展。党的十八大以来,主流网站在引领舆论方面的作用越来越突出,在凝聚社会共识,统一社会思想方面发挥着不可替代的作用。

案例四:中国共产党思想理论资源数据库——用新媒体技术传播马克思主义的重大创新工程

"中国共产党思想理论资源数据库"(如图 5-4 所示)是人民出版社研发的大型马克思主义理论教育数据库,该数据库于 2010 年开始运行。近 10 年来,得到了理论界和学术界的广泛认同,被称为"用科学技术传播中国化马克思主义的重大创新工程"。该数据库为干部群众学习马克思主义理论提供了完整的文献参考,也是马克思主义大众化话语传播的重要新媒体载体。该数据库拓展了马克思主义理论的话语传播渠道,创新了话语传播方式。在新媒体生态条件下,谁赢得了网络,谁将赢得群众。谁的话语传播方式先进,谁将率先赢得话语权。中国共产党思想理论资源数据库充分利用新媒体技术,创新马克思主义理论话语传播方式,在推进马克思主义大众化话语传播中走出了一条特色创新之路。

该数据库与其他理论学习平台相比,具有突出的三大特色:一是内容覆盖面广。该数据库系统完整的收入了马克思主义理论的重要文献,这是中国至今为止最大的党的理论文献知识库,共收录了 13000 多册图书,7000 多万个知识点。内容几乎覆盖了 20 世纪以来出版的马克思主义经典著作,党和国家领导人的所有著作,党的法律法规,思想理论领域的重要知识。如"习近平新时代中国特色社会主义思想库",收录了习近平 2012 年以来的所有重要讲话、习近平专著和论述摘编、学习研究成果、学习辅导材料等。读者登录该数据库,几乎能够查询有关习近平新时代中国特色社会主义思想的全部内容。二是查询功能先进。该数据库设置了"金典语义""金典对比""金典找句"三种查询方式,在文本检索栏中,还同时设置了"按语句检索""按章节检索""按图书检索""高级检查"等检索方式,确保检索的文献内容能够以知识点的形式展现。同时,该数据库开设了语义查询功能,可以对《毛泽东文选》《邓小平文选》《江泽民文选》《胡锦涛文选》《习近平谈治国理政》等文献进行语义查询。先进的检索功能,极大地方便了读者查询自己所需的资料,突出了数据库的人性化。三是内容权威性强。该数据库收录的图书以经典著作和重要文献为核心,图书的来源基本以人民出版社为主。编辑出版质量较高,文献资料来源具有权威性,而且数据库资料保留了原版文献的版式,避免了重新编辑出现误差。

该数据库学习功能突出,除了具有强大的检索功能外,还设置了经典诵读、自助听读、学习自测等 6 大系统。如经典诵读系统,由中央人民广播电台的播音员对领导人著作进行诵读,开创了用经典诵读方式传播马克思主义理论的先河,

图 5-4

进一步拓展了马克思主义话语传播的方式;在自助听读系统中,系统提供了模拟朗读,读者可以边听边读,既可减轻阅读疲劳,还能提高阅读效率;在理论学习自测系统中,学习者可以在学习之后,就学习的内容进行自我检测。

案例五:干部网络学院——马克思主义理论教育学习的硬约束

如何把理论学习的自律与他律有机结合,提高学习效率,一直是理论教育学习的重要探索内容。在传统媒体条件下,读书看报、听报告是主要学习形式,这样一种相对单一的理论教育学习形式,尽管学习者的在场性比较强,但条件不允许我们经常性地开展这样的学习教育形式。随着新媒体技术的飞速发展,理论学习由实物性在场性学习逐步转向网络虚拟在场与实物在场相结合的学习形式。在虚拟学习平台上,如何监控学习者的学习情况,成为教育主体需要探索的重要内容。为了探索通过网络平台实现理论学习教育的他律与自律的有机统一,从 2003 年开始,全国在山东、湖南、贵州和安徽等省市以干部学习教育为主体进行远程网络理论学习试点。通过建立干部网络学院的方式,把需要学习的内容通过网络推送给广大干部,并建立一人一账号,时时反映每一干部的学习情况。目前全国各地都建立了干部网络学院,实现了干部网络理论学习的全覆盖。

以广西干部网络学院为例(如图 5-5 所示),该平台建立了干部信息管理系统,把全区所有的干部信息全部录入了系统平台。平台开设了"法规文件""学习中心""移动中心""成果分享"等栏目,在学习内容上设置了必修课程和选修课程。每年区党委组织部根据当年的学习要求,规定了 20～25 学分的必修课程,必修课程都是当前要求学习的重点内容,突出党的重大理论和重要文献。同时,

图 5-5

　　每个干部在完成规定的必修课程的同时,还必须完成 20～30 学分的选修课程。该系统平台搭建了一个庞大的选修课程系统,内容涵盖"党性修养""时政解读""政治理论""政府法治""公共管理""科技人文""经济管理""社会管理""微课程""富媒体"等领域,广大干部可根据自己的工作领域或兴趣领域选择自己感兴趣的课程进行选修。系统时时显示每个人的学习进展情况,甚至系统还记录了学习者在每一个页面学习停留的时间。除了系统平台可以时时显示个人的学习进展外,组织部门还通过短信的方式不定期向干部个人通报学习情况,时时提醒干部完成学习任务。

　　该平台在设计上增加了他律功能,系统自动记录干部在线学习时间,只有学习时间达到了课程设置的学习时长,才能获得该门课程学分,否则需要重新接续学习。干部在课程学习过程中不能拖动学习进度条快进,必须按系统设定进度进行学习。干部网络学院在学习功能上的完善,在推进干部自觉学习的同时,也对干部理论学习提出了硬约束,实现了干部理论学习的自觉性与他律性的有机统一。

第二节　新媒体生态下马克思主义大众化话语传播载体的资源融合

　　在新媒体生态中,我们感受最为深刻的是传播载体的多样性。从第四媒体时代开始,每一个时代的媒体都构成了一个子生态系统,同时,又共同构成一个大生态。从目前媒体发展进展而言,新与旧之间并没有明显的界限,不管是传统媒体还是新媒体,都对马克思主义大众化的话语传播发挥着作用,产生着影响。除了媒介载体之外,文化载体、思想政治教育载体无一不对话语传播的效果产生着各自的影响。因此,需要推动媒体相互融合发展,整合资源优势,形成合力,系统推进马克思主义大众化进程。

一、官方与民间两个舆论场的融合与共生

在新媒体生态下,随着微博、微信、客户端、BBS 论坛等交流平台的广泛使用,尤其是"两微一端"传播载体日渐成为人们日常交流和信息传播的首选工具后,"两微一端"既存在于官方主流舆论场,也同时是民间的主流舆论场。因此,在新媒体生态下,官民两个舆论场在博弈中既有碰撞,更有融合。从博弈价值最大化的视角而言,任何一方都想通过零和博弈,战胜对方,使本身获得利益最大化。但在现实生态环境下,任何零和博弈的选择,其结果往往没有单赢,只有双输。在新媒体生态条件下,官方与民间两个媒体舆论场都客观的存在着,而且势均力敌。任何一方想致对方于"死地",都是不现实的。因此,唯一的正确选择就是采取非零和博弈,在融合与共生中实现双赢。

(一)官方舆论场与民间舆论场的冲突与博弈

新媒体传播技术的飞速发展,推动着人类社会话语传播的伟大变革,新媒体承载的话语传播开辟了官方和民间两个媒体舆论场,打破了长期以来官方对媒体舆论的垄断。特别是"两微"出现后,最早被运用到民间舆论场,构建了民间舆论阵地,搭建了民间舆论的中心舞台。在"两微"的助推下,民间舆论场对传统的官方舆论场发起了冲击,甚至在一定时期,民间舆论场还占据着主动地位,曾一度出现民间舆论场轰轰烈烈,而官方舆论场则疲于应付的局面。在新媒体生态下,官民两个舆论场零和博弈的倾向,造成了官方一度试图依据传统的强势压制民间舆论的发展,而民间也对官方的舆论话语越发不信任,其结果就是民间舆论场充斥着对官方的批判和责骂。2013 年 7 月 11 日,《南方日报》发表《谨防"坏消息综合征"导致真相迷失》的文章,文章尖锐地指出,中国网民发表社会负面评论的比例远高于全球平均水平。这个结论与美国尼尔森公司的一项调查结果也是持续地相吻合。2010 年的时候,美国美国尼尔森公司面向亚太地区国家网民素养问题展开调查。这份调查报告指出,在整个亚太地区国家中,中国有超过62％的网民习惯性地对社会发表负面评论。因此,有专家称中国网民患上了"坏

消息综合症"①。2010 年,《中国青年报》也开展了一次主题为如何看待"中国网民最喜欢在网络上发表和分享负面信息"的专项网络调查,结果显示:"41.3％的网民明确认同;45.5％的人觉得网上很多评论不客观,是冲动言论;37.8％的人认为大量不真实的评论会给社会造成不良后果;41.9％的网友认为批评性言论更有价值;35.6％的网友认为负面评论多表明中国网民维权意识增强;此外,33.6％的网友表示发表过批评意见;64.3％的人认为原因是'网络适合发泄情绪';59.5％的人表示是'网络之外的现实渠道不通畅'。"②从《中国青年报》的调查结果显示,针对网络负面舆论的分歧还是比较明显的。我们暂且不讨论"坏消息综合症"的价值导向,对社会发展有利有弊的问题。这些调查结论至少告诉我们,大量的负面评论容易导致消极心理的堆积,并不利于社会的治理。

早在 1983 年网络舆论刚兴起的时候,尽管这时的网络舆论还处在比较原始的白板状态,但其所爆发出来的能量就让一些专家预感到将带来舆论场的大变革。美国学者詹姆斯·卡伦在《媒体与权力》一书中告诫人们要重视民间舆论与政治关联的导向问题,他认为网络舆论在面上是情绪的体现,而其背后却反映出政治诉求。因此,他提醒政府要关注舆论中的种种政治话语。李荣良教授也提出了"去中心化—再中心化"的舆论演化规律。所谓"去中心化",即既有权力中心不断被分化进而逐步失去作为'权力中心'的话语权与影响力;而'再中心化'就是传播权力重新配置过程中新兴力量逐步成为新的'权力中心'"③。显然,这样的结果,从官方层面而言是极不愿意看到的,官方舆论场与民间舆论场的重新博弈也就势在必为。从实际出发,在新媒体已成为整个社会交流互动的主体工具的态势下,发挥网络舆论的社会正能量,规制和弱化负能量是整个社会健康发展的需要。因此,需要两个舆论场开展非零和博弈,形成融合与共生关系。

(二)官方舆论场与民间舆论场的融合与共生

在新媒体生态下,官方与民间两个舆论场的博弈是不可避免的,但打通两个舆论场,构建沟通、信任的舆论生态,推动两个舆论场的融合与共生,既是政府主导的官方舆论场的需要,也是民间舆论场可持续发展的需要。从 2011 年起,《人民日报》开始探索打通两个舆论场的工作。《人民日报》主办的人民网同时开通了微博和微信公众号,通过"两微"搭建起官民沟通、交流的桥梁。在人民网的示范和推动下,成千上万的政务微博、政务微信相继上线。实践证明,政务微博、政务微信既与民间舆论场形成了良好的合作关系,又在社会舆论中占据了主动引

①　敖登高娃.中国人患上了"坏消息综合症"[J].世界博览,2012(09):13.
②　陈方.我们是不是患上了"坏消息综合征"[N].中国青年报,2010-08-04(02).
③　李良荣,郑雯.论新传播革命——"新传播革命"研究之二[J].现代传播,2012(04):34-38.

领地位,重塑了政府的话语权,提高了话语传播的效率。

1. 赢得信任是官方舆论场的重要目标

官方话语权来自政府的公信力。在不同的社会管理模式下,政府公信力的获得方式不一样。在传统媒体条件下,政府对话语控制可以选择性的使用"三闻",即"新闻、旧闻、不闻"。由于政府绝对控制了传播媒介,可以对相关信息进行选择性发布,对政府有利的就时时发布,即新闻;对政府当下不利的,就延时发布,使新闻变成旧闻;对政府永远不利的,就不发布,使之变成不闻。政府发布的信息总是对政府有利的。作为公众而言,由于受到信息传统渠道的限制,掌握的信息极其有限,只能从官方的信息渠道了解信息。这种"传播单向""沟通不畅"的话语传播方式,话语权往往掌握在信息发布方,作为受众只能被动地接受和认可。因此,在传统媒体条件下官方舆论能够保持较高的公信力。这样的话语传播方式有效地避免了争论,过虑了对社会发展不利的负面信息,社会思想认识比较统一。但也同时带来一系列不利影响,由于官方掌控了绝对的话语权,容易造成官方的话语傲慢,以至于形成行为的傲慢。官方往往无视群众的诉求,对社会发展进程中的矛盾积累缺乏危机意识,社会矛盾得不到及时梳理和排解,容易引发大规模的群体性事件。

由于长期掌握着社会话语权,官方的傲慢难以改变,尤其当新媒体悄然而至的时候,新媒体载体中的民间舆论让官方措手不及,只能疲于应付,而且是错漏百出。因此,在新媒体生态形成的初期,官方与民间两个舆论场在博弈中,往往是民间舆论场占据优势,其结果就是政府的公信力不断下降。

获得信任是政府管理的基本前提,也是降低社会管理成本的基础工程。在新媒体生态下,由于信息源多元、多样,信息传播渠道较为畅通,在传统媒体条件下使用的"三闻"原则控制话语传播显然不能适应新媒体生态的要求。因此,信息公开、渠道畅通、多元互动是重新赢得公信力的唯一选择。实质上,官方重新塑造公信力的条件非常充裕。即使是在新媒体生态条件下,第一信息源仍然掌控在政府手中,官方具有权威议题设置的充足资源。只要官方放下傲慢的身份,秉持信息公开、共享、真实、互动交流的理念,就会不断提升自身的公信力,从而在舆论场中获得更多的话语权。

2. 搭建双向沟通互动交流的传播渠道

官方舆论场与民间舆论场如何实现融合与共生,关键还在于获得相互的信任。从官方而言,以封闭信息而达到控制话语权的时代已经过去,特别是在新媒体生态下,任何企图封闭信息的做法是极其愚蠢的,其结果只能破坏舆论生态的健康发展。有人对新媒体生态下封闭信息的做法进行了生动的归纳总结:"瞒得了官员,瞒不住记者;瞒得了记者,瞒不住线人;瞒得了线人,瞒不住网民;自己不说别人说,政府不说百姓说,媒体不说网民说,境内不说境外说。"①这几个"说与不说"的归纳,高度概括了新媒体生态条件下的信息传播特征。为了构建融合与共生的舆论生态环境,中国政府于 2018 年 5 月 1 日正式实施《中华人民共和国政府信息公开条例》,该《条例》明确了网络信息公开的职责、公开的范围、公开的方式与程序、公开的监督与保障。该《条例》的颁布,实质上就是要推动建立一个信息公开的政府。只有信息公开了,官方民间双方才能坦诚相待,官民之间才能构建信任关系,对一些热点问题才容易达成共识,双向沟通互动交流才有可能真正的进行下去。

以《人民网》为例,创办于 1997 年的《人民网》,经过 20 多年的发展,目前已经成为全球最大的综合性新闻网站之一,也是国家重点新闻网站的领头羊。长期以来,人民网坚持"权威、实力,源自人民"的办网理念,以"报道全球、传播中国"为责任担当,准确及时地宣传党的方针、政策和主张,大力弘扬社会主义正能量,引导社会正面舆论。全国 32 个省、自治区、直辖市的主要领导都通过人民网回应了网友的留言,成为干部群众沟通交流的重要平台、成为传递民意的重要通道。

3.构建服务型政府是实现融合与共生的核心

每当讨论我们的政府是否是一个服务型的政府时,往往是一个敏感的核心问题。从本质上讲,人民政府为人民,这是深入人心,毋庸置疑的。但回归到现实社会中,特别是回归到政府具体的公共活动时,政府的公共服务特性的价值定位又充满着矛盾,甚至带来一些质疑。为整个社会发展提供公共服务是各级人民政府的职责所在,"但当个体天然的自利倾向同政府组织的权力结合起来,政府组织的自利性就凸显出来"②。改革开放 40 多年来,中国特色社会主义取得了巨大成就,政府的公共服务能力和服务水平得到了巨大提升,这是有目共睹的事实。我们不能否认的是,中国的发展和壮大,一直有着政府这只有形之手在推动着,如果离开了政府这只有形之手,仅靠市场无形之手来运行,中国的发展将陷入难以自拔的困境。但是,涉及一些具体的民生建设问题时,往往又看到政府"与民争利"的现象,也招致了部分公众的不满。因此,政府回归到公共服务这个核心上来,是赢得舆论话语权的关键。但是,服务公共利益是相对的,当政府在维护和服务公共利益时,难免会损伤社会某些个体的具体利益。这就需要官方与民间的沟通与交流,只有通过沟通交流,政府的行为才能得到理解和认同,官民双方的舆论生态才能同向同行。

---

①　陈隽.论新媒体时代的政府形象[J].赤峰学院学报(汉文哲学社会科学版),2009(11):63-65.
②　鲁敏.转型期地方政府角色研究述评[J].湖北行政学院学报,2012(01):82-87.

4.慎用"谦抑性"求真"和"

"谦抑性"是刑法学的概念,一般包含立法、定罪两个方面的谦抑性含义。从立法层面而言,凡有代替刑罚的其他法律存在,就不将违法行为确定为犯罪;从量刑层面而言,凡可以通过较轻的处罚就达到抑制犯罪目的的,就不选择较重的量刑。实质上,在舆论场中,也存在类似的"谦抑性"问题。新媒体交流强调平等对话交流与互动,尤其是信息源控制者或拥有话语权的一方,能够采取一种平等的姿态参与对话和交流,就能够形成和平交融的舆论环境。但在具体的实践活动中,往往信息源控制者或拥有话语权的一方处于强势地位,难以放下身段平等对话,甚至还呈现出蛮横、霸道的一面,往往引起草根舆论场的不满。因此,舆论领域的"谦抑性"主要指舆论强势的一方能够自我克制,尤其是不滥用权力,不向对方施压,以达到舆论平息的目的,通俗地解读就是我们常说的"得饶人处且饶人,退一步海阔天空"。

构建融合与共生的官民舆论场,刑法学中的"谦抑性"原则非常值得借鉴。如果我们回头研究近年来的一些网络舆论事件,多与缺乏"谦抑性"有关。如延安的"5.31城管踩人事件"①,出现了被打小贩向打人的城管道歉的情况,本身已经趋于平静的媒体舆论迅速反弹,民间舆论一边倒地指责延安城管利用手中的权力压制受害者,让受害者"被道歉"。延安城管的初衷是想通过这种方式来挽回形象,但民间舆论场却一边倒地对延安城管给予谴责,并要求延安城管公开道歉。因此,构建官方舆论场与民间舆论场的融合与共生,需要双方真诚互信,真正以和为贵。

二、新媒体传播载体在马克思主义大众化话语传播中的有机联动

在新媒体生态中,主流专题网站、"两微"、新闻客户端是新媒体生态中三大主要的传播载体,它们在马克思主义大众化话语传播中有其独特的优势和地位,也存在自身的不足。因此,在新媒体生态下,提高马克思主义大众化话语传播的实效,需要发挥各种传播载体所长,构建生态联动机制。

---

①　2013年6月3日,一则延安城管执法过程的踩人事件视频在网上传播,迅速引爆网络舆论。视频反映的是2013年5月31日下午,一群身着城管制服的人群殴打一位推自行车的男子,该男子已经被打倒在地,但一名城管并未罢休,双脚跳起重重地踩向其头部。这一画面成为整个舆情事件的标志性符号。延安市城管局随后宣称,涉嫌暴力执法的8名城管已被停职并接受调查,其中"踩人"城管等四人均为临时聘用人员。6月7日,延安市城管局局长张某就延安城管暴力执法事件向受害者刘某鞠躬道歉。但当天夜晚,网上就出现了一封声称是刘某写的"致广大关心延安'5.31'事件网友的一封信",声称自己对"给延安人民带来的伤害表示内疚",但事后刘某承认公开信是和城管局共同协商的结果。(内容摘自新华网相关报道)

（一）树立主流专题网站在马克思主义大众化话语传播中的权威

主流专题网站是马克思主义大众化话语传播的主要信息源,是解读和发布马克思主义话语的权威。据不完全统计,目前全国有几千个宣传马克思主义的主题网站。其中,最大最具权威性的有人民网、新华网、中国新闻网等,除此之外,还有一些中国共产党思想理论资源库等系列专题数据库,这些专题网中还开设有各类专题栏目。因此,主流专题网站架构了一个庞大的系统化宣传马克思主义的媒体生态群。主流专题网站在宣传内容方面坚持以社会主义核心价值体系为引领,坚持正确的舆论导向,讲中国故事,传播中国好声音,突出信息的权威性,采用灵活多样的形式传播马克思主义。在内容上坚持科学性、系统性、逻辑性和趣味性相统一,准确传播马克思主义理论和党的方针政策。坚持通过权威的信息传播和正面的网络舆论引导两个舆论场,把社会效益放在首位,调动社会各方面的积极性,唱响网络的主旋律。同时,又注重开发群众语言,用通俗的草根话语讲百姓故事,用群众的语言解读马克思主义理论。

实践证明,主流网站始终是传播马克思主义的主渠道和主阵地,承载着引领社会舆论发展方向的重大责任。尤其是新媒体的飞速发展,传统媒体对话语的垄断被打破,人们获取信息的渠道呈现了"无边"状态,人们表达自身诉求的渠道被打通。在互联网平台上,各种声音交织在一起,其中不泛一些噪音裹挟其中,误导着人们的价值判断。因此,主流媒体承载着为受众导航的重任。在实践中,每当社会爆发网络舆情事件,公众在舆论场上叽叽喳喳的争论不休时,人们更多的是在关注人民网、新华网等重量级的舆论表态。每每关键时刻,人民网、新华网的表态都能对争吵的舆论场起到一锤定音的导向作用,表现出了强大的话语权威力。

（二）构建"两微"媒体与门户网站的生态联动

随着互联网在中国的快速发展,受到冲击最大的就是传统媒体。曾在相当长的一段时期内,订阅一份报纸是人们日常生活的一部分,读书看报是人们的基本生活方式之一。但进入20世纪90年代中后期以来,互联网开始逐渐走进千家万户,人们开始选择上网看新闻,报纸被边缘化趋势日渐显现。从1995年开始,报纸的订阅量急剧下降。从1996年开始,各地党委政府增加了一项动员群众订阅报刊的工作任务,并把动员群众订阅报纸纳入党委政府的主要工作,并作为政治任务,以红头文件形式层层下达,有些地方甚至还作为衡量工作绩效的考核指标之一。尽管如此,收效也并不明显,订阅量也并不是大幅上升,有些地方的做法还引起了群众的不满。各地适得其反的做法,对推进马克思主义大众化造成了一定的伤害。各大报业也开始自我反思与革新,逐渐明白了紧跟互联网步伐才是报业求得生存和发展的唯一出路。

1997年,人民日报率先改革,推出网络版,成为全国较早建立的媒体网站之一。随后,光明日报、新华资讯、中国新闻报等报业先后开通了光明网、新华网、中国新闻网等新闻网站。新闻网站的开通,在一定程度上缓解了报业的尴尬局面,主流话语传播得以正常进行并不断加强。

互联网技术的飞速发展总是让媒体业不得不跟上前进的步伐。就在各大新闻媒体摆脱报业发行的尴尬,依靠新闻网站获得大量的点击率的时候,微博、微信悄然进入了新闻传播行列,成为了话语传播和交流的重要工具。有了第一次的尴尬后,各大新闻媒体不再等待,陆续及时地跟进。2010年,人民网首先开通了官方微博;2013年开通了人民网官方微信公众号。新华网、光明网、中国新闻网等国家主流网站也同步及时跟进开通了官方微博和官方微信公众号。在人民网、新华网等主流媒体推动下,其他主流媒体相继开通的微博、微信等搭建了"两微"媒体与门户网站的生态联动体系,构筑了马克思主义话语传播的主阵地。全国现有的377家党报中,都建立了专题网站,其中有259家开通了官方微博,并且拥有相当高的人气指数。如《人民网》微博,粉丝超过5800万,在同行中排行第一;《中国日报》的粉丝超过3000万;《光明日报》等报刊的粉丝超过1000万。而且《人民日报》每条微博的阅读量超过477万次;有288家主流网站开通了微信公众号,虽然相比微博而言,微信公众号文章的阅读量要低于微博,但每篇文章的平均阅读量也超过了10万。据人民网—舆情频道数据显示,2018年1月22日—28日的1周时间里,人民网与"两微"的互动指数达到了95.64%。人民微博、人民网微信公众号对人民网内容的转载、分享呈现了较好的互动势头。事实上,在我们的日常生中,微博、微信朋友圈转载和分享各大主流网站新闻内容已经呈现出常态化。

"两微"与主流网站的生态联动,能够确保"两微"媒体传播内容的主流性,有利于把主流网站的权威内容第一时间传导到草根大众,引导"两微"媒体始终以弘扬和传播社会正能量为主流,有效推进马克思主义大众化话语传播。以媒体关注"中国改革开放40周年"为例(如图5-6所示),依次是社交媒体(包括微博、微信、博客、论坛、播客等),占72.31%;其次是新闻网站,占11.52%;第三是新闻客户端,占7.01%;第四是微信公众号,占6.82%。"两微"媒体与门户网站的生态联动得到了充分体现,比如:"党建网"发表了《改革开放40年成就巨大》一文,全面阐述和分析了我国改革开放40年来在经济、政治、文化、社会建设、生态文明建设等方面的巨大变化和取得的巨大成就,文章通过大量的史实分析了道路自信、理论自信、制度自信、文化自信的历史过程和现实基础。文章在网站刊出后,立即引来广泛关注,各社交媒体、新闻客户端、微信公众号纷纷转载和分享,围绕着中华民族站起来、富起来、强起来展开了广泛的讨论。网友们都通过媒体表达了对祖国改革开放 40 周年最真挚的祝福、对中华民族实现伟大复兴的坚定信心。这是"两微"媒体与门户网站联动推进马克思主义大众化话语传播的又一次成功实践,为新媒体进一步探索联动推进马克思主义大众化话语传播找到了范例。

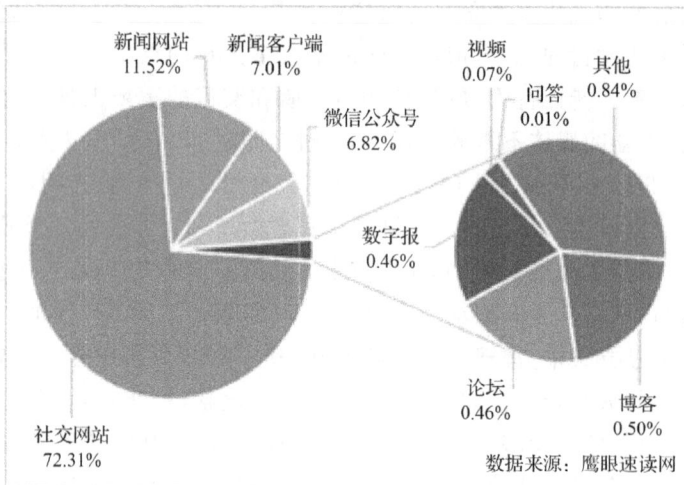

图 5-6

(三)推进新闻客户端与"两微"媒体融合联通

以网络技术和大数据为核心,推动了新媒体的飞速发展,改变了新闻的生产和传播方式,也深刻的影响了舆论生态。各媒体单打独斗、相互竞争的零和博弈时代已经过去,走融合联通是大势所趋。正如习近平所指出:"推动新兴媒体融合发展,强化互联网思维,着力打造一批形态多样、手段先进、具有竞争力的新型主流媒体,确保融合发展沿着正确方向推进。"[①] 2014 年 8 月 18 日,中央全面深化改革领导小组审议通过了《关于推动传统媒体和新兴媒体融合发展的指导意见》,从顶层设计的层面推动传播载体的资源整合,推进媒体的融合与共生。

从相关数据显示,目前,有 259 家媒体开通了官方微博、288 家媒体开通了官方微信公众号、288 家媒体创办了新闻客户端。在这些媒体中,同时开通了"两微一端"占到 95%,从这些数据反映出"新媒体+"的融合发展已是大势所趋。目前超过 60% 的媒体开始探索"两微一端"的整合运营,主要表现在两个方

---

① 习近平. 共同为改革想招 一起为改革发力[EB/OL]. http://cpc. people. com. cn/n/2014/0818/c64094-25489502. html.

面：一是内容资源的整合。通过议题互通、内容共享，形成统一的新闻采编，不同的平台传播的共享机制。二是力量资源的整合。微博、微信公众号、新闻客户端三个平台对人力资源进行整合，搭建分工不分家的工作机制，形成统一运营的团队力量。三是项目化运作。按项目建立运营小组，按项目需要时时调配三个平台人力和物力资源，确保项目有序推进。

尽管新闻客户端与"两微"媒体融合连通在实践中还存在诸如同质化新闻较多、服务的主体性意识不强、内部激励机制不健全、创新动力不足等问题，但融合连通的成效已经凸显。从人民网—舆情频道数据显示，人民日报、人民网、央视新闻等国家顶级主流媒体开通的"两微一端"，在实践中互动指数呈现较高状态，说明"两微一端"媒体融合连通取得了较好的效果。以2018年"洁洁良辱华事件"为例，"洁洁良辱华事件"是一起恶性事件，引起了公众的广泛关注。"洁洁良"言论除了伤害中华民族情感外，还有一个关键因素，就是事件的主人是中共党员。从这一事件再次折射出了从严治党永远在路上的现实必要性。同时，作为一名被党培养了多年的高层次人才，对民族却缺乏基本的情感认同，是非不分，黑白不明，同时折射出我们的教育、特别是思想政治教育的深刻危机。这次事件尽管是一个负面事件，但让我们看到了新媒体融合联通对舆论的引导力。事件发生后，"两微一端"载体对该事件的关注依次是微博，占90.63%（如图5-7所示）；其次是新闻客户端，占1.22%；第三是微信公众号，占0.66%。其实，"洁洁良辱华事件"发生后，经过媒体讨论，对我们的教育形成了一个舆论共识，教育不仅是知识的单向传授，更要注重教书与育人的有机统一。俗话说，有才无德是危险品。我们的教育绝不是培养给国家和社会带来危害的人。因此，知识传授与做人的教育是学校的两大根本任务，缺其一都是畸形教育的体现。

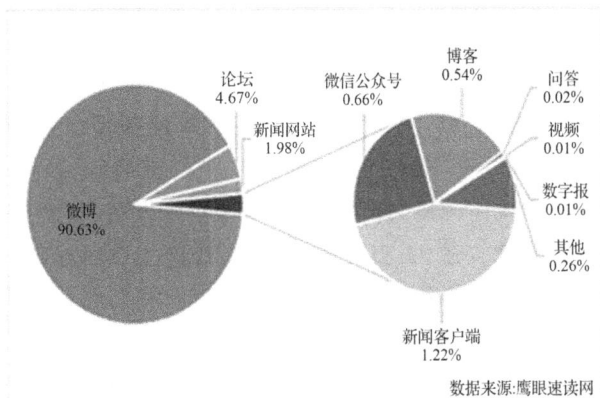

数据来源：鹰眼速读网

图 5-7

三、新媒体联合推送重大新闻事件的典型案例分析

2017 年 8 月 1 日是中国人民解放军建军 90 周年纪念日,也是全面实施改革强军战略两周年时间。两年来,中国人民解放军着眼于努力构建能够打赢信息化战争要求,推进军队系列改革。引起国内外社会各界的极大关注。新闻媒体如何全方位报道这次纪念活动,如何把最正确的信息第一时间推送给社会各界公众。下面以《人民日报》为例,探讨新媒体如何立体化、全方位有机联动报道重大新闻事件。

(一)多媒体融合,立体化全方位多视角报道沙场阅兵和庆祝大会盛况

1. 2017 年 7 月 31 日,《人民日报》电子版用第 1,2,3,9,10,11,12 版共 7 个版面,全版报道了朱日和阅兵的相关内容。同时,在第 4、5、6、7、13 等 5 个版面报道了军队建设和改革的相关内容;2017 年 8 月 1 日,《人民日报》电子版几乎用同样的规模报道了人民大会堂的纪念大会。

2.《人民网》全面同步报道了沙场阅兵、人民大会堂的纪念大会等实况,还在"军事"专题栏目中通过评论、图片等方式全面宣传改革强军战略。报道的内容形式多样,满足了不同公众对信息的不同需求。

3.《手机人民网》在"军事"栏目中全面报道了两次重要活动实况,同时还介绍网友关心的武器装备等内容。在《手机人民网》报道的新闻中,入选今日头条的新闻,7 月 31 日有 4 篇文章,8 月 1 日有 5 篇文章。《手机人民网》报道的新闻内容文字简练,图文并茂,可读性强。

4. 人民网微信公众号 7 月 31 日至 8 月 1 日,共推出了 21 篇与朱日和沙场阅兵和纪念大会有关的微信文章。其中《燃爆了! 大阅兵没看够的,千万别错过!》《习近平讲到这句话时,被全场掌声打断》等共 3 篇文章,推送出来不到 2 小时,阅读量就超过 10 万大关。还有网友看完文章之后,用通俗易懂的押韵诗回复。如:大漠沙场秋点兵,综合保障装备精;扬我军威找使命,展我国力耀五星。这首诗也引得超过 2000 网友的点赞。还有如:八一战旗红,沙场点神兵;建军九十载,战鹰列长空;强我中国盾,捍卫中国梦;尽心图发展,科技保和平。这些诗也得到网友不少的点赞。在 21 篇文章中,阅读量超过 2 万的有 17 篇。

5. 人民日报微博目前有粉丝 2500 多万,人民日报 7 月 31 日、8 月 1 日这两天有关建军 90 周年的官方微博文章,阅读量都超过 1 万。其中"习近平:绝不允许任何一块中国领土从中国分裂出去""关于强军,习近平这样说"两条官方微博的内容,阅读量都超过 2 万,同时还引来较高的转发量。

6.人民日报客户端热点头条大部分都是关于有关建军 90 周年的报道内容，而且在报道沙场阅兵时，还别具一格地进行了分类报道和展示，即把参加阅兵的方队装备，按中同的军种分类进行展示，使读者更能容易了解我国军队改革和强军成果。

(二)新媒体联合推送重大新闻事件的优势分析

1.全方位满足受众的信息需求，牢牢站稳信息传播的主渠道主阵地。在新媒体生态下，媒介多种多样，每一个受众个体都有自己的媒介使用爱好和习惯。新媒体生态搭建了一个无边无际的资源网，受众可以根据自己的媒介使用习惯，随心所欲的实现信息获取，这完全突破了传统媒体在信息传播中的时空禁固。如：有的人喜欢浏览微博新闻、有的喜欢浏览微信新闻等。再有，老人群体对手机推送的新闻不方便阅读，喜欢通过大屏幕的电脑阅读电子文档等。可以说，不同群体有不同信息需求。因此，发挥新媒体的联动作用，立体化全方位多视角地进行新闻报道，能够有效满足不同群众的需求。在新媒体生态中，我们可以看到很多资源，也可以调动和利用很多资源，实现资源的互通共享。尽管我们可能看到的资源在不同的媒体上都是一样的，或者大同小异，但这并不是在浪费资源，而且最大限度地满足不同受众的需要，也是新媒体生态下满足受众需要的话语传播态势所趋。正是这种立体化全方位多视角的信息推送，使我们逐步赢得了话语传播主动，不断夯实了马克思主义话语权。

2.主流媒体的全方位出击，牢牢掌控了官方和民间两个舆论场，有效地引导了舆论导向。今天的世界仍然不太平，社会各种矛盾比较突出，意识形态领域的斗争尖锐激烈。我们国家在以往的一些重大活动中，西方反华势力与国内少数敌对分子，总是内外勾结、中西呼应，通过颠倒黑白或散布谣言等形式，对事实进行歪曲。这些敌对势力往往通过我们对媒体全面掌控的弱势，利用新媒体形成他们的话语来误导受众，造成了极为不利的影响。之所以出现这样的情况，主要问题还在于我们对新媒体的话语传播特点认识还不到位，对受众的媒介使用情况的研究不全面所造成的。在以往重大活动的新闻舆论引导方面，我们总是重视一面，又忽视一面。比如：出现过重视了微博，但又忽视了微信；重视了主流网站，又忽视了自媒体客户端等情况。这就造成了舆论盲点，给敌对分子留下了空间，他们往往就是利用这样的盲点，大造舆论，误导受众。而这次中国人民解放军建军 90 周年纪念活动，我们的主流媒体是四面出击，构建了立体化全方位多视角的舆论场，牢牢掌控了舆论话语权。其实，在这几天，我们也不乏看到一些不和谐的声音，如：美国有线电视新闻网(CNN)报道了中国的"明星"战机歼-20，他们认为中国大力发展军事力量，已经对全球安全造成了威胁；美国路透社在分析习近平讲话时认为,习近平所说的"我们绝不允许任何人把任何一块中国领土从中国分裂出来"①是在向中国台湾地区以及某邻国发出了战争信号;《印度快报》在评论中国阅兵时认为,"中国举行大规模阅兵,究竟是为了啥?我们要警惕啊!"等等,分析这些国家的话语,我们不难看出,西方国家的冷战思维仍然占据着主流,中国威胁论仍旧是老调重弹。与此相对应的,在外部势力极力宣扬中国威胁论的同时,国内少数敌对分子,也不忘与国外敌对势力遥相呼应。但与国外宣扬中国威胁论不同的是,国内敌对分子主要是唱衰中国。从一些微博、论坛中我们也发现,当公众都沉浸在热议阅兵和习近平的讲话真给中国提气的时候,少数人利用微博、微信、论坛故意发布中国的社会矛盾议题,试图转移话题,或在回帖中,不时地唱衰中国。其实他们的用意非常明确,就是企图引导舆论转向。但是我们也发现,这些格格格不入的议题,被强大的主流舆论所压制,很快就被淹没在主流话语舆论场中。

通过这次新闻报道和舆论引导的成功范例,我们可以发现,充分发挥好新媒体的联动作用,把所有媒体都调动起来,形成强大的主流议题和舆论导向,掌控着媒体传播话语权,是新媒体生态下推进马克思主义大众化话语传播的重要形式。

---

① 习近平谈治国理政(第二卷)〔M〕.北京:外文出版社,2017:417.

第六章　构建新媒体生态下马克思主义大众化话语传播体系

马克思主义大众化话语传播是一个系统工程,从总体上涉及传播主体、传播内容、传播载体、传播路径等。如果再细分,还可以根据不同的语境、不同的传播主体选择不同的载体、不同的话语形式等,这些都关系着话语传播的实效。因此,在新媒体生态下推进马克思主义大众化话语传播,需要从系统论的视角,综合考量话语传播的路径因素、时空因素、制度因素等,构建一个有机联动、高效多元的话语传播体系。

第一节　新媒体生态下马克思主义大众化话语传播的路径选择

《辞海》把"路径"一词解释为通向某个目标的道路,这是对路径基本含义的广义描述。实质上,今天人们对路径的理解更多的是放在具体的语境和学科环境下,如从政治学理解的路径、传播学理解的路径、信息学理解的路径、管理学理解的路径等。不同的活动内容,将形成不同的路径。马克思主义大众化是人类思想文化活动的最高境界,话语传播路径与话语体系的构建、时空环境的利用、制度机制的设置有较大关系。

一、创新马克思主义大众化话语传播的内容与形式

马克思主义大众化的话语从内容上是面向大众讲什么的问题,在形式上是如何讲的问题。因此,推进马克思主义大众化话语传播是内容与形式的有机结合体。这两者必须协调统一,仅有内容而无恰当的形式,难以大众化,如果只追求形式而不注重内容,容易导致庸俗化,甚至低俗化。因此,无论是内容,还是形

式,都需要不断创新发展。从话语传播的实践层面而言,要始终坚持内容与形式的有机结合,但在内容与形式两者之间,内容始终居于核心地位。坚持"内容为王"是推进马克思主义大众化必须坚持的根本原则,无论传播技术如何变革,但马克思主义理论的核心内涵不能变。但我们也应该明白,强调内容为王,不是拘泥于传统的政治"刻板",在内容上也要把科学性与通俗化相结合,不断推进话语创新。只有坚持马克思主义大众化传播内容的价值源头,才能保证马克思主义大众化的话语传播不走样、不变形,才能构建"配方"先进、"工艺"精湛、"包装"时尚的马克思主义大众化话语体系。

(一)继承和创新马克思主义理论话语

马克思主义中国化的进程,在本质上就是一个话语创新的过程。就如毛泽东所指出:"马克思主义一定要随着实践的发展而发展,不能停滞不前。停止了,老是那么一套,它就没有生命了。"[①]但是,我们在理解创新的时候,不能只讲其一,而忽视其二。那就是既要突出创新,又要在创新中继承。在创新马克思主义时,"马克思主张的基本原则又是不能违背的,违背了就要犯错误"[②]。因此,对待马克思主义要做到继承与创新的有机统一。只讲创新,不讲继承,就有可能偏离马克思主义的本源,丢了老祖宗,这不是马克思主义。同样,只讲继承,不重视创新,就会陷入思想僵化,革命事业就会停止不前,甚至遭受失败。100多年的实践证明,马克思主义为什么在中国得到了丰富和发展,一个重要原因,就是在不同的历史时期,不断推动马克思主义在继承中创新发展。

1.在继承中创新马克思主义

常言道,有张有弛,凡事有度,任何创新都需要维护底线,对马克思主义理论创新而言,"底线"就是不能背离马克思主义的理论本质,即只有坚持马克思主义的世界观和方法论基础上的理论创新才符合马克思主义的基本原则和要求。马克思主义作为指导工人阶级实现自我解放的理论武器,一定具有其特定的政治性和意识形态性,如果抛弃或背离社会主义政治性和意识形态性的话语,就已经不是马克思主义理论,那就是改旗易帜,而不是创新的问题了。不管开展什么样的创新,都必须要遵循马克思主义理论话语自身内在的理论特征,遵循马克思主义的世界观和方法论原则。如果放弃了这一点,就无法坚持中国特色社会主义指导思想的一元化,就会造成思想领域的混乱,其结果不堪设想。有人也曾提出,认为坚持指导思想的一元化,不利于开展理论创新,这个观点显然是错误的。

---

① 毛泽东文集(第七卷)[M].北京:人民出版社,1999:281.
② 毛泽东文集(第七卷)[M].北京:人民出版社,1999:281.

毛泽东在革命战争年代撰写的《实践论》《矛盾论》《论十大关系》等著作；习近平谈治国理政系列重要讲话等，这些理论成果都是中国共产党人在继承中创新马克思主义的重要典范。实质上，对马克思主义理论创新，要坚持做到万变不离其宗，马克思主义是共产党人的老祖宗，不能丢。我们不能在求新求变中抛弃老祖宗，离开了老祖宗，社会主义就会变成无源之水，总有流尽的时候，就不能长期坚持下去，更不用谈壮大发展。因此，在继承中创新马克思主义，既是推进马克思主义大众化的需要，更是发展马克思主义的需要。

2. 在坚持大众化中创新马克思主义

由于实践的主体是人民大众，因此，只有理论的群众基础足够广泛，创新才能得以继续，创新的价值才能得以展现。马克思主义之所以是科学的理论，有着其自身内在的理论逻辑，在理论的基本话语框架中，总离不开一定的学术话语逻辑。因此，需要广大理论工作者不断对深奥的理论进行话语通俗化的解读，这是推进大众化的前提和基础。以人们最熟悉的《资本论》为例，《资本论》揭示了资本主义生产运动规律，尤其是马克思提出的剩余价值理论，是马克思两个伟大发现之一，对人类发展作出了重大贡献。《资本论》内容博大精深、理论逻辑深奥，作为普通读者确实难以读懂，更别说弄通，读不懂弄不通的理论又谈何大众化。这就需要进行通俗化的话语解读，把 20 世纪中期时代的理论形成背景转化到当今时代背景下，把深奥的经典理论通过通俗的话语解读，让更多的草根群众能够读懂和理解，并能够运用于解决实际问题。

曾在一定时期，有些人说马克思主义已经过时了。我们分析这些持过时论者，可能存在两类人，一类是带有政治企图和意识形态目的的人，这类人认为马克思主义已经过时，目的是想弱化中国共产党的指导思想、否定党的领导，这类人是最危险的存在物，需要我们警惕；而还有一类人，就是那些读不懂马克思主义的人，也会认为马克思主义已经过时。试想，一个草根群众，对一个理论完全读不懂弄不通，难道他还会说这个理论很有价值，很有现实意义，这显然不符合基本事物的逻辑存在。尽管这样的理解有一些偏颇，但道理却是如此。就如《资本论》而言，就是研究专家也要花费不少的功夫才能对其中的理论理解一二，更别说普通的草根民众。因此，如何有效解决因理论不能化大众而产生"过时论"思想，值得我们去深思。解决的唯一办法，就是要推进理论自身的通俗化，在理论通俗化的前提下推进大众化。比如毛泽东《在延安文艺座谈会上的讲话》，就是一篇用最通俗地话语写成的宣传马克思主义的巨著，这篇讲话，无论是知识分子，还是普通草根群众，都能听得懂，用得上。因此，毛泽东的讲话发表不久，一大批知识分子就一头扎进基层搞创作，写出诸如《白毛女》《暴风骤雨》等群众非常喜欢的草根作品。

在新时代,随着人们的生活节奏加快,绝大部分人难以有时间阅读大部头的理论读物,快餐式阅读是多数人的共同选择,休闲时间碎片化、阅读碎片化成为新媒体生态下话语传播的主要特征。因此,推进马克思主义理论大众化,首要解决的问题就是理论本身要适应群众的快餐式阅读。当然,马克思主义理论具有内在严密的学术逻辑关系,我们在追求通俗化时,要警防无原则地迎合大众而把马克思主义话语庸俗化。列宁强调:"庸俗化和哗众取宠绝非通俗化。"① 为了避免出现把通俗化演化为庸俗化,就需要我们坚持把马克思主义的基本原理与具体实践有机统一,创造出大众听得懂、能运用的马克思主义话语。近年来,一系列通俗易懂的马克思主义话语被群众广泛接受和认同,并加以运用。诸如农村包围城市、两类不同性质的矛盾、先富带动后富、小康社会、和谐社会、社会主义核心价值观、科学发展观、中国梦、四个自信、命运共同体等这些通俗话语,极大地提升了推进马克思主义大众化的成效和水平。

3. 在解决实践问题中创新马克思主义

能够掌握大众的理论一定是管用的理论。理论管用的最直接体现就是能够指导实践创新,解决实践中遇到的问题,理论创新的根本问题就是要在实践中寻求理论的飞跃。因此,我们强调理论创新,不是说我们发展和创立了多少理论文本,而是在继承理论经典基础上,把理论运用于实践活动中,在活动中实现理论的再飞跃。正如毛泽东所指出的"理论—实践—理论"。实质上,毛泽东高度归纳了理论创新的基本规律,那就是理论指导实践,并在实践不断丰富和发展理论。马克思主义之所以被称为科学的真理,能够在中国扎根并创新发展,最重要的原因就是马克思主义与中国革命和建设实践紧密相联。从1840年以来,在帝国主义的铁蹄下,中华民族开启了血与泪的近现代史。面对中华民族的深重灾难,无数仁人志士为了实现民族的伟大复兴,从学习西方技术到学习西方思想,从幻想着和平复兴到武装反抗,甚至抛头颅,洒热血,但一次次革命都一次次失败。就在人们几乎绝望之时,马克思主义传入中国、中国共产党诞生,这都是人类历史上开天辟地的大事件,对中国乃至整个世界都产生了重大影响。中国共产党从成立的那一天起,就把实现民族伟大复兴之重任扛在自己的肩上,并在实践中不断创新和发展马克思主义,形成了毛泽东思想、中国特色社会主义理论体系和习近平新时代中国特色社会主义思想,指导中国革命和建设实践创造了世界一个又一个奇迹。

我们强调马克思主义管用,并不是用实用论去庸俗化马克思主义。马克思主义成为中国共产党的指导思想以来,每当遇到困难或瓶颈时,中国共产党人都

---

① 列宁全集(第5卷)[M].北京:人民出版社,1986:322.

会从马克思主义理论中找到"真经"，就是这些"真经"既解决了实践中的困难，又推进了马克思主义的创新和发展。如在中国革命陷入困境时，毛泽东等创新性地发展了马克思主义的革命理论，形成了毛泽东思想。毛泽东思想是中国新民主主义革命的理论武器，指导中华民族实现了站起来的伟大目标；在进入社会主义现代化建设时期，由于缺乏历史可以借鉴的经验，在探索社会主义建设问题上，我们走了一些弯路。尤其在 20 世纪 80 年代后期至 90 年代初期，由于受到苏东巨变的影响，整个世界社会主义运动陷入低潮，社会主义失败论弥漫开来，中国社会主义事业也处于何去何从的十字路口。在这关键时刻，中国共产党人还是从马克思主义理论中找解决问题的"真经"。以邓小平同志为主要代表的中国共产党人以实事求是、科学求真的态度理解和思考什么是社会主义，又一次在实践中推进马克思主义的创新，形成了邓小平理论。邓小平理论指导中国不断实现了富起来的伟大实践；进入新世纪，随着党情、国情、世情的深刻变化，中国特色社会主义事业面临着系列新问题和新考验，为了应对考验和化解危险，中国共产党人立足于马克思主义基本原理，深入思考建设什么样的党、怎样建设党的时代问题。科学地回答了在新的历史条件下建设一个什么样的党和怎样建设党这一重大历史课题，形成了"三个代表"重要思想。"三个代表"重要思想指导着中国沉着应对来自国内和国际上各种矛盾和考验，推动了中国特色社会主义各项事业和党的建设向前发展；进入新世纪新阶段，面对着发展中的一系列矛盾问题，中国共产党人从马克思主义关于发展的基本原理出发，突出把人的发展与社会的发展有机统一，把人与自然有机协调，形成了科学发展观。科学发展观解决了长期以来的粗放型发展困境，发展为了人民的思想从理论回归到实践，让群众真正共享了发展成果；党的十八大以来，中国特色社会主义进入了新时代，世界局势继续发生着深刻变化，经济全球化深入推进、思想文化多样化突显，人们的价值选择呈现多元化趋势，国内外形势更为复杂多变，意识形态斗争渗透各领域，稍为不慎，将带来颠覆性的后果。以习近平同志为主要代表的中国共产党人为了突破治党、治国、治军的时代瓶颈，不断创新治国理政思想，形成了习近平新时代中国特色社会主义思想。习近平新时代中国特色社会主义思想突出强调统筹推进"五位一体"总体布局，协调推进"四个全面"战略布局，指导中华民族向着强国目标迈进。

从毛泽东思想到习近平新时代中国特色社会主义思想，无一不是为了解决中国发展中遇到的实际问题而形成的。因此，继承和创新马克思主义理论话语，必须要在解决实践问题中进行理论创新，这样的理论才有说服力，才能真正做到管用、实用，才能夯实大众化的群众基础。

(二)推动以受众为中心的话语创新

马克思主义是共产党员的思想和行动准则,要使其成为公众的信仰,还需要推进马克思主义大众化,尤其要持续推动以受众为中心的话语创新,把马克思主义的政治话语转化为大众话语,才能使马克思主义真正扎根于基层、扎根于大众。从历史层面考察,马克思主义大众化的受众分精英阶层和大众阶层。马克思主义刚传入中国时,大众化的主要对象是精英阶层的广大知识分子和党员。随着中国革命不断向纵深发展,特别是共产党取得革命政权,成为执政党以后,这时的马克思主义大众化目标,就不仅是中国共产党员,而是全体人民大众。因此,新时代推进马克思主义大众化,就更需要创造广大公众听得懂的马克思主义话语。

语言是思想的外在表现,是思想传播的基础载体,任何思想传播都是以话语传播作为切入点。实践证明,任何理论的精彩,取决于话语的精彩。对于大众而言,理论的精彩程度取决于话语的精彩程度,而话语的精彩又往往体现为话语的表现形式。没有生动形象的话语表达,理论就精彩不起来。推进马克思主义大众化既是思想的大餐,更是语言艺术的展示。因此,话语传播需要站在公众的立场,突显理论话语的亲和力,突出以受众为中心的马克思主义话语,最根本的就是要构建人民群众能够理解和接受的话语表现形式。

1.比喻的修辞手法能够使理论话语更贴近群众生活

理论宣讲家要把一些深奥的理论讲得让群众听得懂,比喻是他们最常用的话语表达方式。往往一个贴切的比喻,就能把深奥的理论解读得无比的透彻。毛泽东是马克思主义大众化的发动者,也是打比喻的大师。他经常通过打比喻的方式,把一些深奥、晦涩的理论问题讲得形象生动、趣味横生如。如他在《反对本本主义》一文中就形像的说:"调查就像'十月怀胎',解决问题就像'一朝分娩'。"[①]一个简单的来自生活中比喻,就把调查研究与解决问题的辩证理论关系讲得清清楚楚,这样的比喻,群众听得懂,有共鸣。除了毛泽东外,习近平也是打比喻的大师。党的十八大以来,习近平在关于治国、治党、治军的系列讲话中,大量地使用比喻,把深奥的治国理政思想讲得通俗易懂。如:他在谈共产党的理念信念时,把共产党的理想信念比喻为"总开关"。"总开关"出了问题,必然导致言行偏差,各种越轨、跑冒滴漏就难以避免,就容易公私不分、公权私用等。中国共产党人在推进马克思主义大众化的实践进程中,大量地运用打比喻的方式,把理论的学术性话语转化为生活的通俗性话语,群众听得懂,用得上,真正做到把马

---

① 毛泽东选集(第一卷)[M].北京:人民出版社,1991:110.

克思主义贯穿于群众工作之中,成为指导工作的理论武器。生活是丰富多彩的,理论也在不断创新丰富和发展,通过比喻的修辞手法转化马克思主义话语传播还任重道远,需要长期研究和持续推动,更需要我们理论宣传工作者形成话语自觉。

2.讲故事能够使理论话语内涵以小见大

我们每一个人都是在听大人的故事中长大的,在听故事中明白无数做人做事的道理。但我们在宣传马克思主义理论的时候,却是恰恰忘记了这一最有效的话语宣传方式。在我们的理论届、学界、宣传界确实存在着一种不良倾向,过多地强调理论宣传的学术话语,往往把本来很简单的理论通过一翻学术话语解读后,大多数人反而看不明白了,这样的话语解读,还往往被称为学术水平高。为此,民间也有一些调侃的话语:把复杂的理论讲得通俗易懂的是助教;把复杂的理论讲得基本听得懂的是讲师;把本来简单的理论讲得让人听不懂的是专家教授。这些民间调侃尽管有些偏颇,但并非无道理。我们在进行理论宣传时,面对一些深奥的理论,如何能够绕开理论的说教,通过讲故事的方式,把理论讲清楚,也是一种重要的话语表达方式。习近平是最善于通过讲故事的方式来阐述治国理政方略,如习近平在会见越南客人时,就是通过讲述中越两国人民并肩战斗的故事,表达两国人民的传统友谊;在会见坦桑尼亚客人时,也是通过讲述两国人民共同修建坦赞铁路的故事,表达两国的人民长期的兄弟般情谊。在中央党校创办的"学习中国"APP软件中,专门开设了"习主席故事会"的栏目,通过习近平讲故事的方式,宣传马克思主义理论。把宣传马克思主义理论故事化,能够使案例更为鲜活、话语更为亲切,群众更容易接受教育和受到启迪,宣传效果更为突出。

3.用好现代技术使话语表达更贴近青年群体

2013年10月14日,在中国互联网社交媒体播出了一则《领导人是怎样炼成的》动画短片,尽管视频只有5分钟左右,却形象生动地把世界上几个最有典型性的国家领导人的产生过程讲得通俗易懂。看了短片的人,都能够基本了解美国、英国、中国领导人的产生过程。短片播出后,引起了网友的广泛热议。网友尤其感叹中国的领导人,要成为国家领导人,需要经过大量的基层锻炼,有足够的基层工作经历,能够充分了解中国的基层情况。没有这样的经历,做不了中国的国家领导人。

这部短片迅速爆红网络,主要原因就是首次把中国领导人以卡通形象展示在公众面前,在一定层面上颠覆了中国传统以来涉政问题的严肃性。长期以来,但凡涉及政治问题,我们都是以极其严肃的话语和面孔对待,从不敢越雷池半步。也正是如此,相当一部分喜欢生动活泼的青年人对政治不感兴趣,尤其对政治性理论更是不感兴趣,这与我们传统以来对政治的理解有较大的关系。这部片子为我们创新马克思主义大众化话语传播作出了示范。在新媒体生态条件下,传播技术的飞速发展,话语传播形式多元、多样,我们需要去研究公众、特别是青年大众的话语接受倾向,用他们喜欢的话语形式传播马克思主义。事实上,不管技术和传播载体如何发展,只有我们紧紧抓住公众的情感倾向、兴趣所需,从公众需要和接受爱好的视角传播马克思主义,才能够提升马克思主义大众化话语传播效果。

(三)改进政治新闻话语表达形式

政治与新闻是一对关系密切的结合体,政治对新闻传播有着决定的影响,对任何一个政治组织而言,都希望通过新闻传播提升自身的政治力。因此,新闻传播往往会成为政治活动的工具,甚至成为政治组织的一个基本组成部分。在一些政治动荡的国家和时期里,新闻传播甚至成为政治组织争夺权力的焦点。实质上,不管是和平年代,还是政局动荡的时代,政治新闻总是社会关注的焦点,因为政治新闻对当下政治活动的颂扬或是批评既是政治组织需要关注的话题,也是社会公众感兴趣的话题。今天,任何新闻话题都难以置身政治意识形态之外而独立的存在着。在中国,党委政府更是把新闻机构视为传达自身政治主张的"喉舌",是直接为我们党和政府服务的机构,也是推进马克思主义大众化话语传播的重要载体。不管是在传统媒体还是新媒体生态下,它都是公众了解国内外大事,了解党和国家重大方针政策,了解党和政府对一些社会问题的判断和态度的基本窗口。更为重要的是,政治新闻往往会主动遵循社会主义主流价值判断,积极倡导社会主义核心价值观。因此,只要公众有持续关注政治新闻的热情,我们传播马克思主义的渠道就会持续畅通。需要引起我们注意的是,尽管大部分的公众都表示每天都会关注媒体发出的政治新闻。但我们的一些调查数据显示,在这些关注群体中,青年人对政治新闻的关注度呈逐年下降趋势,这需要引起我们足够重视。我们都知道,要赢得世界首先要赢得青年的重要性。如果我们的青年一代对政治兴趣度不高,中国特色社会主义事业的后继者就成了大问题。从调查数据显示,一些青年人对政治新闻不感兴趣,主要原因还是在于政治新闻的传播话语过于强调政治化的刻板,有些政治新闻把领导人的话语照搬照抄,仅是起到一个简单的传声筒作用,缺乏群众视角的新闻解读。在新闻视角多样化的今天,这种方式的政治新闻话语,自然难以引起青年群体的兴趣。

进入新媒体时代,我国的政治新闻报道虽然已经有了很大的改进,但依然还存在许多需要不断改进的地方。比如在内容报道上,报道成绩的多,谈问题的少;在人物选择上,报道领导的人,报道群众的少。有些地方的主流媒体,在30

分钟的新闻时间里，全部被领导开会、检查工作所垄断，一个新闻时段里，看不到群众活动的影子。这样的政治新闻，自然难以引起群众的关注，尤其是青年群体。另外，在一些事关民生问题上，有时主流媒体习惯于集体"禁声"。例如，2019 年 1 月，广西某市的一个县，一座重要的交通枢纽大桥，由于桥面长时间破损无人修理，导致桥面混凝土脱落，漏出了桥面钢筋，甚至可以透过桥面看到了河水，已经造成了严重安全隐患。对这一事件，网络媒体是铺天盖地的议论，民间媒体充斥着各种诉求的调侃，诸如："龙江二桥实在靓，桥面也要开天窗；若是领导不作为，最好告诉党中央。""远看水有桥，近看桥有水；以为眼睛花，原为坑洼洼。"但是，作为当地的主流媒体，对公众的诉求回应极少，仍然是以报道领导活动为主体。民生是最大的政治，作为新闻媒体自然知道这个重大关系问题，但涉及事关民生的政治问题，媒体往往又难以跨出关键一步。社会给媒体提供了鲜活的政治素材，媒体却是噤若寒蝉，以致政治新闻的吸引力、公信力就难以提升。因此，构建马克思主义大众化话语体系，需要改变政治新闻的话语传播方式，多一些反映百姓生活的真情实感，少一些领导的套话；多一些民生报道，少一些领导活动，坚持政治性与生活性相结合、政治诉求与民生诉求相统一的政治新闻话语，才能真正提升马克思主义的话语传播力。

（四）立足于中国国情构建国际传播话语

对于一个日渐走进世界舞台中央的中国，如果说构建世界范围的马克思主义大众化话语体系，对于今天的中国而言，已经是一个战略问题，那么，如何构建世界范围的马克思主义中国化话语体系那就是一个战术问题。活跃在世界舞台上的当今中国，我们听别人说的时代正逐渐成为过去。向世界发出中国的声音，阐述中国的立场，表达中国的诉求和关切，提升中国的国际话语权是一项迫切的大国任务。如何构建中国自己的国际传播话语体系，基于中国的国情特点创新国际话语传播体系是首要问题。一是要立足于中国特色社会主义构建国际话语体系。改革开放 40 多年来，中国取得的巨大成就，归根结底就是中国坚持探索符合自身发展的道路，不迷信西方的道路，不屈服西方的政治讹诈，成功闯出了一条中国特色社会主义道路。我们要围绕这条道路创新中国的国际学术话语，让整个国际社会更多、更全面、更客观地了解中国的发展。二是要立足于社会主义初级阶段创新国际话语。改革开放 40 多年来，中国尽管成为世界第二大经济体。但是，"我国仍处于并将长期处于社会主义初级阶段的基本国情没有变，我国是世界最大发展中国家的国际地位没有变"①。西方一些国家认为中国已经进入发达国家序列,要按照发达国际的标准承担国际义务。这些言论,无疑表明了西方国家对中国的基本国情不了解,仅看到了中国的一面,没有看到或者故意忽视中国的另一面。我们要清醒地认识到,尽管我们的经济总量不小,但截止2019年底,中国人均收入排名仍居世界第70位左右,与发达国家仍然存在17倍的巨大差距,中国的发展仍任重道远。因此,中国要紧紧立足这个现实构建自己的国际话语体系,而不能盲目地超越这个客观现实。三是要立足于以和平、合作共赢促发展构建国际话语体系。坚持和平共处五项原则,共同构建互信、包容、合作、共赢的国际格局,是中国一贯的立场和主张。中国的发展离不开和平的国际环境。20世纪80年代末,邓小平敏锐地把握国际发展大势,作出了和平与发展是时代主题的判断,把国家工作中心果断地转移到经济建设中心上来,一心一意搞建设,全心全意谋发展,40多年的国际和平环境给我们提供了巨大的发展空间。中国还需要这样的和平环境,并且这样的和平环境需要我们自己去争取、去倡导。尽管今天整个国际社会中各种不安全因素、甚至包括战争威胁还时刻存在,但只要我们居安思危,积极倡导世界和平,倡导合作共赢,在维护世界和平问题上发出中国强有力的声音,就一定能够得到世界的广泛支持,我们就一定能够再为自己争取到更长的和平发展环境。四是创新推动构建人类命运共同体的国际话语体系。当前,在国际范围内的单边主义、新的国际讹诈开始抬头。世界风险日益增多,恐怖主义、地区政治动荡、金融危机、气候环境等都对人类的发展构成了现实的威胁,再加上新的冷战思维和强权政治阴魂不散。这些需要全世界各国人民团结起来,共同应对。为了应对这些人类发展进程中共同面对的威胁,中国提出了构建人类命运共同体的倡导,这是一个负责任大国的体现。

创新国际传播话语,要在话语上体现"中国特色的社会主义""社会主义初级阶段""最大的发展中国家""互信、互惠、包容""合作共赢""多极化中的一极""以人为本""中国模式""和平发展""科学发展""社会和谐""人类命运共同体"等具有中国特色、中国气派、中国风格的国际话语体系,不断提升中国的国际话语权。

二、掌握马克思主义大众化话语传播议程设置的主动权

新媒体彻底改变了传统媒体条件下话语传播的单向性问题,互动交流是新媒体生态下话语传播的最大特点。在新媒体生态下,传播主体(传播者与受众)

---

① 习近平.决胜全面建成小康社会 夺取新时代中国特色社会主义伟大胜利——在中国共产党第十九次全国代表大会上的报告[N].人民日报,2017-10-28(001).

可以根据自己的喜好设置议程,形成舆论场,引导舆论,掌控话语权。马克思主义大众化话语传播从形式上而言是一种传播学理论的运用。因此,要充分掌握传播学"议程设置功能"理论,不断提升掌控"议程设置"能力。

（一）媒体议程设置的内涵及特征

1.媒体议程设置的内涵

最早提出议程概念的是美国传播学家唐纳德·肖和麦克斯威尔·麦克姆斯。他们认为,大众传播中总是围绕某一"大事"展开讨论,并且通过"大事"影响人们对周围世界的判断。后来,他们把这个"大事"定义为"议题"。随着传播学的发展,"议题"概念逐步发展成为传播学中的"议程设置理论"。"在一系列特定的问题或论题中,那些得到媒介更多关注的问题或论题,在一段时间内将日益为人们所熟悉,这些问题或议题的重要性也将日益为人们所感知。相反,那些得到较少关注的问题或论题在这两方面则相应地下降。"①从议程设置理论可以看出,公众对某一问题的关注度很大程度上受到媒体的影响,媒体关注度越高、持续时间越久,就越容易引起公众的关注。实质上,在新媒体生态下,人们对这个理论已经非常具有感性认识。如社会发生的一些事情,从某种意义而言,根本就不是什么"事",但经过媒体持续关注,很快就形成了"事"。就如"你妈喊你回家吃饭"这句话,在日常生活中再平常不过,但经过媒体持续关注和讨论,很快就形成了"网络舆情"事件,围绕这句话的很多解读也产生了。今天我们谈论最多的话题"网络舆情",其实就是媒体对某一事件持续关注导致的网络事件。

"议程设置"与我们党在思想教育领域一直主张的"灌输理论"有相同的契合点。两者都是通过外部力量的反复呈现,使受众在信息的反复获取中加强印象,达到传播教育目的。

2.议程设置的特征

分析议程设置的特征,有利于我们在推进马克思主义大众化话语传播中较好地运用议程设置功能。在新媒体生态下,议程设置已被赋予了新媒体的话语传播特征:一是溢出自身利益。从传统视角而言,人们持续关注的问题往往与自身利益有密切关系。但在新媒体生态下,我们不仅关注自身的直接利益,一些与自身直接利益毫无关联的事情,只要媒体给予足够的话语引导,也能够引起网民的持续关注。二是话题范围广泛。在新媒体时代,人们的信息源非常丰富,知识面相当宽广,议题内容往往涉及上至天文、下至地理,无所不包,政治、经济、文

① ［英］丹尼斯·麦奎尔,［瑞典］斯文·温德尔,等.大众传播模式论[M].祝建华,武伟,译.上海:上海译文出版社,1987:33.

化、社会、生态等无所不含。三是自发性突出。在传统媒体时代,由于受到媒介的限制,议题设置和发展方向往往控制在官方舆论场中,议题的内容也多与正面话题为主。但在新媒体生态下,由于传播媒介高度发达,人人都手握着"麦克风",民间舆论场强大,议程设置往往呈现自发状态。有时围绕某一事件,呈现出一波未平,一波又起的态势。如"陕西8.26特别重大道路交通事故",交通事故本身的议题还未结束,围绕安监局长杨某事故现场发笑的事情,形成了另一个议程。由此可以看出,随着民间媒体舆论场的发展,议程设置的自发性突显,出现了一个事件,自发性的产生连环议程的情况。

(二)马克思主义大众化话语传播议程设置的必要性

在新媒体生态下,依靠传统的单向灌输方式推进马克思主义大众化,显然已经不能适应新媒介的需要。提高马克思主义理论传播时效,需要形成多边互动。因此,议程设置是推进马克思主义进入民间舆论场的重要手段。

1.吸引公众关注和参与话语传播

长期以来,由于我们进行马克思主义理论教育的时候,往往是居高临下式的说教,这一方式已经深入人心,形成了某些固化性的认识。因此,一谈到马克思主义理论,人们从内心深处油然而生一股敬意。这种敬意并非敬仰,而是对这一理论高大上遥不可及的心态。深奥、难懂是公众对马克思主义的普遍性认知。因此,通过设置议程,赋予马克思主义生动、形象的话题,可以极大地改变公众对马克思主义的传统印象,引导公众改变对马克思主义传播的不当认知,使公众回归到认识马克思主义的常态下。如:在马克思主义诞辰200周年之际,人民网等主流社交媒体设置了"马克思主义在中国不过时"议题,引来了网友的广泛关注和参与讨论。因此,主动设置议题,让马克思主义话题在官民舆论场持续出现,进入公众的话题范围,不断引导更多的公众关注、认知和参与马克思主义话语传播。

2.引导公众运用马克思主义分析现实问题

推进马克思主义大众化,让大众学会运用马克思主义分析和认识实际问题,让更多的公众信仰马克思主义,这才是终极目标。要让公众信仰马克思主义,首先要引导公众学会把马克思主义运用到分析实际问题、指导实践,才能凸显马克思主义理论的价值。因此,设置议程时,不仅是认知层面的议程,还需要设置运用层面的议程。如通过舆论过程中的专家与网民的互动交流,引导公众辩证地分析和认识社会发展进程中的矛盾问题等,这本身就是在潜移默化中引导公众对马克思主义世界观和方法论的认识。同时,再晓知以马克思主义理论的显性认知,让公众认识和感受到马克思主义应用价值所在,突出马克思主义的真理价值。如 2008 年全球金融危机爆发后,西方一些经济学者们都想从马克思的经济理论中找到一些破解之策,这无形中是对马克思主义大众化的一次普及。推进马克思主义大众化,就是需要广大公众学会运用马克思主义理论分析、破解实践中的难题。

(三)把握好马克思主义大众化话语传播议程设置的针对性

新媒体生态下,利用好两个舆论场推进马克思主义大众化,要重视议程的设置,掌握议程设置的针对性和引导权。在一定时期内,由于我们对网络舆论场的议程设置不够重视,缺乏议程设置的主动性和议程针对性,使得一些负面事件得以无限放大,让一些错误思想得以持续发酵,导致人们对党和政府、对社会主义产生了错误认识,弱化了马克思主义理论的影响力和指导地位。因此,有针对性的议程设置,能够引导人们正确认识马克思主义和运用马克思主义。

设置议程首先要突出以公众为中心,设置公众关心的议题来起到引领和带动关心其他问题的作用。设置议程与媒体(特别是主流媒体)的新闻报道要形成有机联动。研究发现,媒体的新闻报道会直接影响公众对议程的认知。如果舆论场中出现的某个议程,与当下的社会新闻报道无关,公众对议程的关注度比较低,就难以引起公众的舆论兴趣。相反,如果设置的某个议程是新闻媒体报道的重点内容,那么公众对议程的关注热情比较高。如"陕西'8.26'特别重大道路交通事故",由于全国各大媒体都在对该事件持续的进行新闻报道,这时出现在舆论场中的"局长在笑什么""表哥"的议程,自然迅速引来公众的广泛关注。其次,如果舆论主导方对某个议程进行持续的突出强调,也会提高关注度。在新媒体生态下,为什么网民关注的问题往往会溢出自身利益,除了网民参与社会治理的热情度提升以外,更重要的原因就是网民的从众心理比较突出,喜欢群体围观一些大众性问题。因此,利用好网民的这种从众心理,恰当地强化一些议程,也能够达到提升马克思主义大众化话语传播的效果。再次,要注重议程的设置顺序,设置有针对性的议程,要注重时间顺序,特别是一些网民时下正关注的热点议程要放在突出的位置,给网民以充分的关注。最后,没有特殊必要,不要刻意地隐藏或删除网民热议的议程。受到传统的网络控制思维影响,我们面对网络负面舆论的勇气和信心不足,在缺少引导办法的情况下,往往采取删帖方式进行处理。实践证明,这种简单的粗暴的处理方式,往往会引来更大的舆论反弹。在新媒体生态下,任何组织和个人,企图希望通过封堵的方式制止舆论发酵,都是不恰当的选择。因为,舆论场是开放的,议题的舆论场转移是瞬间的事情。因此,只有提升议程的设置能力和针对性,通过有针对性议程设置来转移公众舆论注意力,才是最佳的选择。

通过设置有针对性的议程推进马克思主义大众化,要特别突出重视在体现理论本身的终极关怀时,要积极回应公众关心的现实问题。任何理论的真理价值性最终要体现到对群众的现实关怀上,否则就是空洞的说教。从草根群众而言,马克思主义的现实关怀就是理论联系实际,回应群众关心的热点、难点和焦点问题,只有从草根群众关心的事情视角设置议程,党委政府积极参与舆论、引导舆论、回应诉求,马克思主义才能贴近群众、深入群众生活。

三、提升马克思主义大众化话语传播主体的媒体素养

从广义上而言,马克思主义大众化传播主体归根结底是人的主体。无论是政府、民间、教育机构还是思想文化等,最终都指向传播者和受众,一切马克思主义大众化话语传播的主体活动,都将归结到这两个基本要素上。因此,话语传播中人的媒体素养将决定着马克思主义大众化的成效。

（一）媒体素养的定义

素养是一个内涵较为宽泛的词,一般情况与素质通用,通常指一种能力或技能,在不同的语境下,有具体的素养含义。如道德素养、知识学习素养、人际关系素养等。在新媒体时代,运用和掌握媒介能力成为人的一项基本能力,因此,也就产生了媒体素养的概念。

关于媒体素养的定义,目前学界没有统一的界定。但总体上认为,媒体素养即,"人们面对各种信息时的选择能力、理解能力、质疑能力、评估能力、创造和生产能力以及思辨的反应能力"[①]。在这个定义中,至少包含了传播主体的认知力、选择力、评估力和再造力等。从实践层面而言,随着新媒体的高度发展,对传播主体的媒体能力要求越来越高,如:信息理解能力、信息传播能力、信息整合能力、信息研判能力等,还要求能够利用媒介参与社会信息传播与管理,并在参与信息传播和管理过程养成良好的信息思辨和再造能力。

（二）媒体素养的内涵

1.媒体信息研判与加工的养成

在新媒体生态下,现代信息技术不仅提供了强大的传播载体,而且也提供了强大的信息采编工具。在传统媒体下,新闻采编只能是专业记者才能实现。但在新媒体生态下,网民个体同样可以实现新闻采编的整个流程。因此,有人说,

---

① 转引自王帆,张舒予.读图时代的大众素养媒介素养或视觉素养[J].中国电化教育,2008(02):21-24.

新媒体可以使任何一个网民都独立成立一个通讯社,这一点毫不夸张。面对每个人都有条件成为记者的公民记者社会,如果网民缺乏对信息的研判,盲目加工制造新闻,极易造成社会假新闻漫天飞的状态。因此,面对新媒体纷繁复杂、良莠不齐的媒体信息,网民既要培养信息的研判能力,又要提高信息的加工能力。只有研判能力提高了,才能准确判断媒体信息的真伪,做到去其糟粕、取其精华,才不至于向社会传播假新闻。这样,既维护了社会信息传播的正常秩序,又保护了自身安全。在我国《刑法》《民法》《互联网信息服务管理办法》等法律法规和条例中,都对传播假新闻、造谣等行为有法律上约束,其行为都将受到相应制裁。另外,在自媒体时代,仅有信息的研判能力还不足以适应新媒体时代的信息化要求,每个网民都应该具备一定的信息加工能力。所谓信息加工,既包括高层面的新闻采编,也包括一般日常生活中的信息编辑与发送。在信息化社会,网民都希望看到真实的信息,都希望网络环境风清气正。这需要每个网民都要树立正确的信息观,特别是信息加工过程中,要坚持正确的信息加工导向,不制造假新闻、不传播假新闻应该成为每个网民的基本规则。在新媒体生态下,网民时刻都生活中信息的海洋中,有的学者甚至认为信息与人的存在就像人与空气的关系一样,缺少了信息,人几乎难以生存下去。正是因为信息与人的关系如此之亲密,围绕着媒体信息的一系列问题也就摆在我们面前。如网络道德、网络伦理、网络法治等问题,无不与网民的信息研判与加工能力有着密切的关系。因此,网民养成良好的信息研判与加工素养,是提升马克思主义大众化话语传播主体整体素质的基本要求。

2. 培养新媒体话语自控和慎行的意识

开放性、虚拟性是新媒体的主要特性之一,在新媒体生态下,网民的话语自由得到了充分的展现。但是,任何自由都是相对的,现实社会是这样,网络社会也是如此。不管是现实社会,还是在网络虚拟世界里,每个网民都应该学会话语自控和慎行。在现实生活中,也确实出现过一些网民在网络上不理智的话语"狂欢",其结果不但侵犯了别人的权益,也给自己带来了无尽的麻烦,甚至触犯了法律,受到了法律的制裁。在新媒体生态下,网络是虚拟存着的现实,网络与现实社会一样,不存在无边界的自由,也不存在无理智的"狂欢"。在新媒体的虚拟空间里,网民只有提高自我约束能力,时刻审视自己的媒体话语和行为,才能给整个新媒体提供一个清朗的信息空间。

3. 树立媒体传播的社会责任感

媒体如何树立自身的社会责任意识,一直是传播学研究的热点问题。在20世纪40年代开始,西方国家就开始探索媒体要承担相应的社会责任,并纳入公众规制的范畴,接受社会和国家制度的双重监督和制约。从实践层面而言,传统媒体的责任边界相对比较清晰。因此,在传统媒体条件下比较容易监督,容易实现。但在新媒体生态下,媒体责任的边界相比于传统媒体而言,比较模糊,并且随着大量自媒体的产生,这样的媒体社会责任理论已经难以适应新媒体的要求。况且,在新媒体生态下,媒体与媒体人之间的边界同样模糊不清。因此,单纯对媒体进行责任规制,在实际实践活动中难以实现。必须对整个媒体传播进行整体规制,整体约束。媒体传播的社会责任感既包括了媒体,也同时包括了媒体人,两者是不可分割的有机体。只有把两者统一起来,形成一体化的社会责任,才符合新媒体生态的基本要求。

(三)提升媒体素养的途径

在新媒体生态下,提升主流媒体的引领力至关重要。但仅有主流媒体还不足以能够让整个网络清朗起来,还需要提升包括民间媒体舆论在内的整体媒体素养。

1.提升网民自身对媒体信息的选择和驾驭素养

在新媒体时代,媒体素养是每个网民都应该具备和提升的一项基本能力,如果一个社会的网民有较高的媒体素养,无疑对推进整个社会的信息进程,营造一个清新康健的网络空间有着重要意义。有些国家已经把提升媒体素养纳入公民再学习的国家计划中。中国在国家干部、企事业单位职工的年度学习计划中,都安排了相应的专题进行学习。但总体而言,学习的面还不够广泛,尤其是如何组织广大草根网民通过学习提升媒体素养的任务还比较艰巨。新媒体信息纷繁复杂、良莠不齐,如果网民缺乏对信息的选择能力,就难以做到驾驭信息。新媒体时代是一个信息化时代,每个人都被包围在信息的海洋中,也有人称新媒体时代是一个信息过剩的时代,这样的描述一点也不过分。这些海量的信息,并不是我们每个人都需要的。再者,人的时间和精力是有限的,我们不可能每天都把时间花费在浏览这些无用的信息上。因此,在信息相对过剩的社会里,面对这些海量的信息,网民获取、选择和驾驭信息必然成为生活在这个时代的一项基本能力。网民只有学会去选择信息、识别信息,通过不断持续学习,提升自己的信息研判和驾驭能力,才能在信息纷繁复杂、良莠不齐的信息化社会中高质量的生存和发展。

2.发挥主流媒体对自媒体的引导力

在社交平台高度发达的新媒体生态下,全国 10.32 亿的网民中,有超过98.6%用户通过手机上网。从调查的统计数据显示,手机中安装微信社交软件的比例超过 90%。在人人都是记者、都可以便捷地产生和发布新闻的新媒体生态下,这无疑表明,全国有将近 9.15 亿个移动新闻发布站。这些通过自媒体发布的信息良莠不齐,其中不泛错误的言论。因此,加强主流媒体的引导能力建设,对推进马克思主义大众化话语传播尤为重要和紧迫。习近平所强调:"主流媒体要及时提供更多真实客观、观点鲜明的信息内容,掌握舆论场主动权和主导权。"①目前,我国各级政府都建立了门户网站,并相继开通了政务微博、政务微信、新闻客户端等,这些都是主流媒体信息发布的重要渠道,也是引导网络舆论,提升马克思主义大众化话语传播的重要载体。任何一个国家和社会,主流媒体在引领整个社会提升媒体素养方面的作用是不容小觑的。美国在 1947 年就公布了媒体社会责任的四项原则,中国也在行业内部、相关的制度法规中都对媒体的社会责任作出了相应的规制。在新媒体时代,尤其是在媒体信息纷繁复杂的态势下,大家都在说,似乎都说得有道理,往往让网民无所适从。在这种态势下,主流媒体的声音就显得尤为重要。因此,习近平指出:"主流媒体要借助移动传播,牢牢占据舆论引导、思想引领、文化传承、服务人民的传播制高点。"②在各地各级政府的政务微博、政务微信、客户端开通以来,主流媒体的"两微一端"在信息提供、社会舆论引导等方面发挥了重要作用,特别是主流媒体通过与自媒体的融合发展,加强了与自媒体的互动交流,主动服务网民的意识和能力得到了极大的提升,有效引导了网民学会研判信息、选择信息,较好地提升了媒体人的信息素养。

3. 加强网络道德教育,提升网民的媒体道德水平

随着新媒体时代的到来,如何规范网络行为又成为新的社会问题。新媒体把人带入了一个虚拟与现实交互存在的环境中,许多原来存在于现实社会中的伦理问题被移植进了网络世界。新媒体是一把"双刃剑",它一方面丰富了公众的生活,提高了公众的生活质量;另一方面,由于网络中存在的一系列不规范行为,又给公众造成了众多烦恼。原来那些在现实生活中规范人的制度机制,在网络环境下缺乏可操作性。因此,让一些人错误地认为网络是一个没规制的自由世界。再加上一些网络本身存在的一些特质性问题,使得整个网络充满着伦理危机。特别是网络技术在我国的发展非常迅速,但围绕着网络伦理道德的研究却相对滞后,导致在一定时期内,使得如何规范网络道德问题成了"空白"。其结果就是网络伦理问题长期得不到有效规制和治理,以至成为影响我国社会健康发展的社会问题。

---

① 习近平:推动媒体融合向纵深发展 巩固全党全国人民共同思想基础[EB/OL]. http://politics. people. com. cn/n1/2019/0126/c1024-30591056. html.

② 习近平:推动媒体融合向纵深发展 巩固全党全国人民共同思想基础[EB/OL]. http://politics. people. com. cn/n1/2019/0126/c1024-30591056. html.

随着新媒体的发展,在网络法律规制还不够完善的现实情况下,加强网络道德教育,成为亟需研究和解决的迫切问题。加强网络道德教育,不能仅停留在道德的软性呼吁上,而是要强化遵守网络道德规范的制约性,通过构建网民的个人信用体系,把遵守网络道德纳入网民个体征信体系中进行强制性约束。如何制定具有约束性的网络道德规程,西方一些国家的管理经验可供我们借鉴。如美国计算机伦理协会制定了计算机伦理十戒,如:"你不应当用计算机去伤害别人;你不应当干扰别人的计算机工作;你不应当用计算机进行偷盗等。"①美国制定的这些律条,不只是道德层面的软性呼吁,他们还配套有相应的制裁措施,对违反这些伦理律条的个人或集体进行相应的制裁,把道德从软性约束上升到硬性规制。解决我国网络道德日趋严重的问题,需要全社会协调一致加强网民的网络道德教育,不断提升网民的媒体道德水平,共建一个清朗健康的网络空间。

四、优化马克思主义大众化话语传播的媒体生态环境

新媒体的发展,为人们认识世界和改造世界提供了坚实的技术条件,互联网前所未有地实现了把人的现实环境与虚拟环境有机统一,进一步推动了人类自由而全面的发展。正如马克思和恩格斯所指出:"人创造环境,同样,环境也创造人。"②人类创造了网络空间,网络空间也在不断地推动人类前进和发展。今天,我们比任何时候都更深切地感受到环境对人类的巨大影响。我们每一个人都生活在信息的海洋中,每天都接触着庞大的信息流,让我们时刻享受着丰富的信息"大餐"。但同时,各种纷繁复杂、良莠不齐的信息充斥在网络里,严重污染了信息生态环境。因此,需要我们不断地优化信息传播环境,营造清朗的话语传播生态空间。

(一)优化媒体生态环境的必要性

在新媒体生态下推进马克思主义大众化,必须要营造一个健康清朗的传播环境,这是推进马克思主义大众化的基本前提。实践证明,积极向上的传播话语能够给个体和社会带来正能量,能够引导一个人形成积极向上健康心态,推进社会秩序良性运转。相反,大量的负面话语,会扰乱人们的价值判断,干扰人们的正确选择。因此,优化媒体生态环境,是推进马克思主义大众化话语传播的基本要求。

---

① 王正平.计算机伦理:信息与网络时代的基本道德[J].道德与文明,2001(01):36-39.
② 马克思恩格斯选集(第1卷)[M].北京:人民出版社,2012:172.

1.健康清朗的传播环境更有利于引导网络舆论,增加马克思主义话语影响力

新媒体开放的互动空间给网络舆论提供了广阔的平台,同时,飞速发展的新媒体技术为网络舆论提供了丰富的舆论载体。网络舆论的议程都源自公众的现实生活,是广大公众对现实生活的基本诉求和表达。但在现实生活中,并不是所有的网络舆论都是公众对现实生活的真实诉求和表达,其中不乏一些非理性的诉求,甚至存在一些超越法律规制的舆论。理性的诉求对社会发展形成了正面的舆论影响,对推动社会良性健康发展具有重要的积极作用;非理性的诉求从诉求的内容而言大部分是合理合情的诉求,但在诉求表达的方式、话语的运用方面表现得比较过激,往往通过谩骂、造谣等手段企图引起相关部门的重视或引起公众的关注,甚至通过一些非法手段达到利益诉求的目的。非理性诉求尽管诉求内容具有一定的合理性,但由于缺乏正当的表达方式,往往事与愿违,甚至触犯法律。在实践中,非理性诉求往往对社会发展造成不良影响,尤其是一些人利用网络舆论,对党和政府进行攻击,对党和国家的方针、政策进行曲解,甚至被一些敌对势力利用非理性诉求制造网络舆论,试图制造社会动乱。因此,任何形式的非理性诉求,都会弱化人们对党和政府的公信度,对推进马克思主义大众化话语传播造成负面影响。所以,国家需要从道德、法律等层面优化媒体生态环境,特别是对一些非理性的诉求,要形成相应的制度规制,构建引导机制,集政府、民间的集体力量,共同营造一个健康清朗网络舆论空间,增加马克思主义话语影响力。

2.健康清朗的传播环境更有利于引导网络思潮,巩固马克思主义传播的主阵地

中国正处于社会全面转型、新旧矛盾交替的关键时期,"我们既要全面建成小康社会、实现第一个百年奋斗目标,又要乘势而上开启全面建设社会主义现代化国家新征程,向第二个百年奋斗目标进军"[①]。在这一时期,改革开放进入深水区和攻坚期,社会长期粗放型发展积累的矛盾在这一时期集中呈现,缩小社会居民收入差距的任务极其艰巨。因此,要实现中华民族伟大复兴的中国梦,需要在党中央的领导下,统一思想、步调一致,统筹推进"五位一体"总体布局,协调推进"四个全面"战略布局。从社会发展的历史经验而言,每每当社会发展进入关键时期,各种杂音总是纷沓而至,各种非主流意识形态总是要跳出来,干扰人们的思想,影响人们的价值判断。当今的中国也是如此,在我们全面推进中国特色

---

① 习近平.决胜全面建成小康社会 夺取新时代中国特色社会主义伟大胜利——在中国共产党第十九次全国代表大会上的报告[N].人民日报,2017-10-28(001).

社会主义的关键时期,特别是社会转型发展的关键阶段,各种非社会主义意识形态思想和社会思潮甚嚣尘上。今天,呈现在我们面前的就有历史虚无主义、新自由主义、普世价值论等各种各样的非马克思主义思潮,这些思想有的打着解读历史的旗号,实则是要否定中国革命的历史、否定党的领导。如历史虚无主义思想,就是通过打着所谓解读历史的旗号,对我们的民族英雄进行大量的抹黑,对日本侵略历史和历史反面人物进行美化,以达到否定中国革命的历史,继而否定党的领导。这些社会思潮借助于新媒体舆论平台,置中国的历史于不顾,置中国特色社会主义事业的成就于不顾,抓住社会发展进程中出现的个别问题,以偏概全,通过放大社会矛盾等方式,全方位、多角度地误导人们的思想。如果对这些错误的社会思潮不加引导和批判,就会弱化人们对马克思主义理论的认同,动摇中国特色社会主义事业根基。因此,只有优化媒体生态环境,才能有利于引导网络思潮,巩固马克思主义传播的主阵地。

3.健康清朗的传播环境更有利于引导网络主流意识,巩固马克思主义话语传播主阵地

不管是传统媒体条件下,还是在新媒体生态下,自从有了社会主义制度以来,两种意识形态的斗争就从来没有停止过。从 20 世纪 50 年代开始,以美国为首的西方资本主义国家就专门针对中国制定了意识形态斗争战略,从那时开始,和平演变与反和平演变就一直是两种形态斗争的焦点。作为中国这样一个大国,西方国家想要像在东欧、北非、乌克兰等国那样进行赤裸裸的颜色革命,显然他们没有这个能耐,中国的国情特征也不会让他们有这样的条件组织开展颜色革命。因此,西方对中国实施的意识形态渗透,更多的是放在思想文化的隐蔽领域,通过渗透西方的思想文化、价值观念达到腐蚀中国青年一代的目的。随着新媒体时代的到来,新媒体为西方对中国进行意识形态渗透创造了条件,他们对中国的意识形态渗透的步伐明显加快、力度明显加强。最直接的表现手法就是不断地强调要给予网络言论自由,有了网络上的言论自由,各种非社会主义意识形态话语就能够堂而皇之地进入舆论场,影响、误导和改变人们对中国传统文化和社会主义核心价值观,进而达到弱化人们对中国特色社会主义的信心、动摇对马克思主义的信仰之目的。

历史和现实的实践经验告诉我们,大量的非社会主义意识形态思想充斥在网络舆论场,会严重动摇公众对社会主义主流意识形态的坚持,不仅弱化了党和政府的公信力,还会影响人民群众与政府的关系,助长公众对政府的不满情绪。一段时期以来,我们的社会中不乏存在着"端起碗来吃饭,放下筷子骂娘"的不正常社会情绪,这与我们缺乏对网络舆论的强力管控,让一些非社会主义意识形态思想误导公众情绪有莫大的关联。

实践已经证明,中国的发展离不开马克思主义的指导,马克思主义指导地位的一元性只能加强、不能弱化,只有这样,中国特色社会主义才能继续前进,中华民族伟大复兴之中国梦才能实现。因此,只有强力优化媒体生态环境,才能有利于引导网络主流意识,巩固马克思主义话语传播的主阵地。

(二)优化媒体生态环境的基本途径

在新媒体生态下,上网已经成为人们的基本生活方式。因此,网络环境已经成为人们现实生活中的一个重要组成部分,与人们的生活息息相关。从人们的日常生活层面而言,优化网络环境实则是优化人们的生活环境。这两者在今天看来,是高度统一的有机体。网络环境的优化,既有利于推进马克思主义大众化的话语传播,又有利于让人们有一个清朗健康的网络空间,提高人们的生活质量。网络环境的优化,需要基于网络的基本特征出发,从行政、司法、道德、技术等方面综合施策,协调推进。

1.加强政府管控,推动建立正面话语为导向的舆论生态

网络环境已经成为人们现实生活中的一个重要组成部分,政府要在网络环境建设中发挥更大的作用。加强政府对媒体的管控应纳入政府的日常工作议程和绩效考核范畴。政府管控媒体在任何一个国家都不是新议题,特别是在新媒体生态下,各种自媒体应运而生的情况下更为明显。这些自媒体如果缺乏政府的统一管控,就会游离在制度和规则的规制之外。自媒体是民间话语传播的主阵地,如果这个阵地我们不主动占领,我们的敌对势力一定会去占领,这是毋庸置疑的。因此,加强政府对媒体的管控,实质上就是要占领媒体舆论的主阵地,引导舆论议程向传播社会正能量的方向发展。政府管控媒体包括管理、监督、调控、审核、引导和指导等环节,要形成定期检查的体制机制,对有问题的媒体或长期传播负能量的媒体要建立档案制度,采取质询、函询、提醒、整顿、取缔等方式,强化政府对媒体的管控力度。同时,还有建立激励机制,把奖优罚劣制度化、常态化。通过政府的管控,推动建立大力倡导社会正能量的网络舆论生态。

2.把依法治网和以德治网有机统一起来,形成他律与自律相连通的舆论场

网络不是法外之地,这已经取得了全社会的共识。推动建立清朗有序的网络空间,不仅是国家稳定和发展的需要,也是推进马克思主义大众化话语传播的需要,更是每个公民的需要。制度是实现网络空间有序运转的保障。"互联网上的虚拟世界是从现实世界生成的,虚拟世界里的关系无非是现实世界的社会关系的延伸,仍然要受现实世界中现行法律的规范和调整。"[①]由此可以看出,所谓

---

① 魏永征.新闻传播法教程[M].北京:中国人民大学出版社,2002:257-258.

网络的虚拟世界仅是一个相对概念,并非独立于现实世界而存在着的物质基础,网络媒体中的运转秩序不能脱离现实世界的法律和道德的规制。但网络世界与现实世界毕竟存在着一定的差异,还需要针对网络世界的特质进行有针对性的管理。因此,加强网络管理的制度化建设,是确保媒体秩序的基本保障。同时,我们也应该认识到,网络就是我们现实生活的一部分,涉及许多伦理道德的问题,因此,不仅需要法律的规制,还需要有道德的自我约束。随着网络技术的飞速发展,网络领域的新情况、新问题层出不穷,法律的滞后性特征导致了不能及时解决新出现的问题,还需要道德层面来进行约束。因此,优化媒体环境,还需要把依法治网和以德治网有机统一起来,形成他律与自律相连通的体制机制。

3.加强技术管控,建立一支马克思主义理论专家型的网络技术管控队伍

网络是一门新兴技术,新媒体生态就是技术支撑下的新型生态系统,特别是自媒体平台,集成了众多先进的技术成分,是现代信息技术的集散地。因此,优化媒体生态环境,必须注重从技术入手,加强技术管控。任何技术问题最终都是人的问题,强化从技术层面加强对媒体的管控,需要建立一支专门的技术队伍。目前,我国在网监领域已经建立了一支专门化的技术管理队伍。但是在针对自媒体舆论场的管控领域,专门化的技术队伍还需要进一步完善和优化。特别是媒体舆论管控建设,尤其是针对马克思主义意识形态舆论领域的话语监管,更需要专业化的队伍,这支技术队伍应该是马克思主义话语传播领域的专家型队伍,不仅掌握着现代信息技术,还是马克思主义话语传播专家,他们能够准确地研判舆论场的各种信息,从技术上和内容上引导舆论走向。

4.坚持以传播社会正能量为导向,优化网络舆论空间

优化媒体环境,首先要立足于中国特色社会主义的基本制度为前提。我们积极倡导网络言论自由,但任何国家都不可能存在无边际的言论自由。任何言论自由都必须是在不伤害他人的言论自由、不损害党和国家的根本利益的前提下的自由。在社会主义制度下优化网络环境,要坚持传播社会主义先进文化,积极弘扬社会主义核心价值、传播社会正能量。在一定时期内,我们在话语传播上存在一些认识上的误区,认为传播社会正能量的主体仅是人民网、新华网等主流媒体,而非主流媒体不必把传播社会正能量作为主体内容,只要做到传播内容不违法即可。正是存在这些错误认识,大众媒体在传播社会正能量方面还比较欠缺,甚至还出现一些调侃党的方针、政策消极话语在网络上的传播,影响了党和政府的形象,弱化了马克思主义话语传播力。因此,全社会要形成一些共识,任何媒体都应该把传播社会正能量作为己任,形成有利于推进马克思主义大众化的舆论环境。

5.善用网络语言,构建生动活泼的话语空间

优化媒体环境,不仅是优化制度环境,还要注重优化语言环境。网络语言是随着新媒体的产生而形成的一种新兴语言,尤其是青年群体对网络语言的运用和亲睐程度相当高。推进马克思主义大众化,需要紧紧抓住青年这个庞大的群体。长期以来,人们习惯于认为马克思主义是政治理论,马克思主义话语都是一些让人听得费力的政治话语。实质上,马克思主义话语与人民群众的生活紧密相连。在新媒体生态下,推进马克思主义大众化,要构建适应于网络媒体的马克思主义话语表达方式,增强话语的吸引力,特别是要注重吸引青年群体。网络话语最突出的特点就是简单、形象、生动、活泼,形成图文并茂、音视频连动的话语体系。在新媒体生态下推进马克思主义大众化,要特别注重网络话语的运用和开发。网络话语要立足于通俗化,要从大众的话语体系转化马克思主义的政治性话语,让受众在享受轻松活泼的话语中接受马克思主义教育。

五、构建马克思主义大众化话语传播有序参与的联动平台

新媒体搭建了公众为国家和社会发展建言献策的话语平台,公众通过这个平台有序地参与建言献策活动,能够极大地提升公众参与社会主义建设的主人翁意识,也是推进马克思主义大众化进程的重要渠道。

(一)社会公众有序参与的内涵

提高公众参与社会建设的主人翁意识,一直是学界研究的重点问题。关于公民有序参与的问题,主要还是基于中国特有的政治制度而提出的概念。党的十七大报告首次提出让公民有序参与社会管理的要求。“有序参与”虽然是针对公民的政治活动而提出的概念,但在我们的实践活动中,有序参与实质上是一个基本要求,不仅是政治领域,在其他任何领域都是一种基本规范。

从传统思维出发,公众往往被认为是传播的对象,而提出让公众参与马克思主义大众化话语传播,是传播主体的一次变革,是对传播主体队伍的扩充。实质上,在新媒体生态下,新媒体超强的交互性功能,已经推动着社会公众不断参与马克思主义大众化话语传播。只不过这种传播还停留在自发状态,还没有达到自觉的高度。提出社会公众“有序参与”马克思主义大众化话语传播,就是把公众从自发状态向自觉高度转化。

提出社会公众“有序参与”,是基于几个方面的考量:一是马克思主义大众化话语传播的现实需要。推进话语传播仅有组织和政府、理论工作者还远远不够,还需要调动广大公众参与,凝聚社会合力,发挥大众的力量,才能形成马克思主义大众化话语传播的磅礴之力。二是规范新媒体舆论场话语的现实要求。在新

媒体生态下,舆论媒介多样多变,每个公众几乎同时在几个舆论场中参与议程讨论,为了营造一个清朗的舆论空间,需要参与舆论的公众注重舆论话语自律,主动向舆论发布正能量的话语,避免消极和扰乱舆论秩序的偏激话语,维护舆论空间的良好话语秩序。三是公众新媒体素养的现实状态需要。在我国,新媒体受众是一支庞大的队伍,在10多亿的网民规模中,由于受教育的程度、工作性质、工作环境、生活环境等千差万别,媒体素养参差不齐,引导这样一支队伍参与马克思主义大众化话语传播,需要循序渐近地引导,因人、因地、因事设置相应的议程,量身定制议程,引导公众有序参与讨论。如果缺乏有序引导,必将导致舆论的混乱,影响马克思主义大众化话语传播的效果。

(二)搭建社会公众有序参与的话语传播平台

搭建平台是推动公众有序参与马克思主义大众化话语传播的重要前提条件,有了平台保障,大众就能够通过平台获得物质的和精神的支持。话语传播平台有广义和狭义两层涵义,从广义上理解的话语传播平台,既包括媒介,即媒体,这是物质层面的平台,也包括媒体技术平台和制度平台,甚至还包括道德评价,即伦理平台等精神方面的平台;狭义上的媒体平台往往更多的是指向具体的媒介。我们在这里讨论的话语传播平台主要是基于广义层面上话语传播平台。

1.媒介平台

在新媒体生态下,公众参与话语传播的媒介平台极其丰富,除了网站、微博、微信等媒介外,还有存在相当数量的论坛平台,这些都是公众参与话语传播的重要媒介。在这些媒介平台中,主流网站、官方微博、微信成为马克思主义大众化传播的重要渠道。除了官方媒介外,还有大量的民间媒介在参与话语传播。在新媒体生态下,已经形成了一个强大的传播媒介平台,但从实践现状分析,这些媒介的系统合力不够突出,力量比较分散,集中发力不够,需要对这些媒介进行资源整合,"形成资源集约、结构合理、差异发展、协同高效的全媒体传播体系"①。在整合构建媒介平台时,要统筹处理好官方媒介与民间媒介的关系,加强对民间媒介的管理,发挥官方媒介对民间媒介的话语引领作用,官方媒介要主动打通与民间舆论场的联通,构建官民两个媒介平台连通、信息相通、话语畅通的媒介生态链,实现官民一体化推进马克思主义大众化话语传播。

2.技术服务平台

新媒体生态下推进马克思主义大众化话语传播的最大优势就是有现代信息

---

① 习近平:推动媒体融合向纵深发展 巩固全党全国人民共同思想基础[EB/OL]. http://politics. people. com. cn/n1/2019/0126/c1024-30591056.html.

技术作为支撑,信息技术为话语传播提供了一系列人性化的技术服务。技术服务成为推动公众有序参与马克思主义大众化话语传播的重要保障。在10多亿网民中,由于对新媒体的理解和运用存在较大差异,有些公众在参与马克思主义大众化话语传播时,会遇到技术上的困难。因此,搭建技术服务平台,为公众有序参与会话传播提供技术支撑。从调查情况显示,相当一部分公众对媒介使用比较单一,能够同时熟练交叉使用两种以上媒介的比例不到50%。由于媒介使用比较单一,造成了公众信息获取渠道单一,对信息的研判不足,容易被一些不良信息误导。因此加强技术报务平台建设,让更多的公众掌握多个媒介的能力。一方面有利于公众对媒体信息进行对比研判,辨别真伪,以便获得真实有利的信息;另一方面,让公众掌握多个传播媒介,也有利于扩大话语传播的途径,让公众能够从不同媒介获取更多信息。同时,搭建技术服务平台,更有利于全面提升技术治网能力和水平,确保马克思主义大众化话语传播有序健康推进。

3.制度规制平台

新媒体话语传播的实践证明,网络不是法外之地,网络的运用范围越广,越是需要有完善的制度进行话语规制。因此,制度平台是公众有序参与话语传播的基本制度保障。总体而言,搭建制度规制平台,主体内容应当包括公民权益保护制度、网络秩序规范运行制度等两个方面。从公民权益保护制度而言,在我国现有的法律体系中,保护公民基本权益的制度已经比较完善,从《宪法》到具体的行为法,都对如何保护公民的权益作出了具体的规定。关键的问题是如何让这些法规制度进入到公众的视野,为公众所了解和运用,这是制度规制平台需要重点研究的问题。从公众有序参与的层面讨论搭建制度规制平台,不是要我们制定新的制度,而是要把国家已经制定的相关制度让网民知道,并能够在实际的网络活动中运用起来。从目前的媒介而言,很少有媒介在传播内容体系中专门开设制度宣传教育的栏目。甚至包括一些主流媒介,也忽略了对制度的宣传和教育。实质上,媒介传播中一些好的经验值得我们去借鉴和使用。比如,"学习中国"APP平台,每次用户登录打开平台时,系统会自动弹出一道题目,让登录者先做题,然后才能进入平台的内部浏览内容。如果登录者一次做对了题目,系统直接进入平台内,如果做错了题目,系统也会提示,并给出正确的答案。这种宣传教育模式,非常值得我们在广大媒介中借鉴使用。如为了加强公众对他人基本权益和国家法律的认知,从国家层面,倡导推动统一的模式,要求媒介在技术上进行统一行动,公众每次登录媒介平台时,首先了解国家对网络的管理制度,公民有哪些权利和义务,一次一练,长期以往,就形成了对网民的系统化法律制度教育,这样的教育方式,比起专门的进行法制宣传教育的效果更容易让公民接受,效果更好。除了公民权益保障以外,制度规制还应当加强网络秩序的规范。

规范网络秩序,我们国家已经出台了相关规章制度,除了引导公众遵守这些规章制度以外,还应当加强制度的落实,需要有一支专门的队伍对媒介进行管控。在宏观上,确保媒介话语传播正常有序;微观上监控一些不良信息,确保不良信息不能在媒介上传播或蔓延。

4.媒体伦理平台

在开放和虚拟的自媒体空间,如何保障话语传播自由,让更多的网民真正享话语自由权,不仅需要制度的他律,同时也需要伦理道德的自律。因此,在搭建社会公众有序参与的平台架构中,除了搭建制度规制平台外,还需要搭建媒体伦理平台,形成制度他律与伦理道德自律相统一的约束机制。

新媒体提供了强大的话语传播技术,但并没有提供配套的道德约束思想。简单说,新媒体的技术发展与道德发展并不是齐头并进。因此,新媒体产生了一系列的伦理道德困惑。如新媒体出现的早期,网络上出现了一种新的职业"网络代骂",一些人在网络中打出了"替人骂人"的广告,这显然是新媒体的产物,很难从现实的制度体系中找到规制的条款。因此,新媒体仅是为公众参与信息传播提供了技术支撑,却没有为公众如何有序参与信息传播提供自律的保障。德国心理学家库尔德·勒温就曾指出,在任何环境下,公民参与社会活动,不仅需要技术和制度,还需要思想文化,只有技术、制度、思想文化三者有机统一,一个真正有序的社会活动才得以正常进行。

实践证明,网络伦理道德与制度规制一样都是公民有序参与话语传播的重要基础。在某些时候,伦理道德的自律甚至比制度的他律更有效。一段时期以来,自媒体领域为什么不断出现网络道德失范行为,很重要原因就是失范行为能够轻易地规避法律的制裁,又难以形成道德的谴责,以至于造成网络道德失范的代价较低,在一定程度上的警示作用就没有形成。基于此,搭建媒体伦理平台,就是要用道德自律来制约和调整人们的道德情感和价值取向,学会尊重他人的主体情感,为公众有序参与话语传播营造良好的社会环境和文化基础。

第二节　新媒体生态下"互联网＋"马克思主义大众化话语传播

互联网对国家、社会以及个人带有根本性和全局性的重大影响。网络催生的新媒体,正不断地改变着人们的生活方式、工作方式,正如习近平所指出:"互联网发展是无国界、无边界的,利用好、发展好、治理好互联网必须深化网络空间国际合作,携手构建网络空间命运共同体。"①互联网把世界加在了一起,一个硕大的地球正被网络变成一个地球村,一个无比宽阔的世界,正被新媒体串联成一个狭小的网带。"互联网+"正在以它无与伦比的能量与整个世界相联。

一、"互联网+"的提出及内涵

(一)"互联网+"的提出②

2015 年,国务院印发了《国务院关于积极推进"互联网+"行动的指导意见》(简称《意见》),在该《意见》中指出,我国在互联网技术、产业、应用以及跨界融合等方面取得了积极进展,已具备加快推进"互联网+"发展的坚实基础。"互联网+"的总体思路是顺应世界"互联网+"发展趋势,充分发挥我国互联网的规模优势和应用优势,推动互联网由消费领域向生产领域拓展,增强各行业创新能力,构筑经济社会发展新优势和新动能。"互联网+"的提出,不仅推动经济领域的创新驱动发展,已经影响到全社会各领域的变革。就如生态学思维不仅局限在生态学自身学科领域一样,已经被跨学科运用到相关的学科领域,实现了文理工学科的交叉融合。"互联网+"提出后,迅速被运用到经济社会建设的各领域。

(二)"互联网+"的内涵③

国务院在发布的《意见》中,对"互联网+"作了这样的定义,即"把互联网的创新成果与经济社会各领域深度融合,形成更广泛的以互联网为基础设施和创新要素的经济社会发展新形态"④。今天,"互联网+"思想不再局限于产业行业,而是拓展到了全行业。尤其是把"互联网+"与马克思主义大众化话语传播相联系,既反映了马克思主义大众化的创新,也充分体现了马克思主义大众化与新技术的有机契合。

(三)"互联网+"提出的时代意义⑤

在谁赢得网络,谁将赢得天下的当今时代,"互联网+"的提出,反映了我们

---

①　习近拉在第三届世界互联网大会开幕式上的视频讲话[EB/OL]. http://media. people. com. cn/nl/2016/1116/c40606-28873581. htm.

②　林念修.大融合 大变革——《国务院关于积极推进"互联网+"行动的指导意见》解读[M].北京:中共中央党校出版社,2015:323-343.

③　林念修.大融合 大变革——《国务院关于积极推进"互联网+"行动的指导意见》解读[M].北京:中共中央党校出版社,2015:323-343.

④　金江军,郭英楼.互联网时代的国家治理[M].北京:中共党史出版社,2016:7-8.

⑤　林念修.大融合 大变革——《国务院关于积极推进"互联网+"行动的指导意见》解读[M].北京:中共中央党校出版社,2015:12-13.

已经紧紧跟上了互联网时代的步伐,对中国经济社会发展具有重要的划时代意义。一是"互联网＋"是引领新常态,加快动力转换的迫切要求。二是"互联网＋"是深入实施创新驱动发展战略,培育经济增长新动能的重要举措。三是"互联网＋"是激发创新活力,促进大众创业万众创新的驱动力量。互联网的广泛应用和深度拓展,为更好地推进"双创"注入了强大动力,互联网使社会大众成为创新活动的重要参与者。四是"互联网＋"是顺应时代潮流,把握科技产业变革大势的有力举措。互联网促进各领域交叉融合、群体跃进、变革突破。五是"互联网＋"成为全行业创新发展的源动力,尤其是将"互联网＋"引入思想宣传工作领域,将极大改变传统的灌输教育模式,推动传播主体间高度互动,将极大地发挥传播主体的主观能力性和活动性,为推进马克思主义大众化进程增加了技术传播的利器。由此看来,世界已经进入以信息产业为主导的社会发展时期,推进"互联网＋",既是积极融入国际科技和产业发展进程,更是构筑强大的网络经济社会发展的有力举措。

二、"互联网＋党建"话语传播

党建是推进马克思主义大众化的核心内容,在党的十九大提出坚持党对一切工作的领导的基本要求后,党的领导的核心地位得到进一步明确和巩固。因此,推进马克思主义大众化是党建的重要内容之一,也是推进马克思主义大众化话语传播的核心话语。紧跟新媒体时代特性加强党的建设,是大势所趋,时代要求。在互联网的推动下,以手机等移动媒介为代表的新媒体已经成为我们生活中的基本部分,影响着我们的生活,成为人们获取信息和自我学习提高的重要渠道。我们党也须顺势而上,把党建融入新媒体中,发挥新媒体在党的建设中的重要作用,用新媒体提升党的建设水平,以党建推进马克思主义大众化话语传播。

(一)"互联网＋党建"强化了基层组织功能

1."互联网＋党建"推进基层党组织建设回归常态

随着互联网进入人们的生活,各地基层党组织围绕"互联网＋"进行了实践探索,取得了较好的效果。总体而言,"互联网＋"基层党建在形式主要体现在几个方面。一是以"互联网＋"流动党员管理。随着中国改革开放的深入推进,特别是城乡二元结构体制的不断破除,农村大量富余劳动力进入城市,这其中不乏一批农村党员。从现实情况而言,招纳这些农村进城务工人员的企业一般都是私营企业,这些企业的党组织不是很健全,导致这些进城务工党员的组织关系仍然在农村,并长期游离在党组织之外,不能正常参加党的组织生活,党员意识和党性修养逐渐退化。同时,由于党员大量外出务工,农村基层党组织大量存在

"支部在，人不在"或"党组织关系在，人不在"的现象，由于支部人员流动原因，农村基层党组织也是长期无法过正常的组织生活。另一种情况是高校党员大学毕业生，他们走入社会的初期，工作岗位流动性比较大，每月回到党组织关系所在支部参加党组织生活已经是非常不现实的问题，他们所在工作部门又难以组建临时党支部，导致这些党员也长期游离在党组织之外，也容易引起他们党员意识和党性修养的逐渐退化。"互联网＋"思想提出后，依靠互联网平台技术，一些支部建立了流动党员管理系统，外出务工的党员可以通过 QQ、微信等平台参加支部活动，"互联网＋"搭建了流动党员与组织联通的桥梁，让每一位外出务工的党员都能够过上正常的党组织生活。二是"互联网＋"理论教育。2018 年 8 月 23日，习近平在全国宣传思想工作会议上强调指出："要加强传播手段和话语方式创新，让党的创新理论'飞入寻常百姓家'。"[①]如何才能做到让党的创新理论"飞入寻常百姓家"，显然仅靠传统的宣传方式是无法实现的，互联网为我们搭建了理论宣传教育的平台。目前，全国移动用户达到 10 亿，QQ、微信等媒介使用率超过 90％，这为"互联网＋"党建宣传提供了前提条件。目前，搭载在微信平台上的"人民网""新华网""学习强国""学习进行网""共产党员"等大量微信公众号，是"互联网＋"党建宣传的重要形式，有效提升了党的理论宣传教育效果。三是"互联网＋"党员培训。依托互联网搭建党员干部学习培训平台，是创新党的教育培训的重要形式。随着互联网融入党建以后，大量在线培训开通运行，党员干部的学习时间更为灵活自由，培训效果更为高效。依托"互联网＋"的基层党建工作，尽管还在探索阶段，但其迸发的基层党建活力已经展现出来，为新媒体生态下推进马克思主义大众化话语传播开辟了新的途径。

2."互联网＋党建"实现了党群关系的"零距离"

坚持从群众中来到群众中去，一直是我们党的最大政治优势。我们党从100 年前一个只有 50 多名的小党发到今天，成为一个拥有 9000 多万党员的超大型执政党。党的各项事业发展壮大的一条基本经验就党的发展来自人民、植根人民、服务人民。100 年来，中国共产党已经与人民群众结成了鱼水情深的关系，执政为民一直是我们党最大的政治感召力，这一点从理论和实践两方面都给予了充分证明。进入新时代，特别是在新媒体生态下，世情、国情、党情都随着互联网的深入发展而产生了新变化，互联网也赋予了党群关系新的内涵和形式。尤其是进入 21 世纪以来，中国特色社会主义进入了新时代，社会主要矛盾已经发生了转换，发展不平衡不充分所带来的系列社会矛盾开始凸显。尽管我们有

---

① 习近平.在全国宣传思想工作会议上的讲话[EB/OL]. http://www.gov.cn/xinwen/2018-08/22/content_5315723.htm.

其他国家无法比拟的制度优势,但迈入现代化征程中的矛盾和问题还是一样的,甚至更为复杂和多变。解决这些发展进程中的矛盾,还需要我们党团结带领全国各族人民,充分发挥党的群众路线的最大政治优势,与人民大众凝心聚力、同向同行。在传统媒体时代,由于条件的限制,民意渠道并不很畅通,我们党听民声、解民意、化民怨主要靠的是党的体制优势和干部勤政为民的作风,造就了党与人民群众鱼水情深的关系。在新媒体生态下,我们党除了体制优势和干部勤政为民的作风外,大量新媒体平台的形成,更进一步畅通了党群交互渠道。如果说传统媒体时代做到了拉近党与人民的关系,而"互联网＋"把这种关系进一步升级,通过互联网搭建的交流平台,能够确保党和政府的负责人不受时间、地点的限制,可以随时、随地与群众进行"零距离"的对话互动交流,实现了党与群众之间的无缝对接。

3."互联网＋党建"搭建了党内外监督一体化平台

我们党和国家围绕规制干部公权力的运行已经形成了比较完备的制度体系,这些制度既包括国家层面的法律制度,也包括党内的各种具体制度和规章。可以说,全世界没有哪个政党在党的制度建设方面比我们更完备。在如此完备的制度规制下,为什么权力还能够任性？问题的结症在哪里？归结起来,还是那句话:权力是腐败之源,绝对权力导致绝对腐败。对这句话的理解,我们要用马克思主义辩证的观点去看待和分析。权力是腐败之源,但并非权力就一定会产生腐败。关键要看权力掌握在什么人手中,什么人来监督权力的运行。实践证明,被有效监督的权力,就不会任性,更不会产生腐败。因此,加强对权力运行过程中的监督,形成对权力的制约是推进全面从严治党的核心环节,也是赢得党心和民心的重要基础。党的十八大以来,巡视成为党内监督的利剑,也是推进全面从严治党的重要手段。据相关部门统计,全国超过 60％的腐败问题,都是通过巡视发现的。同时,通过用巡视整改进一步推进了全面从严治党。但是,巡视方式的监督虽然威力巨大,效果突出,但受到时空限制,在监督的进行时方面不够突出。因此,推进全面从严治党,做到对权力监督的全时空覆盖,还需要整合党内与党外、线上与线下的监督资源,特别要是依托网络平台拓展党内监督的范围,凸显网络监督的利剑作用。随着互联网技术的广泛运用,各纪检监察部门都搭建了互联网监督平台,广泛吸收专业技术人才加入到党内监督体系中,形成官方与民间、线上与线下、党内与党外协同联动的监督机制。目前,互联网监督平台发展较快,已经成为全面从严治党的重要监督利剑。特别是针对部门主要党政负责人组织观念淡薄、个人主义盛行、信仰迷茫、精神迷失,违反党纪党规等方面的监督发挥了突出作用。相比国外而言,我国的互联网监督起步比较晚,但发展速度却比较快。2003 年,最高人民检察院建立了第一个网络举报平台,2005

年,中纪委和国家监察部联合开通了举报网站。之后几年时间里,各地方纪检和监察部门相续建立了官方网络举报平台。中纪委网站显示,2014 年 9 月 9 日至 10 月 2 日,通过中纪委和国家监察部举报网站的网络举报数量达到 2.48 万件,平均每天超过 800 件。除了国家专门机关建立的这些举报网站外,各个地方创建的政务微博、政务微信等也都开设了廉政栏目,设置了举报通道,发挥了扩大监督的作用。除了官方搭建的监督平台之外,民间也在利用互联网发挥重要的监督作用。如:2015 年,一款由民间推出的"大众点官"APP 软件悄然上线推广,立即引来社会公众的围观并下载使用。这款软件主要针对机关的工作作风进行"大众点评",一些社会公众在机关部门办事时遇到的"门难进、脸难看、事难办"等问题被一一进行了曝光点评。这款 APP 软件涵盖了全国所有省市区县以及全部的党政职能部门。软件在设置上比较规范,管控能力比较强。同一部手机用户对同一个对象的过于集中点评将被系统定性为涉嫌故意恶评或好评,每天同一账户所点评的对象超过二次的将被视为无效。同时设计了一个加权平均测算系统,在剔除同一对象 20% 的好评与差评后,系统将根据硬件痕迹的多样性、用户的描述丰富性、计算机随机抓取某一时间段的点评概率分布。形成一个"好、一般、差"的总评结论,这是通过互联网平台发挥民间监督力量的典型案例。互联网监督平台增加了监督力量,扩大了监督范围,使被监督者随时"放在阳光下晾晒",成为了互联网时代全面从严治党的重要利器。[①]

除此之外,各地方还依托 BBS 论坛、贴吧、公众微信平台、QQ 群等搭建了大量的监督平台,这些平台拓展了监督渠道,形成了相互联动的网络监督体系。

4."互联网+党建"整合了党的思想理论建设资源

在我们党的建设生态体系中,思想政治理论建设是一支重要的生态链。思想理论建设一直以来都是党建的首要任务,是全面从严治党的思想基础。党性思想对党员干部来说就是一个"总开关",也是最重要的"精神钙片",思想上的滑坡与蜕变对党员干部来说是最严重的"缺钙病变"。这个"总开关"没拧紧或出了问题,在大是大非面前就缺乏正确的判断,权力观、义利观就会跑偏越轨。党员干部在思想上放松一寸,在行为上就会跑偏一尺。因此,加强对党员干部的思想理论教育,就好比人的身体补钙一样,要做到经常性和持续性。只有持续加强思想理论建设,对党员干部进行常态化的"补精神之钙",才能坚定干部的理想信念。随着互联网在党建领域的广泛运用,把党的思想理论建设搭建到互联网平台上,形成信息化、数字化和网络化的基层党组织思想理论建设,是互联网条件下全面从严治党的新途径。第一,要发挥互联网的平台优势。一是以各部门的

---

① 罗昌勤."互联网+"背景下推进全面从严治党的实施路径[J].廉政文化研究,2018(07):63-67.

门户网站为平台,开辟党建专题版块和栏目,集成党的重大理论、中国特色社会主义建设的重大成果等资源,突出党员干部思想理论教育的主题,以科学的理论和实践成就教育党员干部,用正确的政治导向引领党员干部树立马克思主义世界观和方法论;二是以移动终端为平台,把党的思想理论教育搭建到党员随身携带的手机、平板电脑等移动终端上,利用微博、微信等传播载体,搭建'两微一端'的教育平台,时时向党员推送相关信息,形成多维、多元的思想理论教育机制。通过搭建互联网平台,不仅能够推动党员干部利用碎片化时间开展学习,还能够通过平台的互动交流,及时了解党员的思想动态,制定有针对性的教育措施。第二,要整合互联网的平台资源。一是要围绕平台种类和数量进行整合,目前各基层单位都围绕党建工作建立了门户网站和各种主题教育网站,还有些部门搭建了'两微一端'的移动平台,这些种类繁多的平台,有些建设得比较规范,有专人负责和管理,信息更新快,党员比较喜欢。但也有一些平台只建不管,信息缺乏更新,内容陈旧,缺乏吸引力。因此,各个基层党组织需要对这些互联网平台进行资源整合,要本着不在数量多,而在于管用和有效方面下功夫。把优势资源集中到1～2个平台上,集中打造,产生品牌效应;二是要围绕平台上的内容进行整合,目前已建立的一些平台,内容分散、庞杂,不成系统,不利于党员学习使用。加强党的思想理论建设,在内容上需要体现系统性、导向性和时代性。因此,党组织在搭建互联网平台时,要注重整合内容,形成理论的系统性,案例的真实性和现实性,增强平台的吸引力,提高教育效果。①

5.“互联网＋党建”强化了党的组织凝聚力

党的组织建设是凝聚党的战斗力的重要途径,是推进马克思主义大众化话语传播、体现基层党组织马克思主义政党本质的基本要求。加强党的组织建设,提高党员干部的组织意识,是推进全面从严治党的组织保证。依托互联网把党的组织建设延伸到网络终端,能够有效实现党组织与党员干部的无缝对接。当前,社会处于转型发展期,人口流动较大,每年因各种原因产生了数量较多的流动党员,这些流动党员与党组织无法对接,长时间游离在党的组织之外,不能正常参加党的组织生活,组织意识和党员意识逐渐淡化。同时,一些基层党组织因为流动党员数量较多的原因,党支部的党员考核、党员评议、党员民主生活会等无法正常进行,在一定程度上弱化了党组织的战斗堡垒作用。因此,通过互联网＋党的组织建设,构建党的组织建设网络模式,把党的基层组织搭建在党员随身携带的移动终端上,把党组织向互联网延伸,是解决当前基层党组织工作面临问题的新途径。以中央组织部为中心,依托互联网建立了“12371”全国基层党建工

---

① 罗昌勤.“互联网＋”背景下推进全面从严治党的实施路径[J].廉政文化研究,2018(07):63-67.

作手机信息系统、中国共产党基本信息管理系统等。目前,许多基层党组织都已经链接了"12371"平台,实现了对包括流动党员在内的全天候管理。另外,一些地方党组织还创建了专题平台,探索利用互联网创建党的组织工作新模式。如由江苏省委组织部策划指导创建的"红旗飘飘"APP 移动平台,设置了"组织版"和"个人版",可以随时查看党支部的工作动态。目前,这个移动平台实现了对基层党组织的全覆盖。此外,河北黄骅市利用互联网创建了"阳光组工"、广西河池创建了"党建先锋在路上"微信群等。这些基于互联网平台创建的党组织建设管理模式,把党支部建在网上,实现了组织工作在线公开、在线调度、在线指导、在线评价和在线活动等,解决了流动党员管理困难的问题,能够让党员干部可以随时随地参与组织生活,随时随地学习党的基本知识,党员之间可能随时随地交流互动、随时随地参与民主评议等,互联网实现了党组织与党员干部的无缝对接,为推进全面从严治党奠定了坚实的组织保证。①

（二）"互联网＋党建"话语传播的重要意义

1."互联网＋"的开放性拓展了党的思想理论宣传教育新平台

开放性是互联网的重要特征之一,发挥互联网的开放性优势开展党的思想理论宣传教育,有利于始终主动把握党的宣传理论教育的主方向,掌握话语权,提升党员干部引领网络舆论的能力。当前,网络成为两种意识形态斗争的主阵地,谁赢得网络,谁就将赢得世界。因此,通过网络搭建党的思想理论宣传教育平台,既能够主动向全世界各国传播中国声音,讲中国故事,把中国改革开放 40年来的伟大成就、中国特色社会主义建设的伟大成就展示给世界,凸显马克思主义理论的科学和生命力。同时,也能够增强社会公众对中国特色社会主义的道路自信、制度自信、理论自信和文化自信。与传统媒体相比,通过网络平台开展党的思想理论宣传教育具有巨大的优越性,能够将社会新闻、党章、党规,党和国家领导人的重要讲话以及各种经典文献、先进人物典型事迹等材料通过文字、图片、动画、声像等方式综合地呈现给广大党员干部,使得材料图文并茂、声像并举,呈现方式比较灵活,材料丰富、新颖,有利于提高教育效率。因此,用现代手段开辟互联网虚拟空间的党建新领域,使之成为思想理论宣传教育和学习平台,能够有效增强党的凝聚力、吸引力和战斗力,提高全面从严治党的实效性。②

2."互联网＋"的交互性开辟了密切党群关系的新途径

在当下,互联网已经成为人们日常生活中的基本组织部分,上网成为了人们

---

① 罗昌勤."互联网＋"背景下推进全面从严治党的实施路径[J].廉政文化研究,2018(07):63-67.

② 罗昌勤."互联网＋"背景下推进全面从严治党的实施路径[J].廉政文化研究,2018(07):63-67.

的基本生活方式。与传统媒体时代的单向沟通交流方式相比,互联网提供了立体式的互动交流方式。通过互联网搭建的交流平台,能够确保党和政府的负责人不受时间、地点的限制,可以随时、随地与群众进行互动交流,实现了"一竿子插到底"地听民声、解民意、化民怨,"面对面"地问政于民、问计于民、问需于民。人民群众也可以通过互联网平台随时随地地向党和政府提建议、报民情,对党和国家的重大决策建言献策,反映和举报党员干部的违法违纪行为等。通过互联网搭建的党群交互平台,尽管处于虚拟空间,但它实现了党与群众之间的"零距离"对话,拉近了党群距离,密切了党群关系,增强了党在群众中的公信力,提升了人民群众参与从严治党的积极性和主动性。①

3."互联网+"的移动智能性创新了党建工作的新方法

把党支部建在移动终端上,实现党支部与党员的无缝对接,让党支部真正成为党员之家,发挥党支部在全面从严治党中的组织作用。利用互联网的智能性搭建党建工作的移动终端,极大地提高了党建工作的效率,增强了时效性。当前,通过互联网移动终端创建的移动党支部、移动阅览室等党建平台,能够迅速的将党支部的各种信息、党支部对党员的组织关心等及时传送给传递给支部党员,让党员能够时时感受到支部的存在,把管党治党落到实处。"互联网+"党建不仅是方法手段创新问题,更重要的是拓宽了一个全新的工作领域,找到了一个承继党建经验与融合现代社会发展的接口,是有效提高党建工作水平的新途径、新方法,为推进全面从严治党提供了新方法。②

三、"互联网+四个全面战略"话语传播

"四个全面"战略是中华民族实现民族伟大复兴、建设社会主义现代化强化目标的要重要战略布局,是推进马克思主义大众化最本质、最核心和关键的话语体系。"四个全面"战略无论是从理论逻辑上,还是在实践逻辑中,都需要广大党员干部、群众不但能够理解其深刻的理论内涵,更需要用理论指导实践。因此,围绕"四个全面"战略构建话语体系是推进马克思主义大众化最关键的一环。进入新时代,改革开放进入了攻坚期和深水区,社会矛盾进入了多发期,各种利益藩篱和社会矛盾纠集在一起,各种社会痼疾成为进一步推进改革开放的障碍;依法治国任重而道远,国家机关的法治能力、公众的法治意识需要进一步提升;党的建设伴随着党情、国家、世情的变化而呈现出一系列新情况、新问题,反腐倡廉

①　罗昌勤."互联网+"背景下推进全面从严治党的实施路径[J].廉政文化研究,2018(07):63-67.
②　罗昌勤."互联网+"背景下推进全面从严治党的实施路径[J].廉政文化研究,2018(07):63-67.

形成了压倒性态势,但加强和改进作风建设永远在路上;人民群众对小康的期盼更加强烈。进入新时代,面对新情况、新问题和新发展要求,中国共产党提出了"四个全面"战略布局。"四个全面"既是战略目标,又是阶段性的战略措施。把"互联网＋"与"四个全面"战略有机联系起来,既有利推进"四个全面"战略的落实,又能够让大众全面理解"四个全面"战略的内涵。

（一）"互联网＋四个全面战略"的话语内涵

"互联网＋四个全面"战略的话语内涵有两层含义,一是要通过互联网将"四个全面"战略传送给大众,让大众认知、理解、践行;二是"四个全面"战略的实施要与互联网有机融合,搭建好"四个全面"战略实施的新媒体平台,将现代新媒体技术运用于"四个全面"战略的实施过程。

1."互联网＋"全面建成小康社会

新媒体推动社会全面信息化时代的到来,上网已经成为人们的基本生活方式。因此,小康社会一定与信息化紧密相联,一个游离于信息化社会之外的社会,很难说能够全面进入小康社会。因此,没有信息化的小康,一定不是真正意义上的全面小康。中国发展不平衡、不充分的基本国情现状,决定了全面建成小康社会关键在农村,主战场也在农村。通过实施农村扶贫攻坚工程,可以说是紧紧抓住了全面建成小康社会的牛鼻子。党的十八大以来,国家实施扶贫攻坚战略,全国平均每年超过 1000 万人口脱贫。党的十九大至即将召开党二十大的 5年时间,我国的脱贫工作进入大决胜时期。几年来,各地在加大扶贫攻坚工作的同时,也在积极探索如何确保扶贫攻坚成果。产业扶贫已经成为各地全面脱贫和巩固脱贫成果的共识,各地都在努力通过推动产业发展,尤其是发展和壮大村级产业来推动脱贫。实践证明,在农村办产业不是难事,难的是如何形成产销一条龙的产生链。"互联网＋"成为农村产业脱贫的重要推手。在"互联网＋"推动下,农村"互联网＋乡村旅游""互联网＋特色农产品"等"互联网＋"电商的一条龙产业链正在形成。以广西为例,2015 年以来,广西各地逐渐探索了一条"电商＋产业"发展的新模式。据新浪新闻报道,截至 2017 年底,"阿里巴巴已与广西39 个县(市、区)正式签订合作协议,开通农村淘宝县域 33 个,建设村点 1170个。同时,乐村淘、京东商城、苏宁易购、村邮乐购等全国知名电商平台,争相布局广西农村实体市场,落地发展。"①前几年,广西几个国家级特困县正在搭建"互联网＋"平台,一批"电商＋产业＋市场""电商＋产业＋市场＋冷链"等"互联

① 广西农村电商打造壮乡新貌助推扶贫攻坚[EB/OL]. http://gx. sina. com. cn/news/dianshang/2018-01-19/detail-ifyqtwzu6100053. shtml? qq-pf-to＝pcqq. group.

网＋"模式正在兴起,在党和政府精准扶贫攻坚战的政策指导下,摘掉特困帽号,逐步走上小康安稳的生活。全面建成小康社会,除了加强经济发展外,社会建设也在同步推进,"互联网＋"社会文化建设也成为推动社会正能量,弘扬社会主义核心价值观的重要平台。

2."互联网＋"全面深化改革

当今的时代是互联网时代,也是全面深化改革攻艰期。今天,我们越来越深切的认识到中国特色社会主义现代化进程中遇到的所有问题,都要通过进一步深化改革来解决。全面深化改革是"四个全面"战略的发动机,在信息化社会,全面深化改革进行到哪里,互联网就要跟进到哪里。"互联网＋"不仅推动生产领域的变革,也同样驱动了经济制度、政府职能、市场体系的深刻调整。简单地说,信息化要覆盖到全面深化改革的全领域。

第一,"互联网＋"推动了社会主义经济领域的互联互通。在经济全球化发展趋势凸显的今天,经济领域的互联互通是应对各种风险的重要手段。尤其是在我们国内,公有制经济与私有制经济之间更需要打通互联的通道。非公有制经济在我们国家曾经占据了半壁江山,为国家经济社会发展作出了突出贡献。时至今日,非公有制经济在国家经济社会发展中的地位和作用仍然非常突出。但非公经济的发展也遇到瓶颈,突破这个瓶颈需要得到公有制经济的帮助,但两种经济形态之间还存在着鸿沟。全面深化改革,需要通过"互联网＋"突破公有制经济与非公经济之间的鸿沟,发挥各自的优势,形成社会主义经济合力。通过互联网汇聚生产要素,推动大众创业、万众创新。实践证明,这几年民营企业的发展壮大,一些企业甚至走进了世界 500 强行列,正是依赖于"互联网＋"激发了企业的活动和创造力。

第二,"互联网＋"推动了政府职能的转变。"门难进、事难办、脸难看"一直是政府部门工作的真实写照,服务型政府的缺失是阻碍全面深化改革的最大拦路虎之一。随着"互联网＋"思维的逐步形成,搭建网络服务平台成为推动政府服务职能转变的发动机。"清单制＋责任制"的"互联网＋"政务服务平台在各地搭建起来。无纸化办工、系统限时办结、大数据互连互通的信息共享、办事效率的网络评价等推进了"不进门、不看脸、事好办"的服务型政府的全面建立。

第三,"互联网＋"助推国家治理体系和治理能力现代化建设。在一个国家的现代化进程中,经济指标仅是其中一个衡量的指标,经济发展绝不能成为衡量一个国家是否已经进入了现代化唯一指标,还需要全面构建国家治理体系和治理能力现代化的指标体系。理论和实践已经证明,社会主义有制度的优越性,但目前这种优越性还没有充分体现,一些地方还存在用钱袋子是否鼓胀来评价人的社会价值,社会中还存着各种利益藩篱、还存在着思想观念的陈旧、还存在着体制机制的弊端,这些都严重阻碍中国迈向现代化的进程。因此,通过"互联网+"打通各种长期固化的藩篱,推动全面深化改革向纵深发展。

3."互联网+"全面依法治国

全面依法治国前提在立法、关键在执法、底线在司法、基础在守法。随着社会的发展,无论是执政党还是基层群众,都越来越深切地认识到法治的关键点在于公开透明。立法不透明,难以做到科学立法;执法不透明,容易出现执法不公,甚至出现违法执法;司法不透明,容易弱化司法的公信力;守法不透明,容易让公众失去对法律的敬畏。如何让这些都能够透明,最有效的途径就是把"互联网"与全面依法治国有机联通。在新媒体生态下,全面依法治国要树立"互联网+"思维,建立"制度+技术"的依法治国模式。

第一,"互联网+"为科学立法搭建了智慧平台。科学立法是依法治国的基本前提条件,我国法治化推进速度不快,依法治国能力不强,很大程度上与立法质量不高有着直接的影响。过去相当长的一段时期,或者说在传统媒体时代,由于中国法律的立法程序缺乏充分的征集公众的智慧,形成了专家"关起门来立法"的法律形成过程。因此,法律文本的专家意志非常明显。有些条款缺乏实践过程中的可操作性,导致执法困难;有些条款停留在口号上,没有实践层面的操作性价值。因此,有些法律成为摆设。"互联网+"科学立法为广泛征求公众意见,集全社会的智慧制定良法创造了条件。"互联网+"促进了立法工作的科学化和民主化,提高了依法治国的科学化水平。

第二,"互联网+"为严格执法提供了监督平台。一个法治化的国家,不仅要看制定了多少良法,更要看制度的落地执行。如果存在有法不依、扫法不严,或者选择性执法,有再多的良法也无济于事。"依法治国,人们不会只看制定了多少法律制度,更关注的是法治状态如何。如果法律只是挂在嘴上、写在纸上,不落实到行动中,那就谈不上法律的尊严和权威。"①因此,严格执法,是依法治国的关键。严格执法的关键在于让执法人员尊重法律的威严,确保严格按照法律程序开展执法活动。2014年11月5日,李克强在主持国务院常务会议时提出了"用'制度+技术'使权力运行处处'留痕',铲除滋生权力腐败的土壤"②。"制度+技术"是通过技术手段加强执法监督的基本要求。经过几年的实践,技术监督手段已经全面进入执法体系全过程。同时,"互联网+"也为社会公众监督执法过程提供了技术保障,公众随身携带的手机等摄像设备可以拍摄执法过程。这些都从一定程度上促使执法人员规范执法、严格执法。

---

① 朱永华."有法必依"的一道防火墙[N].湖南日报,2015-6-2 (009).
② 李克强.2014年11月5日主持召开国务院常务会议上的讲话[N].人民日报,2014-11-6(001).

第三,"互联网+"提升了司法公信。司法界有一个称之为"100-1=0"的司法悖论。即1个冤假错案的负面影响,足以摧毁99个公正裁判积累起来的良好形象。司法不公是阻碍法治中国的最大障碍。英国哲学家培根说:"一次不公正的司法判决,其恶果甚至于十次犯罪,因为犯罪只是弄脏了水流,而不公正的判决却是弄脏了水源。"①在中国法治化实践中,在一定时期存在的司法不公问题,给中国司法公信力造成了极大破坏。如呼格案、聂树斌案、孙小果案等,司法不公,要么制造了冤案,让好人蒙冤,要么让坏人逍遥法外等等,司法不公带来的是公众对法律的不信任。在我们国家的一定时期内,为什么有那么多的人不惜一切代价上访,寄希望通过上访找到"青天大老爷",存在严重的信"访"不信"法"的心态。不得不说,是司法不公造成的严重后果。党的十八大以来,党和国家强力推进司法公信力建设,把互联网技术引入司法公信力建设中,不断强化司法公正。国家对司法公正进行了重拳整治。其中,把"互联网+"全面融入司法公正的全过程,成为推动司法公正的重要技术手段。正如周强所说,推进公正司法,要实现"四个转变":一是从被动公开向主动公开转变;二是从内部公开向外部公开转变;三是从选择性公开向全面公开转变;四是从形式公开向实质性公开转变。

第四,"互联网+"搭建了全民守法的普法教育平台。知法、懂法是守法的前提和基础。如果公民连基本的法律知识都缺乏,谈何守法。因此,加强全民普法教育,是推进法治中国的基础性工作,也是最任重而道远的工作。随着互联网进入千家万户,为推进全民普法教育创造了条件。目前,一些地方司法机关通过微信公众号等新媒体搭建了法治宣传教育平台。但涉及面还较窄,宣传教育形式不够灵活,吸引力还有待提高,距离全民知法、懂法、守法的要求还相距甚远。中国有10亿的手机用户,这是一支庞大的"互联网+"法治宣传教育受众,需要法治宣传教育部门,树立互联网思维,充分利用好互联网载体,搭建互联网宣传教育平台,开展法治宣传教育,提高公众学法、用法的能力和素养。

4. "互联网+"全面从严治党

在新媒体时代,互联网是党建的重要载体,习近平要求"网络发展到哪里,党建工作就要覆盖到哪里"②。"随着互联网的快速发展,网络已经覆盖到社会发展的各个领域,'互联网+'也成为推进全面从严治党的有效工具,'互联网+'与

---

① 转引自张万金.让人民群众更满意——部分省人大代表畅谈司法公正[J].江淮法治,2013(03):20-21.

② 王吉全.习近平点出加强基层党组织建设的关键[EB/OL].http://politics.people.com.cn/nl/2018/0717/c1001-30152190.html.

推进全面从严治党的有机契合是新时期从严治党的必然要求。因此,需要我们树立'互联网＋'思维,积极探索把党建工作建到网上,为全面从严治党提供新的思维和路径。"①

　　全面从严治党是一项系统工程,新媒体的快速发展,推动了互联网深度融入党的建设等社会发展的各个领域。特别是移动 APP 媒体的发展,把全面从严治党与互联网紧密相连,创新了全面从严治党的体制、机制。正如习近平所指出:"将手机等新技术应用到党建工作中,既是信息化时代发展的客观要求,也是党建工作与时俱进、改革创新的重要体现。"②"互联网＋"全面从严治党主要体现在几个方面:一是充分发挥网络、微信、微博等新媒体的作用延伸监督时空。"目前,围绕党员干部纪律建设的监督渠道主要包括党内监督和社会监督两大部分。根据《中国共产党党内监督条例》的相关规定,党内监督已经形成了集体领导和分工负责、重要情况通报和报告、述职述廉、民主生活会、信访处理、巡视、谈话和诫勉、舆论监督、询问和质询等一整套比较完善的组织内部的监督体系。从 8 小时内的时空层面分析,这些党内监督条件在规范党员领导干部守纪律讲规矩方面发挥了重要作用,形成了强大的威慑力,确保了党员干部在 8 小时内的言行规范。但是,党风廉政建设不仅是 8 小时内的事情,对党员干部守纪律讲规矩的要求也不仅限于 8 小时内,而是全天候、全方位的要求。在实践活动中,党员干部中出现的不守纪律不讲规矩的行为大部分都发生在 8 小时之外。由此可见,要有效地监督党员干部 8 小时之外的言行,仅靠党内监督力量和监督形式显然是难以监督到位的。需要发挥社会的监督力量来拓展监督渠道、延伸监督时空。从拓展监督渠道而言,要坚持群众观,从群众维度出发,充分发挥网络、微信、微博等新媒体的作用,搭建利于群众参与的立体式监督平台,形成立体网状的群众监督渠道;从延伸监督时空而言,就是要把党员干部、特别是领导干部 8 小时之外的时间也置于社会监督之中,不留下时间盲点。笔者在前文也提到了,党员干部中出现的不守纪律不讲规矩的行为大部分都发生在 8 小时之外。实事上,一些理想信念不坚定、纪律观念不强的党员干部,往往会在 8 小时以外的时间内把他们的'双面人格'特点暴露出来,置党的纪律和规矩于不顾,肆意妄为。如:河北省兴隆县孤山子镇书记梁某在 8 小时以外的酒桌上大骂群众'老百姓就是这副德行,不能给脸,给脸不要脸。'原央视节目主持人毕某也是在 8 小时外的酒桌上大放厥词等等。这些不守纪律、不讲规矩的言行,都是被群众通过网络平台曝

---

① 罗昌勤."互联网＋"背景下推进全面从严治党的实施路径[J].廉政文化研究,2018(07):63－67.
② 习近平.运用手机等现代化手段加强党的建设[EB/OL]. http://gb.cri.cn/27824/2010/01/05/3785s2723077.htm.

光出来的,都是延伸监督时空的监督效果。这些干部的言行被曝光和处理,对其他党员干部树立全天候、全方位守纪律讲规矩的意识起到了良好的警示作用。"①二是要利用互联网平台搭建反腐败预警系统。全面从严治党不仅要突出治,更要注重防。"治"是被动的,经常还会伤筋动骨;防才是根本,只有建立了不敢腐的防线,全面从严治党才能解决根本问题。在新媒体时代,构建反腐败预警系统要充分发挥互联网的作用。近几来年,随着互联网的广泛运用,我们已经初步构架了"互联网+"全面从严治党的监督平台,"全国公检法系统开通的政务微信数量已达 700 多个,覆盖了全国 31 个省级(省、自治区、直辖市)。除此之外,民间还建有'中国舆论监督网''中国正义反腐网''反腐败网哨'等为数众多的与党风廉政建设有关的专题网站,还有数量庞大的 BBS 交互平台、微信平台、QQ 公群等,这些媒体也直接或间接地参与了对政府及公职人员的廉政监督"②。互联网为反腐败斗争搭建了一张强大的预警防护网,为全面从严治党完善了动态的预警监督体系。

(二)"互联网+四个全面战略"对推进马克思主义大众化话语传播的意义

"互联网+四个全面"战略,搭建了公众认知、理解"四个全面"战略的重要网络平台,丰富了马克思主义大众化话语传播载体。一是"互联网+"成为破除制度顽疾的技术推手,不仅引发经济领域的变革,也全面推动了社会各领域的改革,成为推进全面深化改革的驱动力量;二是"互联网+"搭建了党员教育和党群互动交流新平台,创新了党员教育新机制,畅通了党群关系和意见表达渠道,延伸了党内监督时空;三是"互联网+"推动了创新驱动发展战略,创新了"产业+电商"的生产模式,实现了产业转型升级,构建新型现代产业体系。特别是"互联网+"为农村产业扶贫找到了新路径,成为稳增长、优结构、惠民生的重要保障,为全面建成小康社会提供的坚实的保障;四是"互联网+"创新了法治教育、司法实践的新模式,搭建法律大众化的教育平台,为群众学习和了解法律、监督执法过程创新了条件,推动了全面依法治国的落地生根。

"互联网+四个全面"战略极大地丰富了马克思主义话语传播的内涵和载体,为我们党的创新理论进入千家万户、进入公众头脑搭建了新平台,创新了传播条件。

---

① 　罗昌勤.论党员干部纪律建设视域下的社会监督[J].河池学院学报,2016(12):112-117.
② 　罗昌勤.论党员干部纪律建设视域下的社会监督[J].河池学院学报,2016(12):112-117.

第三节　新媒体生态下马克思主义大众化话语传播的舆论管理

伴随着 21 世纪的步伐,人类全面进入了网络时代。尽管 21 世纪仅过去了 20 多年时间,但互联网已经成为了人们生活中的一个重要组成部分,全面融入了人们的生活。但我们同时也看到,伴随着互联网而来的是社会思想由一元向多元并存的社会转型发展。互联网的高度信息开放化,把大社会变成了小社区。尤其是我国正处于社会转型发展关键时期,改革开放 40 多年来,我们在取得巨大的发展成就的同时,也积累了大量社会发展进程中的矛盾。这些矛盾尽管分布在社会的各个领域,但被互联网高度集成在一个狭小的网络空间中,形成了矛盾的场域效应。每当社会发生矛盾冲突时,互联网就成为了矛盾爆发的催化剂。事实上,在实践中我们也往往看到,互联网越发达的地方,矛盾集中呈现就越突出,公共事件的风险就越大。近年来爆发的诸如"天津滨海新区火灾""甬温线动车事故""青岛市黄岛区的中石化输油管线破裂""上海外滩踩踏事件"等突发事件,都印证了网络在事件中的催化济作用。因此,在新媒体生态下推进马克思主义大众化,需要提升舆论管理水平和能力,形成政府主导、社会参与的科学管控机制,把管理、治理、疏导等有机统一起来,形成科学高效马克思主义大众化话语传播的舆论管理体制机制。

一、新媒体舆论的特征及管理必要性

随着互联网用户的迅速增加,新媒体舆论平台的快速增长。从相关统计数据显示,同时在线 2～3 个舆论平台的新媒体用户占网络用户的 65% 左右。这些在线用户往往都是社会热点事件的关注者、话语发起者,同时又是社会的舆论管理者。实践证明,每当社会发生舆论热点事件时,新媒体舆论对事件的整个走向产生着巨大的影响力和引导力。因此,需要在充分了解新媒体舆论特征的基础上,制定针对性的管控策略。

（一）新媒体舆论的特征

1.舆论主体的身份虚拟在场性突出

随着新媒体使用的大众化,通过社交软件开展信息交流成为一种生活常态,在 BBS 论坛、QQ、微博、微信等社交软件中,至少经常性使用一种的用户比例超过 95%。在这些用户中,20～39 岁的年青人占到 37.2%（如图 6-1 所示）。从实践而言,这个年龄阶段的群体是互联网上最活跃的群体,在一些重大事件中,往往这部分群体是最活动的舆论主体。同时,在舆论场中最具有话语影响力的是40~59岁的人群,比例也占到 33.7%。从调查数据显示,在不同的社交媒体上,参与的网民身份有较大差异。在微博、微信媒体中,表示使用实名参与舆论活动的比例较高,其中微博超过 85%,微信超过 79%,当中超过 95% 的网民都表示在微信朋友圈中愿意使用实名进行舆论交流。但 BBS 论坛、QQ 的实名身份比例较低。其中仅有 5% 的网友表示在论坛中愿意使用实名,11.3% 的网友表示在 QQ 聊天中愿意实用实名。而在注册几大社交媒体时,表示使用了真实信息的比例不到 8%。由此可以看出,新媒体舆论平台中,舆论主体的身份呈现虚拟状态,以真实身份参与社交活动的比例比较低。正是舆论主体身份的虚拟性特征,使得一些舆论主体的网络言论无所顾忌。从正面效应而言,有利于让舆论主体畅所欲言,人们能够听到真话、实话。从负面效应而言,让网络谣言传播成为了可能,扰乱了正常的网络话语秩序,给舆论管控带来了困难,增加了社会治理成本。甚至也为一些敌对势力的言论传播提供了渠道,威胁到了社会稳定和国家安全。

网民年龄结构

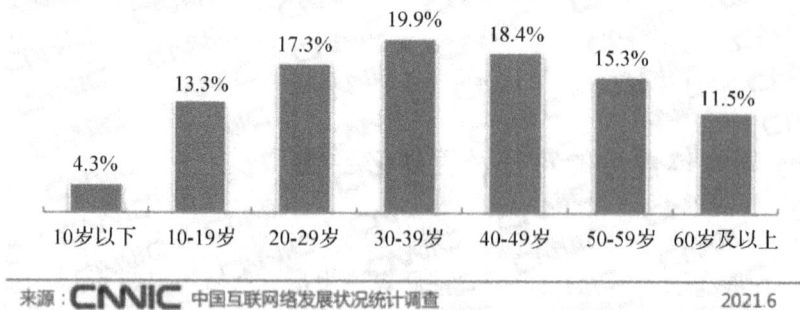

图 6-1

2.舆论场话语传播的"蝴蝶效应"凸显

在传统媒体时代,由于受到时间、条件等限制,在突发性社会事件面前,爆发式的社会舆论来得缓慢,往往会留给相关部门足够的应变时间。但在新媒体条件下,每当社会发生突发事件时,各媒体相互借力,网民在不同的载体之间进行不停的转帖、跟帖,会迅速引爆网络,在短期内放大舆论效果,推动社会舆论向深度和广度发展。就如一只小蝴蝶一次轻微的扇动翅膀,也将引发周围空气流的连续震动一样,随着新媒体的广泛使用,新媒体舆论场的这种蝴蝶效应更为凸显。

"蝴蝶效应"是拓扑学中讨论的一个基本概念,也就是我们经常所说的连锁反映。"蝴蝶效应"最早由美国气象学家爱德华·罗伦兹提出,他认为一只蝴蝶在亚马逊森林里扇动翅膀,就有可能引发北美一场飓风。他实际上要告诉人们,不要忽视哪怕再微小的力量,它也有可能引发大震荡。后来,"蝴蝶效应"观点被引入社会学,成为研究社会学的一个重要理论。从社会学而言,不管事情的本身是正面还负面,只要是公众感兴趣的问题,哪怕事件再小,都有可能被不断放大,以至引起整个社会的动荡。这种"蝴蝶效应"在新媒体条件下,有了足够产生的条件,相比于传统媒体条件而言,新媒体条件下发生"蝴蝶效应"事件的概率呈几何级数暴增。

在新媒体时代,每当社会发生一些突发事件时,往往最先关注的只是一少部分人,甚至是个别人,但经过网络媒体曝光,关注群体将不断扩大,参与讨论的个体不断增多,众多的人群参与讨论,各种观点相互碰撞,特别是不同意见的相互争论,将迅速形成网络舆论场,这些集中在某一载体中的舆论场,再经过载体之间的相互借力和传播,迅速扩大到整个媒体生态中,这就是常说的网络"蝴蝶效应"事件形成的基本过程。因此,新媒体是推动"蝴蝶效应"事件产生的主要推手。

"蝴蝶效应"事件本身不具有正面或负面的价值规定性,但从社会管理而言,当然希望看到更多的正面事件的"蝴蝶效应"事件发生,不希望看到负面事件的"蝴蝶效应"事件。因此,恰当地管控网络,引领网络舆论是管控"蝴蝶效应"事件的基本手段。

3.舆论传播的时空扩散性迅捷

新媒体舆论传播的两大主要特征是范围广泛与时间快捷。从传播空间而言,尽管我们说互联网把整个地球变成了地球村,但并不是说信息传播空间变窄了,而恰恰相反,正是互联网传播空间呈几何级数的放大,可以让信息传播产生无界性的空间范畴。互联网使舆论打破了国界,形成舆论的无限扩散;从传播时间而言,由于新媒体传播生态系统派自成一派,在新媒体生态中延伸了众多的传播生态链,这些生态链结构纵横交错。因此,新媒体舆论场中的舆论可以在极短时间内扩展至整个媒体生态系统中。如"西藏3.14事件",事件发生后的极短时间就传遍全球。研究表明,互联网用户越多,社交媒体的交互性就越复杂,信息传播的速度越快捷。著名传播学专家萨尔文在研究舆论场时发现,传统媒体要形成舆论场效应需要8~10周的时间,而新媒体条件下,特别是微博、微信等社交媒体的使用量用户达到总人口数量50%以上时,形成舆论场的时间仅需要1~2小时。今天,我们对萨尔文的观点不再抱有任何的怀疑。并且让我们更深切地感受到,在一些突发公共事件面前,形成网络舆论场的时间比萨尔文描述的时间更短。舆论传播时空的扩散性和即时性特征,一方面加快了信息交流,让公众在第一时间了解事件的过程,但同时也对管理部门如何管控信息提出了挑战。

4.舆论议题的自发可变性较强

媒体舆论议题一般包括自觉性议题和自发性议题两类,"自觉性议题"是指按照预定走向设置的议题,自觉性议题能够被官方预见和控制。"自发性议题"是在舆论场随机产生的,议题走向不确定并难以被控制。在传统媒体时代,舆论议题的设置一般都掌控在主流媒体手中,无论是议题的内容,还是舆论的走向,一般都在控制范围内进行,主流媒体对舆论和走向有着预期的定位和控制力。因此,传统媒体时代的议题从生成到走向都具有"自觉性"特征。在新媒体时代,由于传者与受众的身份随时都变化着,尤其是在人人都是记者、人人都是新闻生产者的新媒体时代,受到传播环境的开放性、传播主体的虚拟性、传播渠道的畅通性等综合因素的影响,网民不再受到拟定议题的限制,而是可以根据自身的喜好,另行设置议题。特别是一些意见领袖,由于他们在社交媒体中拥有数量众多的粉丝,只要意见领袖设置的议题一抛出,立刻就会引来粉丝的关注,舆论场就会很快形成。因此,新媒体舆论议题的自发性特征要突出于自觉性特征,特别是网民自发性议题的产生概率远大于传统媒体时代。每当发生一些公共突出事件时,官方对议题的设置和控制力非常有限,尤其是难以预测和掌控媒体舆论的走向。另外,新媒体为舆论主体生产新闻提供了技术条件。因此,新媒体议题并不稳定,特别是随着事件的深入,一些原来不为人所知的"内幕"不断曝光,舆论主体也会随时偏离原来的议题,参与或生产新的议题。特别是互联网舆论场的"蝴蝶效应"特征随时可以引发不可预见的舆论效果,往往会引发舆论变化。在实践中,这种可变性舆论随时都可能发生。如:2012年8月26日的延安交通事故,官方最初设置的议题是特大交通事故的本身,但舆论主体很快把议题引向了安监局长杨某在事故现场发笑的议题上,正当微笑的安监局长议题正在发酵时,舆论场却又产生了"表哥"杨某的议题。同一事件,在很短时间内植变出了三个议题。可见,新媒体议题的可变性特征非常突出。

新媒体议题的自发性和发展的可变性特征,运用到马克思主义大众化话语传播中,一方面有利于调动公众参与话语传播的积极性和主动性,为推进马克思主义大众化发挥公众的主体性作用。另一方面,也要警惕议题被恶意调整,以至偏离传播主题,对马克思主义话语传播造成负面影响。

5.舆论主体的多元价值取向非理性批判凸显

随着我国社会的深刻转型,伴随着人们利益诉求的多样性变化,社会经济结构、思想观念也呈现多样性的变化特征。舆论主体来自社会的不同阶层,同时又受到职业、年龄、受教育程度、收入差距、工作环境、社会地位等差异影响,舆论主体的思想观念、利益诉求、道德素养千差万别,再加上利益诉求对舆论主体的满足差距,他们的价值取向呈现多元性和批判性。多元性是因为差异性造成的,而批判性是因为差距度造成的。在新媒体生态下,新闻生产的"门槛"降低,媒体人都有条件生产新闻,都有条件成为议题的设置者,尤其是随着"两微"成为普通社交媒体工具后,社会中各阶层的网民都可以轻松自由地成为舆论主体,接收信息、发布信息都是零成本,任何人都可以不计成本地生产新闻、可以按自己的价值判断表达利益诉求。我国正处于社会转型发展时期,社会主义初级阶段决定了分配方式的多元性和差异性,思想观念、收入差距影响着人们的价值取向和判断,利益诉求的不满足必定会产生价值批判,这也是公众表达不满情绪的正常现象。但如果这种价值批判脱离了理性的思维和正常轨道,出现了脱离社会实际的单纯批判,甚至是吹毛求疵,那势必引起舆论秩序的混乱,进而引发社会混乱。因此,面对舆论主体价值取向的多元性与批判性特征,需要我们认真研究并加强对舆论主体的引导,引导舆论主体形成批判的思维与理性,摈弃为了批判而批判的过激言行,多以社会正能量引导舆论议题的设置。

(二)新媒体舆论管理的必要性

新媒体舆论场是社会发展的晴雨表,媒体舆论既是社会发展的稳定器,也是引发社会动荡的触发器。加强对媒体舆论的管理,既是维护社会有序发展的需要,也是巩固执政党执政地位的需要。

1.维护社会政治秩序和社会稳定有序的需要

在新媒体生态下,政府对舆论的管理,是政府履行职责的基本范畴,也是维护阶级利益的根本要求。马克思指出:"支配着物质生产资料的阶级,同时也支配着精神生产资料。占统治地位的思想不过是占统治地位的物质关系在观念上的表现,不过是以思想的形式表现出来的占统治地位的物质关系,主要是为了维护其特定阶级利益和阶级统治的本质。"[①]实际上,在利益诉求多元化的社会里,舆论主体的言论总是自觉或不自觉地影响着社会政治秩序,一些负面的过激言论总是对政治秩序的稳定造成破坏性影响。因此,从阶级利益出发,政府总是会对媒体舆论加以管控,以维护阶级利益。从执政党而言,维护阶级利益本身就是在维护社会利益。从我国的现实国情而言,社会正处于转型发展的关键时期,利益主体呈现多样化,长期积压的社会矛盾集中呈现,社会不稳定因素相比以往更多、更复杂,一旦发生社会突发事件,一些别有用心之人也会趁机利用社会矛盾

---

① 马克思恩格斯选集(第1卷)[M].北京:人民出版社,2012:178.

设置议题,混淆视听,制造新的矛盾,引导和激发网民对政府的不满情绪。因此,加强舆论管理,是执政党维护政治秩序和社会稳定的基本要求,也是推进马克思主义大众化话语传播的重要手段。

2.政府履行公共管理职能的需要

政府的基本职能之一就是实施公共管理,其中对公共舆论管理是政府的一项基本职能。政府无论通过何种形式管理舆论,都是履行政府基本职能的需要。在不同媒体时代条件,政府对公共舆论管理的具体形式有较大差别。在传统媒体时代,政府对公共舆论的管理内容比较单一,管理难度相对较小。在传统媒体条件下,社会主要媒体基本都控制在主流媒体中,社会公众自发设置议题的条件非常有限。因此,政府对舆论的管控总体压力比较小。但在新媒体生态下,由于舆论议题设置的自发性突出,增加了政府对舆论管控的挑战性和难度。从总体而言,政府对舆论的管控,既要体现对主流舆论的弘扬和引导,同时,又要加强对不利于社会稳定的有害舆论的管治。党的十九大报告指出:"推进马克思主义中国化时代化大众化,要旗帜鲜明反对和抵制各种错误观点。"①因此,政府加强对舆论的管控是新媒体时代社会发展的基本要求,也是当下应对意识形态斗争复杂性的基本要求。网络不是法外之地,言论有自由,但必须遵循基本的规则。在舆论传播力极具增强的新媒体时代,如果政府缺乏对网络舆论的强有力的管控,很有可能引发全社会的动荡,这也是发生在一些国家的颜色革命给我们提供的经验与教训。因此,加强对新媒体舆论的管理,既是政府履行公共管理职能的需要,也是推进马克思主义大众化话语传播的需要。

3.管控和引导非理性舆情的需要

在社会转型发展进程中,不管在何种社会形态下,放大社会矛盾、情绪偏激、言过其实是非理性舆论的共同表征。特别是全面深化改革进入攻坚期和深水区,改革难免会触动一些既得利益者的利益,同时也会引发新的社会矛盾。因此,公共舆论场难免会有情绪、偏见,甚至包括谣言等非理性舆论的产生。任何非理性的舆论都将对社会产生负面影响,轻者消减社会正能量,弱化政府的公信力,重者引发社会动荡,威胁政权的稳定。因此,任何政府都不可能对非理性舆论放任不管,而是要通过制度规制、议题引导等综合干预手段,管控和引导非理性舆论回到正确的轨道上来,营造清朗的网络舆论空间。

---

①　习近平.决胜全面建成小康社会 夺取新时代中国特色社会主义伟大胜利——在中国共产党第十九次全国代表大会上的报告[N].人民日报,2017-10-28(001).

二、构建新媒体话语传播的舆论监控和引导机制

随着网络舆论对社会发展的重大影响,从国家到地方各部门都建立了舆情监测机构,对网络舆情进行跟踪监测,及时发出舆情预警。但由于网络舆论呈现复杂性和多变性,要真正把握网络舆情的规律和脉搏,还需要不断对舆论进行研究,制定针对性的监控和引导机制。

(一)新媒体舆论监控与预警

随着网络舆论对社会的影响力不断提升,从 2003 年开始,国家开始推进网络舆论监控与预警工作制度化建设。2006 年 10 月,党的十六届六中全会提出了"健全社会舆情汇集和分析机制,完善矛盾纠纷排查调处工作制度"要求,这是我们党第一次明确提出加强舆情管理。也就从这时开始,对网络舆论进行监控和管理逐步纳入了政府的日常工作体系中。

1. 新媒体舆论监控与预警的制度化建设

我国的互联网发展相对于发达国家而言比较晚,特别是在正确认识互联网的双仞剑问题上,我们走了一些弯路。尤其是在互联网发展的早期,在社会中的一些领域错误地认为互联网是法外之地,因此,对网络舆情缺乏科学管理,普遍存在重建不重管的倾向。尽管我国从 21 世纪初就已经开始启动了网络舆论管理的制度化建设。但由于对网络舆论的认识还不够深入和全面,缺乏对互联网快速发展的准确预判。各部门应对网络舆论的观念还停留在传统媒体管制思维上。一些地方部门在面对汹涌而来的网络舆论时,还是沿用传统的封堵办法,最终导致越封越乱。出现了老办法不管用,新办法不会用的尴尬局面。

网络舆论治理的制度化、体系化建设还不完善,特别是网络舆情的收集、研判,对网络舆论的回应等都还停留在软性要求上,还无法形成全国统一一盘棋的钢性规制。从网络舆论管控的实践而言,我国的新媒体舆论监控与预警表现为法律规制不健全、舆论管控机制缺乏系统性、舆论信息预警联动性不强。我们在研究网络舆情形成机理时发现,舆情发生的原因既有内因,也有外因。从内因而言,一是管理部门对舆情危机认识不到位,缺乏有效的处置预案;二是缺乏对新媒体的平等沟通,存在命令的工作思路,不但不能平息舆论,甚至还激发舆论;三是主流媒体的舆论引导力不突出,有时出现主流媒体在社会舆论面前集体失声的现象;四是缺乏舆情信息收集机制,对舆情走向掌控能力不足,缺乏准确的研判能力。从外因而言,主要是"三微"的快速崛起成为网络舆论热点新的重要推动力量。因此,舆论监控与预警的制度化建设,需要从日常管控与应对突发两个层面建立管控流程(如图 6-2 所示)。针对网络舆情的监控与预警,部门之间需

要形成上下联动、纵横互通的信息交流机制;部门内部要建立舆情收集和整理、舆情分析和研判、舆情总结和报告的常态化机制,平时要注重对员工进行进行舆情危机管理培训,加强员工的舆情应对能力教育等,并使之制度化和常态化。除此之外,还要注重从事前、事中、事后三个层面把信息收集、信息反馈、信息研判、信息引导形成制度化,搭建完善的舆论监控与预警的制度化体系。

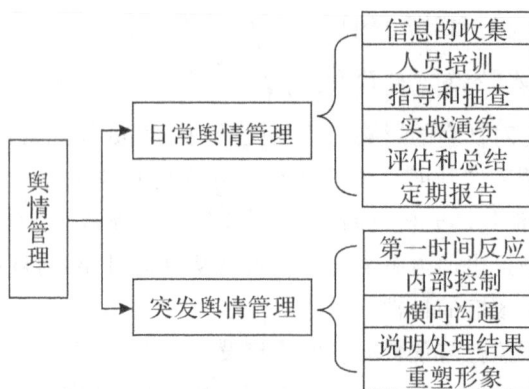

图 6-2

2.新媒体舆论监控与预警的技术平台建设

新媒体舆论管控是一项系统工程,需要"人工＋技术""制度＋技术"的有机联动。其中,制度是基础,技术是保障。在新媒体生态下,没有先进的技术保障,舆论监控与预警就难以实现。目前,舆论监控与预警的技术平台正处于不断完善之中,从数量到质量都取得了较好成绩。截至 2019 年底,全国相继建立了近 100 多家舆情研究机构。这些舆情机构基本都形成了"信息采集""舆情监测""舆情分析""舆情展示""舆情报告"等比较完整的舆情监控与预警链条。舆情研究机构服务能力不断提升,服务面不断扩大。以人民网舆情监测室为例,自 2008 年建立以来,已经服务了 1000 多个政府和企业客户,培训了 4000 多名舆情分析师。

随着新媒体技术的发展,舆论监控与预警的未来走向必定以技术为中心,突出大数据计算与分析。因此,搭建舆论监控与预警的技术平台是未来管控的工作重点。尽管舆情数据都来源于公开的数据源,但这些数据都杂乱的分布在各社交媒体、网站,甚至报纸杂志中,都是非结构化的数据。对这些数据进行抓取、整合、分析,不是人工或某一款单一的分析软件能够完成的工作,没有强大的技术保障和强大的数据整合能力是不能完成对数据的分析、筛选研判的,未来舆情监测必定会是一种专业的智库思想市场。因此,新媒体话语舆论监控与预警不仅要建立完善的制度体系,还要建立强大的技术平台,依靠大数据技术,在全国形成上下联通、纵横联动的数据共享平台,对媒体舆论走向进行全方位、系统化的监测与管控。

(二)新媒体舆论引导与调适

推进马克思主义大众化话语传播是一项系统工程,其中就包含着在新媒体生态下的舆论引导工作。舆论引导的对象是人民大众,因此,新媒体舆论引导实质上是党的群众工作的一个重要组织部分。

1.坚持"从群众中来,到群众中去"的舆论引导原则

中国共产党的根和魂在广大人民群众中,无论是在革命的战争年代,还是在社会主义建设的和平年代,走群众路线一直是我们党的执政优势。无论什么时候,倾听群众的意见和建议是我们找到解决问题办法的主要途径。在传统媒体时代是如此,在新媒体时代仍旧是如此。在新媒体生态下,社会各种问题都将通过网络舆论进行体现,因此,网络舆论是社会的晴雨表。或者说,网络舆论是公众情绪的表达,这种情绪有正确的、有错误的、有积极的、有消极的,纷繁复杂。网络舆论引导的功能就是把一些错误的舆论通过舆论强化,使之走到正确的舆论方向上。简言之,舆论引导就是正确反映舆论,说群众想说的话,把群众说得不准确或不透彻的话说得更准确、更明白。从而把群众的思想、言行引导到反映社会正能量的轨道上来。在新媒体纷繁复杂的生态链中,要做到正确引导舆论,并非易事,需要舆论引导者开展深入的调查研究,倾听于民、问计于民、问需于民。正如毛泽东所强调的"没有调查就没有发言权"。只有深入到群众中,倾听和了解群众的诉求,把群众零散的、自发的诉求收集起来,加之以理性的整合后反馈给群众,形成新的舆论,才有说服力和公信力,舆论引导才能产生实效。

舆论引导只有"关注群众"才能获得群众关注。习近平反复强调:"人民立场是中国共产党的根本政治立场,是马克思主义政党区别于其他政党的显著标志。"[①]舆论引导只要站稳了人民的立场,就能获得公众的支持。中国正处于社会转型发展的关键期、全面深化改革的攻坚期、社会矛盾的多发期,社会思想趋向多样多变,价值取向多元,以利益为核心的博弈加剧,围绕利益诉求的媒体舆论强烈,甚至不乏一些偏激言论。面对复杂多变的媒体舆论,只有坚持党的初心不变,坚持"从群众中来,到群众中去"的舆论引导原则,用党的方针、政策和中国特色社会主义建设取得的伟大成就引导舆论场,把群众所需、所想、所求正确地反映到舆论引导话语中,才能从根本上提升舆论引导的公信力。

---

①　习近平.在庆祝中国共产党成立95周年大会上的讲话[J].理论参考,2016(07):4-12.

2.突出引导"理性平和、积极向上的社会心态"表达舆论话语

党的十九大报告指出："培育自尊自信、理性平和、积极向上的社会心态。"①这也是我们党首次提出矫正社会心态的问题。人们的社会心态往往决定于社会地位、利益诉求的满足程度等,往往又通过言论表现出来。在新媒体生态下,多元多样的社交媒体为公众表达自己的社会心态提供了平台。不同的个体,由于利益诉求不一样,因此,同一社会状态中,公众个体的社会心态差异较大。但从根本而言,社会心态受到公众个体价值取向的影响非常突出,要在全社会形成相对统一的社会心态,必须要有统一的核心价值取向。只有构建了社会统一的价值共识,才能从根本上调节公众的社会心态。由于人们的社会心态总是要通过自身的言论表达出来,新媒体舆论场从总体上反映了人们的一种社会心态现状。因此,"坚持正确的舆论导向,是引导调节社会心态的重要手段"②。

党的十九大提出要构建理性平和、积极向上的社会心态是针对当前我国一些领域的社会心态失衡而提出的。当前我国社会进入转型发展的关键时期,特别是全面深化改革推进过程中会有一些人的利益不可避免地受到冲击。人们受到价值诉求和价值判断多元多样的影响,在一定程度上容易产生价值迷茫和心态失衡。个体一旦出现价值迷茫和心态失衡,就容易造成言论失控,也容易被不良情绪所影响。因此,社会心态一旦失衡,非理性因素就会主导舆论场。媒体舆论的不满言论、消极舆论就会形成主流,对社会的稳定和良性发展势必造成严重负面影响,甚至冲击政府的公信力和党的执政地位。失去理性的舆论场,往往会放大社会矛盾,弱化社会发展的积极因素。尤其是在收入差异突显的社会状态下,一旦社会心态失衡,各种非理性的仇官、仇富心理突出,人们对改革创新失去信心、缺乏动力,对政府的方针政策、改革措施容易产生负面解读,与政府"作对"的心理突出,对政府推动改革形成强大的舆论心理压力。同时,也会在很大程度上约束了政府推动改革的信心和决心。因此,构建"理性平和、积极向上的社会心态",要突出以正确的舆论引导人。正确的舆论就是要以社会正能量为基点,以事实为依据,把握舆论的导向,找准公众最关心、最直接、最核心的利益关注点,用马克思主义世界观和方法论,从历史到现实、从全面到个体等层面,用辩证的、客观的、通俗的话语摆事实、讲道理,在舆论上做到有理、有据、有情、有义地对恶意言论"亮剑"。同时,要在舆论场向大众充分展示中国改革开放40多年来取得的伟大成就、人民生活的巨大变化、中国面貌的巨大变化、中国发展与世界

---

① 习近平.决胜全面建成小康社会 夺取新时代中国特色社会主义伟大胜利——在中国共产党第十九次全国代表大会上的报告[N].人民日报,2017-10-28(001).

② 胡红生.试论社会心态调控的基本目标及其实现途径[J].甘肃理论学刊,2001(01):36-40.

各国发展的比较等。总之,正确的舆论就是要向公众讲好中国发展的故事、讲好百姓的故事,以达到让公众改变观念、理顺情绪,客观看待个体利益诉求与社会发展大势的目的。当然,正确的舆论不是要规避矛盾,而是要引导公众正确地看待和分析中国发展进程中面临的现实矛盾。要着力向公众讲清楚中国今天社会矛盾的根源、发展走向、解决办法,对社会突出矛盾要主动解读、正确引导,以防被别有用心之人利用矛盾煽动情绪,误导舆论。

3.用"民话"引导媒体舆论

关于"官话"与"民话",要形成一个具体的定义有一定的难度。在一些具体环境下讨论"官话"与"民话"时,不定义比下定义更能让人明白。实质上,在实践活动中,老百姓自有一把定义"官话"与"民话"的尺子。但有一点是有共识的,"民话"就是用群众听得懂的话语讲群众故事,具体而言就是贴近群众生活、贴近群众实际,语言通俗易懂,老百姓爱听、想听,也听得明白,更重要的是能够产生心理共识和认同。相对而言,讲大道理、讲空话、套话、只听雷鸣不见下雨等话语被百姓称之为"官话"。

在新媒体舆场,舆论话语纷繁复杂,要形成正确的舆论导向,首先要明确说什么的问题,然后是怎么说的问题。语言是思想的外壳,人们所思、所想都要通过语言进行外化。个体是如此,团体、政党也是如此。任何政党、政府的主张都需要通过话语进行外化之后,才能让公众了解、理解和执行。因此,只有用大众的话语表达自身的思想观念或执政理念,才能够让大众理解和认同。马克思指出:"少发些不着边际的空论,少唱些高调,少作些自我欣赏,多说一些明确的意见,多探讨一些具体的现实,多提供一些实际的知识。"[①]这实质上就是话语大众化的问题。毛泽东历来批判空谈主义者,他指出:"我党现在已是一个担负着伟大革命任务的大政党,必须力戒空谈。"[②]中国共产党历来主张讲实话、办实事,才取得了中国革命和建设的伟大胜利。邓小平也曾尖锐地指出:"政治的空谈往往淹没一切。"[③]舆论引导需要把政治的话语转变为群众的实践话语,才能形成政治的指导力。

不可否认,我们在一些领域也出现了"官话"盛行的状况。特别是在计划经济体制下,强制性和训导性的话语一度盛行,说话"打官腔",讲"假话、空话、套话"几乎成为"官话"的象征。因此,民间百姓用"正确的废话"来概括"官话",我觉得这个比喻非常到位。但随着新媒体时代的到来,"正确的废话"越来越难以

①　马克思恩格斯选集(第4卷)[M].北京:人民出版社,2012:403.
②　毛泽东文集(第二卷)[M].北京:人民出版社,1993:361.
③　邓小平文选(第二卷).北京:人民出版社,1994:150.

适应新媒体的话语传播要求,居高临下、盛气凌人的"官话"不但难以服众,还影响了干群关系、党群关系。充满着居高临下姿态的"官话",体现着权力的傲慢和霸道,显然,这样的话语无力引导媒体舆论,甚至加重舆论场的"官民"对抗。

引导新媒体舆论是社会治理的重要内容,说明确讲明白是官方的社会职能。从"官本位"向"民本位"的话语创新是提升舆论引导力的重要前提。舆论引导首先要摈弃居高临下的官方话语,构建官民平等、相互尊重的话语体系。长期以来,官方在引导舆论的话语中经常性地使用"恶势力""不明真相",甚至还用了"刁民"等民众极不愿意接受的话语。这样的话语一出现在舆论场,立即招来一遍骂声,引发官民的舆论对抗,更甭说引导舆论。2009 年云南因企业与群众的拆补问题引发群体性事件,一些主流媒体在新闻报道中仍然出现"恶势力""不明真像""一小撮"等话语,引来群众的极度不满。群众纷纷表示,事件的真相非常清晰、我们没有恶势力,我们不是无理要求,仅是要求企业兑现之前的承诺。实事上,群众合理合法的要求,有时被"官方"习惯性地贴上"非法"的标签,极易激化矛盾。为了规范舆论用语,云南省政府下发了《关于在突发事件新闻报道中有关注意事项的通知》,要求各媒体禁用、慎用"刁民"等容易激化矛盾、群众反感的用语。这份通知对我国"官方"规范使用媒体舆论话语有着非常重要的作用,对推进"官民"舆论话语平等,提升舆论引导力有着重要的历史意义。因此,也有人称这是新媒体时代舆论引导的范本。提升舆论引导力,除了强调话语平等外,还要摈弃"正确的废话"。一些废话之所以正确,主要是这些话语没有实质性内容,官话、套话成分较多,话语重复,不反映公众准确诉求。如:2013 年雅安地震后,央视主播打断雅安书记脱离主题的官话和套话:"这个我们可能比你知道的多些,说说现在采取了哪些措施吧。"在新媒体时代,舆论引导要求讲百姓听得懂的话,用平等的话风改进舆论话语形态,突出"讲短话、讲实话、讲新话",不讲文不对题的话和空话、套话,把党所主张的朴实话语向群众解释清楚。

4.提升媒体"意见领袖"的正面舆论引导力

"意见领袖"是具有较强的综合能力和较高的社会地位的网民,他们具有吸引社会眼球的人格魅力,话语的社会认同力较强。因此,意见领袖在新媒体舆论场中的话语引导力非常突出。意见领袖之所以能够获得社会网民较高的话语认同度,主要有三个方面的原因:一是意见领袖迎合了众多网民的价值认同,甚至是网民理想价值的化身;二是意见领袖的社会地位比较高,往往扮演着独立于官场之外的形象,他们有着广泛的媒体信源,较强的社会分析能力,舆论话语有理有据;三是意见领袖的知识面比较广泛,往往都是一些研究领域的专家或带头人,有较强的信息获取和研判能力。从媒体舆论的实践而言,由于意见领袖自身的价值判断和价值取向的差异,根据意见领袖的话语角色以及对社会发展产生的影响情况,可以把意见领袖分为"红色""灰色""黑色"三个层面。笔者在前文已经作了讨论,认为"红色"地带的"意见领袖"是与主流价值相一致的,善于用积极向上的话语引领大众话语;"灰色"地带的"意见领袖"往往以不持政治立场而自居,这类"意见领袖"往往是娱乐界人士较多,他们周边聚集着大量青年人;"黑色"地带的"意见领袖"往往以"公知"自居,他们的言论有时比较偏激,而且善于运用自己的社会身份影响力去赢得话语权,他们的言论有时与社会主流价值相背。在社会改革进入攻坚期和深水区的关键时期,他们有时会利用社会矛盾的表象设置议题,发表自己的观点,误导网民的价值判断。显然,提升媒体"意见领袖"的正面舆论引导力就是要着力发挥"红色"意见领袖的舆论作用,用他们的见解和价值取向影响舆论场,引导舆论场的舆论话语向着充满社会正能量的方向发展。提升媒体"意见领袖"的舆论引导力,需要从几个方面着手:一是加强与民间意见领袖的沟通,在关键问题上与意见领袖形成共识,善于包容意见领袖的一些独到见解。同时注重引导意见领袖站在社会发展的立场,多发表有正能量的话语,用社会正能量的话语影响周边的粉丝。二是对"黑色"层面的意见领袖进行严格的话语管控,限制其话语的负面影响。甚至针对一些恶迹突出,影响恶劣的意见领袖,要建立黑名单库,限制其言论。三是培养官方意见领袖。长期以来,我们错误地认为意见领袖只能分布于民间舆论场,忽视了对自身意见领袖的培养。实践证明,每当一些网络舆论事件发生时,民间舆论领袖由于受到自身条件的限制,对舆论话语的引导缺乏政治站位,无法深层次向公众准确解读党和政府的意图,舆论引导缺乏深度和广度。因此,还需要从官方的视角培养意见领袖,才能真正提升媒体舆论场的话语引领力,把党和政府的意图准确向网民表达。

三、提升政府在新媒体舆论场的话语权威

新媒体打破了长期以来政府对媒体话语权的垄断,一方面拓宽了公众的话语渠道,畅通了民意的通道,让更多的民众有机会向政府表达自己的意愿;另一方面又对政府把控话语权,突出主流舆论的引导带来了挑战,增加了社会治理风险。因此,如何提升政府在新媒体舆论场的话语权威,牢牢掌控舆论场的主导力是一个需要研究的重大课题。

（一）从被动辟谣转向主动发声,掌握话语主导权

在一定时期内,每当发生重大网络舆论事件时,政府往往总是被动的应付,面对谣言满天飞的网络舆论场,政府相关部门是疲于辟谣。这种被动的应对舆论模式,往往是事倍功半。在自媒体高度发达的今天,政府显然已经不能再视网

络为"洪水猛兽",必须主动走近网络,提升用网能力和本领。面对突发公共舆论事件,政府不仅要有主动发声的意识,还要具备主动发声的能力。在以往的实践中,由于政府缺乏主动发声的意识,每当突发公共事件时,舆论场总是被民间抢先占领。如"郑州城管打人事件""张毅坠楼事件"等这些公众关注度比较高的事件中,代表政府的主流媒体在舆论场总是在速度上比民间舆场要慢一步,在事件涉及的深度上也要比民间舆场缺一度,实质上就是把政府的话语权威拱手相让。

在突发公共事件面前,政府说还是不说、说什么、怎么说等都至关重要,直接引导媒体舆论的走向,甚至影响事件本身的发展走向。如果政府在事件发生后的第一时间抢先发声,第一间时间发布准确的权威信息,第一时间占领舆论场,流言和谣言就无法形成。研究表明,谣言的形成主要有两个重要的因素:一是社会管理不透明,信息渠道非常有限;二是权威部门不向社会公布真实信息。不透明的社会管理,往往发生在传统媒体条件下。而在新媒体时代,新媒体倒逼中国透明化社会管理的形成,尽管我们全社会透明化管理的体制、机制还有待提高,但新媒体信息的畅通和传播的迅捷性,助推社会进入了透明化,尽管这种透明化是被动的,但政府管理部门也在积极跟进和适应,透明化管理的制度机制正在快速形成。因此,传统媒体时代的那种藏着、掩着的思维已经不适应新媒体时代的要求。今天,在突发事件中发生大规模的谣言传播,主要的原因在于权威部门不及时向社会公布真实信息而导致的。有些部门还抱有"家丑不可外扬心理"的思想,害怕公布真实信息会影响政府形象等。实事上,突发事件一旦发生,公众第一时间迫切想知道发生了什么?如果政府第一时间主动发声,公布事情的真相,并主动占领舆论场,满足公众的知情心理,谣言自然就无立足之地。相反,如果政府还想"让子弹多飞一会儿",那飞出来的一定是满天的谣言。当谣言已经满天飞时,政府再来辟谣,势必增加了辟谣成本,同时还降低了政府的公信力。为了改变被动的应对网络舆论,习近平总书记强调指出:"网民来自老百姓,老百姓上了网,民意也就上了网。通过网络走群众路线,经常上网看看……积极回应网民关切、解疑释惑。"①

当然,要做到主动发声,还需要有主动发声的能力和技巧。对于说什么的问题,要通过调查研究才能确定,不能乱说,更不能道听途说。只有通过调查,了解事实的真相后才能说。绝不能出现铁道部新闻发言人在"甬温线动车追尾事故"中所说的"信不信由你,反正我是信了"的言词,这样的发声,还不如闭口不谈;对于怎么说的问题,这需要能力和技巧,说得好与坏的结果是不同的。说得好,能够产生积极的舆论引导效果。说得不好,有可能导致舆论走向负面。因此,主动

---

① 习近平谈治国理政(第二卷)[M].北京:外文出版社,2017:336.

说,也要掌握发声的尺度,需要做到上通天意,下接民意。发声者要有掌控全局的意识和能力,既要维护大局,又要充分满足公众的知情权,把话语权牢牢掌控在政府手中。

(二)从被动的被监督转向主动创造监督环境,提升话语公信力

公信力是党和政府最宝贵的公共资源,是引导媒体舆论的基础力。试想,如果公众对政府缺乏基本的信任,政府又何从谈起引导话语。马克思指出:"民众的承认是报刊赖以生存的条件,没有这种条件,报刊就会无可挽救地陷入绝境。"①尽管马克思是针对传统平面媒体而言,实质上在新媒体生态下也是如此,甚至更甚。在新媒体生态下,完善舆论监督体系,让公众时刻能够监督政府的一举一动,打造一个透明的政府,是提升政府话语权威的重要途径。政府一味地辟谣,还不如开放舆论平台,充分下放监督权利,营造一种让"权力"尊重"权利"的政治生态,树立"舆论监督也是正面报道"②的舆论思维,形成"从善如流、知错即改"执政理念,使政府在接受公众的主动监督中树立权威。

主动创造监督环境就是要改变以往政府那种"我说你听""自说自话""只说不听""听了也不说"的话语传播方式,围绕群众关心的切身利益问题,主动"发声",开展自我批评,自我纠错,以赢得人民的信赖和支持。实践证明,这种自我主动监督、自我纠错的监督方式不但不会消弱政府的公信力,反而会提升公众对政府的信任度。如中央电视台 1994 年 4 月 1 日推出的《焦点访谈》栏目,是我国政府实行自我舆论监督的典型实践,《焦点访谈》围绕公众关心的热点问题,不但主动自曝"家丑",还持续跟踪"家丑"的解决情况,让事情有始有终。这种主动营造舆论监督的方式,赢得了公众的认同,提升了政府的话语权威。历史和现实都不断证明,权力部门只有把自身置于群众的监督之下,权力才不能任性,群众关系才能持续、健康发展。"党只有紧密地依靠群众,密切地联系群众,随时听取群众的呼声,了解群众的情绪,代表群众的利益,才能形成强大的力量。"③政府主动营造舆论监督环境,实质上是一种双赢,既维护了公众的监督权利,又不断实现政府的自我净化。当前,我国各级政府在从被动的被监督转向主动创造监督环境方面已经取得了较好成绩,政府的话语公信力不断提升,但距离"增强政府公信力和执行力,建设人民满意的服务型政府"④的目标要求还有一定距离。仍

---

① 马克思恩格斯全集(第 1 卷).北京:人民出版社,1956:234.
② 卢展工.舆论监督也是正面报道[N].中国青年报,2011-2-1(01).
③ 邓小平文选(第二卷)[M].北京:人民出版社,1994:342.
④ 习近平.决胜全面建成小康社会 夺取新时代中国特色社会主义伟大胜利——在中国共产党第十九次全国代表大会上的报告[N].人民日报,2017-10-28(001).

需要我们进一步提升政府的话语权威,提升党的执政能力,不断夯实马克思主义大众化的话语权。

四、新媒体生态下舆论管理的典型案例分析①

推进马克思主义大众化,高校承担着比其他任何一个机构都更为重要的责任。高校围绕意识形态的突发事件也是我们在推进马克思主义大众化进程中需要高度重视和警惕的。当涉及意识形态的突发事件发生时,如何发挥新媒体的舆论导向作用,抢占舆论话语权,引导舆论走向,对推进马克思主义大众化至关重要。下面以时任教育部部长的袁贵仁"拒西方价值观进课堂"引发的媒体舆情为例进行分析。

(一)舆论的起源

2014 年 11 月 13 日,《辽宁日报》刊载《老师,请不要这样讲中国》一文。文章是记者先后辗转 5 座城市,听了 20 多所高校哲学社会科学课堂老师的课,在整理了 13 万字的听课记录基础上写成的文章。文章在肯定绝大数老师勤勉的教学态度和高度的教学责任感的同时,也对高校课堂中存在的"呲必中国"的现象进行了质疑。文章刊载后,引来了各界的高度关注和热议。2015 年 1 月 29 日,教育部组织召开学习贯彻《关于进一步加强和改进新形势下高校宣传思想工作的意见》精神座谈会,时任部长的袁贵仁在讲话中提出了"绝不允许各种攻击诽谤党的领导,抹黑社会主义的言论在大学课堂里出现,绝不允许各种违反宪法和法律的言论在大学课堂蔓延,绝不允许教师在课堂上发牢骚、泄怨气,把各种不良情绪传导给学生"②的要求,他的讲话立刻引来了网络热议,并迅速发展成为网络舆论事件。

(二)媒体介入及舆情走向

1.主流媒体的正面报道

关于袁贵仁的讲话内容,2015 年 1 月 29 日 18 时 01 分,新华网刊出了《袁贵仁:高校教师必须守好政治、法律、道德三条底线》文章,这是关于袁贵仁讲话内容的最早报道。随后"参考消息"等媒体和社交平台也跟进发布了事件相关信息。从 1 月 29 日至 2 月 3 日期间,各种主流媒体共报道了约 1880 篇文章。这

---

① 本内容的资料及图片来自蚁坊软件舆论报告:教育部长拒西方价值观进课堂[EB/OL]. https://www.eefung.com/hot-report/2bfba58d-ccb1-4ef7-ba9b-14b4e01899dc.

② 刘奕湛.袁贵仁:高校教师必须守好政治、法律、道德三条底线[EB/OL]. http://politics.people.com.cn/n/2015/0129/c70731-26474982.html.

些文章主要涉及"教育部长拒西方价值观进课堂的新闻""教育部长谈论高校宣传思想工作""教育部长讲话遭攻击"等六个方面(具体分布情况如图 6-3 所示)。

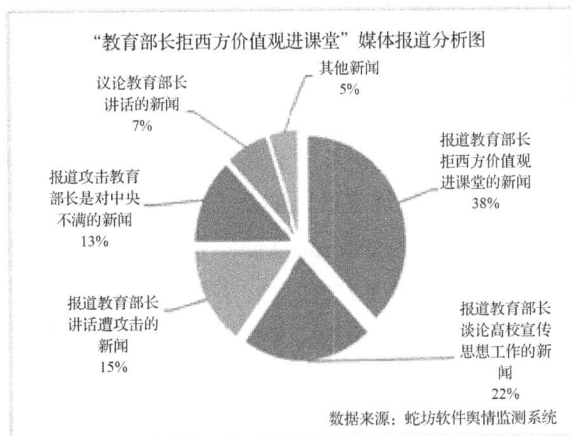

图 6-3

2.民间舆论场的舆情状况

在本次舆论事件中,民间舆论场展示出其强大的舆论势头,从 1 月 29 日至 2 月 3 日期间,微博、微信、论坛共发表言论 25.24 万条,几乎是主流媒体的 134 倍。民间舆论场的话语内容,从总体上可以归纳为几个方面:一是传播教育部长讲话内容,这方面的言论约占总言论的 36%;二是反思中国教育理念,这方面的言论约占总言论的 9%;三是批判部长讲话,包括攻击部长本人等,这方面的言论约占总言论的 52%,还有其他方面的一些言论约占 3% 左右。在这些统计数据中,我们注意到一组数据,民间舆论场传导的负面信息超过 50%。在这些负面信息中,有的对公众产生极强的误导性。如一位重点高校的教授,通过微博发表文章称:"袁部长作为一国主管教育的首长,首先应该把自己的政治色彩从国民教育中抹去,从国家的未来出发,让教育为全人类服务,而不是服务于某一集团。"文章发表后,还迎来不少粉丝的附和。中国特色社会主义教育为谁培养人,培养什么样的人,作为一名教授,不是不清楚,然而,这位教授是揣着明白装糊涂,公然要求教育部部长在中国的高等教育中去政治化。袁贵仁"三个绝不允许"的谈话,到底是动了谁的奶酪,不言自明;还有一些大 V、公知通过偷换概念等方式表达对"三个绝不允许"的反对,如个别大 V 发表"穿西装、戴领带,是否也是传播西方价值观念"等言论,还有个别大 V 公然叫嚣:"你封得了教材,但封不住人们追求理想的心,你蒙得住别人的眼睛,但不等于光明就属于自己";等等。从这些言论和公众的跟帖附和可以看出,民间舆论场显然被一些公知和大

V误导,这些言论明着是反对袁部长的讲话,实则是反对和攻击我们党当年召开的全国高校宣传思想工作会议。民间舆论场地的话语传播,对公众的正确价值判断产生极强的误导作用。

(三)主流媒体的强势介入与引导

"教育部长拒西方价值观进课堂"的舆论事件,带有强烈的意识形态斗争性质,是检验主流媒体在网络意识形态斗争面前敢不敢亮剑、如何亮剑的一次考验。面对民间媒体铺天盖地地对袁贵仁的攻击、批判,主流媒体不但没有集体失声,而是集体发力,对一些大V、公知的错误言论逐一进行了批驳,对被他们扰乱、混淆了的问题逐一进行澄清和纠正。如:新华网发表《袁贵仁:高校教师必须守好政治、法律、道德三条底线》、中国青年报发表《限定"西方价值观"避免不必要纷争》、观察者网发表《媒体解读教育部长讲话:批的是西方政治价值观》、《求是》杂志发表《谈论高校宣传思想工作》、环球时报发表《教育部长讲话"果然"遭到一些人攻击》、求是网发表《攻击教育部长"底线观"是对中央不满》、人民网发表《也议教育部长讲话:我们需要什么样的教师》、中国青年网发表《"沈岿三问"是明知故问》等。主流媒体的连续集体发声,直指问题的核心。如人民网发表的《也议教育部长讲话:我们需要什么样的教师》一文指出:"一些名人、专家、学者的诸多高见,却令人百思不得其解。"为什么不得其解?文章作了全面分析,明确指出了高校老师要培养学生具有社会主义的家国情怀,为社会主义建设事业培养建设者和接班人。主流媒体文章明确表达了对"呲必中国"的反对,对"三个绝不允许"的支持。在主流媒体的强力引导下,民间媒体的非理性"狂欢"逐渐理性化,民间媒体的负面舆论逐渐平息。

(四)事件的点评分析

从这个事件发展的过程,我们深刻认识到了高校意识形态斗争的复杂性。发挥好主流媒体的引导作用,是牢牢掌控马克思主义大众化话语传播权的关键所在。民间舆论场的不理智,并不是一开始就如此的,往往受到社会"名人"的错误引导。袁贵仁同志讲话的内容,并不是他随意创新,而是我们党的教育方针早就作出了明确规定,为什么他的话语引起舆论的负面关注,主要原因还是由于个别人在其中故意混淆视听、推波助澜,误导公众所致。时至今日,我们再回头看当时的舆论事件,孰是孰非一目了然。通过这一事件明确告诉我们,对媒体舆论管理的重要性。

第四节　新媒体生态下马克思主义大众化话语传播的法律规制

《现代汉语词典》把规制定义为"规则、制度"①。仅从网络话语传播而言,规制包含着对合法言论的保护和对非法言论的打击。随着新媒体技术的飞速发展,新媒体为公众提供了越来越多的传播工具,但同时也带来了系列新问题,尤其是如何通过法规制度规范治理网络言论,成为人们关注的热点问题。网络不是法外之地,在全面推进依法治国,建设法治中国的进程中,如何用法律规范新媒体话语传播,建设法治化的网络传播体系,是全面推进依法治国的重要内容,也是推进马克思主义大众化话语传播的重要课题。

一、新媒体话语传播法律规制的内涵及意义

从总体上而言,法律规制是保障全体公众享有新媒体话语自由的根本保障。我国宪法规定了公民享有言论自由,但同时又规定了公民在享受言论自由的时候,不得损害他人的言论自由。除此之外,我国《刑法》《民法通则》等都对公民享有言论自由进行了具体的规定。

（一）法律规制的内涵

新媒体话语传播的法律规制内涵极为广泛,但从总体上而言,包括对合法言论的保护和对非法言论的限制和打击。

1.保护网民合法的话语传播

著名思想家孟德斯鸠有一句名言:自由,就是做法律许可的一切事情。网络发展到了今天,网络不是法外之地已经形成共识。尽管网络空间带有一定的虚拟性,但网络已经是我们一切活动的现实反映。在网络上任何活动都必须遵守国家宪法和法律、遵守网络领域相关的法规制度。媒体中的话语与现实生活中一样,不能为了博得眼球而超越制度规制的范畴,所有言论要做到有根有据,不能凭空捏造,更不能造谣惑众。媒体言论是一种权利,也是一种自由。既然是权利和自由,就要具有相对性,世界上没有无边际的自由和权利,只有在维护别人的权利和自由的同时,才能给自己更广泛的言论自由和权利。

---

① 现代汉语词典[Z].北京:商务印书馆,2002:472.

2.限制和打击网民非法的话语传播

我国相关的法律和制度都比较具体的规定了网络的媒体言论自由权,这种自由权是相对的。"无论是现实社会,还是网络空间,公众行使言论自由权利绝不意味着可以不辨是非、信口开河,肆意妄为,排斥任何限制,否则,真正的言论自由的权利便无从谈起。"① 任何个人或团体放纵个人话语传播权,都将对他人的话语权造成伤害,必将受到法律的制裁。因此,打击和限制侵犯他人权利和公共利益的非法言论行为,实质上也是在保护合法言论自由。实践证明,只有限制和打击非法言论传播,才能推进新媒体生态话语传播的健康发展。

(二)法律规制的意义

马克思指出:"表达观点的自由是所有自由中最重要的自由,因为它是一切自由的基础。"② 正因为如此,我国从最高法《宪法》到具体的各种行为法,都规定了公民言论自由权。这种言论自由权运用在媒体中,其实就是话语传播权。在新媒体高度发达的今天,媒体舆论不仅事关个人的言论自由问题,还关系着社会和谐与稳定和国家安全。实践已经反复证明,媒体舆论失控,小则伤人,影响人际关系、社会和谐与稳定,大则影响国家安全,引发社会动荡,危及国家政权的稳定。中国古代就有"良言一句三冬暖,恶语伤人六月寒""一句话可以兴邦,一句话可以亡国"的语训;毛遂也有"以三寸不烂之舌,强于百万之师"的壮举;诸葛亮也通过"舌战群儒",促成了东吴与蜀国的联盟抗曹。除了中国的这些语训之外,西方也有大量这样的语训,如:"它不是蜜,可是比蜜还甜;它不是剑,但是比剑还锋利。"从中外的这些语训中,我们可以发现话语的巨大威力。言论不管任何时候,既具有强大的亲和力,又具有巨大的杀伤力。古希腊的"医学之父"希波克拉底也讲过类似的话。他说:"医生有三大法宝:语言、药物和手术刀。而三者中语言位居第一,有时候医生的语言可以救人,也可杀人。"其实,在现实生活中,被医生的话语吓死的病人不在少数。这样的结论可能有点偏颇,但确实存在这样的案例。个别医生在对病人的病情进行描述时,主观愿望是希望病人重视病情,但一些心理素质不是很好的病人,经过医生一番描述,从此背上了沉重的心理负担,病情反而不断加重。因此,说医生吓死病人也不为过。以上我们讨论的仅是不慎话语对公民个体的危害,而不良话语还可以摧毁一个国家政权。在新媒体高度发达的今天,一些国家政权的垮台,并非经过刀枪相见、硝烟弥漫的战斗过程,而是由媒体舆论直接给说垮的。因此,加强对媒体话语传播的法律规制,是

---

① 钟新文.言论可以自由谣言不能自由[N].人民日报,2014-8-12(004).

② 马克思恩格斯全集(第11卷)[M].北京:人民出版社,1962:573.

一件利国利民的事情,不仅能够促进社会和谐,维护社会稳定,而且也是维护国家安全和政权稳定的重要手段。从马克思主义执政党而言,加强话语传播的法律规制,是维护马克思主义大众化话语传播秩序,提高马克思主义理论指导地位的重要保障。

二、新媒体话语传播法律规制的历史考察

对媒体话语传播的管制是政府的一贯做法,但随着新媒体的快速发展,包括中国政府在内,对新媒体话语传播的管控远远滞后于新媒体的发展速度。因此,在一定时期内,新媒体话语传播的法律规制出现了一定的真空,被人们误认为网络是法外之地,可以实现无限制的言论自由。随着人们对新媒体认识的不断深化,国家对新媒体话语传播的法律规制建设也加快了速度,法制体系不断形成。

(一)新媒体立法综述

国外关于新媒体话语传播的法治化进程最早可以追溯到 1986 年法国颁布的《新闻自由法》,这是较早通过法律形式对网络传播内容进行的规定,并明确网络传播的内容不得对未成年人进行伤害。之后,相关国家也都相继根据自身国情,颁布了系列涉及网络传播的法律法规。至 2018 年美国颁布《小企业网络安全法案》为止,国外已经建立了比较系统的网络传播法律法规。相比国外的网络传播法治而言,我国的法治化进程起步较晚,但进展速度比较快。

从 20 世纪 90 年代开始,我国加快了新媒体领域的立法进度,时至今日,初步形成了以《宪法》为统领的法制体系,在这个体系里,包括 30 多部法律,100 多部法规和规章性制度,还有数量庞大的规范性文件,这些法规、制度、文件构成了我国规范新媒体话语传播的制度体系。我国新媒体话语传播规制的特点可以归纳为几点:一是数量众多,内容涉及面广泛。经过近 30 年的法治化进程,我国在新媒体领域的法制建设,不仅在数量上,而且更涉及了媒体的广泛领域。既包括版权领域、传播领域、电子商务领域,还包括网络安全、责任追究、权利纠纷等。这些数量庞大、领域广泛的新媒体法规制度,在最大程度上让新媒体的各个领域都做到有法可依。二是规定性的条款较多,服务保障性的条款偏少。从现有的法规制度中,大多数法规都是负面性条款,即对不允许做什么进行了详细规定,相反,宏观性的正面清单相对较少,尤其是服务性的正面条款相对不足。由于网络发展惊人,一些过于细化的规定条款反而容易"过时"。因此,随着网络的发展,尽管我国的媒体规制体系庞大,但有相当一部分已过了时效,缺乏可操作性。三是定义不够清晰,缺乏操作性。如 2006 年 7 月 1 日通过的《信息网络传播权保护条例》,对"信息网络传播权"作了这样的定义:"信息网络传播权是指以有线

或者无线方式向公众提供作品、表演或者录音录像制品,使公众可以在其个人选定的时间和地点获得作品、表演或者录音录像制品的权利。"①显然,这个定义难以适应当下新媒体的新变化。因此,《信息网络传播权保护条例》在实践中难以得到执行。尽管 2013 年对《信息网络传播权保护条例》进行了修订,但相关定义并没有进行相应调整。四是部门的规范性文件过多,规范尺度不统一。由于我国统一立法的力度跟不上互联网的发展速度,为了规范新媒体的话语传播,各地方、各部门大量出台了各自的规范性文件,导致了政出多门的复杂现状,出现了各唱各的调、各干各的事的不利局面,在执行中难以协调统一。

(二)新媒体话语传播法治建设的与时俱进

随着新媒体话语传播的实践,人们对法律规制的重要性认识越来越深入,网络不是法外之地已经形成共识,公众对法律保护言论自由有了更深刻的认识,对言论自由的理解也越来越理性。媒体舆论的法律规制不断与时俱进,"口无遮拦者"将受到法律制裁已成为现实。

1.法律保护媒体言论自由的相对性

言论自由作为一项重要人权,是一个国家民主进程的保证,具有普遍的世界意义。但由于各国的国情存在较大差异,对人权的具体内涵理解也应从国情出发,不能一概而论。如对以中国为代表的发展中国家,最大的人权就是生存权和发展权,这是保障人权的基本前提。

在实践中,各个国家在规定公民享有言论自由的同时,又规定了具体的法律责任,使权利与义务有机统一。我国从宪法层面保护了公民的言论自由,包括网络媒体的舆论自由,但同时又通过相关的法律法规对公民的舆论自由进行了具体规定,确保公民的舆论自由在不损害他人和国家的利益前提下进行,总体上体现了媒体舆论自由的相对性。从我国的《宪法》《刑法》《民法通则》到《互联网信息服务管理办法》《互联网新闻信息服务管理规定》等相关法律法规中,关于媒体舆论自由的条款既规定了权利,同时又明确了必须履行的法定义务,尤其对禁止性条款规定得非常明确和可操作性,这些禁止性条款,实质上就是向公民列出了媒体舆论自由的负面清单,清单禁止的事情坚决不能做,这是言论自由的底线。只有不触碰这些底线,才能够获得言论的真正自由。

2."因言获刑"彰显新媒体舆论不是法外之地

言论有度,自由有边,依法治网不是选择题而是必做题。媒体舆论不得肆意妄为是国际惯例,在规制媒体舆论的进程中,不少国家都先后制定了媒体舆论的

① 信息网络传播权保护条例[N].人民日报,2013-2-25(008).

惩罚性条款。美国政府曾经于1798年颁布了《防治煽动法》,有效期至1801年,在这短短的三年实践中,其主要目的在于惩治丑化总统的言论;1996年,新加坡政府颁布了《广播法》,进入21世纪后,新加坡政府又颁布了《煽动法》,这些法律都相应地规定了言论入刑的条款。2005年,时年17岁的高中生颜某因在网络中散布不当言论被判有罪,成为违反《煽动法》获刑之人;2013年,我国最高人民法院、最高人民检察院公布"两高"关于办理利用信息网络实施诽谤等刑事案件适用法律若干问题的解释,明确规定了"因言获刑"的若干情形。

从国外对网络言论的法治管理和我国"两高"的司法解释可以看出,网络从来都不是法外之地,言论规制是现代网络管理的基本要求,也是维护社会稳定,巩固党的执政地位的根本要求。由此可以延伸至思想领域,马克思主义理论作为我们党的指导思想,明确写进了我国《宪法》和相关法律条款之中,实质上已经明确,凡是违背《宪法》的言论,都应该受到相应的处罚。我国也正在加快相关具体行为法中关于"因言获刑"条款的研究和制定,不断完善我国新媒体治理的法律规制。

三、公众人物的媒体话语规制

新媒体生态下公众的话语传播空间得到了极大的拓展,公众的言论自由得到了充分保障,公众言论的影响力不断提升,尤其是公众人物的话语引导力在新媒体中的引领力凸显。由于公众人物的特殊身份,其话语更容易引起群众的关注,话语影响力要比普通群众更大。因此,公众人物在媒体中不能有随心所欲的"畅所欲言",要养成话语自律意识。但在现实生活中,一些公众人物在新媒体上缺乏话语自律意识,甚至信口开河的发表言论,给社会发展带来了负能量,在公众中造成了极为不良的影响,也影响公众人物的形象。因此,对公众人物的话语进行规制,是新媒体舆论发展的现实需要,也是维护公众人物言论自由的需要,更是维护社会稳定和巩固国家政权的需要。

(一)公众人物的界定

关于公众人物,我国在法律上并没有一个确定的身份界定。目前关于公众人物的界定,大多出自学术界的定义。学界认为,公众人物就是在一定领域内有较大影响力,并与社会公共利益密切相关的人物。从总体上可以把公众人物分为自愿性和非自愿性两大类。自愿性公众人物主要指在主观上希望自己有较大社会影响力,并在客观实际中确实具有了真实的较大社会影响的人物。如一些著名的体育明星、演艺明星、艺术家、职业社会活动家等;非自愿性公众人物主要是指主观上不希望自己在社会上形成较大影响力,但客观上却真实的产生着较大的影响力。如领导人物、专家学者等。

公众人物由于其身份的社会影响力较大,其在媒体中的话语也容易引起关注、共鸣和认同。因此,媒体舆论中的大多数意见领袖,一般都是公众人物。

（二）公众人物的媒体话语影响力

所谓"公众",就是众的之"矢",即为核心,公众人物就是众人中的核心。在新媒体生态中,公众人物周围凝聚着成千上万的粉丝,这些粉丝都是公众人物的忠实话语传播者。公众人物影响的不仅是围绕其周边的粉丝,由于每一个粉丝个体都是一个话语传播的实体,这些粉丝会持续的把公众人物的话语再次向外拓展传播。因此,公众人物的媒体言论在实际中会形成传播广、传播强、影响面大的媒体效应。公众人物发出的任何一条信息,都有可能在短期内传播开,并迅速扩散至整个媒体。如果是反映社会正能量的话语,即能够产生积极向上的影响力,为社会发展带来积极效应。相反,如果是负面话语,对社会发展也将带来极为不利的影响,甚至引发社会动荡,影响党的执政安全。

在法治社会,权利与义务是相对存在的,也是对等的。作为公众人物,不管是自愿还是非自愿,一旦在实事上成为公众人物后,也就成为了众人之核心,万众瞩目的对象,你的身上就背负了不一样的社会责任。在众人心目中,公众人物就是一种形象,代表着一种导向,既受关注,也受尊重和追捧。因此,自身的一言一行都有示范和引领作用。尤其是公众人物的价值取向、政治站位、社会责任感、道德素养等都将影响着社会公众,甚至成为众人仿效的对象。公众人物的舆论话语充满正能量,对党的执政和社会良性有序发展都是福;相反,公众人物的舆论话语偏激或错误,对整个国家和社会发展无疑是巨大的祸害。

在传媒界,有一种共识,即:你的粉丝超过100,好比是本内刊;超过10万,你就是份报纸;超过1亿,你就是CCTV了。尽管这样的说法可能有一些偏颇,但也足以反映公众人物的话语影响力之大。在媒体实践中,一些公众人物的粉丝数量远远超过一些主流媒体的粉丝。如:某位明星的微博粉丝数量达到5800万之众,某位社会活动家的粉丝数量也达到4800万,而人民日报、参考消息的粉丝分别只有230万和330万。因此,用好公众人物的巨大影响力推进马克思主义大众化话语传播,将是一笔巨大的财富。有学者在研究公众人物的话语影响力时,认为公众人物的舆论话语就是人们心中的价值信念的表情。数量众多的粉丝追捧公众人物,实质上就是认同着公众人物的价值取向。过去的几十年,全国人民把雷锋、焦裕禄、张海迪、王进喜、孔繁森、陈景润等各个行业的典型人物当作时代的楷模,这些典型人物引领了一个时代的价值走向,塑造了中华民族一个时代的核心价值观。进入新时代,特别是社会主义市场经济时代以来,我们为什么在一些领域里出现了思想混乱、价值观模糊,很大程度上与我们追捧什么样的人有着重大关系。特别是当我们的青少年都追捧明星时,我们恰好忽视了对明星言行的管控和规制,这不得不说是话语传播管控的失误,尤其是个别"公知、大 V"长期传播错误言论,严重扰乱了公众思想和价值判断。如:网络大 V 任某在微博上的错误言论:"当所有的媒体有了姓,并且不代表人民的利益时,人民就被抛弃到被遗忘的角落了。"①任某故意混淆党性和人民性的关系,把党性和人民性对立起来,误导公众的价值判断。其言论的核心就是要否定党对媒体的领导;又如网络大 V 茅某的错误言论"有一类汉奸是真英雄;中国不应该加强国防"等等诸如此类的不良言论,赤裸裸地损害国家的根本利益。这些错误言论严重地扰乱了公众的价值判断,破坏了党群关系,损害了国家利益,动摇了党的执政根基,在社会中产生了极其恶劣的影响。在新媒体时代,公众人物有较大广泛的话语影响力,这是客观存在的事实,如何利用和规制公众人物的话语是新媒体舆论管控的现实需要。

(三)公众人物的话语规制

新媒体生态下,话语舆论传播获得了更充分的自由,但我们不能把充分自由理解为绝对自由。尤其作为公众人物,个人言行要给社会发展带来正能量,这是对一个公众人物最基本的要求,也是保障公众人物言论自由的基本要求。相比传统媒体话语舆论而言,新媒体话语具有去中心化和权威化的特点,这也是社会进步的反映。但如果我们把新媒体话语舆论的去中心化和权威化作为我们自身发泄个人负面情绪的出口,甚至有意解构社会主义核心价值观,误导公众,就走向了社会的对立面。因此,在新媒体舆论场,公众人物的话语要体现党的意志、反映党的主张,成为积极弘扬社会主义核心价值观的倡导者、引导者。如果公众人物的媒体话语舆论充满了负能量,甚至充满反党、反社会的戾气,不但影响了公众的价值判断和社会良性有序发展,也突破了法律的底线,必定受到法律的制裁。

在新媒体生态下,社交媒体将越来越发达,人们表达个人意愿的媒体空间将越来越宽广,公众人物的话语影响力也将更为突出,新媒体自身特有的话语"生态逻辑"为各种观点提供了交相呈现的交流空间。但我们需要明确的是,新媒体舆论场不是"谣言的圣地""愤青的舞场",更不是反党、反社会言论的基地。新媒体赋予了人们充分的言论自由,但不得传播非法言论、不利于社会稳定的言论。特别是公众人物在媒体舆论场面前要恪守自己的话语底线,做遵纪守法的楷模,

---

① 朱继东.决不允许党性和人民性"被对立"[N].内蒙古日报(汉),2016-03-01(005).

自觉承担更多的社会责任,多用激励人、鼓舞人的话语积极传播社会正能量,引导粉丝树立正确的价值观,同时,公众人物应该在推进马克思主义大众化话语传播方面成为凝聚人心、传播党的声音之最强音。

第七章　新媒体与传统媒体在马克思主义大众化话语传播中的生态联动

2019 年 2 月，习近平在主持中共中央政治局集体学习时指出："要统筹处理好传统媒体和新兴媒体、大众化媒体和专业性媒体的关系，形成资源集约、结构合理、差异发展、协同高效的全媒体传播体系。"①在马克思主义大众化话语传播中，传统媒体发挥了重要作用，在媒体传播生态体系中树立了自身的话语传播权威，具有较强的传播公信力，在大众中仍然有一批忠实的读者。随着新媒体生态的形成，新媒体凭借其强大的信息技术力和平台优势，在传播时空上不断压缩传统媒体的话语传播空间。尽管如此，传统媒体通过推进技术革新、平台再造等改革措施，不断融入现代新技术，在媒体传播体系中仍然占据着重要位置。因此，传统媒体与新媒体形成两大既相互联动又相互竞争的传播格局，是 21 世纪话语传播的基本态势。

第一节　新媒体与传统媒体的竞合

在几千年来的媒体传播发展历史上，新媒体与传统媒体总是经过较长时间的相互共存，从来没有、也不可能出现新媒体一经产生，即取代了传统媒体的传播地位的情况。在这个漫长的共存时代，传统媒体与新媒体之间既存在竞争，也存在合作。发展实践证明，在新媒体时代，由于传统媒体与新媒体在话语传播中形成了各自鲜明的传播优点与不足，为两者形成竞合关系奠定了实践基础。

---

① 习近平. 推动媒体融合向纵深发展 巩固全党全国人民共同思想基础［EB/OL］. http://www. xinhuanet. com/politics/leaders/2019-01/25/c_1124044208. htm.

一、传统媒体的内涵与话语特征

传统媒体是一个历史性概念,与新媒体之间并没有固定的必然性区分,今天的传统媒体在一定历史时期也曾经是新媒体。因此,传统媒体是随着科学技术的发展,不断被新的媒体取代和超越所余留的一个历史产物。但从其传播作用而言,传统媒体并不意味着其传播功能的终结。

(一)传统媒体的内涵

传统媒体是一个相对而言的概念,不同历史时期的传统媒体的内涵存在差异。如在中国历史上,龟壳媒介相对于竹简媒介而言就是传统媒体,竹简媒介相对于纸张媒介也是传统媒体。在信息技术高度发达的新时代,人类话语传播媒体发生了巨大变化,产生了一系列新兴媒体。从传播途径和方式而言,一般情况下,把以网络信息技术为支撑的第四、第五媒体称之为新媒体,而广播、电视、报纸、杂志等其他媒体则称之为传统媒体。

(二)传统媒体与新媒体的话语传播特征比较分析

我们在之前已经讨论了新媒体话语传播的特征,当我们在这里讨论传统媒体的话语传播特征时,主要与新媒体进行比较分析,便于找到传统媒体话语传播特征的参照物,使之话语传播的特性更清晰。从总体上而言,传统媒体的话语传播主要呈现单向式传播,传播者与传播受众有着鲜明的单向流通路线,基本不存在传播话语的自由反馈路径,如图7-1所示。传播者与传播受众之间缺少互动和交流,传播受众之间也很难进行相互的交流和互动,整个传播体系呈现典型的"我说你听"的传播态势。传播受众只能是被动的信息接受者,传播者对传播话语具有绝对的垄断权,特别是主流媒体控制着绝对的话语权。在新媒体生态下,话语传播呈现双向或多项互动的开放态势,话语传播者与传播受众的身份可以随时发生互变,传播者与传播受众之间随时进行着话语交流和信息互动。新媒体话语传播的信息源极其开放和广泛,生活在新媒体生态圈的公众既是传者,又是受众,公众可以凭借自己手中的手机等移动媒体随时生产新闻、传播新闻、接收新闻。因此,新媒体相比于传统媒体而言,给予了公众更多的话语舆论自由。但同时,也极易造成媒体话语传播秩序的混乱和失控。在人人都拥有一个麦克风的新媒体时代,话语权极其分散,主流媒体的话语权受到了极大的挑战。显然,新媒体在如何维护国家主流媒体的话语权威、保障国家主流思想舆论的地位等问题上遇到了瓶颈问题,需要传统媒体与新媒体形成生态联动,发挥各自优势,共同维护国家的媒体话语传播秩序,特别是维护马克思主义话语传播秩序。

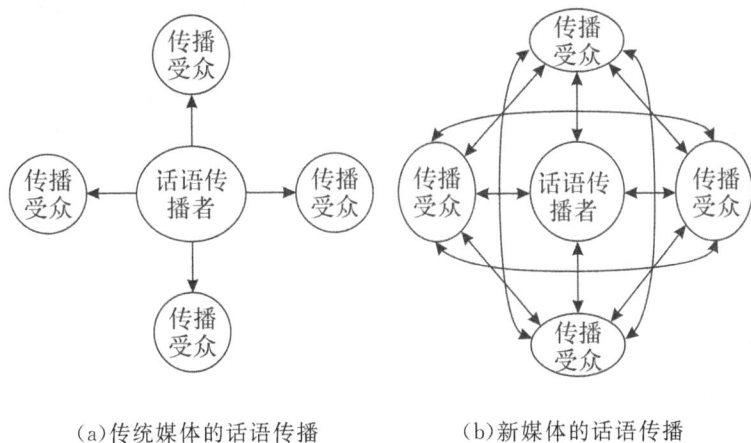

（a）传统媒体的话语传播　　　　（b）新媒体的话语传播

图 7-1

二、传统媒体与新媒体在话语传播中的生存维度分析

据相关数据显示，截止 2020 年 6 月，"全国共有网站 468 万个，移动应用程序 APP 在架数量 359 款，中国网民的人均周上网时长为 28 小时，网民规模为 9.40 亿。"①而在同一时期，我国报纸订阅总量为 1583170.2 万份次，累计同比下降 3%。从调查数据显示，每天通过看报获取新闻的比例仅占 5.3%，而这个比例基本局限在不使用智能手机的受调查者中，而使用智能手机的公众，表示每天坚持看报纸的比例不到 1%。在一些单位中，虽然每年都订阅了报纸，但基本无人翻阅。受访者在谈到为什么无人看报却还要订阅时，讳莫如深地表示"为了完成任务"。尽管这种现象不完全反映当下的问题，但能够真实地反映传统媒体的生存空间受到了新媒体的严重挤压之现状。随着手机网民数量的进一步增加，传统媒体的生存空间将受到进一步的挤压，话语权日渐示微的问题进一步凸显。

（一）传统媒体生存空间被压缩

1.传统媒体的受众大幅度减少

受众是媒体存在和发展的必要前提，媒体没有了受众，其影响力就受到了削弱。首先，在追求快捷的生活节奏下，传统媒体慢节奏的传播方式满足不了受众的需求。总体而言，传统媒体通过平面媒介把新闻传播到受众，一般要经过 1～2 天的时间。这个传播时间相比新媒体的快捷传播而言，早已经成了旧闻，自然

---

① 中国互联网信息中心：第 46 次中国互联网络发展状况统计报告［EB/OL］. http://www.cac. gov. cn/2020-09/29/c_1602939918747816. htm.

吸引不了受众的关注。其次是传统媒体失去了对话语传播权的垄断,随着新媒体的出现,无论是生产新闻,还是传播新闻,都不再是完全的职业化,尤其是职业记者也不再是新闻的唯一生产者,传统媒体在新闻领域一家独大的局面被新媒体打破,在传统时代的所谓"独家报道"的话语垄断已成为历史。新媒体的论坛、QQ、博客、微博、微信、客户端短视频平台等话语传播平台成为公众信息交流的首要选择。从调查数据显示,69.4%的受调查者获取新闻的首选媒体是手机客户端;56.7%选择微博、微信等社交媒体;45.9%选择新闻网站;26.7%选择电视;5.3%选择报纸;0.21%选择听广播。从这些调查数据反映出新媒体占据了绝大部分的受众,而传统媒体的报刊、广播电视等只有少部分的受众,这一数据与传统媒体时代的传统媒体对新闻传播的垄断态势相差甚远。因此,传统媒体的受众与新媒体受众相比,呈现大幅减少的趋势。

2.传统媒体的议程设置力减弱

议程设置是媒体引领话语舆论,体现媒体传播地位的重要指标,也是媒体的基本功能。在传统媒体时代,无论是何种社会制度的国家,只要重视媒体传播,媒体均具有垄断议程设置的能力。传统媒体正是依靠强大的议程设置权力,掌握了话语权,引领着媒体舆论的走向,引领了社会公众的基本态度和话语呈现,主导着媒体舆论的方向。在新媒体生态下,随着新闻客户端、微博、微信等众多社交媒体的兴起,每个网民都手握麦克风,可以随时表达自己的观点,发出自己的声音。尤其是新媒体给予公众的信息源极其广泛,赋予了公众设置议程的充分条件。因此,面对一些社会问题,公众展示出了强大的议程设置力。有时围绕某一事件,呈现出一波未平而另波又起的态势。如"陕西 8.26 特别重大道路交通事故",交通事故本身的议程还未结束,围绕安监局长杨某在事故现场发笑的事情,又形成了另一个议程。而正当第二个议程还在发酵时,围绕杨某腕表的第三个议程又形成了,可以说是一事多议,议程设置完全不在官方的掌控中,凸显了议程开放多变的特征。议程设置在新媒体舆论场中的开放和可变性,是传统媒体无法做到的。因此,随着新媒体对传统媒体的议程设置垄断权的打破,传统媒体的议程设置力呈现下降趋势。

3.传统媒体的话语权被弱化

在传统媒体时代,媒体掌控着话语权,特别是主流媒体对传播话语权具有无可撼动的权威地位。在传统媒体条件下,信息源和议程设置都掌握在官方媒体中,话语传播渠道受到官方的严格监控。官方主流媒体对媒体舆论场的议程设置具有绝对的主导权,公众个体缺乏舆论引导力,更不能主导舆论的导向,媒体话语传播总体上呈现"我说你听"的态势。同时,传统媒体下的意见领袖的舆论话语受到了主流媒体的时时监控和掌控,即使偶尔出现不合适宜的舆论话语,其影响力和影响范围也是非常有限,难以影响整个舆论场。但在新媒体生态下,多元化的社交媒体为公众提供了广泛的舆论渠道,公众获得了充分的言论自由,说话者不再是官方媒体,无论是网民、还是意见领袖,任何个体都可以发出自己的声音,表达自己的诉求。新媒体畅通了话语传播渠道,为网民提供了广泛的舆论空间,特别是为草根民众搭建了舆论诉求平台,传统媒体下的"一家之言"被新媒体的多元话语取代。随着新媒体话语传播渠道的多元化,社会公众的话语量呈现上升趋势,而官方媒体的话语量相对下降,随之而来的,就是话语力(话语权)也呈现从量变到质变的过程。特别是随着官方媒体的话语量相对减少,其话语引导力也呈现弱化态势。在实践中,每当突发公共事件时,大量的公众簇拥在新媒体舆论场上。有时官方发表的一些舆论很快就被淹没在纷繁复杂的话语舆论海洋中,其话语根本无法起到引导舆论走向的作用。

另一方面,在传统媒体下,媒体舆论场的意见领袖受到媒体的限制,其话语作用和影响力难以表现出来。但在新媒体生态下,意见领袖在媒体舆论场中的作用不容小觑。由于新媒体的意见领袖往往都具有一定的社会影响力,在其周围活跃着众多的粉丝,他们的话语往往容易引起社会大众的关注,甚至左右着媒体舆论的走向。更为突出的是,随着社会转型发展深入推进,社会矛盾呈现多发、易发状态,甚至在一些领域内,官民矛盾也呈现激化状态,这给政府的社会公信力造成了一定的影响。由此,新媒体舆论场的一些意见领袖为了迎合公众的心理诉求,往往以"独立人格"、与官方无"瓜葛"而自居,试图以此赢得更多的社会网民的"认同"。他们的言论也往往"标新立异",甚至与官方话语相对而行,这些都严重影响了传统媒体的话语引导力,话语权被弱化是毋庸置疑的。

(二)新媒体话语传播空间的延伸

前面已经讨论了"互联网+"提出后,迅速延伸到了"四个全面战略""五化并举""公检司法""政务""党务""民主政治""社会治理"等相关领域,并提出了具体的延伸措施和计划。《"互联网+"行动指导意见》明确提出了要加强清理阻碍"互联网+"发展的不合理制度和政策,促进"互联网+"融入相关行业。近年来,互联网全面融入政治、经济、文化、社会建设和生态文明建设的各个领域,深刻影响着人们的生活和社会发展。在社会发展进程的实践中,伴随着互联网的发展出现了许多新情况、新问题,尤其是在社会实践中,一些既有的政策和制度与互联网的融入存在阻碍,或者存在不合适宜的问题,需要树立和运用互联网思维加以解决。

另一方面,在清除阻碍互联网融入各行业的制度阻碍的同时,还需要加大新媒体生态下的公共话语,通过公共话语推进话语传播的空间。新媒体拓展和延伸公共话语空间,需要着重从几个方面入手:一是拓展传播主体。在传统媒体条件下,传播主体中的传者与受众的身份是固定的,传者主导着话语传播,具有话语的主导力。因此,在传统媒体下,话语传播工作的重点在于抓好传者。与传统媒体不一样,在新媒体生态下,传播主体中的传者与受众的身份随时都有可能发生转换。传播主体中的传者与受众都是话语传播的重要影响人,他们共同影响着新媒体的话语传播。拓展传播主体,将会使更多的草根民众参与到媒体话语传播中,增强新媒体的话语传播力。二是拓展传播内容。中国特色社会主义进入了新时代,为了在新时代实现中华民族伟大复兴的中国梦,中国共产党带领全国各族人民,满怀信心的统筹推进"五位一体"总体布局,协调推进"四个全面"战略布局。因此,推进思主义大众化话语传播,要全面体现"五位一体"和"四个全面"的战略内容,并把这些内容充分的延伸到公共话语空间。三是拓展传播渠道。在新媒体生态下,话语传播渠道呈现多元、多样、开放的态势。新媒体使广大公众不再是被动的信息接收者,而是让受众有条件变成传者。新媒体从硬件上实现了话语传播渠道的多元化,但要真正搭建多元化的话语传播渠道,还需要加强软件建设,让更多的媒体渠道为话语传播服务,搭建更畅通的公共话语传播空间。

三、传统媒体与新媒体的融合与共生

2014 年,应该说是中国媒体话语传播史上最为重要的一年,国务院颁布了《关于推动传统媒体和新兴媒体融合发展的指导意见》(简称《意见》),为传统媒体发展指明了方向,特别是找到了突破发展瓶颈的策略,同时又对新媒体发展提出了新要求。传统媒体与新媒体找到了融合共生发展的新路径,开启了非零和博弈的新时期。因此,2014 年也被称为"媒体融合元年"。

(一)传统媒体主动转型拓展生存空间

前文已经分析,传统媒体与新媒体在话语传播中的各自优势比较明显,传统媒体公信力强、新媒体话语传播信息量大、实现了媒体与受众无逢对接,尤其是传统媒体经过发展在公众中积淀的公信力是新媒体在短时间内无法逾越的。但传统媒体自身的缺陷同时也严重压缩其生存和发展空间。传播媒体的发展,首先是要拓展发展空间的问题。因此,"通过与新媒体、新技术的整合和互动,提升了自身的价值,走与新媒体合作双赢的道路"①。与新媒体的融合是手段,共生发展是要求,拓展生存空间是根本。

---

① 睿瞳.新媒体环境下报纸如何应对挑战[J].泸州职业技术学院学报,2009(06):73-78.

　　事实上,在新媒体的强大生存压力下,一些传统主流媒体于20世纪90年代末期就开始寻求主动转型,融入新媒体的发展潮流中。以《人民日报》为例,1997年1月1日,《人民日报》开通了"人民网"门户网站。经过10多年的发展,"人民网"目前已经成为拥有2000多名职工的巨型门户网站。当前,"人民网"使用15种语言、16种版本进行话语传播,网站的日均访问量达到3.8亿次,访问量进入了全球前60名行列,是全球传统媒体转型发展的典范;2012年7月21日,伴随着新媒体微博、微信等社交媒体的崛起,《人民日报》开通法人微博,成了第一家"吃螃蟹"的传统媒体,开始全面融入新媒体社交平台。时至今日,《人民日报》已经在"人民网""新浪网""腾讯网"等几大新闻门户网站开通了官方账号,粉丝总量超过1亿,稳居中国百强微博粉丝第一。《人民日报》除了拥有庞大的粉丝外,微博关注量也日趋攀升。2017年,人民日报微博被转发次数接近1亿,远高于第二位的环球时报法人微博的1270万次。实事上,《人民日报》新浪微博开通的2年时间里,阅读数量超过了15亿,快速成长为微博平台上最具影响力媒体微博。《人民日报》在融入新媒体的过程中,坚持传统与创新相结合,遵循媒体传播规律求改革与发展,在坚持中创新,在创新中发展壮大。今天的《人民日报》已经形成了传统报纸、杂志、门户网站、网络电视、电子阅报栏、手机报、手机网、微博、微信、客户端等为一体的现代化传播媒体(如图7-2所示)。

图 7-2

　　《人民日报》成为中国传统媒体主动转型拓展生存空间的典范,继《人民日报》之后,《光明日报》《求是》杂志等一批传统主流媒体纷纷走上了与新媒体融合发展的转型发展之路。除了中央媒体外,上海报业集团、浙江报业集团、上海文化广播影视集团等一大批地方传统媒体也实现了与新媒体的转型融合,拓展了媒体发展空间。传统媒体与新媒体融合后,将更有利于发挥传统媒体的话语优势,对提升马克思主义大众化话语传播水平和能力有着非常重要的促进作用。

（二）传统媒体在转型中与新媒体融合与共生

在话语传播领域，传统媒体在长期的话语传播中，积淀了丰富的传播经验和资源，而新媒体却拥有先进的传播技术和丰富多元的传播平台。在传播学领域，没有任何一种传播媒介能够独立存在，即使是媒体传播的盛行期，也不可能独立存在于社会中。因此，媒体融合是话语传播常态。

1.探索传统媒体与新媒体并存融合的传播规律

新媒体在话语传播中凭借其跨越时空的交互性、传播主体的匿名性、身份在场的虚拟性、传播内容的多元性、传播方式的连续性、传播受众的广泛性等特征赢得受众的广泛认可，并迅速成为传播主流，占据了传播优势；而传统媒体有着强大的品牌优势、专业化的传播队伍、优质的传播资源，有能力通过"触网"后，将自己的传播优势延伸到新媒体领域，使自己能够延续话语传播竞争力。显然，在新媒体生态下，两种媒体围绕着生存问题展开着博弈，这是客观存在的现实。博弈的结果，要么零和、要么非零和。显然，两种媒体的非零和博弈才是我们需要的博弈结果。正如习近平所指出："传统媒体和新兴媒体不是取代关系，而是迭代关系；不是谁主谁次，而是此长彼长；不是谁强谁弱，而是优势互补。"①要实现两种媒体的非零和博弈，需要我们在信息技术条件下充分研究和掌握传播规律，推动传统媒体与新媒体的融合共生，既要发挥好新媒体的平台技术优势，又要发挥传统媒体的资源和品牌优势，使两者形成你中有我、我中有你的共生关系，使马克思主义大众化话语传播在两种媒体中形成新的传播链。

马克思主义大众化话语传播融入两种媒体后，新媒体要充分发挥信息技术特长，体现传播内容的互动交流、搜索引擎、话语短小精炼、内容丰富多彩等优势。在党的重大理论和方针政策的话语宣传上，要通过通俗易懂、接地气、草根化的话语抢占新媒体舆论阵地。同时，要通过培养新媒体的"意见领袖"，发挥他们的话语引领力作用。尽管在新媒体的话语传播中，呈现着话语碎片化凸显、理论阐释的系统性不足的问题，但这正是传统媒体所不具备的优势。传统媒体在马克思主义大众化话语传播中的话语系统性较强、能够系统化地阐释党的重大理论和方针政策，但适应这种系统话语的受众毕竟是少部分，绝大部分的网民更需要通俗化、草根化、精练简洁的马克思主义话语。传统媒体突出理论的系统化阐释，新媒体突出通俗化和草根化阐释。传统媒体与新媒体的融合，向呈现了多种可供选择的学习方式，受众可以根据自身的实际需要进行多元化的选择，使受众学习的渠道增加，在很大程度上改变了受众被动接收马克思主义的状况，增强

---

① 习近平.论党的宣传思想工作［M］.北京：中央文献出版社，2020：354.

了马克思主义话语传播的时效性。

2. 树立媒体融合的"互联网思维"

在网络时代，飞速发展的信息技术推动着媒体格局、舆论生态、传播主体、传播技术的大变革。正如习近平所强调的："网民来自老百姓，老百姓上了网，民意也就上了网。"①我们的宣传舆论工作也要跟着上网，要强化互联网思维。什么是互联网思维，简单的理解，就是要遵循互联网的传播规律，从互联网的话语传播特征考量媒体融合。互联网传播的最大特征就是信息传播迅捷、话语受众广泛、话语传播主体多元、话语传播内容丰富、受众互动交流即时等等。在新媒体生态下，话语传播路径和传播形态多元、多样，传播时空广阔，极大地改变了受众获取新闻信息的方式和习惯。从调查数据显示，90后的青年一代，在他们的脑海里，几乎没有报纸的概念，甚至连门户网站都极少登录，他们触网的领域大部分集中在移动终端上。因此，传统媒体如果不主动上网，很难进入青年一代的视野里。正如有学者所说的："如果传统媒体不能自我颠覆，就可能被颠覆。"②因此，树立媒体融合的"互联网思维"，是我们党推进马克思主义大众化话语传播的战略举措。应用"互联网思维"推进媒体融合，不是把媒体上了网就万事大吉的事情。要着力考虑三个"一体化"的问题：一是新闻生产一体化。在网络时代，新旧两种媒体交错并存和发展，各种媒体在探索融合的模式和路径上各有特色，但建立统一的新闻生产流程，依托互联网平台推进新闻传播是基本的媒体融合导向，实现新闻生产的一次采集、多种生成、多元传播的整体架构。二是组织架构一体化。以《人民日报》为例，《人民日报》坚持报网联动、深度融合、一体化发展，在新闻采编、新闻传播、舆论引导等方面形成了统一的组织架构，《人民日报》的"中央厨房"是新闻生产、流程再造和融媒体建设的中枢机构，通过它来打通、合并新闻采编和传播的各个流程。三是强化开发、运营和商业模式的一体化运营。媒体融合的"互联网思维"需要面对单纯文本传播的困难，需要通过"产品"形式推送新闻，这也是当前媒体融合的客观现实。在三个"一体化"思维下，还需要把开放的传播方式、平等的传播主体、共享的传播平台、技术引导的传播手段落实到推动马克思主义大众化话语传播的实践中，使互联网思维落地落实。

3. 建立健全媒体融合的体制机制

传统媒体与新媒体融合后，无论是在经营理念、还是传播方式等方面都与传统媒体存在差异，正是这些差异的存在，使得媒体在融合发展中遇到一些冲突和矛盾。加强制度建设，完善媒体融合与发展的体制、机制是解决这些冲突和矛盾

---

① 习近平. 论党的宣传思想工作［M］. 北京：中央文献出版社，2020：195.

② 陈力丹. 也谈互联网思维［J］. 教育传媒研究，2016（09）：6-7.

的基本手段,通过制度建设,规范融媒体健康有序发展。一是加快推进新媒体管理与运行立法工作,不断完善我国新媒体管控的法治工作,形成依法治网的法治体系,以法律规制的形式明确新媒体的话语传播,规范新媒体的话语传播市场,使传统媒体能够顺利融入新媒体传播体系中;二是加强媒体舆论阵地监管,准确管控媒体舆论动向,建立媒体舆论管控的常态化机制,确保新型舆论媒体始终占领社会话语传播正能量和马克思主义话语传播的制高点;三是建立健全网络道德监督机制,通过制度规范网络道德行为。随着新媒体的出现,社会上出现了一个新的网络道德问题。这些网络道德问题集中表现为言论自由无边际,随意侵犯他人的隐私;开展人肉搜索,损害他人合法利益;网络不实言论泛滥,干扰了媒体话语传播秩序的有序运转等,解决这些问题,既要加强宣传,增强网民的道德自律,更要完善制度,通过他律提高道德失范成本,让网络道德失范者受到道德的谴责和制度的惩罚。同时,还要大力推进媒体自律工程建设,提高媒体在话语传播进程中的社会责任感。总之,推进传统媒体与新媒体融合共生,制度是先导,通过加强制度建设,使媒体融合做到有规可循、规范有序。

4.畅通传统媒体与新媒体融合的渠道

互联网思维的最大特点就是用户中心论,突出用户的心理感受和应用体验,这与传统媒体长期形成的以媒体为中心的传播思想存在着较大差异。习近平指出:"移动互联网已经成为信息传播的主渠道。网络空间已经成为人们生产生活的新空间,那就也应该成为我们党凝聚共识的新空间。"①因此,媒体融合,首先要形成用户中心论思想。"互联网是建立在大量用户的基础上,形成以用户为核心的新型媒体。将用户的喜恶同行业兴衰联系在一起,任何时刻将用户放在首位都能够保证产品形象和生命力。"②因此,媒体融合要围绕以用户为中心的基本思想。一是构建媒体融合发展的技术体系。只有构建了媒体融合发展的技术体系,才能使传统媒体依托技术平台发挥自身的话语传播优势。二是突出以用户为中心的传播理念。在新媒体时代,用户是互联网的主人,支撑新媒体的大数据、云计算、多平台等所涉及的技术都毫无例外地以用户为导向。传统媒体与新媒体融合的重要渠道也是要以用户为中心打通相互联动的链条,要突出关注用户的体验,畅通用户话语传播的内容渠道、技术平台。

事实上,新媒体在话语传播渠道和方式上有着巨大的技术优势,而传统媒体则有着信息源的可靠性、传播渠道的规范性方面的优势,尽管受众把新媒体视为

---

① 习近平.论党的宣传思想工作[M].北京:中央文献出版社,2020:355.

② 袁纪翔,朱可可.传统媒体与新兴媒体融合的关键与路径[EB/OL].http://www.fx361.com/page/2018/1027/4443365.shtml.

信息获取的主要渠道,但每当面对一些社会热点和难点问题时,公众还是把信赖的视角投向传统主流媒体的舆论场。因此,构建现代化的新型话语传播体系,新媒体与传统媒体有着广泛的融合基础和必要性。在融合体系框架下,传统媒体可以发挥公信力强的优势,而新媒体则发挥交互性强、传播渠道多元多样的优势,综合两者的优势,构建融媒体的传播体系,既可提升新媒体的信息公信力,又可以增强传统媒体的交互性和传播力,形成传统媒体与新媒体融合共生的话语传播格局。这一格局的形成,将更有利于提升马克思主义大众化话语传播的实效性。

第二节　新媒体与传统媒体互动融合推进马克思主义大众化话语传播

传统媒体在马克思主义大众化话语传播方面积累了丰富的经验,对推进马克思主义大众化作出了突出贡献。随着人类社会进步和信息技术的发展,新媒体在传播马克思主义方面展示出了新的强大生命力。新媒体的出现并不能取代或否定传统媒体在马克思主义大众化话语传播中的作用,两者之间各自的优势并存局面将在较长的时间内存在。在新的历史条件下推进马克思主义大众化,唯有站在当下的媒体生态中,发挥两大媒体功能优势,通过媒体间的互动融合推进马克思主义大众化话语传播。

一、新媒体与传统媒体互动融合的议程流转

推进马克思主义大众化话语传播离不开议程的设置,这是最基本的要求。新媒体与传统媒体互动融合推进马克思主义大众化话语传播,首先要实现议程在两大媒体生态中的互动交流,并根据议程的进展进行媒体间的流转。

（一）传统媒体议程向新媒体舆论场流转

近年来,在一些突发公共事件中,新媒体在舆论议程设置方面展现了强大的动能,尤其是在舆论自发性形成方面占据了突出的优势,在为公众释放情绪方面发挥了重要作用。但从近年来突发的一些公共事件的舆论走向而言,传统媒体在舆论引导力方面仍然有着较强的优势,特别是传统媒体凭借自身多年发展积淀下来的品牌公信力和话语权威,加上传统媒体与新媒体的融合,使得传统媒体在公共事件舆论场中的仍然保持着较强的议程设置能力。从总体上而言,传统媒体仍然是全媒体传播的主要信息源。传统媒体话语向新媒体流转还是新媒体

时代的一种基本现象。

在新媒体时代,每当突发一些公共事件时,尽管新媒体反应很快,网民可以在极短时间内迅速通过社交媒体发布信息。但网民通过新媒体发布的信息大部分也仅是支言片语,无法满足公众对事件的整体了解。事实上,我国新闻工作者一直走职业化道路,国家向从事新闻工作的采编者发放记者证,只有具备记者资格的人,才能从事新闻采访。目前,绝大部分的从业记者都是传统媒体的工作者。尽管我国在 2015 年向网络从业人员发放了网站记者证,但数量有限,很多自媒体工作者还不具备采访资质。正是如此,每当发生突发公共事件时,新媒体尽管反应迅速,能够抢在传统媒体之前发布相关信息,但由于缺少现场采访,这些信息不足于满足公众的需求。在很多事件面前,传统媒体的报道才能全面反映事件的全况。如:2018 年 7 月 11 日,长春长生疫苗员工举报了疫苗造假问题,国家药监局迅速启动了调查程序。在整个事件的舆论场中,尽管微博成为舆论传播的主力军,占据了媒体传播量的 86.64%。但新媒体舆论场的大量信息均转载于《人民日报》《光明日报》《新京报》《检察报》等传统媒体。因此,传统媒体的客观全面报道,让公众真正了解事件全过程及处理意见。在这次事件中,传统媒体一直充当着信息源的角色,控制着事件的议程设置,而众多新媒体则充当着"邮差",新媒体依靠强大的传播力,把相关信息进行全方位的传播。传统媒体的议程通过向新媒体流转,拓宽了话语传播渠道,加速了传统媒体议程的传播,使主流媒体掌握了议程的设置权和话语权。

上述传统媒体议程向新媒体舆论场流转的情况是舆论场话语有序运转的情形,当然除了上述情况外,还有另一种情况也是我们需要引起重视的。由于传统媒体与新媒体的关注点存在差异,或者传统媒体受到长期的固化宣传模式的影响,导致新媒体公众对传统媒体的话语舆论产生不同的看法,从而引发新的舆论,导致传统媒体的议程被动流转向新媒体,这种流转之所以是被动的,主要体现在传统媒体往往被置于被动地位,失去了话语掌控权。如:2015 年 1 月 2 日,哈尔滨道外区的一个仓库发生火灾,作为官方主流媒体,发出了一条这样的信息:"火灾发生后,黑龙江省委、省政府和哈尔滨市委、市政府高度重视。省委书记赴现场指挥;省长做出批示,……;省委常委、省委秘书长和省政府秘书长到现场组织灭火、救援、救治;市委书记第一时间做出部署,市长,市委常委、常务副市长,市委常委、宣传部长,副市长等市领导现场指挥灭火、救援、救治工作;省委办公厅、省政府办公厅、省安监局、省公安厅、省卫计委、省公安消防总队等部门的负责人现场协助指挥……"①这条 585 字的信息通报,阐述领导重视的文字近

① 顾晓. "灾难新闻"报道存在的问题及应对策略[J]. 现代视听,2015(09):47-49.

300字。消息一经发布，立即引起了轩然大波。网民的关注点一下子从火灾情况转向讨论这条官方博文的内容。作为官方主流媒体，报道领导重视是一种长期的固化宣传模式。但新媒体的网民，他们的关注点显然不在于哪些领导关注了灾情，而是灾情的具体情况如何，更关注因为救火牺牲和受伤的消防员情况如何、善后工作和救灾进展等。我们的官方信息对牺牲的消防员仅用几句话轻描淡写地带过，对救灾进展和具体措施没有做出明确的回应，显然是网民不能认同的。由于传统媒体的议程引起了网民的反对，网民通过新媒体重新自发设置了新的议程。新的议程体现在两个方面，一是对官方议程的批评；二是关注救灾的具体进展。这种情况下的传统媒体议程向新媒体舆论场流转，相对于官方媒体而言，完全是被动的，话语权被"剥夺"，失去了事件舆论场中的话语引导力和主导力。这是需要引起高度重视的，也给传统媒体、新型主流媒体如何适应新媒体生态下的议程设置提出了新的课题。

作为传统主流媒体，需要树立互联网思维，研究互联网的话语传播规律，适应互联网的话语传播特性，只有突出以网民为中心的互联网思维，才能牢牢掌控新型媒体的舆论话语权。

（二）新媒体议程向传统媒体舆论场流转

新媒体由于其快捷性的话语传播特征，对事件关注的反应速度要远远快于传统媒体。特别是新媒体的微博、微信、短视频平台三大新型社交媒体，有着数量庞大的网民队伍，他们每人手上都握有多个麦克风，人人都是"记者"，人人都可以生产新闻。因此，每当社会中发生突发性公共事件时，新新媒体总是能够在第一时间反应，成为事件信息的首发阵地，并在"意见领袖"的话语引导下，迅速形成新媒体议程，引发新媒体舆论。特别是近几年发生的一些网络舆论事件，使我们充分感受到了新媒体自发性议程的强大能量。如："吉吉良事件""翟天临事件"等事件，都引发了重大的网络舆论，这些舆论的首发地主要来自微博、微信等社交媒体。蚁坊软件舆情监测系统发布的2018年高校十大舆情负面案例中，舆情信息来源排在第一位的是微博，其次是微信公众号，其他依次是QQ空间、论坛和传统媒体。其中，微博对这些负面舆情报料率超过80％。因此，微博、微信等凭借其强大的传播力成为新媒体时代舆情爆发的主要平台，而传统媒体引发网络舆情的比例不到5％。在实践中，我们经常看到微博凭借一张图片、几句简洁的话语就引发一场重大的网络舆论。如：2019年1月，广西河池某县一座横跨龙江的重要交通大桥出现险情，桥面的混凝土剥落，直接漏出了钢筋，从桥面出现的破洞可以直接看到河面江水，有网友在微信朋友圈中拍发了一张桥面破败的照片，并配上山歌"二桥路面薄又差，隔着钢筋可捞虾；来往行人快点走，莫跌窟窿丢亚妈"。此信息迅速刷爆朋友圈,并向微博、论坛等新媒体蔓延,形成了重大网络舆情。

新媒体极易引发舆论,形成网络舆情。我们也注意到,尽管新媒体舆论声势浩大,但大部分的舆论话语都带有情绪和调侃的成分,舆论话语缺乏对事件的深度解读,无法满足公众对事件本质问题的了解,这也是新媒体碎片化话语传播本身的缺陷,也恰好是传统媒体的优势。因此,传统媒体只要把握好时机,在恰当的时候融入舆论场,通过系统化的话语对事件进行深度解读,往往能够引导新媒体议程向传统媒体舆论场流转,从而掌管话语舆论的主导权,引领舆论走向。如:2018 年 10 月 28 日,重庆一辆公交车坠江事件,从事件发生至 11 月 1 日,新媒体几乎是一边倒地批评司机,其中还掺杂着大量的不实舆论话语。11 月 2 日,官方根据车上黑匣子视频还原了事件真相,媒体舆论开始进行反转。11 月 3 日,《人民日报》等媒体刊发文章,对事件真相进行全面报道后,迅速扭转了新媒体舆论走向,整个媒体舆论开始沿着官方主导的议程进行转向。从这一事件可以看出,传统媒体依靠其长期积淀的品牌和公信力,依靠系统、大量全面真实的证据再现真相、击碎谣言,能够在关键时刻"一语定乾坤",使新媒体议程向传统媒体舆论场流转,实现了传统主流媒体对舆论话语权的掌控。

(三)新媒体与传统媒体议程的互动流转

在全媒体建设时代,尤其是在新旧媒体联动推进马克思主义大众化话语传播的新形势下,传统媒体与新媒体不是追求议程的单向流转,而是通过媒体融合,形成互动流转的态势。正如习近平所强调指出:"融合发展关键在融为一体、合而为一。"①新旧媒体走向融合发展道路是大势所趋,也是媒体发挥各自优势的客观必要。在媒体融合不断走向深入的态势下,话语传播的渠道更加多元,合作双赢的基础更加稳固。传统媒体与新媒体一体化发展更符合全媒体时代的传播规律和传播要求,推进一体化发展,从根本上改变过去一段时间存在的各自单打独斗,甚至零和博弈的局面。单打独斗、零和博弈的结果不仅损害了媒体自身的利益,更为重要的是破坏了社会话语传播的良性秩序。推进新媒体与传统媒体互动融合,使议程在两种媒体间互动流转,形成"你中有我、我中有你,你就是我、我就是你"的话语传播格局。实现新媒体与传统媒体议题的互动流转目标,需要形成联动机制,传统媒体要发挥品牌和权威性优势,突出新闻的深度报道;新媒体要突出快速、通俗、形式多样的优势,让受众享受到真实、快捷的新闻大

---

① 习近平.坚持正确方向创新方法手段,提高新闻舆论传播力引导力——2019 年 2 月 19 日在党的新闻舆论工作座谈会上的讲话[EB/OL]. http://www. xinhuanet. com//politics/2016 - 02/19/c_1118102868. htm.

餐。新媒体与传统媒体议程的互动流转,能够较好地把传统媒体的"信度"与新媒体的"速度"有机结合,牢牢占据媒体舆论场的主导权和话语权。

二、新媒体与传统媒体的互动融合机制

通过媒体融合推进马克思主义大众化话语传播是当前媒体态势下的最佳方式和途径。传统媒体有长期的话语传播经验,形成自身一整套比较完整的传播体系,新媒体尽管发展势头迅猛,但还需要不断完善内部治理机制。在两种媒体的融合过程中,势必要有破与立,通过破与立,找到双方最佳的融合点。

（一）结成话语同盟,提升新型主流媒体的话语公信力

从人类传播学的发展历史可以看出,任何一种新的媒介形态的出现,都将对传统媒介的生存和发展形成冲击。新媒介的出现一方面是对传统媒体不适应社会发展而作出的反应。如纸张媒介取代竹简媒介,主要原因是竹简已经严重不适应社会发展的需要,社会发展呼吁更为方便携带的新媒介产生。另一方面,新媒介的出现也是社会发展进步,特别是科学技术发展的集中体现。当今社会的新传播媒介发展,则与纸张取代竹简完全不一样。新媒体的出现并不是报刊、广播、电视等传统媒体不适应社会发展需要而产生,而是随着现代信息技术的发展出现的新生传播媒介。传统媒体与新媒体各自的优势仍然凸显,形成两强并立。但新事物的出现,在一定程度上代表着社会的发展进步。事实上,在现实生活中,新媒体的强大生命力和公众的认同力已经全面凸显。北京流传着这样一个笑话:一个乞丐按常规思维跪在街头地上,面前地上写着"乞丐"两字进行乞讨。随着乞讨的进程,乞丐发现讨来的钱越来越少,终于有一天,乞丐在一天内 1 分钱也没有讨到。乞丐经过咨询,把地上的牌子文字从"乞丐"改为"www. beg-gar.com"。经过这样改动,乞丐每天又可以获得大量的赏钱。这虽然是笑话,但反映了人们对新事物的认同。新媒体的发展正是如此,新媒体的出现,推动着人们生活方式、思维方式的改变。反过来,思维方式发生变化的人们,更愿意接受新媒体。事实上,新媒体的出现,满足了人们追求个性化发展的需求,加速推进了社会的转型发展。

新媒体强大的话语传播力不仅提升了国家的对外宣传能力,而且激发了公众参与社会治理的热情。在传统媒体下,公众参与社会治理的渠道非常有限,公众的诉求渠道不畅通,情绪难以得到疏解,容易积压公众的情绪,催生群体性事件的多发、易发,加剧官民矛盾对立,影响了党和政府的公信力。而在新媒体时代,新媒体强大的交流互动能力,畅通了公众的话语诉求渠道,激发了公众参与社会治理的热情,公众的主人翁意识得到极大提升。同时,新媒体社交媒体也成

为公众疏解情绪的渠道,特别是新媒体舆论场,往往成为公众"释放"情绪的集散地,政府管理部门也把新媒体舆论场视为社会管理的"晴雨表",从媒体舆论走向洞察社会热点和难点问题。

但是,当人们在获得了一阵"言论自由的快感式狂欢"之后,冷静下来的人们,开始发现新媒体在带给人们极大便利的同时,人们的许多自由也被新媒体剥夺了。个人隐私形同虚设、网络谣言影响了人们的正常判断、网络犯罪让人防不甚防、新媒体内容低俗现象凸显,一些媒体把关注的视角集中在网络暴力、所谓明星的私生活,甚至某明星的结婚、出轨和离婚问题也形成了舆情。理性的人们也在开始发问,我们这个社会到底怎么了。2017 年 4 月,人民日报曾发文批个别媒体专门报道明星离婚出轨的话题,给社会满满的负能量。也不知从什么起,人们开始对网络传播话语增加了怀疑,每每看到一条网络信息时,人们总是附带加一句"是真的吗"。正是在这样的疑问中,新媒体话语的公信力受到了严重影响。从调查数据显示,公众在"当报纸新闻与网络新闻在报道中存在出入时,您更相信谁是真的"调查时,85%的受调查者选择了报纸。由此可以看出,"在现实生活中,人们虽然沉迷于网络,却并不那么尊重网络,只是将其当作一种繁忙生活之余的消遣而已"①。事实上,从近几年发生的一些公共舆论事件中,我们已经发现了这样的问题。尽管公众在新媒体舆论场中尽情地表达自己的观点,但公众对舆论场上的话语的信任度较低。每当舆论进入到关键时候,公众还是习惯性地把目光投向传统媒体舆论场,希望从传统媒体那里得到可依赖的权威解读。因此,新媒体与传统媒体需要整合传播思维,构建多维传播路径,结成话语同盟,发挥各自的传播优势,在联动中提升新型主流媒体的话语公信力。以《人民日报》为例,从 1997 年开始,《人民日报》开始打造"报网联动、深度融合、一体化发展"的话语传播模式,从最初的报纸与门户网站结成话语联盟,后来逐步扩展到报纸与广播电视、移动媒体、社交媒体结成话语联盟,把传统媒体的品牌优势与新媒体的快捷优势整合为联动优势。《人民日报》的话语联盟在引导舆论方面的成效是突出的,不仅在中国,甚至在国际上都形成了自身的话语地位,获得了公众的认可。当然,这样的话语联盟不仅应该局限在某一媒体中,而是应该形成全媒体的大联盟,只有形成全媒体的话语大联盟,才能在全社会弘扬社会正能量,全面推进马克思主义大众化话语传播。

(二)形成两个相互联动的舆论场,扩大主流媒体的话语传播面

经过多年实践探索,人们对传统媒体与新媒体在话语传播中的相对优势与

---

① 李良荣等.当代西方新闻媒体[M].上海:复旦大学出版社,2004:31.

存在问题都有了理性的认识,也越来越清醒地认识到,只有传统媒体与新媒体形成两个相互联动的舆论场,充分发挥各自的话语舆论优势,形成相互联动的议程,才能从根本上维护全媒体时代的话语传播秩序,才能更有利于推进马克思主义大众化。中国 40 多年来的快速发展,让人们充分感受到国家的强大,民族复兴的信心越来越强。但社会发展进程中长期积累的矛盾随着改革的不断深入推进而逐步凸显出来,有些矛盾还比较尖锐,特别是社会主要矛盾的转换带来的影响是全局性的。社会转型、全面深化改革进入深水区和攻坚期、社会主要矛盾发生转化等让我们深刻地感受到经济利益矛盾、社会利益矛盾、人际关系矛盾等众多社会矛盾的存在,而且在一些社会领域内,随着全面深化改革,矛盾的增长点还比较集中地呈现出来。矛盾的增加,突发事件的概率就随之增大。在新媒体生态下,突发事件往往都是网络舆论的焦点,也是影响党和政府与群众关系的焦点。如果能够较好地引导这些媒体舆论,就能增强党和政府的公信力。相反,就会弱化党和政府的公信力。实践证明,突发事件总是带有多变性和破坏性,引导不好,将会产生强烈的社会负面效应,增加社会发展风险。习近平强调:"面对艰巨繁重的改革发展稳定任务,要持续巩固壮大主流舆论强势,加大舆论引导力度,加快建立网络综合治理体系,推进依法治网。"①因此,面对社会突发事件引发的媒体舆论,要求传统媒体与新媒体要形成合力,把两个舆论场有机整合起来,构建传统媒体与新媒体相互联动的新型媒体舆论场,扩大主流媒体的话语影响力。

随着几大社交媒体平台的搭建,高度的"言论自由"、无条件的门槛使新媒体舆论场在产生的初期获得了媒体舆论方面的"狂欢式胜利",几乎把传统媒体舆论场推到边缘化地带。但经过短暂"狂欢"后,人们也理性发现新媒体舆论话语公信力不足,调侃和休闲的话语成分较多,一些新媒体舆论场的话语有广度但缺乏高度。新媒体舆论的这些缺陷,使传统媒体在经过短暂的惊慌之后,重新认识到了自己的优势地位。人们也开始重新审视传统媒体的品牌力和话语公信力。时至今日,传统媒体经历了新媒体的短暂冲击后,重新站稳了阵地,这要得益于传统媒体长期积淀下来的品牌效应和话语权威。今天,我们充分地认识到,媒体生存的核心要件是公信力。近几年发生的一系列突发舆论事件,不断印证了新媒体舆论场的混乱和传统媒体舆论场的权威。也同时告诉我们,推动构建两个相互联动的舆论场的现实必须性和紧迫性。习近平指出:"网络是一把双刃剑,一张图、一段视频经由全媒体几个小时就能形成爆发式传播,对舆论场造成很大

---

① 习近平. 提高防控能力着力防范化解重大风险 保持经济持续健康发展社会大局稳定[EB/OL]. http://politics.people.com.cn/n1/2019/0122/c1001-30582726.html.

影响。这种影响力,用好了造福国家和人民,用不好就可能带来难以预见的危害。要旗帜鲜明坚持正确的政治方向、舆论导向、价值取向。"①

首先,两个舆论场实现联动后,在传播内容上打破了各自为战的态势。一方面,两个舆论场的协调统一,可在最短时间内让公众获取真实信息,在最大程度上阻断谣言的传播,在最高层面上引领社会正能量话语覆盖舆论场。一段时期以来,每当突发公共舆论事件时,谣言总是能够在新媒体舆论场肆意横行,主要原因还在于事件真相出现在新媒体舆论场的时间太慢,让谣言抢到了话语传播的先机。由于公众不了解事件的真相,只能听信谣言。另一方面,由于两个舆论场缺乏联动,传统媒体的主流声音无法第一时间传播到新媒体舆论场。因此,通过联动后,两个舆论场就能在信息的发布、议程的设置方面形成合力,做到互通有余,减少信息传播的错位。同时,加强信息传播的监管,阻断谣言和不实言论,引导舆论场的话语走向。其次,两个舆论场实现联动后,能够增强舆论的叠加效应,深化马克思主义话语影响力,提升党和政府的话语公信力。所谓叠加效应,也就是常说的扩大效应,即"1+1>2"。形成两个相互联动的舆论场,获益者不仅是两个媒体本身的问题,而是优化了整个舆论环境,一方面让网民获得了真正的言论自由,不受谣言祸害;另一方面,两个舆论场实现联动后,传统媒体的品牌力和话语公信力推动了新媒体话语公信力的提升,与此同时,新媒体强大的传播力助推了传统媒体的话语传播力,扩大了话语影响面。更为重要的是通过两个舆论场联动,能够及时准确地把党和政府的声音传达给公众,把社会正能量传导到媒体舆论场,始终引领媒体舆论把树立"四个意识"、坚定"四个自信"、做到"两个维护"成为主流,把弘扬和践行社会主义核心价值观作为基本的价值判断标准。

（三）实现资源共享,增强新型主流媒体的话语传播力

影响媒体话语传播力因素有很多,其中最基本的影响因素包括媒体规模、媒体人的素质、信息数量、信息质量、信息传播速度、信息传播覆盖面等。这些因素对传播力的影响不是同时存在的,可能是其中的一部分或全面共同对传播力构成影响。从传播力的内涵可以看出,影响传播力的是一个系统性资源问题,因此,在新媒体与传统媒体的互动融合态势下讨论话语传播的影响力,需要树立资源共享理念。从传统媒体而言,信息来源主要通过媒体记者的采集,而新媒体的信息源,除了媒体记者的采集外,还有网民的信息报料。因此,从某种层面而言,新媒体的信息源要广于传统媒体。推进两种媒体的资源共享,一方面有利于节

约人力资源,另一方面也有利于统一传播内容。实现媒体资源共享,除了构建横向媒体间资源共享机制外,还需要从纵向上这实现资源的共享。特别是不同层级的媒体间要加强互通,从技术、数据、管理等层面搭建资源共享平台。例如,中央媒体有着强大的技术和资金力量,横向资源整合能力非常强,但信息资源不足;而作为地方媒体而言,在技术和资金力量方面不及中央媒体,但信息资源丰富。如果中央媒体与地方媒体形成资源共享机制,就能较好地整合中央媒体和地方媒体的各自优势,把技术、资金、信息等资源有机整合,上下联通,特别是形成中央、省、市、县多级联通的资源共享,更有利于实现媒体的利益最大化。

媒体资源缺乏共享,无论对媒体、还是对国家社会而言,都是对社会宝贵资源的极大浪费。如:每年全国"两会"期间,从中央到地方,聚集了大量媒体记者到北京,有相当信息采集是做重复工作。据相关数据显示,全国"两会"期间,各地聚集北京的记者年均超过 5000 人,其中 2015 年达到 8000 多人,平均每个省区市派出 150 多名记者进入北京,导致记者人数超过了代表人数。为此,有"两会"代表曾呼吁减少记者数量。也有代表质疑:有些媒体派出强大的阵容,但他们到底报道了多少新闻。个别记者整个"两会"期间,把全部精力和心思用在追明星上,基本不顾及国家大事的报道。显然,造成这样的局面,与媒体间没有形成资源共享有直接的关系。再者,由于记者自身素质的差异,关注点不同,往往也造成新闻报道的质量参差不齐,甚至极易导致不实报道。例如,媒体在对重庆公交车坠江事故的报道中,在官方公布事件的真相前,多家媒体针对事件进行了不实报道。如《重庆一公交车与逆行轿车相撞后坠江,女司机被控制,动画示意路线图》《重庆万州 22 路公交车坠江,疑因一女司机驾驶私家车所导致》《大巴车坠江:女司机逆行》《重庆公交车坠江已致 2 死,事发前轿车女车主逆行》等。媒体报道的这些不实文章,都声称从万州区应急办那里获悉。这些不实报道严重误导了网民,导致涉事公交司机迅速成为众矢之的,招致一片谩骂。当官方正式公布事件的真相后,相关媒体也并没有向公交车司机道歉,对媒体的公信力造成了严重影响。

"媒体报道重在事实调查,用真相说话。但在重庆公交车坠江事件中,部分媒体'另辟蹊径',从其他'权威部门'获得了错误消息,更在报道标题中突出了'女司机逆行'这一标签。因舆论场存在对女司机的偏见,这类自带爆点的新闻,在短时间内获得了较大的转发,不知情的民众把愤怒之火投向了女司机。在舆论审判的压力之下,女司机被'理所当然'地当成了罪魁祸首,等到真相出来后,媒体又站出来为女司机'鸣冤叫屈'。女司机作为受害者因莫须有的罪名,身陷舆论漩涡,遭受巨大的心理伤害,媒体失责却以沉默草草了事。不出虚假新闻是媒体的基本要求,而不是更高要求。"①从重庆公交车坠江事故的报道中让我们深刻感受到了实现资源共享的重要性和必要性,构建资源共享机制,可以进一步规范媒体话语秩序,增强新型主流媒体的话语传播力。

三、新媒体与传统媒体融合联动的典型案例分析

案例:新媒体与传统媒体联动报道"天津 8.12"爆炸事件②

在新媒体生态下,当一些不可预见的社会公共事件突发时,媒体舆论将会汹涌而来,政府、民间、传统媒体、新媒体等都想在事件中发声,微博、微信以及各种新闻客户端的舆论有时是一浪高过一浪。在这些舆论生态场中,也不乏出现各种谣言,扰乱舆论场的正常秩序。面对突发公共事件中的社会舆论,政府如何引导、通过什么方式引导,往往影响舆论生态的走向。及时正确的舆论引导将能够迅速平息舆论的持续发酵,使舆论导向走在正轨上,相反,将会导致舆论失控,以致产生不可挽回的损失。下面以"天津'8.12'爆炸事件"为例,分析传统媒体与新媒体联动报道事件的过程。

(一)突发事件的发生

2015 年 8 月 12 日,天津东疆保税港区瑞海国际物流有限公司仓库发生严重爆炸事件,造成重大人员伤亡和财产损失。据统计,爆炸共造成 123 人遇难,50 人失联。事件发生后,迅速引起媒体的关注,在不到 5 小时的时间内,就形成了舆论高潮。

(二)两个舆论场的舆论话语走向分析

每当突出事件发生时,不管是传统媒体还是新媒体,都将形成相应的媒体舆论场。本次天津爆炸事件也不例外,在短时间,两种媒体都迅速介入,占领舆论阵地。

1. 新媒体对事件的快速反应

突发事件发生于 2015 年 8 月 12 日 23 时 34 分,新浪微博于 23 时 34 分发出了第一条信息:"开发区现大火";23 时 49 分,腾讯新闻发出"天津爆炸现场腾起蘑菇云,数十公里外有震感"。8 月 13 日凌晨,主要新媒体平台、社交软件都相续对事件进行报道、发布相关信息。参与报道的主要媒体包括央视新闻、人民

---

① 转引自蚁坊软件. 重庆公交车坠江事故〔EB/OL〕. https://www. eefung. com/hot‐report/ 20181109142755.

② 本案例的数据及素材引自蚁坊软件. 天津"8.12"爆炸事件〔EB/OL〕. https://www. eefung. com/hot‐report/20150825123655‐50439.

网、新华网、中国新闻网、中国青年报、中国经营报等多家主要媒体。从 2015 年 8 月 12 日至 2015 年 8 月 23 日，媒体共发布报道文章 796000 篇。报道涉及的内容及比例分布如图 7-3 所示：

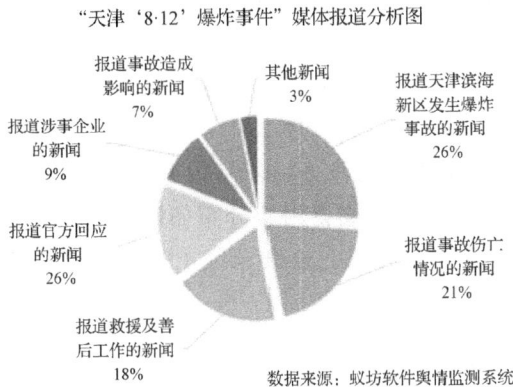

"天津'8·12'爆炸事件"媒体报道分析图

数据来源：蚁坊软件舆情监测系统

图 7-3

除了主要媒体的系统性报道外，还有大量网民通过社交平台关注了事件的发生和进展情况，共发布言论 2217 万条。网民关注事件主要通过"新浪微博""头条新闻""腾讯微博""微信"等社交媒体，其中，发表原创性话题的信息大概有 259 万条，转发其他媒体或网民言论的信息约 1957 万条。从新浪官方统计的数据显示，网民言论主要还是来自草根公众，占比达到 81.8%。从新浪调查显示，在众多草根网民中，能够发表具有原创性的观点并不多，大部分的具有引领舆论走向的原创性观点还是来自社会名人的微博，这些名人的观点被转发的次数仅次于《人民日报》官方微博。显然，在整个事件的舆论场中，名人起到了意见领袖的作用。

从整个事件舆论场的舆情分析而言，"人民日报"等主流媒体在舆论场中起到了绝对的话语引领作用。正是主流媒体的积极主动介入，使得整个舆论场没有被负面信息主导。如：8 月 13 日，《人民日报》抢先通过官方微博发出《此刻转发微博：送送这 6 名牺牲的消防战士》，此篇微博立刻被转发 83.75 万次，影响了 3858.47 万人。随后，"中国新闻网"也相继跟进，发布了"今天，发条微博向他们致敬"等官方微博，不断引导和掌控舆论场的话语走向。值得一提的是，纽约消防局局长丹尼尔·尼格罗也通过微信发布了《纽约消防局长致敬天津消防员》文章，文章称"代表 1.5 万纽约消防员向天津爆炸事件中牺牲的消防员致敬"。

2.传统媒体跟进对事件进行全面报道

事件发生后,新媒体作出了快速反应,让公众第一时间了解事件的基本情况,有效遏制了谣言的发生。但毕竟新媒体这种快餐式的信息传播,还是不能满足公众对事件实情的全面了解。因此,在重大事件面前,传统媒体及时跟进展开全面报道显得尤为重要。事件发生后,《人民日报》等媒体除了在官方网站、微博、手机版、微信公众号等新媒体上进行专题报道外等,还通过平面传统媒体进行了系统报道。如《人民日报》从 8 月 13 日到 30 日,连续 17 天均不间断的对事件进行了跟踪报道,先后发表文章 60 多篇,内容涉及信息辟谣、领导指示、深度报道和评论、灾情救援等内容,文章内容分布如图 7-4 所示。地方报纸《天津日报》的报道力度更大,17 天的时间,连续刊载了相关内容文章 437 篇章,内容与《人民日报》所报道内容大致相同。

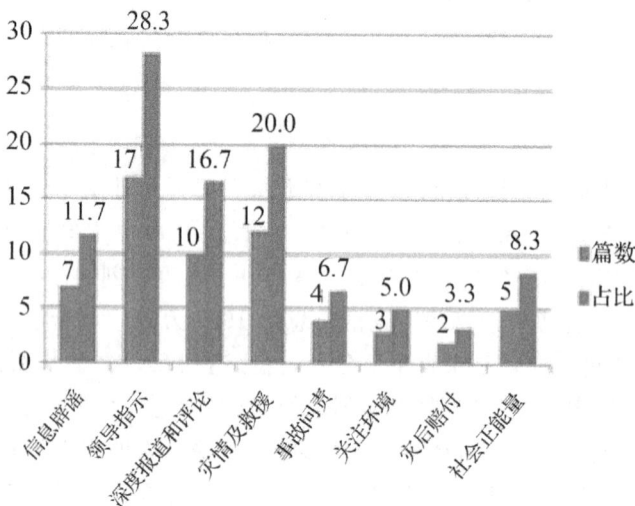

图 7-4

传统媒体中除了报纸对事件的关注外,各级电视台、广播站在事件报道中发挥了突出作用。除此之外,大量杂志也参与了事件的报道和分析研究。从中国知网的期刊搜索页面用"天津'8.12'爆炸"作为关键词进行搜索,共找到 186 篇相关文章,涉及 100 多种杂志。这些报纸杂志关注的内容站位更高,视角更广,既立足于事实求是,又有理论高度,分析更透彻,说服力更强。对后续人们正确认识灾害及灾害救援工作、更理性看待问题具有重要的促进作用。应该说,传统媒体对事件的报道更全面、系统,更有利于人们对事件的全貌产生全面和理性的认识。

（三）媒体融合掌控舆论场的经验分析

此次事件是一次特大公共突发事件，在处理整个事件过程中，民间媒体舆论总体上得到了有效的引导，是近年来官方在突发公共事件时引导媒体舆论最成功的案例之一。值得借鉴的经验有几点：一是官方主流媒体第一时间介入，事件发生在 2015 年 8 月 12 日 23 时 34 分，天津官方对事件作出回应的时间是 2015 年 8 月 13 日凌晨。由于事件发生在晚上，民间舆论还基本没有进入，谣言还没有形成。此时官方抢先介入，有效主导了舆论走向。二是习近平总书记、李克强总理在 8 月 13 日早上 6 时，对事件做出了重要批示，党和国家最高领导人第一时间在媒体发声，有效消解了网民的各种疑虑和焦躁，为官方引导舆论赢得了时间；三是传统媒体与新媒体联动推进事件真相报道。事件发生后，《人民日报》《中国青年报》《天津日报》《中国经营报》等国内有影响力报纸及时跟进，进行全面报道，发挥传统媒体阐述事件系统全面、说理充分的优势，向社会公众事实求是地把事情的来龙去脉向社会公众讲清楚，截断了谣言的传播源。新华网、人民网、光明网，微博、微信等齐上阵，发挥新媒体快捷、全面的优势，第一时间向公众传播事件处理的进展，让社会公众及时了解事件处理进程。我们也注意到，事件发生后，个别外媒也试图从官员腐败层面去发声，企图引导舆论走向另外一面，但在国内两大媒体舆论场的共同阻击下，外媒的企图没有成功。在围绕整个事件的舆论场中，无论是传统媒体，还是新媒体，基本围绕事件本身，控制在有序的舆论场内。应该说，这是国内官方舆论场对舆论走向进行了有效的引导和掌控，化解了少数人拿政府说事，挑起公众对政府的信任危机。从这一事件可以发现，传统媒体与新媒体协调一致，引导和掌控舆论走向，对掌握舆论话语权具有巨大优势，也是传统媒体与新媒体相互配合的一次典范，积累了一定的经验，对媒体探讨融合推进马克思主义大众化话语传播具有重要意义。

第八章 国外媒体话语传播对中国马克思主义大众化话语传播的启示与对策

　　理论的产生源于对实际问题的关注和实践总结,成功的实践必须有科学理论的指导,这是人们的基本共识。实践与问题紧密相联,一个时代最大的实践,就是解决一个又一个现实问题。马克思主义是科学真理,但并不代表它就能自动被大众所认知、认同和践行,还必须要从外部进行灌输,才能真正实现入脑、入心的大众化目标。更为重要的一个方面,马克思主义具有阶级性和政治性特征,是社会主义意识形态斗争的理论武器,这就决定了马克思主义有可能时常处于被敌对势力进行恶意歪曲的风险之中。因此,推进马克思主义大众化,首先解决的是如何掌控话语传播权问题,这也是一直以来,各个国家在推进意识形态教育的最重要的经验。但是,推进马克思主义大众化,需要总结的经验绝不仅是掌控话语传播权的问题,这仅是一个基础性的工作,从国际、国内而言,还有不少值得我们去总结和反思的经验和教训。

第一节　国外媒体话语传播的经验与启示

　　竞争是当今世界的基本常态,各国的竞争从总体上而言是综合国力的竞争,但话语传播竞争是核心,是所有竞争中最重要的命题之一。世界各国之间的利益争夺,战争不再是首选,博弈、谈判是最重要的利益争夺手段。在利益博弈中,谁掌控话语传播权,谁就会在博弈中占据主动,也将获得更多利益。虽然话语传播权的支撑基础仍然是综合实力,但话语传播权本身对综合实力的影响越来越大。第二次世界大战结束以来,美国成为对世界影响力最广泛、最持久的国家,这与其长期以来高度重视话语传播权建设有着极其重要的关系。美国总统艾森豪威尔在 20 世纪 50 年代就提出了"在宣传上花 1 美元就等于在国防上花 5 美元"的战略口号。应该说,是美国政府让美国的媒体强大起来,同样,也是美国的媒体让美国的政府在国际事务中拥有了绝对的话语权。美国政府与媒体的融合共生,相生相长,结成了牢不可破的利益共同体,其经验值得我们去学习和借鉴。

一、美国媒体赢得话语传播的主要措施及经验

一个国家的媒体话语传播力,除了受到国家的综合国力影响外,更重要的是媒体在争夺话语传播方面的持续努力和维护。美国今天能够在全球范围内获得持续稳定的话语权,主要得益于美国各个时期媒体的大力推动和作为。从第二次世界大战爆发以来,无论传统媒体时代还是今天的新媒体时期,各种主流媒体基本上都在全球范围内争夺和维护话语传播权,并能够在维护媒体利益与维护国家利益上取得平衡,特别是在意识形态问题上,美国媒体与国家保持了高度的利益一致性,成为美国赢取全球话语权的重要途径。

(一)美国媒体赢得话语传播权的主要措施

在新媒体生态下,话语权是珍稀资源,得来不容易,但要失去话语权却是一件极其容易的事情。美国媒体对这一点认识非常深刻,对既得媒体话语传播权非常注重保护。美国媒体把维护自身利益与维护国家利益有机统一起来,特别强调媒体的自律,通过自律防范媒体传播活动的重大错误。当不可避免的错误出现时,媒体也建立了一套完善的自我纠错机制,努力实现用自律保护话语传播权。

1. 媒体持之以恒地传播美国价值观

话语权的竞争,总是绕不开价值观和意识形态的竞争,或者说,媒体持续的价值观传播为赢得话语传播权奠定了重要的思想基础。价值观是一种价值取向,是人们在基于一定的思维认知的基础上,对社会关系作出的认知、理解和判断。价值观是公民个体进行是非判断的标尺,具有相对的稳定性、持续性和多元性,它既具有社会性,更具有阶级性,同时还带有强烈的意识形态性。不同的阶级关系和意识形态决定着不同的价值观念。在国家、阶级没有消亡之前,注定不存在普世价值。价值观是凝聚思想的聚合剂,一个国家、一个民族需要有一个长期稳定的价值认同体系,在价值观趋向多元化的时代,还须要有主流价值观和核心价值观。

研究美国的话语传播可以发现,传播媒体之所以能够获得持续稳定的话语传播权,与美国媒体把传播美国主流价值观作为己任有直接关系。比如美国好莱坞大片,一直坚持通过"润物细无声"的方式,把美国主导下的所谓"普世价值观"传播至全球。从18世纪以来,"民主、自由、平等、人权"一直被美国作为主流

价值观加以倡导,并逐渐形成了"美国信念"(即核心价值观),并在一个多世纪以来保持了相对的稳定性,由此得到了美国人的广泛认同和信仰。诞生于20世纪初期的威尔逊主义,就开始宣扬美国负有向世界传播美国价值观的责任和义务。从冷战时期开始,美国一直把自己视为世界的救世主,进入21世纪后,美国更是把自己视为国际警察,企图全方位介入国际事务,发挥美国的影响力。当美国势力向全球扩张后,当然少不了产生把"美国信念"作为"普世价值"向全球传播和推广的冲动。美国不但把民主、自由、平等、人权等作为自己的主流价值观,同时也作为一种普世价值观向全世界进行输出,并在全球范围内扮演着救世主的角色。在美式价值观的输出中,美国政府、政客、媒体上演了精彩的"大合唱",确保了国家利益的最大化。美国在全球范围内推广自己的价值观问题上,美国政客与媒体达成了高度一致。美国媒体持之以恒地配合政府在全球范围内传播美国的价值观,几十年来从未间断过,为美国媒体赢得国际话语权作出了突出贡献。

2.媒体亲民为话语传播赢得认同力

美国话语在全球持续稳定的影响力在很大程度上来源于美国媒体坚持亲民策略,无论是从内容、还是形式上都注重投其所好,哪怕是面对一些比较严肃的新闻,在内容上无法做到娱乐化时,也想方设法在形式上尽量亲民,在话语表达上避免客套、呆板的话语表达,以赢得受众的认同。美国媒体的亲民方式是多种多样的:一是以丰富的内容满足受众的信息需要。美国媒体非常注重向受众呈现丰富新颖、极具吸引力的内容,尤其注重投其所好。如美国总统具有至高无上的权力,普通民众很想了解关于总统的信息,而媒体往往会专门收集总统的故事,呈现给公众,以引起公众对媒体的关注。除此之外,媒体还根据社会公众对名人的崇拜,时不时曝光一些名人的隐私来吸引受众的眼球,服务受众的信息需要,获得好感。二是媒体特别注重慈善活动宣传报道。如全球富翁比尔·盖茨进行的一些慈善捐赠,美国媒体都给予了极高的关注。慈善捐赠往往面对的是社会弱势群众,媒体通过宣传报道慈善捐赠活动,既反映媒体对社会弱势群体的关注,同时又潜移默化地传播了美国价值观,树立了美国的国际形象,在社会基层中赢得了话语权。三是媒体搭建了重要名人与普通群众沟通的桥梁。如:美国总统特朗普就经常通过 Twitter 发表自己的言论,总统把自己当作一个普通网民,通过媒体与公众进行沟通交流,既反映出总统的亲民,又反映了媒体的亲民,可谓"一举双得"。

在新媒体生态下,美国媒体的亲民性体现得更为突出,政府通过媒体开通的官方微博、邮件等,政府官员的博客等都直接形成与基层民众沟通的平台,拉近了政府与民众的关系。同时,美国媒体为了获得更广泛民众基础,主流网站等都同时译成多种语言,满足不同语言群众的信息需要,最大限度地扩大媒体话语的影响力。

3.媒体与政府联动为话语传播赢得持续力

话语传播的持续力是指媒体话语能够长期的发挥影响作用。话语传播权是有时空限制的,媒体话语传播权获取后并不具有永久性,可能会随着时间、地点以及话语本身的改变而丧失。维护媒体话语传播权的持续力,需要在媒体话语的公信力、影响力等方面保持较好的影响态势。

从美国现行的传播制度而言,媒体具有较大的话语传播自由权,政府不得干涉媒体的新闻自由。但事实上,政府不可能做到让媒体真正的独立和自由,尤其在新媒体生态下,媒体对政府的决策影响力越来越大,政府不可能对媒体"坐视不管"。政府重视媒体并引导媒体报道方向,已经是美国通行的做法。事实上,长期以来,美国政府一直保持与媒体的频繁互动,这也是美国国际话语权得以持续稳固的关键。从媒体视角而言,也不可能真正完全脱离政府而存在。首先,大量的新闻信息掌握在政府手中,媒体如果缺乏与政府的互动,或不接受政府的规制,将会导致新闻信息资源的枯竭。作为媒体,它们都清楚独家新闻或第一时间新闻对媒体的影响力。因此,争夺新闻资源,也是媒体间的重要竞争内容之一。相关研究表明,媒体报道的信息中,有近80%的信息来源于政府。如果媒体不配合政府、不接受政府的导控,将会失去大量的信息资源。其次,媒体需要通过政府来扩大自己的影响。在美国,尽管媒体具有独立性,但媒体一旦离开了政府,其生存空间将会被大量压缩。尤其是一些以新闻报道或综合性媒体为主的媒体,离开了政府的支持,其独立性就是一句空话。这一点,媒体和政府之间都心照不宣。从政府层面而言,政府的主张、观点等都需要通过媒体来呈现。尤其是美国,往往以世界救世主自居,向世界输出其所谓"普世价值观"。如果没有媒体为其摇旗呐喊,仅凭几个美国政客是不可能实现的。这一点,美国政府和媒体也都很清楚。因此,在政府与媒体之间达成了极为默契的传播联动。政府经常巧妙地把想公开的信息透露给媒体,媒体则根据政府的需要进行信息传播。当然,在这个过程中,时不时也出现个别"不听话"的媒体,违背政府的旨意进行话语传播,自然会招致政府的惩罚。

在美国传媒史上,不乏媒体与政府联动的经典案例,其中最为典型是伊拉克战争。2003年,美国政府为了发动伊拉克战争,但又苦于找不到民众支持战争的借口。于是政府炮制了伊拉克萨达姆政府拥有大规模杀伤性武器的谎言,并借助美国强大的媒体舆论,大规模地渲染伊拉克威胁论,并通过媒体对萨达姆进行妖魔化的宣传,除此之外,媒体还把萨达姆与恐怖主义相联系。为了让美国民众最大限度地相信伊拉克政府对美国乃至全世界的威胁,政府精心准备了大量文字、图片、视频、音像等资料,通过媒体进行全方位的报道。在媒体的宣传煽动下,民众的情绪被调动起来,支持政府发动伊拉克战争的比例形成了压倒性优势,美国媒体与政府天衣无缝的配合,世界各家媒体几乎哑口。在美国媒体的强大攻势下,政府赢得了发动伊拉克战争的绝对媒体话语权优势。

4.媒体通过行业自律保护话语传播力

自律也就是自我规制,即遵守基本的行业规范。作为媒体而言,最基本的行业规范就是做到新闻的真实性,保持新闻的真实是赢得公信和话语传播权的基础。媒体在话语传播实践活动中,在很大程度上要为政府服务,充当意识形态斗争的工具,长期做到自律,保持新闻的真实性是比较困难的。因此,在传播实践中不可避免地出现与客观事实不符的新闻报道,出现"错误"。但美国媒体在错误面前,有一整套完善的自我纠错机制。当媒体出现报道错误时,从不回避责任,而是主动承担,客观面对,常以受众难以想象的"诚恳"态度进行纠错,哪怕出现的错误其实是媒体预设的"错误",纠错的诚恳态度让受众愉快的谅解。因此,在多数情况下,美国媒体出现报道错误后,不但不会降低公信度,反而因其诚恳的纠错态度而获得受众更多的信任感。如2003年3月美国发动伊拉克战争后,《纽约时报》连续报道了媒体记者杰森·布莱尔关于女兵杰西卡在伊拉克战争中失踪的文章,引起了公众的广泛关注,《纽约时报》也因此获得了大量的读者。然而在5月11日,《纽约时报》在头版黄金位置刊登了1篇长文,全面详细地揭露杰森·布莱尔关于女兵杰西卡在伊拉克战争中失踪的文章属于造假新闻,并且还同时介绍了杰森·布莱尔其他涉嫌造假的文章。类似的自我纠错,在《华盛顿邮报》等媒体中也出现过。媒体自我纠错,自曝家丑,向公众如实报道事件真相,不但没有引起受众的反感,反而赢得了受众的广泛同情和谅解。更为关键的是媒体在赚足了人们的眼球的同时,赢得了话语主动权。事实上,美国媒体与国家利益具有高度的一致性,人们所能看到了一些媒体错误,其实是媒体为了国家利益,进行有预谋的"错误"报道。如在美国发动伊拉克战争前后,美国媒体对伊拉克政权进行了大量不实报道,为美国政府发动战争赢得公众的支持。等到战争目的达到了,在真相即将被揭露之前,美国媒体又抢先自我"纠错",承认媒体报道出现错误等。媒体这种"有错就改"的行为,不但没有让美国民众反对,反而获得了社会公信,进一步提升其媒体话语传播力地位。

在话语传播实践中,美国媒体逐渐形成了行业内的自律准则。如美国先后出台了《全国广播业者道德准则》《全国广播业者协会商业行为准则》《全国广播业主协会电台准则》《全国广播业主协会电视准则》等规范性制度,这些制度条款今天仍然是媒体行业的自律准则。媒体已经意识到维护国家利益也是维护媒体的利益,把自觉维护国家利益作为媒体的自律准则。为了把行业自律保护话语权形成制度体系,更有效地推进媒体行业的自律,防止媒体滥用新闻自由的权力,媒体行业还形成了具有一定约束力的行业许可行为负面清单。如:"歪曲事实""刊登误导性标题""给公民编黑名单"等。这些行业自律准则,既较好地维护了媒体话语传播权,又稳固了国家话语权。

5.媒体建立自我教育和纠错机制

美国媒体为了保护自身话语传播权,特别注重加强内部自我教育、监督和纠错,建立了自我教育和纠错机制。

第一,建立新闻人才 U-I 联动培养机制。美国对新闻界从业人员的从业标准要比医务和法律界低,从总体上而言,国家没有对新闻界的从业设置入门条件,也没有职业资质或执照。所有的职业标准和要求完全由新闻行业自行设定,人才规格也是由行业与学校共同设定。因此,学校(Universit)—行业(Industry)是新闻人才培养的两个主阵地。学校教育是新闻人才培养的基础,新闻工作的基础理论和学科技能都是在学校教育过程中掌握的,新闻院校为新闻专业的学生设置了系统的新闻专业课程,让学生得到了系统的新闻教育。行业对新闻人才的培训重点是写作能力和行业价值观教育。国家尽管没有对新闻行业人员制定统一的行业标准,但行业内部有一整套规范的行业规则,新闻工作者必须"记住这些规定并受到它们的约束,不然就会被解雇"①。行业教育对新闻从业人员非常重要,往往行业承担着学校教育无法完成的教育内容。因此,学校和行业非常注重校行合作,学校与行业建立了亲密的合作关系。

在美国,最早提出建立校行合作关系是弗雷德·谢德,他在20世纪30年代的时候出任《费城公报》主编,在工作中,他发现从高校毕业的学生,对新闻行业的实用技能较缺乏,毕业生进入行业到成为行业的骨干力量时间较长。同时,行业还要抽出骨干力量对新引进员工的继续培养,浪费了报社的资源。基于行业对毕业生即战力的需要,他提出成立报业团体与大学联合委员会的设想,后来,他进一步明确提出成立报业行业与新闻院系联合委员会。这一思路的提出,立即得到了大多数报业行业和一些高校的认同。其中,当时美国私立大学西北大学对成立报业行业与新闻院系联合委员会的设想最为赞成,并立即开始策划和筹备。经过多方努力,1939年,西北大学等高校新闻院系与5家报业团体成立了首家新闻教育理事会。后来,多家广播电视、报纸杂志、广告传媒等也加入了理事会,学校—行业人才培养的联动机制初步建立起来。U-I联动培养机制对各行业的人才培养都产生了深远的影响,今天仍然是世界各国应用型人才培养的重要模式。校行联合培养人才模式,既有利于学员较快熟悉行业规则,减少出

---

① [美]埃弗利特·E.丹尼斯,约翰·C.梅里尔.媒介论争——19个重大问题的正反方辩论[M].王纬,译.北京:北京广播学院出版社,2004:124.

错概率,也是媒体提高话语公信力,赢得话语传播权的重要渠道。

第二,建立媒体自我纠错和读者纠错的联动机制。中国民间有句俗话,"跟着组织部,年年有进步;跟着宣传部,天天犯错误。"这句话尽管有些偏颇,但说明了一个真理,媒体传播工作是一项极其严肃的工作,容不得半点马虎。但是,对于从事新闻媒体传播工作而言,要做到不出任何错误,几乎是不可能的事情。因此,媒体需要建立有效的纠错机制,尽量减少错误或因错误造成的负面影响。

美国媒体为了减少错误,建立了内部自我纠错与读者纠错的联动机制。在内部自我纠错方面,一是允许编辑随时向记者就内容的真实性提出质疑,甚至赋予了编辑的撤稿权,避免问题稿件被刊载。二是建立"旁观者"纠错模式。稿件经过编辑处理,在交付排印之前,编辑内部员工要互相纠错,确保内容的准确性。三是成立"校阅公司"。"校阅公司"的职责就是专门负责指出媒体的错误,它们的员工每天就是专挑媒体的错误。而且还规定,无论谁提出谁的错误,都不算是对他人的冒犯。四是加强与读者的沟通,建立读者纠错机制。美国媒体普遍注重与读者的沟通,建立专门的纠错沟通渠道,以便读者把发现的错误及时反馈回媒体。五是建立纠错奖励机制。一些媒体为了减少错误,专门建立了纠错奖励机制,对一个月内没有错误的编辑,给予一定的物质奖励。同时,对一个月内纠错最多的员工或读者也同样给予物质奖励。媒体通过建立媒体自我纠错和读者纠错的联动机制,最大限度地减少了错误,提高媒体的公信力,维护和巩固媒体话语传播权。

第三,建立自曝家丑和责任追究的危机管理制度。美国媒体话语获得了长期的公信,具有较稳固的话语传播力,这与美国媒体具有完善的自我纠错密切相联。在话语传播实践中,要防范假新闻,只有健全制度机制。因此,美国媒体普遍建立了自曝家丑和责任追究制度。以"杰森·布莱尔假新闻丑闻"为例,《纽约时报》连续报道了杰森·布莱尔杜撰的女兵杰西卡在伊拉克战争中失踪的文章。当读者还在津津乐道地谈论女兵杰西卡的失踪以及杰森·布莱尔的写作能力时,2003年5月11日,《纽约时报》却在自家报纸的头版显著位置刊登了一篇名为《改正以往纪录:长期行骗的记者辞职》这篇重量级长文,全面详细地阐述了女兵杰西卡在伊拉克战争中失踪系杰森·布莱尔杜撰的假新闻,杰森·布莱尔根本没做过任何采访,整个事件过程均系杰森·布莱尔发挥主观想象杜撰而成。而且在近20天的时间里,《纽约时报》围绕"杰森·布莱尔丑闻"进行了深入报道,这些文章多达20多篇,既有全面阐述了事件真相的文章,也有《纽约时报》如何纠错的举措文章,还包括《纽约时报》管理层向社会受众道歉的文章等。在全面查处"杰森·布莱尔丑闻"的同时,还顺便查处了《纽约时报》其他记者近年来的不实新闻,给受众留下了勇于自我认错和纠错的印象。

与此同时,《纽约时报》还对事故进行责任追究,对"杰森·布莱尔丑闻"的直接或间接责任人进行责任追究,直接责任编辑和执行主编辑及相关中层管理者被迫引咎辞职。因"杰森·布莱尔丑闻"事件,《纽约时报》的执行主编豪厄尔·雷恩斯、总编辑杰拉尔德·博伊德被迫辞职。《纽约时报》还就两位主要直接管理者的辞职作了自我反省和检讨,并向读者保证将以此次丑闻为鉴,严肃内部纪律,重树公众的信心。应该说,《纽约时报》在丑闻事件发生后的纠错力度非常大,执行主编和总编辑都同时辞职,在美国报业历史上尚属首次。这样的责任追究,对《纽约时报》的管理层而言,损失是巨大的。但正是这种"不敷衍"读者的自我纠错,却足以赢得受众的理解和支持。事实证明,《纽约时报》采取自曝家丑和责任追究的危机管理模式,抢在真相被别人揭露之前,自我纠错,而且在纠错过程中本着对受众负责的态度,以一个开放的姿态,面对受众的质疑,从来没有"无可奉告"的搪塞话语,而且积极主动陈清真相,畅通信息渠道,主动与受众沟通和交流,不掩盖真相,整个过程充满诚意。因此,丑闻事件后,不但没有因此产生负面影响,反而因强力的自我纠错获得了受众的良好评价和信任。正是如此,美国媒体的话语影响力能够产生持续的影响力,拥有稳固的话语传播权。

（二）美国媒体赢得话语传播的主要经验

西方国家在媒体舆论中主张强化舆论效应,通过建立强大的舆论阵地,获得舆论的主导权。尽管它们都在强调新闻自由,否认政府对媒体的管控,但媒体为政党、政府服务是基本的客观事实。以美国为例,无论是媒体自身还是历届政府都高度重视媒体舆论。从媒体而言,非常重视赢取话语权的核心要素建设,努力打造一个让公众信任的媒体形象;从政府而言,既要遵循媒体言论自由的戒律,又要千方百计地对媒体进行控制,同时又不想给别人留下干涉新闻自由的口舌。因此,政府总是努力在新闻自由与舆论管控中找到一个中介与平衡点,对媒体舆论实施调控。

1.媒体注重加强赢取话语传播权的四个核心要素建设

"话语是权力"是法国哲学家米歇尔·福柯提出的观点。按照福柯的理论逻辑,赢得话语传播权需要具备一定的条件,要在"赢得信任感、增加吸引力、强化依赖感和提高服务性等方面下功夫,而这正是赢取话语传播权的四个核心要素"[①]。

第一,信任感。信任感,即公信力。话语有了公信力后,就具备了话语的权威性。权威性在媒体赢得话语权的努力中至少包含两层内涵:一是发出权威的

---

① 张国庆.媒体话语权——美国媒体如何影响世界[M].北京:中国人民大学出版社,2012:8.

声音,这种权威的声音既有可能是有威望的政治家和社会各行各业精英的声音,也有可能是媒体树立起来的专家或权威的评论员、主播等;二是塑造形象,形象也就是一种"信誉",公众信任的形象树立起来了,话语就容易赢得信任感。

话语信任感的核心要义包括两个方面,一是话语的公信力,二是话语的权威性。两者之间既是承上启下的关系,又是相互映衬,融合共生。不具备公信力的话语,自然树立不了权威。反之,没有权威支撑的话语,其公信力自然会弱化,直至完全失信。讨论媒体话语的公信力,其对象自然是受众,受众对传播话语产生公信力,需要一个认同和内化的发展过程。认同是低层次的,有认同,并不一定就形成公信力。认同更多表现受众个体的思想感受,而公信则是话语受众群的共同认可,是认同的积累结果。公信力的词源是 credibility(可信性、确实性),美国学者迪克西特从传播学的视角对公信力进行了解释,他认为:"媒体的公信力就是对真实性的承诺和坚守,这必须是媒体提升公信力的基本自律。"①关于话语的权威性问题,是一个非普遍性问题。话语权威总是掌握在少数群体手中,从传播学而言,话语权威是稀缺资源,权威的形成需要一个长期积累的过程。正是如此,话语权威往往集中在一些政治家或行业专家手中。作为一个传播媒体,其话语权威的树立,不是媒体本身的物的积累,而是通过媒体持续的塑造话语公信力形成的。媒体要建立面向受众的信任感,需要一个长期的发展过程。在美国媒体发展的初期,绝大部分媒体仅是党派斗争的工具,媒体建设经费也是来自党派的赞助。随着广告业的发展,媒体通过广告业务的经费收入,在经济上实现了独立自主,从而逐步摆脱了对党派的依赖,开始建立媒体自身的信任体系。

媒体要取得受众的信任,首先自身要从党派斗争中独立出来,给公众树立一种社会公正的形象,哪怕这种形象是虚假的。美国历史上发生的几件事情,为媒体获得受众信任提供了机遇。一是由文化界人士发起的"黑幕揭发"运动,媒体在运动中扮演了一个揭露社会弊端,督促政府解决问题的角色;二是反越战运动,在运动中,《纽约时报》等多家具有影响力的美国媒体曝光了政府卷入越战的国防部密件,让美国普通公众通过媒体了解了美国卷入越战的真相;三是"水门事件",以《华盛顿邮报》为首的几家媒体,连续跟踪报道了共和党人尼克松总统竞选班子成员麦科德闯入民主党水门大厦办公室安装窃听器并偷拍文件的事件。美国媒体在这三件事情的报道过程,极力站在一个公正的立场,向受众还原事件的真相,获得了受众的广泛信任。事实上,通过实践的积累,美国媒体为了增强自身公信力,制订了一整套媒体自律规则,这些规则包括新闻纠错机制、新

---

① [美]阿维纳什·K.迪克西特,等.策略思维——商界、政界及日常生活的策略竞争[M].王尔山,译.北京:中国人民大学出版社,2002:119.

闻造假惩治机制等。正如它们自称的："没有比让报社觉得它是漫不经心和不可靠对一个记者伤害更大的了。故意造假将被解雇，在报界，诚实是最重要的原因。"①美国媒体突出以自律强化公信，赢取信任感，从而为获得持续稳固的媒体话语权奠定的坚实基础。

第二，吸引力。话语是否有吸引力，关键在于话语是否具有认同感，话语认同是吸引力的关键要素，是媒体赢得话语权的关键所在。也就是说，如果一个人发现某个团体或个人在某些方面对自己很有感染力，或者在某些方面与自己有共同的认识和价值评判，就容易产生认同感、熟悉感和相似感，并接受其影响。因此，媒体要赢得话语权，需要增加话语的吸引力，形成强大的社会认同力量。

美国具有影响全球的话语力量，世界各地发生的事件，只要美国发出声音，其总能引起足够的吸引力，哪怕是一些不客观的报道，也能产生足够的社会认同力。美国在媒体传播中所做的，总是能够让人产生熟悉感。如好莱坞、肯德基、麦当劳、可口可乐、迪士尼等，人们可以随时在各种媒体中看到这些字眼、标志性图案，尤其在青少年及儿童中产生极强的亲切感和认同感，哪怕就是一个牙牙学语的幼童，只有看到肯德基或麦当劳的图案，也能让其停足下来。这样的品牌吸引力，把从"娃娃抓起"的宣传战略诠释得淋漓尽致。文化心理学认为，一个文化品牌对人产生的吸引力与品牌熟悉度成正比，即越是人们熟悉的品牌，对人的吸引力越强。回到美国媒体对公众的吸引力问题上，美国媒体经常会持续的做一件事情，直至受众认可为止。比如在传统媒体时代，美国《商业周刊》等报纸持续开展免费赠阅活动，以增加受众对媒体的熟悉度，以获得吸引力。事实上，在美国总统或议员选举年，我们会发现候选人不厌其烦地在媒体上露面，其目的就是要通过媒体增加其在公众中的熟悉度，从而获得吸引力和认同感。因此，媒体赢得话语传播权，提升话语的吸引力是重要的前提和基础。

第三，依赖感。话语的依赖感主要体现在被需要，如果我们的话语在受众中是可有可无的，并不是一定被需要地存在着，这样的话语对公众来说，不存在依赖性。因此，话语的依赖性最突出的表现就是形成习惯性，就如有的人每天晚上7点钟必看新闻联播一样，形成了依赖新闻联播获取所需信息的习惯。一旦这样的习惯形成了，话语就具有了被需要。如果能够让这样的话语唯一的存在着，就形成了稀缺性的被需要，其话语权也就树立起来了。

对传播媒体而言，提升媒体的话语吸引力，首先要提升受众对媒体的需要感。作为社会公众个体而言，信息的获取渠道是相对有限的，哪怕是在新媒体时

① 转引自张国庆.媒体话语权——美国媒体如何影响世界[M].北京:中国人民大学出版社,2012: 11.

代,公众个体也不可能花时间去收集原始信息,无论从专业程度,还是从时间、精力等方面,公众个体都不具备这方面的条件,也没有这个必要,这些工作更多的是由媒体专业工作者完成。因此,公众与媒体之间就形成了信息提供与信息需要的关系。在新媒体时代,人们经常诟病的低头族,换一个视角分析,实质上就是一种手机依赖关系,人们已经依赖手机媒介为他们提供所需要的信息。因此,我们经常会看到人们低头翻阅手机,寻找他们所需要的信息。

产生依赖的基础是习惯,俗话说,习惯成自然。美国作家杰克·霍吉认为,人们每天的行为中,超过90%的行为受习惯的支配。从媒体与受众的关系层面分析,比如中国人每天晚上7点钟看新闻联播、早上睡醒的第一件事情就是打开手机浏览新闻等。在新媒体时代,人们已经习惯通过新媒体获取海量信息,并逐渐产生了对新媒体的依赖感。从社会心理学而言,受众个体对新媒体的依赖会产生一定的负面作用。但从传播学而言,媒体依赖是提升话语传播权的重要基础,是赢得媒体话语传播权的核心要素。

第四,服务性。话语的服务性强调受众的喜好和呼声,反映的是一种共同体的功能,从媒体话语传播的视角出发,话语的服务性看上去好像是在服务,其实质是起到一种话语占有的核心作用,话语权也就不言而喻了。由此可见,媒体话语传播权来源于话语的影响力和"势力"范围,要形成话语传播权,就需要提升话语的影响力和扩大话语的"势力"范围。

话语传播权总是与一定的媒体紧密的联系着,因此,要赢得话语传播权,就需要媒体向受众提供持续的信息服务。媒体与受众通过这种服务关系,双方之间就在一定程度上建立了情感联系,作为服务主体的媒体相对于服务对象的受众而言,就有了更多的话语权。美国媒体在服务公众时,把娱乐性与严肃性有机结合。首先,关注受众的喜好,是媒体服务性的必然选择和追求。为了提高媒体的吸引力和熟悉度,无论是传统媒体的报纸、广播、电视,还是新媒体的手机等,都追求传播内容的个性化、传播话语的通俗性和娱乐性,以引起受众的关注。在现实生活中,我们也经常看到受众之所以对某一传播媒体感兴趣,被媒体所吸引,主要原因是被相关媒体中的某一主持人或者栏目吸引。新媒体时代,许多媒体都提出了"内容为王"的媒体建设口号,我们研究这个口号的背后,其实无外就是突出强调对受众的服务。纵观美国媒体报道内容,针对政治性和经济性的新闻内容,具有极强的娱乐性,带有明显的迎合受众喜好的价值取向,在娱乐化倾向的背后,实质上达到了话语传播的极佳实效。当然,美国媒体在服务公众时,也突出新闻的严肃性。比如《纽约时报》和《纽约先驱论坛报》都是二战前期两份极具影响力的媒体。战争爆发后,由于报纸印刷纸张被限制,发行量被迫削减。在办报困难的境况下,《纽约时报》坚持以报道严肃性的战争新闻为主。而《纽约先驱论坛报》则突出娱乐性的广告。结果是,《纽约时报》成为世界性媒体,其影响范围从美国拓展到世界,而《纽约先驱论坛报》于 1966 年倒闭。由此可以看出,媒体要赢得持续的话语权,在强调为受众服务时,必须把娱乐性与严肃性有机结合起来,单一地追求娱乐化或强调严肃性,都将不利于媒体提升话语权。

2.通过官方制造话语舆论,掌控舆论主导权

掌控舆论主导权是美国政府的一贯立场,为了实现这一目标,从威尔逊总统开始,美国政府成立了公共信息委员会,而且隶属于总统管辖。该委员会重点就是协助政府整合各种舆论工具,鼓动媒体舆论与政府同向同行。随着时代的变化,美国政府后来又逐步成立新闻发言办公室、传播办公室和全球传播办公室等机构,以此加强政府对舆论的主导。在实践中,美国政府主导的这些话语传播机构,在服务美国政府战略方面发挥重要作用。如"9.11"事件后,美国政府为了获得国内民众支持政府绕过联合国针对伊拉克发动一场非正义战争。几大媒体联动报道伊拉克与"9.11"事件有关,而且拥有大规模杀伤性武器,有足够能力对美国发动化武袭击。当美国绕开联合国发动伊拉克战争后,60%的国内民众支持政府这一非法战争行为,时任总统布什的民众支持率超过 90%,是二战后历届美国总统发动战争获得支持率最高的总统。这主要得益于美国政府控制的几大新闻机构,它们不断地通过新闻发布会,强化伊拉克对美国安全的威胁。同时,各舆论媒体与美国政府的新闻机构同向设置舆论议程,使得政府牢牢掌控着舆论主导权。尽管当时也有个别媒体质疑伊拉克对美国的威胁能力,但在主流媒体与政府共同构建的强大舆论场面前,个别媒体不同的声音根本无法引起民众的认同。因此,掌控舆论主导权,是美国政府顺利发动伊拉克战争的关键环节。

3.政府与媒体形成良好的生态依赖关系,实现双方的合作共赢

在美国,法律规定了政府不得使用行政手段干预媒体的独立工作,媒体独立于政府而存在。基于媒体的权力,国内各种利益团体都不敢得罪媒体,竞相与媒体搞好关系。因此,媒体被称为继总统、议会、法院之后的第四大权力机构。尽管媒体具有相对的独立性,但媒体人都具有共同的西方价值观。因此,媒体的新闻价值取向是与西方倡导的"普世价值"保持高度一致,这也是媒体与政府能够合作共赢的思想价值基础。尽管媒体独立于政府之外,拥有不受政府干涉的新闻自由,但政府并非在媒体面前束手就范。政府为了能够控制和左右媒体的舆论,从联邦政府到各州政府都相继建立公共关系机构,架设了庞大的公共关系网,全面垄断权威信息,掐断媒体的信息来源,使媒体变成了聋子和瞎子。信息是媒体生存和发展的基础,当信息来源渠道不畅通时,媒体即使拥有再强大的独立性也无济于事,在政府面前只得就范。因此,媒体与政府为了各自的利益,双方形成了良好的生态依赖关系。政府向媒体提供权威信息,媒体按政府的意愿

设置舆论议题,媒体为政府服务,双方实现了双赢。但在实际博弈中,政府实质上对媒体实施了软控制。由于媒体记者都是媒体集团的员工,不是政府的雇员。因此,媒体记者不惧怕政府的管制,他们往往喜欢在新闻报道中揭政府的短,让政府难堪。但是毕竟记者是媒体集团的雇员,他们受到老板的控制。政府为了实现对记者的间接控制,会千方百计地通过各种手段笼络媒体老板,通过老板控制记者,使记者在媒体话语传播中与政府同向同行。尽管在理论和制度上,媒体独立于政府而存在,但基于各自的利益需求,双方搭建了相互依存的生态关系,形成了相互控制和利用的实质性关系,媒体实质上成为政府的舆论传播工具。

4.通过民意调查主导媒体舆论走向

美国政府非常重视民意调查,把民意调查作为政府的一项重要工作纳入政府计划,这并不是政府真的非常关心民意,按民意走向调整执政政策,而是以民意调查为幌子,实施政府控制舆论。因此,民意调查是政府控制媒体舆论的手段。研究美国的政治活动,我们发现无论是政策的制定、法律法规的出台、政府的军事行动等都离不开民意调查。事实上,民意调查一方面确实反映了公众对此项事情的关注度,为政府的决策提供参考。但政府频繁开展民意调查的真正意图不在于此,而是在于制造舆论,达到掌控舆论的目的。我们发现,凡是政府主导开展的民意调查,都是政府关注的问题。政府通过民意调查,把自身关注的问题移嫁给公众,实质上就是政府设置舆论议题,让公众参与讨论,在公众讨论中塑造了民意,最终实现政府设置媒体舆论议题,并主导舆论走向的目标。因此,美国政府开展民意调查,并不是要遵从民意,而是要主导舆论走向,把媒体舆论牢牢掌控在政府手中。

5.通过掌控信息源主导媒体舆论焦点

由于美国从联邦政府到各州政府都相继建立了公共关系机构,架设了庞大的公共关系网,对权威信息源进行了全面垄断。媒体要得到权威信息,只能依靠政府。而政府又非常清楚新闻报道的内容、甚至包括报道的顺序对政府都将生产重大影响。因此,政府在向媒体提供信息的时候,非常注重时效技巧,凡是对政府有利的先提供、先报道,而且提供得非常详细,在短期内形成强大的媒体效应;而对政府不利的信息,则通过慢提供、粗过程的方式提供给媒体,形成细水长流的方式,使媒体舆论无法瞬间形成舆论热潮,以达到消减公众关注热情的目的。同时,美国政府对媒体提供信息也是有所选择,对那些与政府站在一起,按政府意愿设置舆论议题的媒体,政府就会多给它们信息、给权威信息,让它们获得第一手新闻材料。相反,那些喜欢与政府唱反调的媒体获得信息相对就少,只能通过转载方式进行报告,从而降低这些媒体的新闻时效性,间接打击这些"不听话"的媒体。正如美国前总统罗斯福所言:"如果你们有人在任何时候背信弃义或擅自发表总统认为不该发表的消息,他将受到惩罚,被切断正常的消息来源。"①政府有了这一"杀手锏",媒体只得按政府意愿行事,只能与政府形成良好的合作关系。政府也就可以通过媒体制造新闻,营造有利政府的媒体舆论。如,美国发动伊拉克战争,攻入巴格达后,在美国国内的各大媒体反复报道一个伊拉克人在美国大兵面前欢欣鼓舞地说"谢谢你,布什。谢谢你,美国。"伊拉克人感谢美国大兵推翻了独裁者的新闻报道,事后证明是美国政府操纵媒体杜撰的假新闻,但在当时却为美国政府入侵伊拉克获得了民众的广泛支持。因此,政府通过掌控信息源,掌控着媒体舆论的走向,使之为美国政府服务。

6.抢占国际媒体舆论话语权,主导国际舆论走向

尽管美国媒体具有相对的独立性,但媒体的新闻价值取向是与美国倡导的"普世价值"保持高度一致,这也是媒体与政府能够合作共赢的价值基础。长期以来,媒体在政府的主导下,依托强大的经济能力和技术优势,围绕西方所倡导的价值观设置舆论议题,抢占国际舆论话语权,干涉他国内政。近年来,以美国为首的西方媒体不断妖魔化社会主义国家和政府的形象,不断放大对立国家的国内矛盾,支持对立国家的不同政见者,制造和挑拨国内矛盾,通过媒体机构引发相关国家的思想混乱。可以说,在抢占国际话语权,挑拨和支持敌对国家内乱,甚至推翻现政权等方面,美国等西方国家的媒体完全充当了政府的马前卒,毫无掩饰地撕毁了那张媒体独立的遮羞布。进入21世纪以来,美国等西方国家媒体充当政府马前卒的行为表现得更淋漓尽致。发生在中东的"茉莉花革命"、乌克兰的"颜色革命",乃至在中国的"新疆7·5事件""西藏3·14事件""香港占中"等事件中,美国等西方国家媒体充当了极不光彩的角色。它们罔顾事实、制造谣言、夸大矛盾地进行报道,误导了世界公众,给相关国家造成了极大的伤害,这一切都是为了传播西方所谓的民主思想。其结果把一些相关国家推向了万劫不复的深渊,引发了国内长期的政治动荡,经济社会发展受到极大影响,人民群众的生活质量普遍下降,进而引发群众对政府的满意度降低,从而达到了美国等西方国家颠覆现政权的战略意图。显而易见,美国政府通过媒体抢占国际舆论话语传播权,主导国际舆论走向,为美国赢得了广阔的国际话语空间,为其实现自身的战略意图和国家利益赢得了话语传播力。

二、苏共放弃媒体舆论阵地管控的教训及后果

苏联解体、苏共丢失执政地位已经过去30年的时间,30年来,人们围绕一

---

①　转引自陈一收.中国共产党提升舆论引导能力研究[D].福建师范大学,2012:106.

个强大的苏联为什么在短期内走向灭亡的问题展开不同视角的研究与探讨,逐步形成了共识,与苏联共产党在意识形态领域自废武功有着重大关系,而且主要表现形式就是放弃对媒体舆论阵地的管控。

(一)放弃对媒体舆论阵地的领导权,使媒体舆论成为苏共垮台的催化剂

自从媒体舆论形成以来,任何一个国家和执政党都会把媒体当作自己的喉舌,不断强化对媒体舆论的管控,使媒体舆论为自己的执政服务,哪怕是在西方两党或多党制国家,政党也有发展自己的媒体,为自己执政营造舆论氛围。然而,苏联共产党却走了一条不同寻常路。1985年,戈尔巴乔夫担任苏共中央总书记后,开始在全国推进改革。其中一项重要改革、也是把苏联推向灭亡的改革就是新闻改革。他提出了新闻自由改革和新闻机构的去行政化,并要求各级政府不得对新闻进行"行政干涉"。戈尔巴乔夫违背新闻传播的基本规律,主张"自由无边""民主无度"的新闻自由,直接的后果就是新闻舆论脱离了党的领导,导致苏联改革进程存在的一些问题,被媒体无限制地放大并归罪于苏共。苏共自动放弃对舆论阵地的领导,造成了政治上和思想意识形态领域的混乱,成为加速苏共垮台的催化剂。苏共放弃对媒体舆论的领导后,一些原来属于国家主流宣传机构的媒体,为了获得更多的订阅量也转而批评政府和政党。甚至包括苏共中央电视台和《消息报》《真理报》等都充当起了专门批评苏共和苏联政府的工具,成为苏共自掘坟墓的生力军。同时,一些社会团体也私自办起了报刊,这些地下报刊成为职业的反马克思列宁主义阵地。苏联在舆论领域自废武功的做法,丢失政权也就成为必然。

(二)放弃对媒体舆论阵地的管控,导致苏联意识形态阵地全面失守

从苏联社会主义制度建立以来,西方资本主义对苏联的"文攻""武斗"就从来没有停止过。在苏联政权刚建立的初期,英美法等10多个老牌资本主义国家就对新生的苏俄政权进行了武装干涉。在列宁等领导下,击败了帝国主义对苏俄的武装干涉。从那时起,"武斗"失败的西方国家,开始转而对苏联开展"文攻"。因此,苏联解体和苏共亡党过程中,以美国为首的西方国家扮演着重要的角色。从20世纪50年代以来,美国就针对苏联拟定了专门的和平演变计划,与苏联展开了激烈的人心争夺战。可以说,在几十年的争斗里,双方互有胜负。但是,在戈尔巴乔夫担任苏共总书记后,对西方的意识形态进攻,不但不加强防守,反而敞开大门,任由西方进入自己的舆论阵地。如戈尔巴乔夫为使自己推行的所谓新思维落到实处,他授意新闻部门不要干涉外国的电台,可以让美国之音、英国BBC、自由亚洲等电台在苏联不受干涉地播出节目。苏联人可以自由地收听西方的电台,而这些电台显然不是如戈尔巴乔夫理想中的那么友善。这些西

方媒体大肆鼓动苏联人否定苏联的历史、否定苏联的领袖和民族英雄。于是乎，为苏联解放事业做出巨大牺牲的民族英雄卓娅、保尔等相继被抹黑，甚至包括列宁也被贴上了德国间谍的标签。各种媒体把党的领袖、民族英雄抹得漆黑一团，人们的思想价值观出现了严重动摇。不仅如此，苏联领导人还通过国家拨款的方式支持相关行业引进西方国家的报刊。至此，苏联的整个意识形态防线完全被西方攻破。其结果就是苏联国内外媒体联动起来，对西方的人权自由大肆吹捧，对总统制、议会制、多党制进行神化。这些媒体极力主张在苏联按西方模式改造苏联的政治制度，实行全盘西化。可以说，在苏联与西方的意识形态斗争中，以西方的全胜而告终。苏联共产党在群众中毫无威信可言，人们对共产党的执政、对社会主义制度产生了极大的怀疑，整个苏联的道路自信、制度自信、文化自信几乎被摧毁。因此，苏联共产党最后失去政权，整个国家轰然倒下也就是理所当然的事情。

三、国外媒体话语传播经验与教训对中国媒体话语传播建设的启示

媒体舆论对国家政权的稳固、社会发展产生着突出的影响。国际上对媒体舆论管理的正反两方面的经验，对我们加强媒体舆论管理都具有指导和借鉴价值。但由于各国的国情差别，网络发展存在差异。我们在研究国外的媒体舆论管理时，要充分吸取别国的经验和教训，立足于本国实际，探讨符合中国实际的新媒体舆论管理模式。

（一）毫不动摇的坚持党对媒体的全面领导和管理

如何管控媒体舆论，苏联和美国为我们提供了正反两方面的经验。不管是正面的成功经验，还是失败的反面教训，对我们如何加强媒体舆论管控，牢牢掌握媒体话语权，正确引导媒体舆论走向，发挥媒体在推进马克思主义大众化话语传播中的作用等都值得认真总结，吸取经验教训。

1. 坚持党对媒体舆论的管控，牢牢掌握舆论主导权

苏联主动放弃媒体舆论的管控权，在新媒体面前自废"武功"，导致思想领域防线全面失守，让西方主导的价值观随意进入国内阵地，干扰和冲击自己的主流价值，导致人们的思想和价值取向陷入混乱，成为苏联解体的导火索。事实证明，任何一个国家、一个政党必须牢牢掌控思想领域的话语权，在这个领域绝不能出现任何含糊。须知"一个政权的瓦解往往是从思想领域开始的，政治动荡、政权更迭可能在一夜之间发生，但思想演化是个长期过程。思想防线被攻破了，

其他防线也就很难守住"①。这一点,苏联给我们提供了重要的反面教材。因此,只有坚持党对媒体舆论的管控,牢牢掌握舆论主导权,我们才能真正打赢网络舆论争夺战,才能让马克思主义话语成为全社会的主流话语,推动马克思主义大众化才能变成现实。

2.坚持用马克思主义指导媒体舆论,巩固马克思主义话语地位

实践证明,苏联在媒体舆论防御战中全面失守,根本原因在于放弃马克思主义的指导地位,在所谓新思维指导下不顾国情倡导新闻自由,为西方思想观念攻入自身的价值体系打开了大门。反观美国等西方国家之所以能够在意识形态斗争中取得主动权,根本原因也在于始终用自己倡导的主流价值观指导媒体舆论,使媒体成为传播"普世价值"思想的强大舆论武器。不管何种形态的社会,意识形态、经济基础都是国家的重要机体。其中意识形态居于核心地位,它决定着国家的主流价值取向,集中反映着统治阶级的意志,是维护社会稳定和国家政权稳定的思想基础。显然,一个国家倡导的主流意识形态是依靠国家的政权来维护的。如果国家政权不稳固,主流意识形态也同样不复存在,同样的道理,如果主流意识形态混乱,人们的思想也将出现混乱,政权也将不稳固。这一点,苏联给我们提供了教训。苏联在改革过程中,用所谓的新思维取代马克思主义,使得马克思主义在苏联失去了主导地位。引起连锁反应的是,用马克思主义指导建立起来的苏联社会主义政权,就面临着政权的合法性问题。因此,我们强调马克思主义的指导地位,实质上就是强调和巩固社会主义制度的合法性和党的执政地位。坚持用马克思主义指导媒体舆论,就是要强化马克思主义话语地位。

(二)拓展国际话语空间,增强媒体国际话语传播力

美国等西方国家在国际舆论中获得了更多的媒体话语权,归结起来,最根本的一点就加强对外宣传。美国的媒体与政府形成了良好的合作关系,能够按照美国政府的意愿加强对外宣传,既增强了美国媒体的国际影响力,又为美国政府赢得了广泛的国际话语权,实现了媒体与政府的合作双赢,这一点值得我们认真研究和借鉴。随着中国的发展强大,以美国为首的西方国家对中国的发展极为不安,极力抹黑中国的现象将会更为突出。因此,中国必须不断加强对外宣传,主动向世界各国讲中国故事、传播中国声音,主动营造国际舆论,增强国际话语传播力,从根本上打破西方国家的国际话语垄断。

1.构建中国特色的话语体系,增强中国话语诠释世界问题的能力

美国之所以拥有全球话语霸权,是因为美国从政府到媒体一直注重用自己

---

① 文秀.习近平的执政理念[N].学习时报,2014-03-03(003).

特有的话语诠释世界问题，形成自身特有的话语体系，引领世界话语传播方向。特别是在对话语权产生直接影响力的社会科学领域，美国善于用自身的话语体系，诠释世界问题，形成一些世界广泛认同的观点。如："文明冲突论""软实力""巧实力"等，都是美国话语的重要内容之一，也得到了世界的广泛认同。这些话语既增强了美国国际话语的吸引力，又稳固了美国国际话语权地位，有效维护了美国的国家利益。当今世界，以美国为首的西方发达国家，掌控着国际话语权。中国要想在国际话语权竞争中拥有更多的话语权，提高中国话语的国际影响力，就必须立足于中国的传统文化和思想基础，立足于中国特色社会主义的伟大实践、放眼于世界讲中国话语、传播中国主张。首先，要增强中国话语诠释世界问题的能力。习近平在党的十九大报告中指出："世界正处于大发展大变革大调整时期，面临的不稳定性不确定性突出，恐怖主义、网络安全、重大传染性疾病、气候变化等非传统安全威胁持续蔓延，人类面临许多共同挑战。"①面对这些国际问题，我们有多少获得全球认同的话语呢，这是一个值得思考的问题。习近平关于构建人类命运共同体的主张，逐步得到了世界认同，其话语影响力逐步扩大。因此，提升中国的国际话语影响力，必须用中国特色的话语讲中国故事，增强中国话语诠释世界问题的能力。其次，要坚持"和而不同"、包容并蓄的文化心态。中国传统文化突出"天人合一"的哲学思想，这为解决当今世界日益突出的气候变化、国际冲突等提供了哲学思维，"天人合一"的文化底蕴，应该成为中国构建阐释解决世界难题的文化基础。党的十八大以来，以习近平同志为核心的党中央，非常重视基于中国传统文化优势构建中国的国际话语，用中国的特色话语传播中国的世界主张。如中国提出的构建人类命运共同体主张，实质上就是用中国的"天人合一"思想构架解决当今世界难题，获得了广泛的国际认同。在中国传统文化的话语体系中，还有"己所不欲，勿施于人""四海之内，皆兄弟也""礼之用，和为贵""和而不同"等丰富的哲学思想，以这些哲学思想诠释当今世界问题，一定会获得广泛的国际认同。习近平提出："实现中国梦离不开和平的国际环境和稳定的国际秩序，要促进和而不同、兼收并蓄的文明交流。"②习近平的话语间明确地表达了中国关于世界的基本态度。主张思想文化多样性，主张各国文化平等交流，世界上没有所谓的普世价值，这是最具中国特色的话语创新。中国面对世界文化，我们既不盲目排斥，也不全盘吸引，而是主张"和而不同、兼收并

---

① 习近平.决胜全面建成小康社会 夺取新时代中国特色社会主义伟大胜利——在中国共产党第十九次全国代表大会上的报告[N].人民日报，2017-10-28(001).

② 习近平.决胜全面建成小康社会 夺取新时代中国特色社会主义伟大胜利——在中国共产党第十九次全国代表大会上的报告[N].人民日报，2017-10-28(001).

蓄"。再次,要坚持以社会主义意识形态为核心。美国获得持续稳固的国际话语权的经验之一就是持续输出美国核心价值观,抢占话语传播主导权,不做人云亦云的事情。中国是社会主义国家,经过改革开放 40 多年的发展,中国特色社会主义道路成为世界上最成功的道路之一,道路自信已经在人民大众中持续增强,为中国拓展国际话语空间奠定了坚实的基础。有了基础,就需要我们持续发力,不断提升用中国的核心价值观诠释世界问题,避免陷入"人云亦云""拾人牙慧"的话语境地。

2.构建中国特色的话语体系,用中国故事向世界宣介中国经济社会发展

中国延绵着上下 5000 多年从未间断的悠久历史文化,古代中国的故事足够精彩,对世界文明作出的贡献也为世界所公认。新中国成立以来,中国经济社会发展取得了巨大成就。特别是改革开放 40 多年来,中国发展的故事精彩纷呈。但由于受到国际话语权的影响,中国发展的许多精彩故事没有能够及时准确地传向世界。

讲中国故事,重点是要自己讲,不要把希望寄托于别人。特别是用中国特色话语讲中国故事,更不能由别人讲。俗话说:"好经要由好和尚念,歪嘴和尚——没正经。"中国特色社会主义建设取得的伟大成就,是一部了不起的"正经",一定要由我们自己的好"和尚"去念,才能念出"正果"。话语权是通过自己持续的话语传播,扩大话语影响力而赢得的。有一个数据,应该引起我们的高度重视。20世纪以来的 100 年时间里,海外研究中国的专著达到 300 多部,涉及近 300 多名作者。外国人研究中国的内容涉及经济、政治、文化、社会建设、生态建设等方方面面,其中一些不乏国际影响力。如:《毛泽东传》《邓小平传》《摆脱困境:新儒学与中国政治文化的演进》《走向 21 世纪:中国经济的现状、问题和前景》《佛教征服中国》《功利主义的儒家》《中国人的幸福观》《中国思想传统的现代诠释》等。在这些具有国际影响力的著作中,由于作者思想文化的差异、价值观的不同,对中国问题的解读往往与中国实际国情差异较大,其中也不乏一些带着有色眼镜看中国、讲中国故事的书籍。当然我们不是否认这些研究成果,但事实上,中国的故事,如果都由别人讲,难免被讲歪。因此,中国故事,应该用我们自己的话语体系去讲,才能讲准确、讲明白。习近平指出:"推进国际传播能力建设,讲好中国故事,展现真实、立体、全面的中国,提高国家文化软实力。"①党的十九大、二十大召开后,中国分别向全球派出了 30 个高级别宣介团,向世界 80 多个国家和地区宣传介绍中国发展成就。这是中国强化自己话语权的重要举措,也是构建

---

① 习近平.决胜全面建成小康社会 夺取新时代中国特色社会主义伟大胜利——在中国共产党第十九次全国代表大会上的报告[N].人民日报,2017-10-28(001).

中国特色的话语体系讲中国故事,向世界宣介中国经济社会发展的重要措施,只有这样,才能赢得话语主动权,不断提升话语权地位。

3.加强国际议题设置,强化参与国际规则制定的能力

从美国赢得持续稳固的国际话语权经验看,从 20 世纪 40 年代开始,美国一直是国际规则制定的主要议题国,包括联合国宪章、WTO 规则等许多国际规则都是在美国的倡议和主导下制定的。因此,强化国际议题设置和规则制定能力,是国家赢得国际话语权的重要渠道和措施。新中国成立以来,由于历史原因的影响,中国参与国际规则的制定受到了制约,国际话语影响力不强。但中国从未停止国际参与的努力,一直积极寻求机会提出国际议题,传播中国声音。

20 世纪 50 年代,新中国在国际地位还没有得到完全恢复的不利境况下,积极主动寻求机会参与国际事务。1955 年 4 月,周恩来在万隆亚非会议上阐述了"和平共处五项原则"的中国主张,成为今天国际公认的基本准则。20 世纪 70 年代,毛泽东根据国际形势的变化,提出"三个世界"的划分构想,明确提出中国属于第三世界国家,对我国的国际地位进行了一个清楚的界定。"三个世界"的划分,确定了我国与亚非拉国家的地缘政治关系,得到了亚非拉国家广泛的认可,中国话语产生了巨大的国际影响力。提升国际话语权,广泛参与国际组织是基本前提。只有在国际组织框架下,才能参与更多的国际问题的议题设置,表达更多的中国主张。中国作为联合国常任理事国,"到 2011 年止,中国加入了几乎所有的联合国及其下属机构"[①],中国的国际话语影响力也随着广泛参与国际事务而逐步提升。

进入 21 世纪以来,中国更加注重了加强国际议题设置。如:发起召开全球政党大会、博鳌论坛、上海世博会、金砖国家峰会、中非合作论坛、中国—东盟博览会等等。在中国主导下设置的这些议题,是提升中国国际规则制定能力的重要举措,也因此赢得了一定的国际话语权。但是,与中国作为世界第二大经济体地位相比,国际话语权与经济地位相差甚远。在许多领域,议题和规则都是他国设置的,中国仅是规则的执行者,而不是规则的制定者。尤其是中国加入 WTO组织初期,由于没有规则制定的权利,在许多领域缺乏话语权,受制于别国,甚至还时常被掌控规则的国家无端指控中国破坏 WTO 规则,这在一定范围内影响了中国经济的发展质量。因此,我们需要摆脱被"定义"的困境,着重联合相关国家设置对我国经济社会发展有利的国际议题、修改国际规则。今天,在全球化趋势日趋突显的态势下,参与国际规则的制定,需要具备全球战略眼光,善于敏锐

---

① 宰飞.专访联合国副秘书长沙祖康——想要国际话语权就得自己去"抢"[N].解放日报,2011-10
-24.

捕捉国际社会的风云变幻。要坚持基本国情、坚守意识形态,尤其要警惕西方国家的话语陷阱,坚持从本国的实际出发,以维护国家利益最大化为出发点。近期,一些欧美反华势力集团的智库针对中国与世界开展的文化交流,提出了"锐实力"①概念,污蔑中国政府操控文化交流,对他国进行价值观渗透等。针对西方国家的话语攻击,我们要善于还击,以攻为守。用具有中华文化特质的"睿实力"②反击"锐实力",在"构建人类命运共同体"框架下参与和主导世界议题设置。随着"一带一路"倡议的提出和带来的广泛国际认同,中国已经成为 21 世纪世界议题的重要设置国之一,这是我们提升国际话语权的绝佳机遇。随着"一带一路"的实施,中国元素进入国际视野的机会极大增加,中国的声音将会被广泛倾听。随着中国参与和引领国际事务的增加,将进一步增加参与国际规则制定的能力,中国的国际话语权也将随之提升。

4. 发挥新媒体的传播功能,拓展中国特色话语的国际交流平台

美国在赢得更大的国际话语权中,新媒体发挥了重要作用。前文提到,今天的美国掌控着世界大部分的信息资源,拥有世界其他国家无法比拟的信息技术传播优势,这也是美国能够获得持续、稳固的国际话语权的重要因素之一。与美国相比,尽管我们在信息资源的掌控方面不如美国,但我们有世界任何国家无法比拟的传播主体。第 49 次中国互联网络发展状况统计报告数据显示,"中国有418 万个网站,网页数量达到 3350 亿个,经常性网民有 10.32 亿,手机网民10.29 亿。"③这是一支庞大的人才队伍,把这支队伍组织起来,将形成一支巨大的传播力量。当然,目前这些庞大的网民还分散在各个媒体领域,从某种程度而言,还是一盘"散沙",对国际话语的影响力还较弱小,如果他们一旦被组织起来,发挥的力量不可抗拒。如在拉萨"3·14"暴力事件、乌鲁木齐"7·5"暴力事件中,面对西方媒体对事件的肆意歪曲报道,中国网民集体发声,给予西方媒体沉重打击,也让西方媒体首次感受到中国力量的强大。从这两次事件中可以看到,中国广大网民一旦被组织起来,将为赢得国际话语权注入强大活力。

发挥队伍资源优势,前提条件是要利用好新媒体的媒介功能,通过平台建设

---

①　"锐实力"是由华盛顿的智库,国家民主基金会(National Endowment for Democracy)所创造的。主要是指中国的对外文化交流受政府控制,并且有对西方国家进行价值观渗透、干预文化领域各种自由的政治目的。

②　"睿实力"是清华大学教授史安斌提出的一个概念,他认为,面对新一轮以"锐实力"为主题的舆论战,我们应当大胆破除以往外宣工作中的一些思维定式,跳脱西方媒体和思想界的议题设置,突破遏制、回应挑战、补齐短板、迎难而上,积极开展意识形态领域内具有新的历史特点的伟大斗争。并把"突破遏制、回应挑战、补齐短板、迎难而上"称为"睿实力"。

③　中国互联网络信息中心:第 49 次中国互联网络发展状况统计报告[EB/OL]. http://www.cnnic. net. cn/hlwfzyj/hlwxzbg/hlwtjbg/P020220407403488048001. pdf.

凝聚力量,通过平台拓展话语国际交流空间。第一,以文化交流为载体,搭建民间交流平台,拓展话语影响力。美国在提升国际话语权问题上,从来不会忽视民间的文化交流力量。如美国利用其民办高校的国际影响力,吸引了包括中国在内的大量留学生。通过文化交流赢得国际话语权,是美国通用的做法,这一点值得我们借鉴。近年来,我们也注重加强各国间的民间文化交流。如孔子学院,成为世界各国了解中国文化的重要渠道。除此之外,中国与俄罗斯、法国等联合举办的"俄罗斯节""中法文化节"等,为中国拓展国际话语影响力营造国际氛围。第二,以新媒体为载体,搭建话语国际交流平台。在传统媒体时代,美国依靠媒体优势,为国家赢得了持续稳固的国际话语权。在新媒体时代,尽管美国的媒体优势依然明显,但新媒体的开放性和"无边界性"为世界各国提供了一个平等交流的话语平台。今天,互联网已经渗透到普通民众的生活中,成为人们生活中的基本组成部分,通过新媒体获取信息成为绝大部分公众的首选。可以说,随着新媒体时代的到来,中国已经全面与新媒体接轨。为此,我们要紧扣新媒体这个重要交流平台,整合官民多元话语资源,搭建官方与民间生态联动的话语交流平台,并不断拓展其国际空间,提升中国话语影响力。第三,注重培养具有国际话语能力的意见领袖,准确讲好中国故事,传播中国声音。前方提到,好经要有"好和尚"念。尤其在新媒体时代,人人都可以成为信息传播者,但并不是每个人都能准确地传播信息。新媒体信息纷繁复杂,良莠不齐,真假难辨。我们在开展国际话语交流时,如果话语运用不当、不准确,不仅不能提升话语权,反而会降低话语影响力,对话语权建设带来负面影响。因此,需要培养一支具有国际话语能力的意见领袖,准确讲好中国故事,传播中国声音,引领国际话语交流导向。只有这样,才能真正发挥新媒体提升国际话语权的功能。

第二节　新媒体生态下马克思主义大众化话语传播的对策

话语传播既要强调内容的科学性和严谨性,维护马克思主义的理论本质,又要根据不同受众转换话语传播方式,突出话语的时代性和通俗性。尤其在新媒体生态下,马克思主义大众化的路径得到了极大的扩展,同时,新媒体超强的话语交互力和无边际的话语传播,需要构建科学系统的话语传播策略,形成生态联动的话语传播格局。

一、掌握和主导马克思主义意识形态的话语传播权

意识形态斗争是当今世界最隐蔽、最激烈的斗争,也是一个事关国家安危、

社会稳定的重要内容。无论是苏联的亡党亡国,还是格鲁吉亚、突尼斯、乌克兰等颜色革命导致政权更迭等,无不与意识形态斗争有着密切的关联。近年来,随着中国日益发展壮大,受到传统冷战思维影响的西方某些国家,极不以习惯看到一个强大的中国出现。从新中国政权刚建立的那天开始,就千方百计地扼制中国的发展,从军事到经济封锁,手段无一不试过,但都不能成功。在斗争中让他们也不断意识到,想要扼制中国的发展,仅靠看得见的赤裸裸的赤膊上阵难以赢得胜利,还需要更多地在思想意识形态的隐蔽领域下功夫。因此,进入21世纪以来,意识形态的斗争更为激烈和残酷。为了打赢这场没有硝烟的战争,国家媒体须牢牢掌握和主导马克思主义意识形态话语传播权。

（一）意识形态话语传播权的内涵

不管是学界还是理论界,对意识形态问题的研究一直是一个重点和热点问题,其核心问题都将涉及一个根本问题,即意识形态话语权问题。从媒体话语传播视角而言,意识形态话语权实质上也是意识形态话语传播权。

1.意识形态话语权的内涵

关于如何认识和理解意识形态的内涵,有两个问题要认识清楚,一是什么是意识形态;二是意识形态话语权的内涵。

第一,关于什么是意识形态的问题,学界目前没有统一的标准概念,但都认同意识形态是一种"观念形态"的基本说法。在"意识形态"产生之初,人们大多是把其作为一种观念的科学去研究。法国政治家拿破仑把"意识形态"赋予了思想斗争的内涵。他在法国建立了法兰西第一帝国,并称帝后。当时的欧洲思想舆论界对他更多的是进行了批评和抨击,其中,这种批评和抨击尤其以哲学界特别突出。拿破仑把抨击他的那些哲学人士统称为"意识形态家",赋予了"意识形态"一种负面的思想观念存在。

除了国外对意识形态内涵进行了相关研究和界定外,国内学者们对意识形态也进行了广泛研究,尽管在表述意识形态的用词上稍有不同,但基本内容逐渐形成了统一的认识,认同了意识形态是统治阶级的思想观念体系这一基本要义。

马克思对"意识形态"进行了进一步的研究,赋予了它科学的内涵。马克思主义认为:"意识形态是上层建筑的组成部分,是以特定的形式和较为严整的体系反映社会存在。在阶级社会里,社会意识具有阶级性,并为一定的阶级服务的。"[①]从马克思关于意识形态内涵的界定中,我们可以清晰地看出意识形态的阶级性。作为一种反映统治阶级意志的思想观念形态,必须通过政治、经济、文

---

① 刘佩弦.马克思主义与当代词典[M].北京:中国人民大学出版社,1998:739.

化、哲学、法律制度、宗教等上层建筑的话语形式表现出来。因此,意识形态从内容上表现为一种思想观念形态,而在形式上则表现为一种话语形态,即统治阶级的思想观念总是通过一定的话语体系表现出来。在现实社会中,不同的统治阶级为了维护自身的统治,总是形成了一整套有利于维护自身统治的话语体系。

第二,关于什么是意识形态话语权的问题,笔者在前文对话语权的内涵进行了讨论,认为话语权就是对其他人产生导向作用影响力的话语。话语权来源于话语的影响力和"势力"范围,要形成话语权,就需要提升话语的影响力和扩大话语的"势力"范围。实质上,所谓话语权,就是掌控着话语的主导权。话语权不仅反映在谁在说、说什么、说给谁的问题,更反映在话语的影响力这个根本问题上,要形成对话语的主导权,在话语上必须有足够的影响力,必须是赢得大众的话语才具有话语权。因此,意识形态话语权从本质上而言就是统治阶级维护自身统治地位的话语权。由于意识形态的内容总是需要通过一定的话语形式表现出来,因此,意识形态的斗争,很多时候都最终落脚在话语权的斗争方面。

在马克思主义理论指导下的世界无产阶级斗争,一直以来都与话语权的斗争密切相联。虽然我们从马克思、恩格斯、列宁的经典论述中没有直接看到关于意识形态话语权斗争的相关论述,但他们关于无产阶级斗争的理论包含着丰富的意识形态话语权斗争的思想。比如:他们提出的"按劳分配""当思想领导者"等论断,都反映了马克思、恩格斯、列宁主张通过掌握意识形态话语权实现对国家治理的话语影响力。随着中国共产党执政的深入,对意识形态话语权的斗争认识不断走向科学,内涵不断丰富和发展。意识形态话语权不仅局限在思想文化领域,而是从国家经济、政治、文化、社会建设、生态文明建设的各个领域体现出来,反映在治国、治党、治军的全过程。

2. 新媒体生态下意识形态话语传播权的构成要素

话语影响力是意识形态话语权的重要考量要素,无论是在传统媒体还是在新媒体时代,话语影响力至少要从话语主体、话语内容、话语语境、话语载体等四个方面综合反映出来。话语主体反映的是说者与听者的问题,话语内容反映的是说什么的问题,话语语境反映的是说话的环境问题,话语载体反映的是通过什么途径传播话语的问题。因此,话语主体、话语内容、话语语境、话语载体是意识形态话语权构成的基本要素。

第一,话语主体。在整个意识形态的话语生产领域,可以分为纵向和横向两个途径的话语生产者。"从横向看,有政治家、理论家、介于二者之间的智囊团、其他实际工作者等多个方面。从纵向看,有领袖个人、领导集体、广大干部甚至普通群众等多个层次。"①从总体上而言,人民大众是话语的主体。从具体的话语群体而言,各级领导人、思想理论工作者、知识分子、人民群众是话语的主要生产者,而国际、国内的人民大众则是话语的主要听者。因此,意识形态话语主体并没有特定的对象。尤其是在新媒体生态下,手机成为人们的基本生活工具,手机使得人人手上都有一个"麦克风",它彻底颠覆了传统媒体环境下说者与听者的"固定"身份。因此,在新媒体生态下,话语主体呈现出多元化、不确定性的特性。尽管话语主体呈现多元、多变,但这并不意味着意识形态话语主体不可控,作为一个执政党,对新媒体的管控,打造一支意识形态话语主体的主力军,是规范和管理话语主体的重要途径。

第二,话语内容。话语内容突出反映在说什么的问题上,是意识形态话语权的核心要素。在社会主义和资本主义两种意识形态的长期斗争中,人们越来越深刻地认识到意识形态话语内容的巨大威力。正如美国学者亨廷顿所说:"对一个传统社会的稳定来说,构成主要威胁的,印刷品比军队和坦克推进得更快、更深入。"②由此可见话语内容在意识形态斗争中的重要性。正因为如此,有人把当今两种意识形态的斗争称之为没有硝烟的"第三次世界大战"。从意识形态问题对一个国家政局的影响力和破坏力而言,这个比喻一点也不过分。反映意识形态的话语内容既要具有系统的学术逻辑性,更要体现话语的大众化和通俗化,能形成大众共鸣。就如被西方自誉为"普世价值"的"民主、自由、平等、人权"思想,在资产阶级民主革命时期,有效地关照了长期处于封建王权统治下渴望自由的人们,曾经一度获得了广泛的社会认同,也成为资产阶级发动民主革命的主要思想武器。

由于意识形态反映的是统治阶级意志,为维护统治阶级的根本利益服务。因此,社会主义和资本主义两种意识形态的话语内容有着本质的区别。马克思主义意识形态的话语内容,要突出用马克思主义掌握意识形态的领导权和话语权。从意识形态话语的理论逻辑而言,就是既要旗帜鲜明地体现当代中国马克思主义 21 世纪马克思主义的学术话语体系,又要充分地实现话语大众化,使理论与实际有机结合。如,我们今天倡导的"24 字"社会主义核心价值观,要着力在引导公民践行方面下功夫,努力使其成为全社会的最大公约数和基本遵循,尤其要突出理论指导实践,用中国特色社会主义伟大实践成就来不断提高马克思主义意识形态话语的说服力和解释力。

---

① 董德刚.当代中国根本问题[M].石家庄:河北人民出版社,2009:6.

② [美]塞缪尔·亨廷顿.变化社会中的秩序[M].王冠华,等译.北京:生活·读书·新知三联书店,1989:141.

第三，话语语境。简而言之，话语语境就是语言环境或使用话语的环境。由于社会主义和资本主义两种意识形态代表的阶级对象不一样，同样的话语内容，放在不同的语境下，在本质上有不一样的内涵。如"自由、平等"等内容，都反映在社会主义和资本主义的意识形态话语体系里。但西方资本主义意识形态语境下的"自由、平等"，是站在为资产阶级统治服务的，带有强烈的双重标准，这种双重标准不仅体现在对待他国上，而且也体现在对待国内不同肤色和民族上。如一些西方国家长期存在种族歧视、性别歧视、劳资对立、贫富分化、人权无保障等背离自由、平等、人权的严重社会问题。美国经济学家斯蒂格利茨指出，美国民主的实质就是"1％所有，1％统治，1％享用"。美国爆发的"占领华尔街"运动，实质就是99％与1％对立。美国为了自身利益，在叙利亚用燃烧弹烧毁即将收割的农民的小麦，这与西方国家倡导的"自由、平等、人权"完全不符。同样，在对待"自由"的问题上，美国为首的西方国家要求全世界其他国都要按西方国家诠释的"自由"模式推行自由，既无政府主义的自由。但从西方国家自身内部而言，他们对"自由"的要求却不是绝对自由，无论是从行为和言论上，都有严格的管控制度。显然，西方国家在倡导"自由"的问题上执行了双重标准，对内强调的是有约束的自由，而对外、特别是对发展中国家则要求实行无约束的绝对"自由"。而同样包含"自由、平等"内容的社会主义核心价值观，则突出强调以人为本，突出强调立足于中国特色社会主义的理论与实践的语境，立足于中国实际向世界讲述中国的故事、传播中国声音，形成全社会的最大公约数，而不是把自己的价值观强加于他国。

实质上，意识形态反映的是政治、经济、法律、道德、哲学、艺术、宗教等上层建筑的思想观念。因此，意识形态话语权要立足于不同语境下去讨论。不同的政治制度决定了意识形态话语的本质内涵，不存在世界"通吃"的价值观念。

第四，话语载体。话语载体对维护和巩固意识形态话语权具有不可替代的重要作用。尤其在新媒体生态下，谁有效控制了话语传播载体，谁就一定能够在话语权争夺中居于主导地位。在传统媒体时代，话语载体一般包括报纸、杂志、广播、电视等，这些载体一般都比较容易控制在官方手中，传播载体为主流意识形态的话语传播服务成为一种当然。但在新媒体生态下，以信息技术为主体的网络传播载体逐渐占据了话语传播的主体地位，话语传播载体的形态发生了巨大变化。QQ、微博、微信等一大批自媒体传播载体掌握在草根民众手中，形成了强大的民间话语载体。因此，在新媒体生态下，形成"官""民"两大话语传播载体阵营，它们之间相互博弈争夺话语权是不可阻挡的发展态势。如何构建"官""民"两大话语传播载体的有机联动，使民间的话语载体立足于为社会主义意识形态建设服务，与官方载体同向同行，共同推进马克思主义意识形态话语传播，成为加强马克思主义意识话语权建设的重要内容之一,也是一个非常紧迫而亟待解决的现实问题。

3.意识形态话语传播权的影响因素

影响意识形态话语传播权的因素是多种多样的,既有内容因素、环境因素,也有话语教育方式方法因素等。除此之外,话语传播者自身的素质和对传播内容的自信是最重要的影响因素之一,因为传播者自身对传播内容的信度对受者的感染力往往会超过话语的显性表现。因此,在考察意识形态话语传播权的影响因素时,往往会把传者的言行影响力作为一个重要的考量因素。

第一,理论自身的科学性与创新性。马克思主义之所以赢得大众,不仅体现在其理论自身的科学逻辑上,更体现在指导饱受磨难和屈辱的中华民族为实现民族自身解放的伟大实践中。历史已经证明,并将继续不断证明,中华民族之所以能够日益走近世界舞台的中央,距离实现中华民族伟大复兴的中国梦越来越近,最关键是找到了马克思主义科学理论,有了马克思主义的指导,中华民族的面貌从此焕然一新。马克思主义是科学理论,但马克思主义不是一尘不变的教义,它的全部生命力和科学要义在于不断创新和发展。从毛泽东思想到习近平新时代中国特色社会主义思想,每一个中国化马克思主义理论的形成和发展,都体现了中国共产党人对马克思主义理论的继承和创新。这种创新不是来自书斋里的学术探讨,而是紧密联系中国革命和中国建设的伟大实践,是在实践中把马克思主义的基本原理与中国的具体实践相结合,在总结革命和建设的经验基础上的创新。正是这种来源于实践中的创新,赋予了马克思主义巨大的说服力。为什么马克思主义在中国的说服力和吸引力越来越强,既得益于理论自身的科学性说服了大众,更得益于马克思主义指导下的伟大实践征服了大众。因此,理论自身的科学性与创新性影响着意识形态话语传播权,一方面决定于科学的理论能够说服大众,另一方面又取决于理论在实践中不断创新和发展,并能够成功指导伟大实践。

第二,以人民为中心的价值导向。任何掌握群众和被群众掌握的理论,都不是空中楼阁的理想描绘,而是把理论愿景变成人民群众看得见、摸得着的实惠。因此,人民性是意识形态话语权的重要影响因素。中国共产党旗帜鲜明地把为人民服务作为建党的宗旨,百年来党的全部实践主题全部体现了以人民为中心的价值导向。在党的十九大报告中,205次提到了人民,"人民"是整个报告中出现频率最高的词汇。历史和现实的经验证明,中国化时代化马克掌握了大众,与理论自身始终把人民利益摆在至高无上的地位紧密相联,聚焦百姓的福祉,彰显人民为中心的话语价值导向,成为提升意识形态话语传播权的重要影响因素。

第三,话语表达方式的大众化。理论要实现大众化,被群众所掌握,除了理论本身的科学性、正确性外，用什么样的语言表达和阐释，也是影响理论大众化效果的重要因素。推进马克思主义大众化，首先传播话语要与群众相联，反映群众诉求，特别是用通俗的话语反映草根群众的诉求。如果我们的传播话语仍然是高高在上的理论说教，最科学的理论，在大众化的进程中也会遇到诸多困难。对此，毛泽东曾一针见血的指出："有些天天喊大众化的人，连三句老百姓的话都讲不来，实在他的意思仍是小众化。"①从毛泽东的论述中，我们可以清楚地感受到，一种理论的大众化最基本的要求就是理论要掌握群众，即落实到群众中，并被群众所理解、掌握和运用。理论话语的大众化要具体反映在群众听得懂、愿意听。任何一个思想理论体系都具有自身的学术话语逻辑，大众化就是要把这种学术话语逻辑转化为草根话语，让群众更容易理解和掌握。如毛泽东用"懒婆娘的裹脚，又长又臭"来形容党八股；邓小平用"不管白猫黑猫，抓到老鼠就是好猫"来说明要大力发展社会主义生产力；习近平用"鞋子合不合脚，自己穿了才知道"②来阐明要坚持走中国特色社会主义道路、用"小康不小康，关键看成老乡"③来阐明全面建成小康的关键在农民的小康、用"从严治党，要坚持'老虎''苍蝇'一起打"④表明既要打大贪官，也要反小腐吏。这些话语人民群众听起来朗朗上口，既体现了话语的通俗性，又较好地阐释了马克思主义理论内涵。当今的中国，人民群众受到文化差异的影响，对理论的理解也存在较大差异。因此，在意识形态话语的表达方式上，需要增强话语的通俗性来扩大话语的受众面，让更多的群众理解、掌握马克思主义理论，从而增强社会主义意识形态话语权。

第四，执政党干部的言行举止。意识形态话语的影响力不仅取决于所阐述的理论的科学性和实践性问题，更容易受到说话者及其所代表的政党干部是否与理论描述保持一致性。执政党是意识形态话语权建设的话语主体，其中执政党的干部是话语主体的主要力量，人民大众对执政党的认同更多的是通过对执政的干部认同来达成的。在一定时期内，一些地方政府的公信力下降，与其中一些干部脱离群众、言行不一、嘴上说着马克思主义，而行动上完全背离马克思主义有着重大关系，党的干部在对待马克思主义上的言行不一致，严重削弱了我们党在意识形态领域的话语权。"在革命战争年代和社会主义建设时期，在马克思主义理论指导下的中国共产党，一大批党员用生命诠释着对马克思主义的坚定信念，党员干部为民谋利、为党增辉，把'为党说话和为百姓说话'架构成一个有

---

①　毛泽东选集(第三卷).北京：人民出版社,1991：841.

②　习近平谈治国理政(第一卷)[M].北京：外文出版社,2014：273.

③　黄晓华.美丽篇章藉春风——习近平总书记考察海南纪实[EB/OL]. http://cpc.people.com. cn/n/2013/0413/c64094-21124967-3.html.

④　习近平关于全面从严治党论述摘编[M].北京：中央文献出版社,2016：176.

机生态整体。党员干部廉洁奉公和无私奉献的行为,深深地影响着一代又一代的人民大众。但随着社会深刻转型,部分党员领导干部经受不住市场经济的考验,在错综复杂的形势面前,在市场经济的'物欲'冲击下挡不住诱惑,拿权力作交易,以权谋私,动摇了对马克思主义的信仰,以致走向了腐败的深渊。尽管对马克思主义信仰出现动摇的党员领导干部是少数,但在公众中造成的负面影响是极大的。正如邓小平所说:'尽管腐败只存在于党内少数干部身上,但这些人的腐败行为损害了党的形象,败坏了党的声誉,玷污了党风和社会风气。'因此,个别党员领导干部的腐败行为和一些领域内的不良现象,严重弱化了马克思主义在公众中的影响力,降低了公众对马克思主义信仰的生态效度。"①历史和现实反复证明,干部言行举止是影响话语传播权的重要因素。因此,加强干部队伍建设,建设一支在马言马、在马信马的马克思主义干部队伍,是巩固社会主义意识形态话语传播权、推进马克思主义大众化话语传播的重要经验。

(二)加强马克思主义意识形态话语传播权主导力建设的路径

在新媒体生态下,全球范围内的意识形态斗争呈现出许多新变化,斗争形式更为复杂,领域更为宽泛,可以说,哪里有网络,哪里就有意识形态的斗争。因此,新时代的意识形态话语传播权建设,需要从新媒体话语传播的特征出发,多途径、立体化地延伸马克思主义意识形态话语传播权主导力建设的路径。

1.掌握话语传播的领导权

话语传播的领导权问题是意识形态斗争的全部主题,从中国共产党领导中国革命和建设的历史经验可以得出,只有掌握了话语领导权,才能排除各种非主流话语的干扰,才能把执政党的执政思想有效地转化为执政实践,也才能巩固执政地位。关于掌握话语传播领导权的问题,苏联给我们留下了惨痛的教训。在推进改革的进程中,作为执政的苏联共产党主动放弃了意识形态话语传播的领导权,在意识形态领域自我解除武装,最后导致亡党亡国的严重后果。苏共的惨痛教训一再警示我们,两种意识形态下无硝烟的战争从来没有停止,作为执政党,对意识形态话语传播的领导只能加强,绝不能削弱,更不能放弃。意识形态反映的是执政党的思想观念形态,是一项人心向背的工程,尤其是在经济全球化、思想观念多元多样的网络时代,围绕话语权的意识形态斗争更为激烈和复杂,如果无产阶级执政党忽视或自我弱化对意识形态话语传播的领导权,那么非无产阶级力量就一定会趁机夺走话语领导权,这是历史反复证明的真理。毛泽东早在新民主主义革命时期,他就非常明确地提出"掌握思想领导是掌握一切领

---

①　罗昌勤.当代大学生马克思主义信仰教育的生态思维[J].理论导刊,2016(04):13-16.

导的第一位"①。

因此,执政党掌握话语传播的领导权是巩固马克思主义意识形态话语权的重要途径。具体而言,首先,要坚定不移地推进马克思主义话语舆论导向,夯实马克思主义的指导地位。其次,要上下协同,统一思想认识,把对意识形态话语传播领导权作为各级党建的重要内容,提升各级党组织对意识形态话语传播的领导力。

2.建设一支适应新媒体话语传播的高素质的理论宣传工作队伍

任何一个成熟的马克思主义执政党,从来都不会忽视把自身的执政理念通过宣传教育的方式让群众认知、理解和认同。尤其是在新媒体生态下,网络传媒上的各种思想、各种主义纷繁复杂,对人们产生着多方面的影响。如果马克思主义执政党缺乏把自身的执政思想系统化地进行灌输教育,马克思主义就很有可能被边缘化。中国共产党自成立的那一天开始,就高度重视思想理论宣传工作队伍的建设,通过这支队伍向群众宣传马克思主义,提高马克思主义在群众中的说服力和感染力,同时,也通过这支队伍不断丰富和发展马克思主义。正如毛泽东所指出:"我们现在有许多做理论工作的干部,没有这支队伍,对我们全党的事业,是不行的,是不能解决问题的。"②在革命战争和社会主义建设初期,我们党的理论宣传工作队伍在推进马克思主义大众化方面作出了突出贡献。进入新世纪,党面临的执政环境更为复杂,巩固党的执政地位的任务更为艰巨,更需要加强党的思想理论队伍建设。建设高素质的理论宣传工作队伍是一项长期工程,队伍建设要从基层抓起,面向基层建好一支理论宣传队伍。需要建立长效机制,构建长期抓、持续抓的工作机制,形成系统化、制度化、常态化的建设体系。

第一,实施青年马克思主义者培养工程,推动马克思主义理论掌握青年大众。青年马克思主义者培养工程的对象,重点是高校的大学生骨干,这些骨干一般都有着向党组织靠拢的强烈愿望和行动,在青年群体中表现比较突出。实施青年马克思主义者培养工程,在培养内容上要注重从这一群体的实际情况出发制定培养内容,要把理论学习、实践考察、研究讨论、社会服务有机结合起来。理论学习既要注重培养他们经典原著的阅读能力,同时也要引导他们学会运用马克思主义的立场、观点和方法去分析社会热点、难点问题,尤其要学会运用马克思主义的辩证观点去分析和正确看待当今中国转型发展进程中的各种社会矛盾;实践考察主要是组织学生到农村、社区、企业一线、一些重要的实践基地,如纪念馆、博物馆、革命文化基地、乡村振兴示范基地等参观学习,让他们亲身感受

①　毛泽东文集(第二卷)[M].北京:人民出版社,1993:435.
②　毛泽东文集(第六卷)[M].北京:人民出版社,1999:395-396.

中国特色社会主义事业的巨大成就;研究讨论主要是通过组织他们开展课题研究,让他们把学到的理论与实践有机结合起来,在课题研究中深化对马克思主义理论的运用和创新。从当前各地、各高校实施的青年马克思主义者培养工程而言,研究讨论是青年骨干深化对马克思主义理论认识和运用的最有效方式,特别是在课题研究中,成长起来了一大批青年马克思主义者。在课题研究中,他们不仅能够自觉地学习和提升马克思主义理论水平,而且还能够对马克思主义理论进行创新运用和发展。同时,在课题研究中,让他们更加能够运用马克思主义的辩证思维看待中国的今天和历史,从而极大地提升他们自身的马克思主义思辨能力;社会服务主要组织他们到农村、社区、企事业单位开展马克思主义理论宣讲、政策宣讲、支农支教、文艺下乡等活动,拉近青年骨干与群众的距离,为他们创造倾听基层群众声音的机会。同时,通过开展社会服务活动,提高青年的社会责任感和推进国家各项事业发展的使命感。

第二,提高领导干部的马克思主义理论思维能力,把真学、真懂、真用贯穿于具体的工作环节中。从宏观上而言,理论思维是一种具有抽象性和逻辑性的思维,是一种探索事物本质和发展规律的思维方式。马克思主义理论是中国共产党的指导思想,是全部工作的根本指南。因此,党的领导干部的理论思维,须要突出反映在运用马克思主义的基本原理,结合具体的工作实践,运用普遍联系的观点、矛盾的观点、发展的观点去思考问题、解决问题,做到活学、活用马克思主义。各级领导干部是马克思主义话语传播的重要力量,他们对基层群众的影响不仅体现在言传,更重要体现在身教。在中国特色社会主义进入决胜全面建成小康社会的关键时期,党的领导干部不仅要有撸起袖子加油干的实干能力,更要有深厚的理论功底和学识来指导实践,确保实践不走样、不偏向。党政军民学、东西南北中,党是领导一切的。领导干部的一言一行,广大群众都看在眼里。领导干部是不是真正的马克思主义者,既要体现在带领群众实干,也有反映在领导干部的理论水平中。对于领导干部而言,我们反对只说不干的人,但也反对只会干不会说的人。我们这里讲的"说",就是宣传马克思主义理论和党的方针政策。一个具有理论思维的领导干部,一定是一个能讲能干的干部。在领导群众进行社会主义实践中,不仅自身带着干,还能把为什么怎样干的道理向群众讲清楚、说明白。领导干部只有把自身的马克思主义理论思维能力提升了,才能增强真学的动力、深化真懂的潜力、强化真用的能力。马克思主义理论不仅具有自身严密的学科逻辑体系,更具有极强的社会主义实践指导力,辩证唯物主义思维贯穿在马克思主义理论的全部话语学说中。因此,领导干部的马克思主义态度,全部体现在其日常实践活动中,通过其一言一行体现出来。党的十八大以来,处理的一些违法违纪领导干部,有一个共同的特征就是平时不重视对马克思主义理论思维的修炼，不重视理论武装，理想信念动摇，政治上缺乏定力，心灵中充斥着各种非马克思主义思想，看问题、做决策缺乏辩证的观点和历史的观点，给党的事业和形象带来了负面影响。因此，提高领导干部的马克思主义理论思维能力，是加强马克思主义意识形态话语权重要路径之一。

第三，增强思想政治课教师的理论素质，提高马克思主义理论话语传播能力。思政课教师是马克思主义话语传播的中坚力量，是宣传我们党的方针政策、巩固社会主义意识形态话语权的生力军，其作用不可替代。从小学的"品德与社会"课程开始，就着重引导学生学会做人，正确扣好人生的第一颗扣子。只有把第一颗扣子扣对了，才能保证其他颗扣子能够正确对位。我们都明白，人的思想观念从来都不是固定不变的，而是呈现动态变化发展的过程，且最易受到社会思潮的影响。社会在发展，人的思想观念在不断变化，但我们在为社会主义培养建设者和接班人的根本立场却不能变，在引导学生正确做人的问题上绝不能松懈。为了帮助青少年扣好人生各个成长阶段的扣子，我们党构建了"品德与社会""道德与法治""思想政治""思想政治理论课"的课程体系，从思想上引导青少年扣好人生成长期各个阶段的扣子。

习近平强调："思想政治理论课是落实立德树人根本任务的关键课程，办好思想政治理论课关键在教师。"①为什么要特别强调教师的关键性，问题还得回到社会主义办教育的根本目的上。作为教师，担负起培养人才的重任，我们必须非常明确我们在为谁培养人、培养什么样的人这个根基问题上。这个问题如果不明确，我们培养出来的人不但成不了建设者和接班人，还有可能是在给自己培养掘墓人。这就是习近平特别强调办好思政课教师是关键的核心所在。要让学生树立社会主义"大德"，坚定"四个自信"，首先要求教师具有扎实的理论基本功和深厚理论素质，从理论上把马克思主义讲清楚，从实践上指导学生学以致用。如何增强思政课教师的理论素质，传播好马克思主义理论，习近平对思政课教师提出了"八个坚持"②的要求。"八个坚持"实质上就是我们思想课教师提升理论素养的基本要求。教师只有扎实践行了这些要求，才能真正把思政课讲好，成为夯实马克思主义意识形态话语权地位的主力军。

3.加强新媒体话语传播的法律规制

网络不是法外之地，今天已经形成了共识。我们在加强媒介的法治化进程

---

① 习近平.用新时代中国特色社会主义思想铸魂育人，贯彻党的教育方针落实立德树人根本任务[EB/OL]. http://cpc.people.com.cn/n1/2019/0319/c64094-30982234.html.

② 八个坚持：坚持政治性和学理性相统一、坚持价值性和知识性相统一、坚持建设性和批判性相统一；坚持理论性和实践性相统一；坚持统一性和多样性相统一；坚持主导性和主体性相统一、坚持灌输性和启发性相统一；坚持显性教育和隐性教育相统一。

的同时,需要同步推进网络话语的规范化管理。研究西方国家对网络话语的管理发现,构建体系完备、可操作性强的话语管理是赢得话语权的基本前提。今天,没有任何一个国家会对媒体言论放任不管,都会通过制度的方式对媒体言论进行规制,确保其主流意识形态话语权地位。历史经验告诉我们,放弃媒体话语的管控,就等于自废武功。这一点,不需要我们再进行过多的理论阐述,苏联已经给我们留下了足够的惨痛教训。苏联共产党从 20 世纪 80 年代中期开始,就逐步自我弱化对意识形态话语权的领导,在意识形态领域自废武功,最终导致亡党亡国。他们犯过的错误,我们不能重犯。再犯,那就是犯颠覆性错误。习近平已经反复告诫我们不能犯颠覆性错误。总结世界意识形态建设经验,无论是在传统媒体时代,还是在新媒体时代,都需要通过法律和制度来保障意识形态话语权。尤其在新媒体时代,话筒掌握在网民手中,话语言论呈现开放状态。谁来说的问题已经大众化,至于说什么的问题,仁者见仁、智者见智,很难统一起来。甚至也不泛出现歪曲、抹黑党的历史、否定党的领导、弱化党的公信力等言论。如果缺乏法律规制,这些话语就会大行其道,极为不利于巩固马克思主义意识形态话语权。因此,作为执政党,按照国际经验旗帜鲜明地将维护意识形态话语权地位用法律和规章的形式给予强制性维护,要探索加强网络媒体话语传播立法,对散布虚假信息、恶意攻击、诬陷他人、危害国家安全的行为进行依法依规打击,既有利于保护人民群众的言论自由,也有利于维护马克思主义意识形态话语的有序传播,巩固马克思主义意识形态话语权。

4.强化党员干部马克思主义信仰的言行一致性

讲道理与言传身教是教育的基本方式,这两者是有机统一体。在教育实践中,仅有讲道理是不够的,或者把讲道理与言传身教割裂开来,则是教育的大忌。在我们的日常教育活动中,也不泛出现讲道理总是敌不过言传身教的现象。马克思主义话语传播过程,既是讲道理的过程,更是言传身教的过程。

领导干部是推进马克思主义大众化的重要传播力量,与理论宣传工作不一样,在他们身上更多的是通过言传身教的方式传播马克思主义。这种言传身教体现在领导干部对党纪国法的敬畏、对马克思主义的言行一致、对人民群众利益的关心与维护,总体上体现为领导干部的作风,领导干部的作风对马克思主义话语传播起到潜移默化的影响。"如果党员干部的作风不实,'四风'问题泛滥,就会严重影响党和政府同人民群众的密切联系,损坏马克思主义政党的基本形象,也容易使马克思主义政党失去群众基础。因此,抓党风促政风的着眼点就是要集中力量抓好党员干部的作风建设问题。自 2013 年 6 月以来,在全党开展党的群众路线教育实践活动,集中对'形式主义、官僚主义、享乐主义和奢靡之风'等'四风'问题进行了一次大排查、大扫除,党风、政风有了明显的好转。在开展党的群众路线教育实践活动的同时，中央继续加大反腐败的力度，一批隐藏在党内的'老虎苍蝇'被挖了出来，党的队伍不断得以纯洁。抓廉政促政风活动可谓是民心所向，大快人心，党和政府赢得了广大群众的信任，持续地提升群众对马克思主义政党的信任度。"①听其言、观其行，是群众对领导干部马克思主义信仰的基本判断。在实现生活中，我们一些干部对待马克思主义言行不一致，会上大讲马克思主义，会下却完全背离马克思主义。在群众中造成极恶劣影响，严重弱化了群众对马克思主义的认同和信任。作为领导干部而言，只有言行一致，表里如一，才能真正成为马克思主义的传播者，这是历史和实践得出的基本经验。

5. 不断推进马克思主义理论创新和与时俱进

马克思主义源自欧洲，但却在中国扎根发展并影响着世界发展格局。根本原因在于马克思主义不是一尘不变的教义，而是指导中国革命和建设的强大理论武装。从马克思主义传入中国的第一天开始，中国共产党人就开始以继承和创新的态度对待马克思主义。坚持做到把变与不变有机统一起来，对马克思主义坚持不变的是坚持马克思主义的辩证唯物主义和历史唯物主义的世界观和方法论、坚定地维护马克思主义实事求是的理论品质；求变的是把马克思主义的基本原理与中国的具体实际相结合，根据中国变化发展的基本国情，依据世情、国情、党情的发展变化，不断创新马克思主义，推进马克思主义中国化五次创新发展，形成了毛泽东思想、中国特色社会主义理论体系和习近平新时代中国特色社会主义思想，指导中国革命和建设取得了一个又一个胜利，实现了中华民族站起来、富起来，并不断强起来的伟大转变。

实践证明，马克思主义正在不断创新中说服了大众、掌握了大众。当前，国际国内形势继续深入变革，我国实施"四个全面"战略进入攻坚期、关键期；国际形势瞬息万变，各种不确定性因素增强，意识形态斗争更为激烈和复杂，急需要有新的理论来指导实践，党的理论创新显得尤为重要和迫切。正如毛泽东所指出："任何国家的共产党，任何国家的思想界，都要创造新的理论，来为当前的政治服务，单靠老祖宗是不行的。"②中国特色社会主义实践在变化，马克思主义意识形态话语权建设也在变化，这就需要我们坚持不懈地推进马克思主义理论创新，只有创新理论指导下的实践，才能确保实践的正确方向。当今国际范围内的意识形态斗争，需要整体上把握马克思主义意识形态话语的传播力，突出和正确回答人们迫切关心的重大理论和现实问题。也就是说，没有与时俱进的理论创新，理论难以指导实践，更不能说服大众和掌握大众。

---

①　罗昌勤. 当代大学生马克思主义信仰教育的生态思维[J]. 理论导刊，2016(04)：13-16.

②　毛泽东文集(第八卷)[M]. 北京：人民出版社，1999：109.

二、加强新媒体生态下马克思主义大众化话语传播的亲和力

亲和力是教育领域的一个重要概念,也是评估教育过程的一个指标。尤其思想领域的教育,亲和力问题一直是关注的重点。亲和力往往与传播话语紧密相连,较强的亲和力能够赢得话语受众认同。在新媒体生态下,话语形式发生了巨大变化,话语的学术性与通俗性、系统性与碎片性成为当前马克思主义大众化话语传播的主要语言表达形式。不管是哪种形式的语言,都需要具有亲和力的话语表述才能被大众接受。

(一)话语亲和力的内涵

"亲和力"的概念由美国社会心理学家梅拉比安提出,他主要是在研究人类话语表述心理时提出此概念的。因此,"亲和力"一开始是为研究话语表述而提出的。随着学科发展,特别学科交叉融合,亲和力概念已经扩展到哲学、社会科学的诸多领域。

1.亲和力的内涵

美国社会心理学家梅拉比安提出"亲和力"概念后,他并没有对该概念进行过界定。目前学界对此概念也未有比较权威明确的界定。学者赵莉在《新媒体科学传播亲和力的话语建构研究》一文中,对"亲和力"的概念进行过探讨,认为亲和力在一定程度上可理解为吸引力,从话语亲和力层面理解,可理解为话语的独特魅力和亲近感。在《词海》中,"亲"指亲属,有血缘关系的亲近之人;"和"指和谐,平和,温和等;"力"指改变物体运动状态的作用,也指能力、权势等义。结合"亲和力"词源,当前,"亲和力"一词更多的意为"形容人际关系,人与人之间友好亲近的交往及由此发生的吸引、包容、接纳及影响"[①]。

2.话语亲和力的基本内涵

亲和力表现为相互之间的吸引、包容和接纳,亲和力往往都是针对人的个体而言,包括行为的亲和力、话语的亲和力等。而话语亲和力则是教育领域研究的重要内容,也是衡量教育效果的重要指标。尤其作为教育主体中的教育者,往往都把具备话语亲和力作为一项基本素质能力。推进马克思主义大众化是一项针对人的教育系统工程,由于开展马克思主义理论教育是有别于其他教育活动的话语传播活动,更需要突出话语的亲和力。

话语亲和力主要从三个层面反映出来,一是说话者自身要有与听者平等的态度,能够融入听者,反映听者的话语诉求;二是话语内容要来源于生活、反映大

---

① 赵莉,韩新明,汤书昆.新媒体科学传播亲和力的话语构建研究[J].科普研究,2014(12):25-33.

众心声,与大众有亲近感;三是话语表述形式要通俗易懂,用词接地气,体现草根性。实质上,话语亲和力没有统一的标准,更多的是听者的一种主观感受。对于不同的听者,对话语亲和力的判断标准不一样。如同样一句话,如果引起某人的感知共识,他认为非常具有亲和力。而与之相反,这句话对于另一人而言,不能引起他的感知认同,他则认为缺乏亲和力。因此,话语亲和力是客观话语对于听者的主观感受。既然话语亲和力是听者的主观感受,从人的心理层面分析,话语亲和力有几个共性的特征:一是说者与听者的情感距离。说话者与听者在情感上的距离是影响亲和力的一个重要因素。两者情感越近,产生亲近感就越强。因此,提升话语亲和力,需要从情感上缩短说者与听者之间的距离。二是平等的对话环境。从人的心理活动分析,话语亲和力体现的是平等,任何居高临下的训话都难以产生亲和力。在话语实践活动中,台上台下的报告,说者与听者之间从心理上已经产生了不平等感,即使话语再动听和通俗,尽管能够产生共鸣,但不一定能够形成亲和力。因此,亲和力需要体现出对话双方平等的话语环境。三是话语通俗接地气。所谓通俗接地气就是话语表述形式通俗、用词来源草根大众,内容反映大众诉求。话语亲和力首先是话语的一种呈现形式,影响话语亲和力的因素是多方面的,既有说者的态度和话语用词,也有听者的自身话语主观感受。因此,话语亲和力要针对不同的对象而选择相应的话语呈现方式,话语用词和话语内容要能够贴近大众生活。在话语传播实践中,被认为具有亲和力的人,往往其话语都比较幽默通俗,尤其话语用词都来源于草根大众的日常用语,能够用接地气的话语把深奥的理论阐述得通俗易懂,让群众听得明白,记入心里,产生认同和共鸣。四是话语内容达成共识。话语内容达成共识是话语亲和力的基础,任何没有共识的话语,即使话语表述再通俗、话语环境再平等也很难引起听者的兴趣。没有共识的话语,往往是你唱你的调,我想我的事,听者与说者之间找不到交集。具有亲和力的话语,往往说者把话语说到听者的心坎里去,说者所说的,正是听者想听的内容。如中华民族伟大复兴中国梦的提出,是多少中国人百年来的梦寐以求。因此,"中国梦"一提出,立即引起了话语共识,成为一个时代最具有亲和力的话语之一。

(二)用中国梦的时代强音提升马克思主义话语传播亲和力

1840 年,西方殖民者用枪炮打开了中国走向近代社会的大门。从那时开始,伴随着中华民族百年史的是一部屈辱史和血泪史。无数仁人志士为中华民族伟大复兴进行了艰辛的探索,试图从理论上找到指导中华民族复兴的思想基础,但一次次尝试都以失败而告终。在民族存亡危机之际,是马克思主义让中华民族重新站了起来,并指导这个饱受磨难的民族走上民族复兴中国梦的伟大征程。可以说,是马克思主义让中华民族重新焕发了复兴的梦想。因此,中国梦也成为新时代马克思主义大众化话语传播的最强音。也是中国特色社会主义进入新时代后,马克思主义大众化话语话语体系中最具有亲和力的话语。

1. 中华民族的近代史就是一部屈辱史和血泪史

从 19 世纪 40 年代开始,中华民族开启了近代史的大门,但中国开启近代史的大门与西方进入近代史不一样。西方资本主义国家是用工业革命的钥匙开启进入近代史的大门。从 18 世纪中叶开始,传统的手工工场生产已经不能满足市场的需求。创新生产技术、扩大生产规模倒逼资本主义开展技术革命。以英国为中心,对传统的手工工场生产模式进行了革新。这场技术革新突出于用机器大生产代替传统的手工工场作业,这场技术革新史称工业革命。以英国为中心的工业技术革命,迅速影响到周边国家,并遍及整个欧洲。这场工业革命有一些对人类发展产生重大影响的标志性的发明创造:一是蒸汽机的发明;二是煤炭的开采;三是钢铁冶炼技术的提升等。这场工业革命,推动了社会的深刻变革。无论是从政治上,还是经济上都为资产阶级革命的胜利夯实了物质基础。一些较弱的国家,通过率先革新,也迅速加入了发达国家行列。随着资本主义生产规模扩大,生产原材料短缺的问题也日益暴露出来,严重制约了资本主义经济的快速发展。因此,对外扩张和侵略成为那个时代资本主义解决国内生产危机和矛盾的必然选择。

在工业革命推动着西方资本主义蓬勃发展的时候,中国正是封建社会发展的高潮期。尽管这时的中国与西方资本主义国家有一定的交流,但"康乾盛世"的社会发展现状,让中国封建统治阶级根本不把西方资本主义放在眼里,在封建皇权专制下的地主阶级,也不屑与资本主义世界进行深入的交流,更不可能预测西方工业革命将给中国带来一场深重的民族灾难。实际上,在中国两千多年的发展史上,在绝大多数的发展历程中,思想与科学技术从来都不互相排斥。正是如此,才有了"四大发明",为人类社会发展作出了突出贡献。可以说,在人类社会发展的相当长的时期内,中国的科学技术一直引领了世界发展方向。但进入17 世纪中叶以后,重道轻术的思想弥漫在中国封建统治阶级中。在西方国家兴起的数学、化学、物理学等新兴学科被中国封建统治阶级所排斥,国门关闭的封建统治者沉浸在自我的盛世梦幻中,尤其在科学技术的发展方面与西方资本主义国家的发展差距越来越大。落后就要挨打的铁律注定了中国被急需资源扩张的西方资本主义国家所盯上,即使封建统治阶级一再想方设法紧闭国门,但大刀长矛永远无法阻止西方资本主义国家的坚船利炮。从 1840 年以来,西方资本主义国家用他们的枪炮一次又一次地轰开中国的大门,掠夺资源、奴役国民长达百年之久,使中华民族长期陷入深重灾难之中。因此,我们常说中华民族的近代史就是一部屈辱史和血泪史,这也是落后就要挨打的血的教训。历史的深刻教训反复告诉我们,发展才是硬道理。只有国家发展富强,民族才能振兴,人民才能幸福。

2.马克思主义开启了中华民族复兴之门

中华民族是一个不屈不挠的民族,自 1840 年以来,在民族陷入深重灾难之际,无数仁人志士为了救亡图存,奋起抗争。从三元里抗英到义和团,从洋务运动到维新变法,从太平天国运动到辛亥革命。这期间既有气壮山河的武装斗争,也有"中学为体、西学为用"技术救国,还有变法维新的体制救国。更有辛亥革命那场推翻两千多年封建统治的民主革命,从思想、制度上全面学习西方,但无论何种办法和制度,都不管用,中华民族只能更深地陷入四分五裂之中,压榨在人民头上的"三座大山"是越来越沉重。

正当中华民族陷入不知往何处去的紧要关头,伴随着俄国十月革命的炮声,马克思主义传入中国。"中国人找到了马克思主义列宁主义这个放之四海而皆准的普遍真理,中国的面貌就起了变化了。"[①]马克思主义关于无产阶级革命的理论让深陷迷茫中的中国先进知识分子看到了希望的曙光。李大钊、陈独秀等中国早期的先进知识分子深知在中国进行革命,没有一个用科学理论武器起来的政党不行。他们从马克思主义理论中找到了建党的指导思想,并推动实践。1921 年 7 月,中国共产党宣告成立。这是人类社会发展进程中的一件大事,不仅翻开了人类历史发展的新的一页,更是开辟了中国历史新纪元,中国革命从旧民主主义革命转向新民主主义革命,无产阶级开始走上了历史舞台,中国革命从此焕然一新,中华民族复兴之门由此打开。

3.中国共产党带领全国各族人民走上了民族复兴之路

毛泽东曾多次指出,中国共产党为之奋斗的一切就是要"使中华民族来一个大翻身,由半殖民地变为真正的独立国,使中国人民来一个大解放"[②]。在以后的社会主义建设时期,毛泽东多次谈及了民族复兴的问题。他甚至在 1956 年时,还用开除"球籍"来阐述了中华民族复兴的重要性和决心。他说:"你有那么多人,你有那么一块大地方,资源那么丰富,又听说搞了社会主义,据说是有优越性,结果你搞了五六十年还不能超过美国,你像个什么样呢? 那就要从地球上开除你球籍!"[③]

党的十八大以来,以习近平同志为主要代表的中国共产党人,为我们描绘了

---

① 毛泽东选集(第四卷)[M].北京:人民出版社,1991:1470.
② 毛泽东选集(第四卷)[M].北京:人民出版社,1991:1375.
③ 毛泽东文选(第七卷)[M].北京:人民出版社,1999:89.

实现中华民族伟大复兴"两个百年的战略目标"的雄伟蓝图。民族复兴之路并不是一帆风顺的,从中国共产党成立以来,历经了多少磨难和坎坷。但在困难面前,甚至在敌人的屠刀面前,广大共产党员不忘初心、牢记使命,为了民族的解放抛头颅、洒热血,与敌人进行了不屈不挠的斗争,无数的革命烈士用自己的鲜血换来了新中国。新中国的成立,为实现民族复兴迎来了光明前景。新中国成立后,经过短暂几年的社会过渡,中国共产党带领全国人民迅速投入到社会主义建设中。"一五"期间,国家致力于改变落后的面貌,特别是落后的工业面貌,短短5年时间,我们完成了社会主义"三大改造",生产了自己的载重汽车,生产了自己飞机,设计了自己的机床,修建了川藏、青藏、新藏公路,架设了武汉长江大桥等等,这些成就震惊了世界。让全世界深刻感受到了这头睡醒的东方雄狮的力量所在。尽管在民族伟大复兴之路上还有过如"文化大革命"的曲折与灾难,但中国共产党实现民族复兴的初心始终不变,正是这样的初心和使命担当,中国共产党能够自我纠错,迎时代潮流而进,开启了改革开放和中国特色社会主义现代化建设。

改革开放40多年来,有谁会想到,一个当年只会用木头造板凳的国家,今天能够成为全球制造业大国。除此之外,民主与法制建设、思想文化建设、党的建设等各方面都取得了丰硕成果。其实,中华民族走到今天相当不容易,甚至有太多的辛酸,但却是历史的必然,因为指导我们事业的是马克思主义科学真理,领导我们事业的是把民族复兴重任担在自己肩上的中国共产党。新中国成立70多年的社会主义现代化建设,我们实现了富起来的伟大梦想,正踏上了强起来的伟大征程。

4. 中国梦着力于人民生活幸福和有尊严

人民幸福是中国梦的最高价值追求,也是一切工作最终落脚点和归宿。人民幸福是一个系统工程,衡量的指标有很多,其中最根本的体现就是物质的丰裕和精神的充实,同时,还要生活得更有尊严和自由。新中国成立70多年来,中国共产党时刻不忘初心和使命,劈荆斩棘,锐意创新,不断推进改革开放,大力发展社会主义生产力,社会主义核心价值观正在成为人们共同遵循的最大公约数,社会民生工程取得突破性进展,金山银山不如绿水青山的生态文明理念深入人心,生态环境保护取得长足进步。人们对幸福生活的期望标准发生了根本性的转化,物质利益的满足已经不是人们幸福生活的唯一指标。2017年以来,大部分的省份取消了农业和非农业的户籍区别,"一国两策"的户籍制度成为历史,无差别的权利保障正在变成了现实。从习近平对中国梦内涵的深刻阐释中不难看出,中国梦不只是一个富裕梦,还是对幸福和有尊严生活的期许。人民群众生活有尊严,物质文化的极大丰富是必不可少的条件。在旧中国,人民群众吃了上餐没有下餐,靠别人救济或逃荒要饭才能活命,尊严从何而来?衣不遮体,一家人不能保证人均有一套完整的衣服,人的尊严无从谈起。新中国成立以来,中国共产党致力于大力发展生产力,特别是改革开放以来,在中国共产党领导下,我们用 40 年时间,实现了人民富起来的伟大目标。人民群众的物质文化极大丰富,人民群众已经从追求物质数量向追求高质量转化。40 多年的改革开放,中国共产党在极大地维护人民群众的物质尊严和同时,大力加强精神文化建设,在民主、法治、公平、正义、安全、生态环境等方面满足人民对美好生活的综合需求,不断完善社会公共服务体系建设,构建公平正义的法律秩序,维护人民群众的精神文化尊严。

(三)以突出改善民生提高马克思主义话语传播说服力

民生问题不仅是百姓的生存问题,还事关我们整个事业的发展问题,当百姓面临生存危机的时候,如何解决生存和温饱,就是最大的民生问题,当温饱问题得到解决,民生问题并没有因此而终结,人们追求更高物质需求的同时,精神需求问题也伴随而来。因此,民生问题是随着社会发展而不断演进的,改善民生永远在路上。任何一个政党、统治集团都把改善民生作为执政的根基,即所谓"天视自我民视,天听自我民听"。马克思主义执政党执政的思想基础是马克思主义,作为一个执政党,如何让马克思主义说服人民大众,最关键还在于把改善民生作为巩固执政根基的最突出命题。

1.民生的内涵

什么是民生,从字面理解就是百姓的生存和发展,这是民生的核心要义。民生一词不是当今的创造,自古以来就有之,只不过有其时代的内涵。实质上,中国古代文化中就蕴含着丰富的民生思想。如《左传·宣公十二年》提出"民生在勤,勤则不匮"。即倡导百姓要勤劳不懒惰,才能生存下来。这里讲的"民生",仅是物质层面的低级需求,不涉及政治思想文化等上层建筑层面的民生内容。在中国历史上,孙中山先生第一个提出具有现代意义的"民生"思想,他在《民生主义》一文中指出:"民生就是人民的生活——社会的生存、国民的生计、群众的生命便是。"①孙中山先生把"民生"的内涵扩展到人民的生存大计与发展两个关系层面上。今天,对"民生"的理解更多地从生存与发展两个层面理解"民生"的内涵,落实到现代社会制度体制下,也就是社会保障问题。正如马克思所说的:"人们为了能够创新历史,必须能够生活。但是为了生活,首先就需要吃喝住穿以及其他一些东西。因此第一个历史活动就是生产满足这些需要的资料,即生产物

---

① 孙中山选集[M].北京:人民出版社,1981:802.

质生活本身,而且,这是人们从几千年前就一直到今天单是为了生活就必须每日从事的历史活动,是一切历史的基本条件。"①从马克思的论断中,我们也可以这样理解"民生",就是为了满足个体的某种需求,这种需求是一个历史命题,随着社会发展而不断发展变化。简而言之,民生问题永远在路上,没有终结。正是基于此,民生问题也是一个时代问题,伴随着解决了旧的问题的同时,新的民生问题又相继产生。从中国共产党解决民生问题的历史进程中,我们也能非常清晰地看到这样的一个历史轨迹。新中国成立之初,经过多年战乱的中国,国内一片废墟,民不聊生。中国共产党这时需要解决的最大民生问题就是带领全国各族人民发展生产,解决百姓的生存问题,党所有的政策都将为此而努力。随着基本生存问题的解决,政治、文化也逐渐成为了民生的需求。经过改革开放40多年的快速发展,人民群众的物质生活得到了极大的提高,精神文化生活也得到了极大的丰富,但伴随而来的是生态环境的恶化,人们的生存空间被压缩,生活环境质量下降。此时,生态环境问题又成为了民生问题,如此等等。可以看出,民生问题是无止境的。狭义上的"民生"内涵,主要指民众一个时期、一定范围内的生存和发展状态。包括就业、医疗、教育、养老等涉及生存能力、生活质量的具体问题。因此,解决"民生"问题,既要从广义上制定民生政策,更要着手从狭义上解决百姓所关心的具体现实问题。

2.以民生实绩提高马克思主义大众化话语传播的说服力

民生既是历史的,更是现实的。改善和发展民生不是一蹴而就的事情,而是需要长期的战略规划和持续的推进。新中国成立70年来,中国共产党始终把改善和提高人民群众的生活水平作为党执政的主题。尽管在探索和改善民生的道路上有过曲折,但我们党从来没有在民生发展问题上有过懈怠,从毛泽东到习近平,党的历届领导集体核心,始终坚持把民生问题放在首位,一代一代地接着干,民生建设取得了突出成绩,人民群众生活水平不断提高,马克思主义大众化的物质基础不断夯实。

从党的十八大以来,我们党带领全国各族人民,以抓铁有痕、踏石留印的实干精神,以精准扶贫为重点,扎实推进民生建设工程。从国务院新闻办公室公布的数据显示,至2018年底,"累计减少贫困人口8239万人,贫困发生率从10.2%下降到1.7%,减少了将近9个百分点。建档立卡贫困村从12.8万个减少到2.6万个,有10万个贫困村已经脱贫退出了。全国832个贫困县已经有153个宣布摘帽。"②至2020年底,全国有9899万人口实现了稳定脱贫。党的十

---

① 马克思恩格斯文集(第1卷)[M].北京:人民出版社,2009:531.
② 王勇.我国六年累计减少农村贫困人口8239万人[N].公益时报,2019-02-26(003).

八大以来脱贫攻坚的成功实践,为实现"全面建成小康社会"的民生发展战略奠定了坚实的物质基础,极大地丰富了马克思主义大众化的话语内涵,用群众看得见的民生实惠诠释马克思主义理论的科学性和说服力。

中国共产党用人民群众看得见、摸得着的民生发展话语,推进了马克思主义大众化跃上新的台阶。从调查数据显示,超过85%的基层群众相信马克思主义能够发展中国,超过90%的群众对中华民族伟大复兴有信心、对中国共产党执政为民有信心,这一数据几乎是10年前某一阶段数据的两倍。历史和实践证明,只有民生改善了,人民群众才能安居乐业,社会才能安定有序,马克思主义才能深入人心,马克思主义大众化的话语权才能巩固和发展。

(四)用大众听得懂的语言改进马克思主义话语传播表达形式

马克思主义大众化话语传播的核心问题就是"谁在说、对谁说、说什么、如何说"四个方面问题,从传播学的视角考量,"谁在说、对谁说"是传播主体问题,"说什么"是传播内容问题,"如何说"是传播方式方法问题。这四个问题是相互联系、相互作用,构成一个话语传播生态链,任何一个生态链条出现断裂,都将影响整个话语传播的进行。在这个传播生态链中,"对谁说""如何说"是动态变化的。也就是我们常说的要根据对象不同,选择不同的话语方式方法。作为人民大众而言,绝大部分群体对马克思主义文本学术语言是陌生的,因此,"如何说"的根本问题就是要让大众听得懂,这是马克思主义大众化话语传播的前提和基础。

1.从学术逻辑话语向大众通俗话语转化

马克思主义之所以能够在中国不断丰富和发展,一条最重要的经验就是结合中国的具体实践和群众关切的问题说通俗、说百姓话,不断推进马克思主义传播话语从精英学术性话语向大众通俗话语转化。马克思主义大众化话语传播的历史经验表明,赢得大众的决定因素不是说者的权威力有多大,也不是话语的学术逻辑性有多强,决定大众化程度的关键因素还在理论话语的受众认可面和接受度。实践经验不断证明,一种理论要实现大众化,必须根据人民大众的认知水平和情感态度,整合理论的话语表达方式,从理论形态的马克思主义话语转化到社会实践中的马克思主义话语,使马克思主义回归到与人民大众实践相联的现实生活中。

第一,马克思主义话语与大众生活接轨。任何理论都不可避免地具有相对深奥的学术性话语逻辑,如果不对这种学术性的话语进行适当的通俗性转化,对精英层面的群众而言在理解上尚且存一定的困难,更何况是普通百姓群众。因此,马克思主义传播话语的通俗化是大众化的前提和基础。自从马克思主义传入中国,中国共产党人在推动马克思主义话语通俗化方面进行了艰辛探索。毛泽东是推动马克思主义通俗化的第一人,在他的一系列谈话和文章中,无不体现了他用中国百姓听得懂的话阐释了马克思主义深奥的革命道理。如"好好学习,天天向上""一切反动派都是纸老虎""贪污和浪费是极大的犯罪""人不犯我,我不犯人;人若犯我,我必犯人"等等,这些话语都源自群众生活常用语,但却高屋建瓴地诠释了马克思主义真理。党的十八大以来,以习近平同志为核心的党中央,把马克思主义大众化推进到了一个新的阶段,习近平在继承我们党的优良传统的基础上,进一步推动了马克思主义话语的通俗化和大众化。习近平一系列接地气的话语,拉近了党和群众的距离,群众更是亲切地称之为"习大大"。习近平在推进马克思主义话语通俗化方面,把形象比喻、俗文俚语、诗文引用等运用得淋漓尽致。如把共产党员的理想信念比喻为总开关,老百姓都知道,总开关拧得不紧,出了问题,必然会导致出轨越界、跑冒滴漏等问题,所以要突出强调拧紧理想信念的"总开关";又比如,习近平提出的"小康不小康,关键看老乡"。① 党的十八大提出了全面建成小康社会的宏伟目标,目标很宏大,也非常具有号召力,但短板也很明显,这个短板就是农村发展相对滞后,要实现全面建成小康社会,有些人有顾虑。为了打消一些人的顾虑,提振信心,我们党必须在全面建成小康社会这个问题上找准问题的关键点,回应群众的关切点。因此,习近平用民间俗语"小康不小康,关键看老乡"非常准确地告诉人民大众,全面建成小康社会,我们工作重心在"三农";再比如,为了充分体现党的初心和使命,时刻不忘全心全意为人民服务的宗旨,习近平引用《管子·牧民》中的"政之所兴在顺民心,政之所废在逆民心"。习近平在阐述这句话时,特别强调让百姓过上幸福生活,是我们一切工作的根本出发点和根本目的。习近平运用比喻、俗文、引经据典等百姓听得懂、能理解的话语阐述我们党的主张和方针政策,提高了马克思主义理论的说服力和公信力。实质上,不断推动马克思主义理论话语的通俗化和接地气,说群众听得懂的马克思主义话语,这也是党的十八大以来,我们党获得群众信任、不断提高执政公信力的重要经验。

　　第二,马克思主义传播话语要回应大众话语潮流。一种理论要进入群众生活并掌握群众,除了理论自身要关切大众生活外,还要回应大众生活中的话语潮流。在一定时期内,每当我们一谈及马克思主义的时候,群众第一反应就是太抽象、听不懂,甚至还有人对马克思主义表现出一脸的不屑神情。究其原因,当然是多方面的,但其中一个重要原因,我们总认为马克思主义是严肃的理论,应该与当下的潮流话语划清界限。理论话语的自我"清高",自然与群众喜闻乐见的

---

① 黄晓华.美丽篇章藉春风——习近平总书记考察海南纪实[EB/OL]. http://cpc.people.com.cn/n/2013/0413/c64094-21124967-3.html.

潮流话语形成了鸿沟,其结果就是自我隔离大众,一些"理论家"自我满足于理论的学术性地位,理论话语却偏离了回应大众生活的基本要求。毛泽东曾指出:"当你写东西或讲话的时候,始终要想到使每个普通工人都懂得,都相信你的号召,都决心跟着你走。要想到你究竟为什么人写东西,向什么人讲话。"①语言是人类沟通交流的基本工具,话语表达是否通俗易懂显然是决定沟通是否顺畅的基本前提。日常的生活交流尚且如此,更何况是理论的灌输。作为马克思主义传播话语,只有坚持走群众路线,把马克思主义理论话语翻译为群众喜闻乐见的话语形式,才能真正让大众听得懂。群众喜闻乐见的话语形态是动态变化的,不同时期、不同语境下,群众喜欢的话语形态不一样。但有一点是共性的,即一定时期的潮流语是群众普遍喜欢的话语。所谓"潮流语",一般指一定时期内大众普遍喜欢运用的话语表达方式,它反映了一定时期的话语潮流。因此,运用潮流语进行沟通交流容易获得认同。如"中国梦""工匠精神""洪荒之力""供给侧"等是党的十八大以来,群众最喜欢的潮流语之一。把当下群众使用的潮流语运用到传播马克思主义的话语体系中,既能够把马克思主义话语体系从从学术话语逻辑话语向大众通俗话语转化,又能够改变公众对马克思主义传播话语所形成的传统错误认识,提升马克思主义的话语亲和力,更有利于推进马克思主义大众化进程。

2.构建赋予网络时代感的"网语体系"

新媒体时代,碎片化的媒体话语特征催生了群众喜欢的网络语言,这些网络语言来自于最基层群众的创造,话语内容和表达方式紧贴群众实际,受到群众的广泛认同。但我们在构建马克思主义大众化的传播话语时,忽略或者不够重视这种"网语",甚至在一定层面还停留在过度追求传播话语的学术性,这也是马克思主义大众化进程中缺乏群众广泛认同的重要原因。中国特色社会主义取得了让世界为之瞩目的伟大成就,得益于马克思主义科学理论的正确指导,这在党内、国内、国际都形成了共识。这种共识不仅停留在理论界,而更多的是从群众生活发生翻天覆地的变化中反映出来。从调查数据显示,群众对马克思主义作为我们党和中国特色社会主义伟大实践的理论指南的认同度超过 90%,但明确表示愿意学习和运用马克思主义的比例则不到 50%。很明显,这之间就存在矛盾。一方面群众高度认同马克思主义,但另一方面又不愿意学习和运用马克思主义。常理而言,一个人认同了一种理论,去学习的动机和主动性就会明显增强,但群众对待马克思主义态度却相反,这值得我们深入反思。因此,马克思主义要尽一切可能贴近群众、贴近生活,这种贴近不是停留在理论上的阐释,而是

---

① 毛泽东选集(第三卷)[M].北京:人民出版社,1991:843.

要深入群众生活中,从群众的基本生活中找到阐释马克思主义的生活话语,真正构建起群众喜闻乐见的话语体系。

在新媒体时代,媒体平台的丰富多彩极大地改变了话语传播形式,尤其是"网语"的使用,拉近了传播主体之间的亲近感,增加了话语的亲和力。比如:"亲"成为网语中最广泛使用的话语之一,一个"亲"字增强了本来完全不认识的媒体终端上的两个对话者的熟人感。推进马克思主义大众化,最需要增强传播主体间的熟人感。中国社会是一个传统的熟人社会,熟人之间的话语可信度要强于陌生人,哪怕是在新媒体时代,这也是不可改变的。因此,"网语"最大特点就是通过话语营造熟人感,拉近传播主体之间的亲近感,从而提高陌生人之间的交流效度。新媒体话语传播方式,从空间上极大地缩短了传播者之间的距离,同时,从话语内涵上又拉近了亲近感,这对推进马克思主义大众化将产生突出的效果。事实上,近几年来,网语在马克思主义大众化的话语传播体系中逐步被使用,收到了突出的宣传效果。如"中国梦""人民梦""利害了,我的国""给力""打老虎、拍苍蝇""光盘""精准""令人喷饭"等网语,得到了群众的广泛认同和传播。把"网语"纳入宣传马克思主义的话语体系中,改变了过去高高在上的话语形态,充分展示了马克思主义理论鲜活、生动的本来面目。

在新媒体生态中,构建赋予网络时代感的马克思主义大众化话语传播的"网语体系",通过"网语"最直接地展示公众生活"百态",用公众最喜欢的话语翻译马克思主义理论,传播党的路线、方针和政策,是与时俱进地推进马克思主义大众化的现实选择。当然,"网语"是草根话语,充满着民间彩色的诙谐幽默,字里行间透露着公众生活的情感态度。其中不泛如"躲猫猫""被代表、被自杀、被捐款"等鞭策我们政府部门改变工作作风的"暗语"、对生活充分无奈的"吊丝""晕倒"等自我嘲讽话语,这些话语一度赢得网民的广泛热议和应用,甚至这些话语也出现了对马克思主义的解读中,在看似不严谨的话语背后,却在"无意中"从另外一个层面提升了公众对马克思主义的理解和认同。"如果马克思主义能够从大众日常生活中的流行语中汲取经验,不断进行话语的转换和创新,相信终有一天马克思主义也能成为大众日常生活中亮丽的流行语。"[①]

三、拓展马克思主义大众化话语传播的新媒体阵地

网络成为了人们生活中不可或缺的基本组成部分,成为人们传递信息、沟通交流的主要工具。新媒体的广泛应用,为推动马克思主义大众化话语传播提供

---

① 胡银银.改革开放以来我国意识形态话语权问题研究[D].南开大学,2014:181.

了新的渠道,创新了马克思主义话语传播方式方法。多年的传播实践,在多向互动传播、精准对点传播、显性传播与隐性传播等方面都积累了值得我们深刻总结的经验,从总体上拓展了马克思主义话语传播阵地。

（一）发挥主题网站功能,巩固话语传播的主阵地

主题网站是传播马克思主义的主阵地之一,截至 2021 年 8 月,我国共有各种网站 513 万个。此外,还有一批各地网信办许可创办的新闻信息发布网站。这些网站在新媒体条件下主动求变,发展综合性、多元化的内容载体,在优化传统的文字、图片新闻的基础上,通过短视频、语音、动漫等新型的话语传播形式,提高话语传播的吸引力和传播效度,成为推动马克思主义大众化话语传播的主阵地。

1.把牢主题网站内容的马克思主义思想的主旋律

在新媒体生态中,主题网站为人们获取新闻信息发挥了主渠道任用,特别是人民网、光明网、新华网等国家门户新闻网站,成为了马克思主义话语传播的主阵地。党的十八大以来,中国逐步走近世界舞台的中央,中国的声音、中国的话语在世界范围内的影响力不断提升,马克思主义的影响力和号召力进一步增强,这一切都得益于我们坚定不移地把牢主题网站内容的社会主义方向,坚持用马克思主义世界观和方法论引领社会思潮,强化社会主义主旋律,让各种杂音和噪音逐步失去舞台,这是我们在推进马克思主义大众化进程中最值得总结的经验。但我们也应该充分认识到网络是一把双仞剑,当网络把偌大一个地球变成一个地球村后,新媒体便捷和畅通的传播渠道也为各种非马克思主义思潮传播提供了捷道。西方所谓"普世价值观""低俗、媚俗、庸俗"等思想文化在网络中肆意传播,在一定领域、一定时期内影响和弱化了马克思主义传播时效。因此,在事关举旗定向的关键问题上,需要主题网站发挥不可替代的马克思主义思想引领任用。

党的十八大以来,主题网站不断提升自己的政治立场和话语引领力,与传播花边新闻划清界限,以传播社会正能量为己任赢得了社会公信,人民网、光明网、新华网等主题网站成为传播马克思主义的前沿阵地。近年来,国内系列主题网站以其公正、客观的话语全面阐释了改革开放 40 多年来中国特色社会主义各项事业取得的伟大成就,以详实、客观的民生发展成就回应群众的关切,以细致、精确的解读话语强有力地回应了各种别有用心的质疑,让全世界人民全方位、多视角地了解一个真实的中国。应该说,主题网站在讲中国故事、传播好中国声音方面牢牢把控住了社会主义方向,较好地引导了社会舆论走向。

2.发挥新媒体的技术优势提升话语的生动性

新媒体与传统媒体相比,其最大的优势在于通过传播技术丰富话语传播内容和形式。在传统媒体条件下,以报纸杂志为主体的传播媒体,难以做到活化传播内容和话语表达方式。但在新媒体生态下,无论是传播载体的数量,还是传播内容的表达形式,都以人们难以想象的方式发展着。伴随着新媒体传播技术的进步,马克思主义大众化的传播话语从单一转向多样,从呆板的文字图片转向图文、音像、动漫并茂,从严肃深奥的学术话语转向生动活泼的网络话语,从精英受众转向了草根受众,从报纸杂志媒介转向了"三微一端"的快捷媒介。这些传播的转变,其基础就在于新媒体技术的快速发展推动了话语传播内容和形式的生动变化。

党的十八大以来,中国特色社会主义的道路自信、理论自信、制度自信、文化自信深入人心,这些成就的取得,与主题网站紧跟新媒体技术前沿,提升话语传播的生动性有直接的关系。从"中国梦"的提出,到党的群众路线教育实践活动、"三严三实"专题教育、"两学一做"专题教育、"不忘初心、牢记使命"专题教育活动等,主流媒体都开设了专题网站,并充分发挥新媒体的技术优势,并不断丰富主题网站的传播载体和话语形式。如在"两学一做"专题教育活动中,人民网开设了专题网站,网站开设了"党章党规""系列讲话"等10多个专题栏目,向公众提供了丰富的学习内容,除此之外,主题网站还融合了多个自媒体,通过微博、微信、微视频、客户端等自媒体联动推进专题教育活动,丰富话语传播的内容和形式,收到了突出效果。如电影"厉害了,我的国",通过新媒体技术全方位展示了中国特色社会主义发展成就,震撼了观众,提振了公众信心,达到了利用现代媒体技术宣传马克思主义的目的。实践证明,利用现代新媒体话语传播的技术优势,能够客观详实、全面生动地呈现改革开放40多年来中国特色社会主义的伟大成就,丰富了马克思主义大众化传播话语的表达形式,增强了大众化的时效性。

3.构建网站层次性内容回应不同受众的关切

中国是一个14亿的人口大国,由于经济、社会、思想文化教育发展不平衡,人们对理论的接受和理解参差不齐。在实践上,既有理论精英,也有草根民众,还有处于两者之间不同行业的职业者,由于受到教育的程度和职业特点的影响,他们对理论的接受和理解、对理论的关切存在差别。哪怕就是作为马克思主义大众化主要群体的当代大学生,由于专业背景的差异,他们对理论的关切也存在较大的差异。因此,根据不同群体,采取精准施教的策略,是新媒体生态下推进马克思主义大众化话语传播的成功经验。在传统媒体条件下,话语传播难以做到根据不同的群体定制宣传"套餐"。但在新媒体生态中,多样性是新媒体话语传播的主要特征,这种多样性既体现传播媒介、传播渠道呈现多样化,还体现在话语表达的内容和方式方法呈现多样化,这就为我们根据不同群体的关切定制宣传"套餐"提供了可能。比如:在人民网、新华网、光明网等主题网站中,在宣传内容上既有满足于理论精英需求的理论性文章,如人民网专设的"人民理论"专题,包括"人民讲堂、理论观察、学习文选、期刊博览、群书连载、编者文汇、重要评论、学习路上"等栏目,这些栏目大部分是理论性比较系统的文章,对于具有一定理论基础或专门从事理论研究的受众而言,这是他们的最爱。主题网站在为理论基础较好的群体开设"人民理论"专题外,还充分考虑了一般网民大众,开设了"网评精碎""网评""图解""文化""娱乐""猜你喜欢"等栏目,这些栏目的内容短小精练、话语简洁、通俗易懂,从文化层次、年龄层次、职业层次等方面满足了一般受众的学习要求;除了在内容方面分层次外,在传播的形式上也注重分层展示,如:人民网除了专题网站外,还开设了人民论坛、人民微博、微信公众号等多种形式的传播载体,形成了多层次、全方位的话语传播体系,较好地满足了不同受众群体对理论学习的关切,极大地拓展了马克思主义话语传播的时空布局,不断巩固马克思主义大众化话语传播的主阵地。

(二)创建"两微一端",拓展话语传播的主渠道

在新媒体逐渐取代传统媒体成为传播主体后,"两微一端"更是新媒体中的主体。2016年春节期间,习近平视察了人民日报、新华社和中央电视台三家主流媒体,他所到之处都借助新媒体平台通过"两微一端"发布了问候语音,向全国人民送上祝福、表达慰问。随着媒体技术的快速发展,"两微一端"成为满足群众需要,传播党的话语的重要媒体渠道,对推进马克思主义大众化发挥了突出任用,值得我们进一步总结和推广。

1.政务微博推动马克思主义理论话语更接近群众

政务微博是新媒体生态体系中重要的传播分支,受众面广、影响力较大。截至2021年12月,经过官方认证的政务微博达到了177437个,其中,政府部门开通的政务微博占到了总数的67.4%。从这一数字也可以看出,政务微博掌控了马克思主义大众化话语传播的主阵地;从政务微博的运行情况看,与民生有关的政务微博粉丝最多,如中国警方在线、平安北京等政务微博,粉丝数量都超过1000万。值得一提的是,共青团中央的政务微博,粉丝数量也达到近700万。微博140字的微信息特征,要求用简短精练的文字替代了过多的"正确废话、官话",使话语更直奔主题、更亲民。微博不仅体现在话语简练、亲民,更体现在超强的互动功能上,网民之间不再是被动的信息接受者,任何一个网民,既是信息发布者,同时也是信息接受者,使传播主体之间形成了开放、平等的传播格局。

政务微博推动了网民参政议政的主动性,"推动了体制外民意表达机制与体制内民意表达机制前所未有的高度融合"①。如在每年的全国"两会"期间,微博搭建了线上、线下的议政热潮,不仅有人大代表通过微博征集提案,更有网民通过微博向政府提建议等。还有些政务微博发起的讨论,高度切中当前群众的关切。如人民网的"人民微博"发起的"给学生减负为何这么难"等一些民生讨论话题,引来了大量的关注。实践表明,党的十八大以来,马克思主义的认同度不断提升,政务微博发挥了重要任用。政务微博有效地宣传了党的方针政策,提升了马克思主义话语的亲和力,使马克思主义更接近群众生活,并以公众关切的话题为切入点,引导公众正确认识和理解马克思主义理论,在潜移默化中推动了马克思主义大众化。

2.微信公众号增强了传播主体间的互动交流

随着新媒体技术的飞速发展,微信逐步走近了千家万户,成为人们信息交流的主要平台。尤其是微信支付,让相当一部分群体告别了纸币支付的麻烦。微信除了带给人们生活中的便捷外,同时也是人们进行信息交流、获取信息的主要渠道。除了民间数量庞大的微信群外,仅官方开通的微信政务服务用户就达到了5.7亿之众。微信公众号成为新媒体系统中的重要载体,其影响力不断扩大。民间自建的微信公众号、微信群、微信朋友圈成为微信三大主要交流平台,刷微信成为当前最流行的网语,其信息传播力相当强大。更为关键的是,微信群体越来越草根化,已经成为信息传播的主要发端。党的十八大以来,我们党非常重视抢占微信传播平台,建立了数量庞大的政务微信公众号,全方位、系统化地宣传党的方针政策。通过微信公众号推进马克思主义大众化话语传播积累了许多值得进一步总结的经验。以人民网微信公众号为例,除了主页的微信快讯外,还开设了"悦阅""互动""服务"等栏目。这些内容紧贴群众实际,反映群众生活。在"互动"栏目中,时时更新互动主题,这些主题都是反映群众最关切的问题。如"暴光形式主义"互动栏目,引来了众多群众参与讨论。除了人民网的微信公众号外,目前,具有较强影响力的微信公众号还包括"新华网""光明日报""共产党员""央广新闻""学习强国""学习大国"等,这些微信公众号内容丰富,主题鲜明、互动交流强。

微信公众号立足草根、反映草根群众的关切,更为重要的是,通过微信公众号,把我们党的方针、政策传达到基层,从根本上改变了过去主流媒体高高在上的话语态势,把推进马克思主义大众化真正落实到贴近群众、贴近群众生活。与政务微博相比,微信公众号更突出交互性,特别是众多微信朋友圈,往往能够引

---

① 魏楠.国内"微博问政"述评[J].天水行政学院学报,2011(04):86-88.

起广泛的讨论和交流。实践表明,微信公众号搭建了党与最基层群众的话语交流平台,把党的声音传递到千家万户,同时,又时时地把基层群众的关切上达到执政阶层,畅通了上情下达、下情上传的渠道,提升了马克思主义大众化话语传播的实效力。

3.新闻客户端推动了马克思主义传播的时时性

随着4G信息技术的发展,以手机为媒介的移动新闻逐步成为新闻传播的主流,与传统媒体和PC固定平台相比,搭载在手机等移动设备上的新闻客户端具有独特的话语传播优势,尤其成为广大青年朋友阅读新闻的首选。从调查数据显示,在大学生群体中,每天通过电视获取新闻信息的比例不到5%,通过PC固定平台获取新闻信息的比例不到7%,明确表示主要是通过手机等移动设备获取新闻信息的比例超过95%。而在一些一线的城市里,某些高校的学生通过手机等移动设备获取新闻信息的比例达到100%。因此,移动新闻客户端在传播马克思主义中具有极其重要的地位。建设网络强国,关键在于让青年一代人回归到主流媒体上来。我们必须清楚,回归到主流媒体,并不是要让青年人又去看报纸、看电视。报纸、电视当然要看,这是我们党宣传马克思主义的主阵地之一。但也要拓展宣传渠道,尤其要充分发挥新媒体的技术优势,只有通过青年人喜欢的方式宣传马克思主义,才能真正让青年人接受和认可。在新媒体时代,近95%的青年一代人通过移动客户端获取新闻信息,这是中国当前最大的实际。因此,党的十八大以来,我们党立足于这个实际,大力推动网络信息技术发展,不断优化移动上网,网民使用手机上网的比例达98.6%。

伴随着移动设备的广泛使用,移动新闻客户端在推送新闻方面也出现了独站鳌头的态势。在实际生活中,许多新闻信息源都来自手机的最早推送。到了今天,我们越来越深刻地感受到,报纸、电视的新闻报道已经明显地迟滞于移动客户端的新闻推送。除了传播速度快之外,移动新闻客户端也极大地改变了人们阅读新闻的方式,一部手机几乎把人们阅读新闻推向了极致,不受时间、空间的限制,实现了时时阅读。既可以看新闻,还可以看"旧闻"。因此,新闻客户端全方位地向人们呈现了新闻信息传播,搭建了马克思主义大众化全方位、全领域、全时性的话语传播体系,马克思主义话语传播的主动性得到了明显增强、时效性得到了提升。

(三)搭建专家博客,突出话语传播的系统性

博客与微博不一样,微博突出的是话语的碎片化和个性化,而博客则突出话语的系统性和连续性。马克思主义是一个科学的理论体系,我们在推进马克思主义大众化进程中,既要有言简意赅的话语传播形式,同时也要有系统性的理论

阐释,两者缺一不可。专家博客是马克思主义大众化话语传播中进行系统化阐释的重要载体平台,通过专家博客,能够有效开展马克思主义理论的系统化传播。

1.专家博客的传播优势

博客是伴随新媒体而产生的一种新的话语传播形式,与"两微一端"共同构成新媒体话语传播体系中的"四架马车",拉动着新媒体时代的话语传播变革。博客与微博在话语表达方面有所不同,微博强调短小精炼,篇幅140字以内,微博突出问题的交流和基本观点的表达。因此,微博在话语表达方面凸显精简,它有利话语的碎片化传播,但很难对系统性的理论问题进行深入阐述。而博客相比于微博而言,它不受数字篇幅的限制,能够详实、深入地阐述一个事实,系统地阐释一个理论问题,能够有效地提升文章的可读性。马克思主义是一门系统科学,其真理性既体现在它的学术价值方面,也体现在指导实践工作中。我们既不能支言片语地理解马克思主义,也不能用深奥的学术话语灌输马克思主义,需要根据不同境况、不同的对象,构建内容和形式灵活多样的话语体系,满足不同受众的需求。因此,推进马克思主义大众化,既要有言简意赅的精炼话语,也要有系统性理论阐释。"两微一端"架构了马克思主义话语传播的精炼体系,而博客则搭建了系统化的理论阐释平台,两者相得益彰、互为补充。博客与马克思主义传播相契合,突出了理论的系统性、连贯性。同时,博客自身也有交互功能,当读者在阅读博主的博文时,还可以就相关问题与博主进行交流互动。

专家博客则专指在理论界有较大影响力的理论精英开设的博客专栏。如人民网强国博客、光明网的光明博客、中国博客网等博客专栏中,汇集了一批资深理论专家,他们用自己深邃的洞察力和分析力,有理有据地剖析中国特色社会主义发展,成为推进马克思主义大众化的主力军。专家们由于他们的理论视野比较宽阔,分析问题比较透彻,因此,专家博客具有理论分析的专业性、语言运用的大众性、分析内容的时代性等特征,对一些具有争议性和模糊性的内容,专家博客的分析要比微博更深刻,问题阐释得也更清楚。比如光明博客,其主题和宗旨就是要搭建"知识分子网上精神家园,权威思想理论文化网站"。光明博客的专家博文充分展现了马克思主义中国化的理论成果和实践成果,探讨了新的历史条件下改革与发展的重大理论问题。公众通过阅读这些专家博文,能够深入了解马克思主义中国化进程,深刻领会马克思主义的核心要义。

进入新世纪,我们已经踏上了建设中国特色社会主义现代化强国的伟大征程。宏伟蓝图已经绘就,但道路并非一马平川,矛盾还比较尖锐和突出。国际国内的一些噪音不时地通过新媒体传播平台干扰人们的认识和判断。呈现在我们面前的诸如此类的问题,仅靠"短平快"的快餐信息难以引导人们形成正确认识。

特别是在推进马克思主义大众化的实践中,由于网络信息参差不齐,加之公众理论认知的局限性,大量快餐式的短信息不足以引导人们深入认识和正确理解马克思主义指导下的中国特色社会主义伟大实践,一些解读不到位的短信息有时还让人对马克思主义产生曲解,进而对中国特色社会主义产生这样或那样的质疑,而专家博客大部分都是党建、马克思主义研究等领域权威专家学者的博文,这些博文系统、全面地对马克思主义进行解读、阐释和分析,既提升了马克思主义的理论说服力,又增强了思想引领。因此,专家博客已经成为推进马克思主义大众化不可或缺的重要话语体系。

2.专家博客要突出受众的广泛性

专家博客作为马克思主义大众化的重要话语体系,弥补了"两微一端"快餐式短文对马克思主义理论阐释不够系统、深入的问题。从实践而言,"两微一端"由于话语精炼,交互功能强大,有着庞大的受众群体,而专家博客则以其深入的理论阐释吸引着理论界的受众,但相比"两微一端"而言,其受众的广泛性还不足。因此,专家博客还需要扩大受众的广泛性,从而增强影响力。党的十八大以来,我们党全方位地提升了马克思主义大众化的时效性,一些平台的专家博客在增强受众的广泛性方面做了积极的探索,积累了许多值得推广的经验。

以人民网的强国博客为例,平台开设了"时政、社会、廉政、杂谈、军事、经济、教育、文史、娱乐、生活"等专栏。一些专家学者的博文具有较高的访问量,如冯文杰教授的博文访问量达到 6200 万次;张召忠将军的博文访问量达到 1800 万次等。这些具有较高访问量的博文有一个共同的特点,就是结合当前国情、世情、党情变化回应大众的关切,分析问题有理有据,得到了公众的高度认可,赢得了较高的访问量。但毕竟这样的专家博文分布还不均匀,涉及的领域还不够广泛。还需要在突出专家博客的受众广泛性问题方面加大工作力度,发挥专家博客在推进马克思主义大众化话语传播中的作用。

(四)培养民间媒体"意见领袖",扩大正能量话语传播队伍

"意见领袖"是 20 世纪 40 年代拉扎斯菲尔德提出的一个媒体概念,其本意就在于话语引领。在新新媒体生态下,媒体上的话语舆论纷繁复杂,信息真假难辨,舆论观点各不相同,作为普通网民无法识辨,往往容易引起舆论失控,甚至造成从虚拟空间的失控转向现实社会的失控。近年来,发生的一些群众性事件,有相当一部分都是从网络空间的舆论失控而转向现实社会的。更有甚者,一些国家因网络舆论的失控,直接导致政权的更迭。因此,"意见领袖"在引导媒体舆论方面具有重要的作用。突出培养"意见领袖"队伍,发挥"意见领袖"在媒体舆论场的正能量作用,成为各个国家管控网络的重要经验。

1.民间"意见领袖"在舆论引导中的作用

在新媒体生态下,人们表达意见和见解的渠道空前的畅通,人人都是记者、人人都是"评论家"。在众多的舆论者中,一些网民掌握信息比较多,观点和见解获得较多网民的认同,逐步从网民中暂露头角,成为舆论的引领者,甚至领导和掌控舆论,把控着舆论的走向,我们称之为"意见领袖"。在新媒体舆论高度发达、媒体舆论对社会发展的影响力逐步增强的今天,媒体舆论场中的意见领袖的影响力有时比在现实社会中的名人更大,民间"意见领袖"的话语有时能够改变公众对事件的基本判断。在实践中,民间"意见领袖"的身份往往都是一些普通网民,但他们的信息源渠道比较畅通,知识深度、分析问题的能力比一般的网民要强。民间"意见领袖"既能够制造议题,又能够在舆论场中煽动情绪,既可以推高舆论声浪,又可以压制不同意见者。事实上,民间"意见领袖"在新媒体舆论场中能够发挥出强大的动员与组织、整合和引领的作用,具有较强的号召力。因此,建立意见领袖在媒体传播中的激励机制,引导他们从正面、积极面分析问题,更有利于我们掌控舆论场,也有利于构建官民一体化的马克思主义大众化话语传播。

2.培养民间"意见领袖"引领网络舆论正能量

媒体舆论的"意见领袖"在引领媒体舆论走向中的作用非常突出,尤其是分布在民间媒体舆论场中的"意见领袖"影响力比较大,发挥和利用好"意见领袖"在新媒体舆论场中的引领作用,更有利于我们把控舆论方向,形成正确的舆论导向。

媒体"意见领袖"虽然是在网络舆论中形成的,但需要培养和引导。在实践中,有个别"意见领袖"为了赢得网民的认可,在话语上以迎合网民的话语为导向,有时制造的议题和话语比较偏激,形成了较强的社会负能量。但这类主观故意制造负能量的"意见领袖"是少数,大部分的"意见领袖"在主观上没有恶意,只是由于这些"意见领袖"受到自身的专业知识基础、分析问题的能力等方面因素影响,他们在分析问题时缺乏全面客观,有时造成了负面情绪。因此,培养"意见领袖"的工作显得尤为重要。事实上,"意见领袖"要在媒体舆论场中提高话语的说服力,既要求有丰富的信息源,也要求具备较高的人格魅力,这两者是高度统一的。任何一个"意见领袖"如果没有丰富的信息源,其话语引领力就会下降,同样,如果"意见领袖"的人品情操受到了质疑,其在媒体舆论场的话语地位就会失去。

马克思主义大众化是一项系统工程,其传播话语涉及政治、经济、文化、社会建设、生态文明建设的方方面面。培养"意见领袖"要有针对性,不能是面面俱到的"万斤油"。可以从不同的领域培养相应的"意见领袖",为了提升"意见领袖"

的话语引领力,从官方而言,要给"意见领袖"更多的信息源。同时,要加强对他们的理论学习和辅导,提高他们对党的方针、政策的理解力。再者,官方主流媒体要与民间舆论场形成互动关系,特别是官方的舆论要有意识地维护民间"意见领袖"的话语权威。实践证明,建设好媒体舆论场民间"意见领袖"这支队伍,网络媒体舆论的正能量就能充分发挥出来,更有利于推进马克思主义大众化进程。

（五）抢占 VR 媒体,创新话语传播的主潮流

以网络和电子信息技术为基础的 PC 和移动终端分别代表了第四和第五媒体,而 VR 极有可能成为未来第六媒体的主流。在未来的第六媒体时代,如何抢占先机,占据主动,使之为推动马克思主义大众化话语传播服务,这是我们需要超前谋划的工作。

1. VR 媒体的内涵

VR(Virtual Reality,虚拟现实)作为一种更自然、更具抽象化的媒介形态,可以将现实世界的事物迁移到虚拟场景,使人体感官所感受的信息更加立体、真实,可以说是人类感官延伸的一次重大变革,符合媒介仿真性路线持续进化的结果,完全能够让人沉浸其中。VR 的前身是一种仿真技术,主要运用于教学、科研、军事训练中的模拟训练环节,强调的是一种虚拟现实效果。

2. VR 将引领第六媒体的发展方向

VR 引领未来媒体传播,并将独立成为第六媒体是大势所趋。为了抢得新媒体传播的先机,引领传播潮流。2016 年 5 月 6 日,新华网率先推出了 VR 视界专栏,这是我国主流媒体抢占世界传播主动权的重要举动。2019 年 7 月 2 日,我国在福州市召开了"信息技术虚拟现实应用软件基本要求及其测试方法"国家标准研讨会,为我国推动 VR 技术实质性应用迈出了重要一步。

尽管当前的 VR 技术应用还处在一个探索阶段,但其传播的音效、视频的立体性、全方位的优势已经凸显。VR 技术能够呈现一个真实的视觉世界,让受众能够真实地了解到事物的全貌。事实上,大部分公众都体验过 3D 技术,因此对 VR 技术并不陌生,那种震撼的立体效果让我们记忆犹新。而 VR 技术比 3D 更进一步,受众的场景参与感更强,置身其中的感觉更强烈。可以预见,VR 技术应用于教育领域,必将带来一场教育领域的深刻变革。同样,将 VR 技术应用于马克思主义传播,将更全面地把理论与实践有机结合,向公众直观地呈现一个在马克思主义理论指导下的中国特色社会主义的繁荣兴盛。

四、探索"接地气"的马克思主义大众化传播话语

语言表述越抽象,理解差异程度就越大。相反,语言表述越通俗,越接近大

众语言,这种理解上的差异就越小。中国是一个多民族国家,不同地区存在一定的文化差异。由于民族文化差异形成了民族心理思维和话语理解上的差异,马克思主义话语通俗化要充分考虑不同文化背景下的民族群体差异现状。推进马克思主义大众化,话语通俗化是重要形式和要求。如何才能做到话语通俗,最简单、直接和有效的方法就是话语接地气,只有接地气,才能做到通俗。

(一)培养"接地气"的马克思主义大众化话语传播专家队伍

灌输教育是理论大众化的基本规律和方法之一,但灌输是有差别的,不同对象、不同区域,灌输的方式方法应有所不同。针对国家干部、高校青年学生、社区市民、农村村民等不同群体,应选择不同的灌输方式方法和灌输语言技巧,高高在上的理论灌输是不能产生实效的。因此,推进马克思主义大众化,需要培养一批会说"接地气"的草根话语的灌输队伍。

1.构建马克思主义理论宣传队伍走基层的体制机制

理论教育需要进行持续的灌输,这是开展理论教育的历史经验。理论灌输有两种形式,一种是通过媒体平台的灌输,另一种面对面的理论灌输。尽管媒体平台的教育灌输成为了理论学习的主流,但面对面的学习辅导也是必不可少的重要学习形式,在推进马克思主义大众化的进程中发挥了重要历史作用。哪怕是进入新媒体时代,通过这种面对面的形式进行灌输教育,更具有亲切感,仍旧值得我们去创新探索研究。

发展不平衡不充分是当今中国最基本的国情,尽管新媒体传播已经成为主流,但并不代表全部。在我国广大的农村和欠发达地区,新媒体的发达程度还不高,尤其是群众利用新媒体平台学习马克思主义理论的比例还比较低。从调查数据显示,尽管农村、社区人口手机的持有率超过90%,但手机中下载了学习强国软件、人民网等几大主流媒体的微信公众号的群众比例不到5%。哪怕就是学习强国软件要求所有党员干部都要安装学习的态势下,农村、社区党员干部真正学习浏览的比例不到7%。在这7%的人群中,能够学懂、看明白的比例就更低,大部分人只是弄个一知半解,这与我们推进马克思主义大众化的目标要求还有较大差距。需要明确的是,推进马克思主义大众化,不是建立几个微平台就万事大吉了,就认为群众对马克思主义理论就能够学会弄通了,这是极其错误的认识。任何时候,特别是面对基层推进马克思主义大众化,面对面的辅导灌输是必不可少的传播形式。

如何才能面向基层群众进行面对面的进行马克思主义教育,很显然,需要有一支面向基层的理论宣传专家队伍。比如:党的十八大、十九大召开后,各地组织了一批理论专家走进农村、走近社区宣讲党的重大战略部署,使基层群众更准确地理解我们党最新的重大方针政策和战略部署,收到了良好的效果,也积累了好的经验。实践证明,推动理论专家进农村、进社区宣讲马克思主义,不能是即兴的活动,应该形成有效的体制、机制。这支专家队伍既有专职人员,也有兼职人员;既有知名专家,也有长期扎根农村、社区的一线干部。当前,真正扎根基层、懂农村、懂农民的专家比较少,要建立这样一支专职队伍就更难。因此,需要专兼职相统一,从人力、物力、财力上给予特殊的关照,要从体制上入手,使这支队伍能够有源源不断的新生力量加入,这既是推进"三农"工作的要求,更是推进马克思主义大众化的要求。

2.培养马克思主义话语传播的民间专家

从话语传播的对象而言,由于职业、学历、生活地域、学识、阅历等存在差异,导致对象呈现多样化特征。针对不同对象推进大众化的难易程度各不相同,其中最困难就是如何实现让马克思主义掌握基层群众。党的十八大以来,我们党在这方面进行了有效探索。特别是通过培养马克思主义的民间传播专家,用老百姓自己的话语宣传马克思主义,取得了良好效果,积累的经验值得总结和推广。理论教育需要灌输,但不能强制,正如毛泽东所强调的:"不能强制人们放弃唯心主义,也不能强制人们相信马克思主义。"①需要通过群众喜欢和接受的方式进行灌输,才能产生效果。如果采用强制的办法开展马克思主义教育,其结果适得其反,甚至还可能造成群众对马克思主义的抵触。从调查数据显示,基层群众对马克思主义的认可度超过 90%,但主动学习和愿意学习马克思主义的比例不到 50%。一种理论被群众普遍认可但又不愿意学习和运用,出现这样的矛盾是值得我们反思的。从调查情况分析,群众普遍认可马克思主义,是因为群众看到了马克思主义指导下的中国特色社会主义各项事业蒸蒸日上,人民群众的生活水平不断提升,中国共产党让群众获得了看得见的实惠。马克思主义指导下的中国,仅用了 70 年的时间,从一个半殖民地半封建的落后国家一跃成为世界有影响力的国家,全国人民安定团结,人们的生活发生了翻天覆地的变化,14 亿人民过上了小康生活。而一些曾经与中国制度体制类似的国家,由于背离了马克思主义以后,其国家境况一天不如一天,人民群众的生活水平每况日下。两相对比,群众看在眼里,明白在心里。马克思主义指导中国特色社会主义的伟大实践说服了群众,赢得了大众。这样一个科学真理,为什么一谈及学习的时候,群众又避而远之呢? 这需要从学习的方式方法上找原因。调查数据显示,不愿意学习的群众,既受到传统思维,也受到现实境况的影响。在传统思维方面,一些群众在传统思维里认为马克思主义太抽象,学不懂、弄不明白,所以不愿意学;在

---

① 毛泽东文集(第七卷)[M].北京:人民出版社,1999:209.

现实境况下,我们的一些理论辅导学习读本太突出强调理论的学术逻辑,理论话语太强,群众确实看不懂。当然还有另一原因,我们的一些理论辅导专家在对基层群众进行马克思主义学习辅导时,对基层群众缺乏了解,辅导话语太过理论化和深奥,没有翻译为基层群众的话语,群众确实听不明白,几方面的综合原因导致群众不愿意学习。

如何解决这个矛盾? 实践经验告诉我们,需要培养一批能够把马克思主义理论话语翻译为群众话语的民间专家,用群众的话语宣讲马克思主义。因此,推进马克思主义大众化需要有一批民间专家队伍,这支队伍不是去研究创新马克思主义理论,而是研究用群众的话语翻译马克思主义理论。如:在民族地区,群众喜欢民族山歌,专家们就把马克思主义翻译成山歌形式,用山歌在群众中传唱马克思主义;群众喜欢京剧,就把马克思主义翻译成京剧,用京剧演绎马克思主义;群众喜欢快板,就把马克思主义翻译成快板,用快板打响马克思主义等等。如果我们培养了这么一批民间专家队伍,又何愁马克思主义不进入基层群众呢。事实上,这方面的工作,我们一些地方进行了有效的探索,积累了值得推广的经验。如广西的一批民间山歌王,编写山歌宣传改革开放、社会主义核心价值观等。"改革开放好年头,生活更上一层楼;一首山歌唱出口,一罐蜜糖肚里流。"这样的山歌,在广西农村、社区随时都可以听到。山歌是广西群众最喜欢的话语方式,脱口成歌是当地的一大特色。再如"河池日报微信公众号"的"鲜读河池·掌阅天下"栏目,专门登载山歌,用山歌形式宣传党的方针、政策,宣传脱贫攻坚等工作,受到当地群众喜爱,阅读量相当高,在当地有较大影响力。这些山歌都是民间专家的杰作,他们对推进马克思主义大众化作出了实质性贡献。

(二)立足于用通俗话语回应百姓关切,以朴实土话阐述理论

推进马克思主义大众化,需要我们"放下"理论宣传的学术话语,讲朴实话,说新鲜事。我们经常讲,最马克思主义就是最朴实和最通俗的。马克思主义大众化首先要解决化大众的问题,没有理论话语的朴实和通俗,理论难以说服群众。

1.用通俗话语讲百姓关切的问题

习近平非常注重用"接地气"的朴实和通俗话语阐述治国理政思想,使理论和受众之间真正实现了零距离,使大众感觉到理论的亲和力、感染力、吸引力。在习近平关于治国理政的系列讲话中,这种"接地气"的朴实语言信手拈来。如:"鞋子合不合脚,自己穿了才知道。"[①]这是老百姓的土话,草根性很强,但阐述道

---

① 陈锡喜.平易近人——习近平的语言力量[M].上海:上海交通大学出版社,2014:112.

理很到位,如果鞋与脚两者匹配不了,路就无法走下去。而鞋子合不合脚,别人是没有发言权的,只有自己说了算。习近平用这样极其通俗的话语告诉群众,中国特色社会主义道路好与不好,只有中国人民才能作出评判。习近平用一句极其通俗的话语,把坚定"四个自信"的深刻道理阐述得通俗易懂。又如:"小康不小康,关键看老乡。"①习近平用这句通俗话语非常明确地告诉大众,全面建成小康社会,"老乡"才是关键群体,习近平在这里所指的老乡就是广大的农村人口。经过改革开放40年的发展,中国经济社会的发展取得了重大成就,人民生活水平总体上得到了极大提高,人均收入已经跻身中等偏上的国家行列。但发展不平衡、不充分的问题依然突出,城乡收入差距较大。截至2019年底,全国仍有550多万贫困人口,而且大部分集中在农村。因此,全面建成小康社会,只有农村的老乡都过上了小康的日子,才算是全面建成了小康社会。习近平用这样通俗易懂的语言,向人民群众传达了我们党全面建成小康社会的工作重点,使全面建成小康社会得到大众认可。再如,"从严治党,要坚持'老虎''苍蝇'一起打,切实解决发生在群众身边的不正之风和腐败问题。"②习近平用"老虎""苍蝇"来形象比喻群众身边的大贪官和小腐吏。党的十八大以来,我们党全面从严治党,以踏石留印、抓铁有痕的毅力塑造风清气正的党风和政风。不过,民间也有一些传言和担忧,认为反腐败只是拍"苍蝇",不打"老虎"。出现这样的言论和担忧是正常的,因为在中国的传统文化中,就有"老虎屁股摸不得"的说法。针对民间的言论和担忧,习近平巧妙地借用"老虎""苍蝇"做比喻,形象而生动地阐明了党中央在惩治腐败这一大是大非问题上的原则立场和政策措施,深得民心。在习近平新时代中国特色社会主义思想的话语体系中,大量地运用了讲故事、说成语、引典故、打比方、幽默化的语言等形式阐述深刻的治国理政的重要原理,因为话语通俗易懂,在理论上和思想上也赢得了大众的共鸣。

2.用朴实的文风传播党的最新理论成果

朴实文风的最大特点是说出的话老百姓爱听,听了之后能够记得住。话语用词直面主题,没有过多的修饰,不追求哗众取宠的漂亮用词,更没有晦涩难懂的话语。党的十八大以来,习近平在用朴实的文风传播马克思主义理论方面给我们作了表率。他的文风朴实,话语直奔主题。如"照镜子、正衣冠、洗洗澡、治治病"等文词,把党的建设这个深刻道理用言简意赅的几个词讲得清清楚楚。用朴实的文风宣讲深刻的治国理政的大道理,既是历史的经验,也是现实的治国需要。在中国历史上,强调朴实文风是我们的优良传统。在春秋战略时期的管仲

---

①　陈锡喜.平易近人——习近平的语言力量[M].上海:上海交通大学出版社,2014:122.

②　陈锡喜.平易近人——习近平的语言力量[M].上海:上海交通大学出版社,2014:73.

曾提出："观国者观君,观军者观将,观备者观野。"他认为,看一个国家是否有发展,就看这个国家领导人的思想观念、言谈举止就有知晓;一支军队是否有战斗力,就看这支军队的将领;看一个国家是否处于战备状态、有忧患意识,就看农业生产。尽管管仲的观点带有个人英雄主义的色彩,夸大了个人在推动历史进程中的作用。但常言到,火车跑得快,全靠车头带。我们虽然不主张个人英雄主义,但绝不能忽视关键少数在推动社会发展进程中的作用。国家领导人的文风将影响全国人民的思想观念,更为关键的是,文风直接影响学风,文风不良,将导致学风不正。

当今世界,还有哪个理论能与马克思主义比高下。马克思作为千年思想家之首,这可不是虚名。马克思主义对世界的影响看得见、摸得着。但就是这样一个科学真理,却在推进大众化的进程中遇到了阻梗,确实值得我们反思。其中一个重要原因,正如毛泽东所指出的文风出了问题。在实践中表现在理论脱离实际,说者高高在上地讲大道理。群众除了听不懂外,还觉得与我们所做的没有联系,可以不听、不学。文风反映作风,文风不实,作风不正。因此,但凡把人民装在心中的领导人,都重视强调文风建设,不但要求别人做到,首先自己务必做到。

党的十八大以来,以习近平同志为核心的党中央,注重用朴实的文风传播中国声音,用百姓的话语讲中国故事。习近平非常善于引经据典,而且注重从中国最基层百姓的话语中汲取精华,各种讲话中充满着口语化,在朴实无华的话语中创立了马克思主义最新理论成果。如用"国家好,民族好,大家才会好""家是最小国、国是千万家"等话语来阐释中国梦既是国家的梦,更是大家的梦,这些话语通俗易懂,有的还是大家耳熟能详的流行歌词,听起来既亲切又朴实。我们党用朴实的文风传播党的最新理论成果体现在不讲空话,言之有物,向群众展示了朴实的马克思主义。学习马克思主义不是为理论而学,而是为指导实践而学,学了要管用,要能够指导实践。正如古人所说的"为学日增、为道日减",阐释马克思主义理论切不可把马克思主义符号化,甚至注重于堆集概念,言之无物。要立足于讲中国故事,多用发生在群众身边的故事讲马克思主义,做到言之有物,也只有这样,马克思主义才有大众化的群众基础。

(三)推动马克思主义大众化话语传播与民族传统文化的生态融合

"将生态论运用于研究马克思主义大众化是一种理论视角的拓展,如果仅从一种狭隘的纯自然科学的视角去看待生态论,似乎与马克思主义大众化不相关,但实质上他们之间有非常紧密相通的切合点,尤其是马克思主义大众化进程中的语言运用问题,更是一个系统性问题。如何把马克思主义大众化进程中的政治语言、学术精英语言、大众语言、民族通俗语言等语言形式有机的结合和运用,使之成为一个有机的语言生态系统,是马克思主义大众化进程中所缺乏的,也是影响马克思主义大众化的重要因素。"①从实践情况看,我们在一些领域里并没有把马克思主义这个科学真理向公众说清楚。之所以没有说清楚,并不是不说,或者说少了,而是说得没有针对性。长期以来,特别近年来的马克思主义大众化宣传教育,应该说的是铺天盖地,为什么马克思主义还没有真正内化为人民大众自觉的生活方式和行为方式呢。但也有一个不能让我们忽视的现象,在一些农村,马克思主义理论却深入人心,尽管人们讲不了一套套的理论话语,但他们却把马克思主义翻译成了他们自己的语言进行广为传唱,收到了良好效果。研究这种现象,很重要的原因就是把马克思主义与当地的民族文化有机融合,传播话语非常具有民族性和草根性,得到群众的广泛认可并经常运用。

1. 马克思主义理论与民族传统文化实现民俗化融合

所谓民俗化,简言之就是习俗或习惯的既定俗成。这种俗成往往要经过人们长期的实践并获得广泛认同。因此,"民俗化"可以界定为"经过人民群众的长期实践和广泛认同而确立起来的一种习俗或习惯,这种习俗和习惯往往历经几代人的传承,在社会上产生非常大的影响"②。马克思主义首先是政党理论,其阶级性和政治性是其基本特性。但马克思主义又与其他一般的政党理论不一样,它是在实践中不断创新和发展的理论,指导着人民群众开展具体的实践活动。推进这样一个理论大众化,首先要解决民族化和草根化问题,只有最大限度地实现了民族化和草根化,才能有效地把它融入草根群众的生活中,贴近生活的目标才能实现。因此,要真正做到融入大众文化之中,还需要把马克思主义在一定程度上草根化,即民俗化。应该说,马克思主义民俗化是大众化的最高境界。因此,一旦实现了民俗化,就在人们心中建立起了既定俗成。马克思主义理论与民族传统文化实现民俗化融合,需要解决好两个方面的问题:一是马克思主义传播话语要与传统民族文化的话语相融合,把马克思主义话语融入民族文化话语中。如:山歌传唱马克思主义、京剧演绎马克思主义等。只有把马克思主义的传播话语融入了民族传统文化之中,群众才能广泛的接受和理解,才能最大限度地从精英化向大众化转换。二是推动形成宣传马克思主义的民俗习惯。比如清明节祭扫革命烈士墓、祭拜革命烈士的民俗习惯。祭扫革命烈士墓、祭拜革命烈士在一些革命老区已经逐步形成了民众的习俗。如革命老区广西东兰县的武篆镇,是土地革命斗争时期百色起义的中心地带,一大批革命烈士长眠在这片红色

---

① 罗昌勤. 从生态论视角探讨马克思主义大众化民族语言形式的生态缺失及对策——以广西民族地区为例[J]. 山西煤炭干部管理学院学报,2012(01):62-63.

② 李超. 借鉴传统文化普及方式推动马克思主义大众化研究[D]. 吉林大学,2013:29.

的土地上。每年清明节期间，当地群众不管这些烈士是不是自己的祖先，都会到他们的墓前点上一支香、摆上一些祭品进行祭拜。民众在清明节祭扫革命烈士墓、祭拜革命烈士，是马克思主义宣传教育的重要形式。但这样的民俗习惯还需要继续引导和发扬，使之进一步与马克思主义相融，成为推动马克思主义宣传教育的重要形式。

2.马克思主义理论与民族传统文化话语融合的成功实践

56个民族组成的中华民族大家庭，各自民族都有自己的文化形式，即使是没有正规的民族话语文字，但都有自己民族的话语表征。在实践中，各民族把马克思主义宣传教育与民族文化有机融合，形成了许多值得借鉴和推广的经验。以广西为例，广西是歌乡，一部《刘三姐》电影让广西山歌享誉国内外。广西的山歌不仅唱响区内外，还唱到了国外。在广西的大部分地区，群众唱山歌更是信手拈来，张口成歌。当地一些山歌爱好者自发围绕党的重大方针政策编写了系列山歌，通过山歌形式传唱党的方针政策，真正做到了把马克思主义唱进了群众心里。

第一，把党的重大方针政策、战略部署编写成群众喜爱的山歌文本。中国进入了新时代，"中国特色社会主义""中国梦""四个自信""五位一体""四个全面""社会主义核心价值观""一带一路""命运共同体""扶贫攻坚""乡村振兴"等词语是宣传马克思主义的关键词汇，也是新时代推进马克思主义大众化的重要词源。以这些关键词语为基点，编写山歌，实现了把当代马克思主义理论话语向口头话语的转换。广西壮族人民在创作山歌的过程中，非常注重保留这些关键词语的核心要义，使山歌的内涵不变味。在保持核心内涵的同时，又注重用当地的风俗文化、山乡土话表达山歌的话语形式，使党的基本理论有机融入了山歌中。

"乡村振兴"这项重大国家战略，是一项利在当代、功在千秋的伟大战略部署，群众非常认同，积极参与。"乡村振兴"几个关键词"产业兴旺、生态宜居、乡风文明、治理有效、生活富裕"是核心，在编写山歌时，只有抓住了核心词汇，就能把"乡村振兴"的战略思想向群众讲清楚。如：

营造人居好环境，人人自觉讲卫生；美化乡村同提倡；地更绿来山更清。

美化家园最重要，综合治理是目标；促进农业大发展，农民素质得提高。

建设和谐新农村，创新理论到基层；满山都是摇钱树，遍地都是聚宝盆。

病猪死猪易污染，乱丢乱扔不安全；专项行动来整治，前后为期三十天。

这几道山歌，在文本编写上，准确地抓住了乡村振兴的核心要义，唱出了乡村振兴的核心内涵。通过山歌向群众讲清了乡村振兴目标是什么，群众自己要干什么。

在创作山歌时，在准确表达党的方针政策的核心要义时，也不泛话语的幽默

与诙谐。如在歌颂党的精准扶贫政策时,山歌所表达话语形式在正经中也不泛幽默。如:

精准扶贫共治穷,同把小康路修通;夜夜宣传哥陪妹,好过建届修荫功。

脱贫致富要自立,望哥致富要尽心;奋战三载致富了,何愁阿妹不成亲。

党的十九大、二十大召开后,确立了党和国家发展的一系列重大战略任务,因此,学习宣传好大会精神,是全国一项重大政治任务。广西山歌在宣传大会精神的过程中,发挥了重要作用。山歌传唱党的十九大、二十大精神唱响八桂大地,也影响到周边省市。这些山歌的歌词准确反映大会的精神内涵,把大会精神融入山歌文本中,让百姓在传唱山歌中理解了会议的精神实质。如:

以"中国特色社会主义道路"为关键词的山歌——

大路平平好跑马,园中土润好栽花;紧跟党走特色路,建设美丽大中华。

花香引得蜂满坡,树高引得凤凰落;中国有了特色路,才有小康新生活。

以"全面建成小康社会"为关键词的山歌——

十九大会新精神,全面发展是方针;目标定在五年内,小康社会要建成。

车靠加油上高坡,人靠架桥过大河;建成小康新社会,社会和谐人欢乐。

以建设"文化强国"为关键词的山歌——

群山起舞坡连坡,大海拍浪波连波;党为人民描美景,建设文化大强国。

科学普及进村寨,艺术传授进乡村;春风送暖花似锦,文化强国百业兴。

除此之外,群众还就"中国梦""四个自信""五位一体""社会主义核心价值观""一带一路""命运共同体"等内容编写了大量民间山歌。区内的一些主流媒体专门开设了山歌专栏,如《河池日报》公众微信号"掌阅天下"栏目,每天都登载3~5首群众创立的山歌。在壮族的"三月三"传统节日期间,各地主流媒体也都同时开辟山歌专栏,用山歌唱党恩和歌颂中国特色社会主义伟大成就。目前,《山歌传唱社会主义核心价值观》《男男女女做唱》《刘三姐传世山歌》等山歌专集开始陆续出版。这些出版物成为当地推进马克思主义大众化的重要通俗读物。

第二,马克思主义话语宣传方式与民族山歌的有机融合。民族山歌的底色是情歌,正因为如此,山歌在少数民族地区才有着厚重的民族情感底蕴。而马克思主义是严谨的科学真理,有其内在的话语规律。将马克思主义与民族山歌在传播话语上进行对接,需要将严谨的马克思主义理论话语转换为具有浓厚生活情感的话语形式,不得不说是马克思主义传播话语的重大创新。事实上,这两者之间有着天然的契合,只不过在一定时期内没有被我们发掘出来而已。任何理论要赢得大众的认可和信仰,脱离了大众的情感认同是不可能实现的。因此,推进马克思主义大众化,必须要发掘马克思主义理论的情感价值。如社会主义核心价值观反映的是全民族的最大公约数,要形成公众的共同遵循,没有情感价值的融入和体现,仅靠枯燥的文本是难以做到的。因此,广西歌王们在创作壮族山歌时,比较注重在继承传统山歌爱情的基础上,把社会主义核心价值观的内容融入其中,形成了具有浓厚情感价值的宣传社会主义核心价值观的山歌。如:核心价值讲友爱,孝亲敬老才叫乖;相亲相爱一辈子,家兴国兴乐开怀。这样的山歌既内涵了社会主义核心价值观的核心要义,又包含了丰富的爱情内容,实现了家国情怀的有机统一。这样的山歌在广西到处都可以听到,如宣传脱贫致富的山歌:哥在瓜园搞科研,起早摸黑不怕艰;阿妹路过见瓜大,竖起母指把瓜选;阿哥见妹心如甜,邀妹入园肩并肩;产业致富一起搞,脱贫路上把手牵。这些山歌的歌词将宣传党的方针、政策、战略部署与情感生活巧妙结合,满足了少数民族群体的文化心理需求,既宣传了马克思主义理论,又使人民群众在娱乐活动中获得了情感追求。

民族山歌内容情调多种多样,既有传播正能量的山歌,也有传播负能量的山歌。用山歌形式推进马克思主义大众化的话语传播,不仅要创作一批群众喜欢的山歌文本,更需要搭建传唱机制,有组织的推进和引导群众用山歌传唱党的方针、政策、传播社会正能量。对一些民间灰色调的山歌,要通过恰当的方式进行引导。特别是分布在民间的山歌王,他们具有较大的影响力。通过建立一定的体制、机制,把这些民间山歌王引导到传播社会正能量的轨道上,将是推进马克思主义大众化进程中一支重要的话语传播力量。如 2017 年 12 月,革命老区广西东兰县建立了全国第一家"新时代山歌讲习所"。2017 年以来,以"讲习所"名誉举办了"新时代广西山歌颂党恩"山歌会,开办了以"新时代广西山歌颂党恩"为主题的歌王培训班,还组织召开了全国性的"山歌研讨会"等,这一系列活动,有效探索了把马克思主义理论融入民族山歌中,推动马克思主义大众化话语传播。

参考文献

一、经典著作类

1.《马克思恩格斯选集》(第1—4卷),北京:人民出版社,1995年版.

2.《毛泽东选集》(第1—4卷),北京:人民出版社,1991年版.

3.《毛泽东文集》(第1—8卷),北京:人民出版社,1993年版.

4.《邓小平文选》(第1—3卷),北京:人民出版社,1993年版.

5.《江泽民文选》(第1—3卷),北京:人民出版社,2006年版.

6.《胡锦涛文选》(第1—3卷),北京:人民出版社,2016年版.

7.《习近平谈治国理政》(第一卷),北京:外文出版社,2014年版.

8.《习近平谈治国理政》(第二卷),北京:外文出版社,2017年版.

9.《习近平谈治国理政》(第三卷),北京:外文出版社,2020年版.

二、文献资料类

1.《十六大以来重要文献选编》(上),北京:中央文献出版社,2005年版.

2.《十六大以来重要文献选编》(中),北京:中央文献出版社,2006年版.

3.《十六大以来重要文献选编》(下),北京:中央文献出版社,2008年版.

4.《十七大以来重要文献选编》(上),北京:中央文献出版社,2009年版.

5.《十七大以来重要文献选编》(中),北京:中央文献出版社,2011年版.

6.《十七大以来重要文献选编》(下),北京:中央文献出版社,2013年版.

7.《十八大以来重要文献选编》(上),北京:中央文献出版社,2014年版.

8.《十八大以来重要文献选编》(中),北京:中央文献出版社,2016年版.

9.《十八大以来重要文献选编》(下),北京:中央文献出版社,2018年版.

10.《十九大以来重要文献选编》(上),北京:中央文献出版社,2019年版.

11.《中央关于深化党和国家机构改革的决定》,北京:人民出版社,2018年版.

12.《中共中央关于坚持和完善中国特色社会主义制度、推进国家治理体系和治理能力现代化若干重大问题的决定》,北京:人民出版社,2019年版.

三、著作类

1.韩庆祥,陈远章.论马克思主义中国化时代化大众化[M].天津:天津人民出版社,2020年版.

2.邵新顺.马克思主义大众化研究——对新民主主义革命时期的考察[M].北京:人民出版社,2019年版.

3.秦燕.延安时期马克思主义大众化实践研究——以根据地农民教育为中心[M].北京:中国社会科学院出版社,2019年版.

4.黄家周.民族地区马克思主义大众化路径研究——基于中共领导广西文化建设史的考察[M].北京:中国社会科学院出版社,2019年版.

5.李进.媒体融合进程中的马克思主义大众化传播研究[M].北京:人民日报出版社,2018年版.

6.邓国峰,等.网络传媒视角下的马克思主义大众化研究[M].北京:人民日报出版社,2018年版.

7.韦正翔.大众化的马克思主义[M].北京:中国社会科学院出版社,2018年版.

8.吴玉敏.少数民族地区马克思主义大众化基础问题研究[M].北京:人民出版社,2018年版.

9.王梅清.艾思奇与马克思主义大众化[M].北京:中国社会科学院出版社,2017年版.

10.汪勇.利益多元化对马克思主义大众化的影响及对策研究[M].北京:人民出版社,2017年版.

11.苏志宏.马克思主义大众化的公民认同研究[M].北京:中国社会科学院出版社,2017年版.

12.黄华星,陈宗明.符号学导论[M].上海:东方出版中心,2016年版.

13.金江军,郭英楼.互联网时代的国家治理[M].北京:中共党史出版社,2016年版.

14.高宏存,于正.政务微信实用方法、技巧与案例指南[M].北京:人民出版社,2015年版.

15.王俞.互联网+[M].北京:中华工商联合出版社,2015年版.

16.谢仁生.民生改善与马克思主义大众化[M].北京:人民出版社,2015年版.

17. 申文杰. 马克思主义意识形态政治功能及实现形式研究[M]. 北京:中国社会科学院出版社,2015 年版.

18. 林念修. 大融合 大变革——《国务院关于积极推进"互联网＋"行动的指导意见》解读[M]. 北京:中共中央党校出版社,2015 年版.

19. 唐绪军. 中国新媒体发展报告(2015)[M]. 北京:社会科学文献出版社,2015 年版.

20. 郑洁. 网络传播视域下马克思主义大众化的实现路径研究[M]. 北京:中国社会科学院出版社,2015 年版.

21. 钟英. 中国新媒体社会责任研究报告(2014)[M]. 北京:中国社会科学院出版社,2014 年版.

22. 李欣,汪凯. 媒介呈现与公共话语[M]. 上海:复旦大学出版社,2014 年版.

23. 朱春阳. 新媒体时代的政府公共传播[M]. 上海:复旦大学出版社,2014 年版.

24. 玛雅. 道路自信:中国为什么能[M]. 北京:中信出版社,2014 年版.

25. 陈锡喜. 平易近人——习近平的语言力量[M]. 上海:上海交通大学出版社,2014 年版.

26. 刘基,苏星鸿. 网络境遇中当代马克思主义大众化传播问题研究[M]. 北京:中国文史出版社,2014 年版.

27. 夏小华. 高校推进马克思主义大众化实践路径研究[M]. 合肥:安徽大学出版社,2013 年版.

28. 姚喜双. 新媒体时代广播电视语言研究[M]. 北京:语文出版社,2013 年版.

29. 覃彩銮. 山歌颂改革[M]. 南宁:广西民族出版社,2013 年版.

30. 申金霞. 自媒体时代的公民新闻[M]. 北京:中国广播电视出版社,2013 年版.

31. 周中之. 马克思主义大众化发微[M]. 上海:上海三联书店,2013 年版.

32. 李春会. 传播视域下的马克思主义大众化[M]. 北京:人民出版社,2013 年版.

33. 谢新洲. 互联网等新媒体对社会舆论影响与利用研究[M]. 北京:经济科学出版社,2013 年版.

34. 展江,吴微. 开放与博弈——新媒体语境下的言论界限与司法规制[M]. 北京:北京大学出版社,2013 年版.

35. 申凡. 网络传播心理学[M]. 北京:清华大学出版社,2013 年版.

36. 阮东彪. 传播学视角：当代中国马克思主义大众化机制研究[M]. 长沙：湘潭大学出版社, 2013 年版.

37. 张国庆. 媒体话语权——美国媒体如何影响世界[M]. 北京：中国人民大学出版社, 2012 年版.

38. 李栗燕. 当代中国马克思主义大众化进程中的对话平台研究[M]. 北京：科学出版社, 2012 年版.

39. 姜进章. 新媒体管理[M]. 上海：上海交通大学出版社, 2012 年版.

40. 曹劲松. 政府网络发言[M]. 南京：江苏人民出版社, 2012 年版.

41. 陈伟军. 媒介融合与话语越界——传媒文化的多维阐释和散点透视[M]. 北京：中国社会科学院出版社, 2011 年版.

42. 黄健. 新媒体浪潮[M]. 南宁：广西教育出版社, 2011 年版.

43. 白亚锋. 马克思主义大众化研究[M]. 北京：中国农业科学技术出版社, 2011 年版.

44. 侯波. 马克思主义大众化思想与规律性研究[M]. 北京：中国社会科学出版社, 2011 年版.

45. 张维为. 中国震撼——一个文明国家的崛起[M]. 上海：上海人民出版社, 2011 年版.

46. 李红艳. 乡村传播学[M]. 北京：北京大学出版社, 2010 年版.

47. 侯惠勤. 马克思主义的意识形态批判与当代中国[M]. 北京：中国社会科学出版社, 2010 年版.

48. 石磊. 新媒体概论[M]. 北京：中国传媒大学出版社, 2009 年版.

49. 董德刚. 当代中国根本理论问题-科学的马克思主义观研究[M]. 石家庄：河北人民出版社, 2009 年版.

50. 刘学义. 话语权转移：转型时期媒体言论话语权实践的社会路径分析[M]. 北京：中国传媒大学出版社, 2008 年版.

51. 田大伦. 高级生态学[M]. 北京：科学出版社, 2008 年版.

52. 陆小华. 新媒体观[M]. 北京：清华大学出版社, 2008 年版.

53. 孙振钧, 王冲. 基础生态学[M]. 北京：化学工业出版社, 2007 年版.

54. 黄柯云, 等. 男男女女做唱[M]. 南宁：广西民族出版社, 2007 年版.

55. 吕杰, 张波. 传播学导论[M]. 北京：科学出版社, 2007 年版.

56. 郭庆光. 传播学教程[M]. 北京：中国人民大学出版社, 2007 年版.

57. 罗贻荣. 走向对话[M]. 北京：中国社会科学出版社, 2006 年版.

58. 匡文波. 网络传播学概论[M]. 北京：高等教育出版社, 2004 年版.

59. 李良荣, 等. 当代西方新闻媒体[M]. 上海：复旦大学出版社, 2004 年版.

60.黄英.网络文化与大众传媒［M］.成都：西南师范大学出版社,2003年版.

61.李海峰,邓庆.刘三姐传世山歌［M］.南宁：广西民族出版社,2002年版.

62.范国睿.教育生态学［M］.北京：人民教育出版社,2001年版.

63.陆地,高菲.新媒体的强制性传播研究［M］.北京：人民出版社,2000年版.

64.兰久富.社会转型时期的价值观念［M］.北京：北京师范大学出版社,1999年版.

65.刘建明.基础舆论学［M］.北京：中国人民大学出版社,1988年版.

66.［美］埃弗利特·E.丹尼斯,约翰·C.梅里尔.媒介论争——19个重大问题的正反方辩论［M］.王纬,译.北京：北京广播学院出版社,2004年版.

67.［美］约翰·费克斯.关键概念：传播与文化研究辞典［M］.李彬,译.北京：新华出版社,2004年版.

68.［美］曼纽尔·卡斯特.网络社会的崛起［M］.夏铸九,等译.北京：社会科学文献出版社,2003年版.

69.［法］米歇尔·克罗齐,［日］绵贯让治,［美］塞缪尔·亨廷顿,等.民主的危机［M］.马殿军,译.北京：求实出版社,1989年版.

70.［美］塞缪尔·P.亨廷顿.变化社会中的政治秩序［M］.王冠华,等译.上海：三联书店,1989年版.

71.［英］丹尼斯·麦奎尔,［瑞典］斯文·温德尔,等.大众传播模式论［M］.祝建华,武伟,译.上海：上海译文出版社,1987年版.

四、期刊类

1.蒋道平.恩格斯推进马克思主义大众化的历史进路与现实启示——纪念恩格斯诞辰200周年［J］.西南科技大学学报（哲学社会科学版）,2020(12).

2.郝立新.当代中国马克思主义的人民性与大众化［J］.社会主义论坛,2020(11).

3.李栋.新媒体时代马克思主义大众化传播刍议［J］.湖北省社会主义学院学报,2020(10).

4.刘勇.新时代马克思主义大众化的新任务及路径选择［J］.学习论坛,2020(10).

5.葛士新.新时代马克思主义大众化：鲜明特征、出场根由和实践路径——学习习近平关于马克思主义大众化的重要论述［J］.广西社会科学,2020(08).

6.丁红岩,李庆霞.中国共产党创建时期马克思主义传播与研究的四个结合

[J].思想理论教育导刊,2020(03).

7.张强,王雪燕,任心甫.新时代推进习近平生态文明思想大众化的三个维度[J].毛泽东思想研究,2020(01).

8.王兵.用"大众话"推进创新理论大众化[J].政工学刊,2020(01).

9.邱新有,黄立群.中央苏区马克思主义传播实践及其当代启示[J].贵州社会科学,2020(12).

10.杨正权.推动当代中国马克思主义大众化的逻辑[J].社会主义论坛,2020(11).

11.聂家华,齐元真.面向农民的当代中国马克思主义大众化路径研究[J].山东理工大学学报(社会科学版),2020(01).

12.方世南."意识形态决定文化前进方向和发展道路"的唯物史观意蕴[J].北方论丛,2019(11).

13.陶文昭.党的领导与国家治理现代化[J].中国党政干部论坛,2019(10).

14.王永贵,路媛.网络空间主流意识形态认同困境及其路径创新[J].理论探索,2019(05).

15.曾令辉.继续推进新时代马克思主义理论创新发展[J].马克思主义研究,2019(10).

16.李秋梅,林春逸.新时代中国特色社会主义意识形态自信的生成逻辑探究[J].广西社会科学,2019(02).

17.靳书君,瞿久淞.革命老区新时代马克思主义大众化的实践创新——基于百色革命老区典型分析[J].兰州学刊,2019(11).

18.高奇,陈明琨.大数据技术条件下的马克思主义大众化[J].马克思主义研究,2019(07).

19.汤志华,谢石生.习近平新时代中国特色社会主义思想与马克思主义中国化时代化大众化[J].科学社会主义,2018(06).

20.张雷声.研究马克思主义整体性的三大视角[J].思想理论教育导刊,2018(07).

21.黄杰,黄瑞雄.信息技术思维下高校思想政治工作的活力与限度[J].创新,2018(04).

22.覃干超,韦诗业.网络大众化与马克思主义大众化的关系研究[J].学校党建与思想教育,2018(08).

23.郭国祥,邬俊美.习近平意识形态工作的战略地位观探析[J].学校党建与思想教育,2018(10).

24.和跃宁,罗琼芳.在边疆民族地区推进马克思主义中国化——德宏州在边疆民族地区推进马克思主义中国化时代化大众化民族化的做法[J].社会主义论坛,2018(11).

25.马福运,张聪聪.浅析大数据在马克思主义大众化中的应用[J].毛泽东邓小平理论研究,2018(09).

26.曾令辉,陈敏.论马克思主义大众话语主导权建设[J].马克思主义研究,2017(04).

27.周昌辉.马克思主义大众化传播的困境及破解[J].人民论坛,2018(12).

28.吴小军,张然.民族地区马克思主义大众化的现实境遇与策略[J].贵州民族研究,2017(06).

29.公秀丽.新媒体环境下马克思主义大众化问题刍议[J].理论研究,2017(10).

30.葛学彬,李松林.新媒体视角下马克思主义大众化传播现实困境与机制建设探究[J].理论月刊,2017(04).

31.王学俭,王瑞芳.大数据时代高校思想政治教育的创新发展[J].思想政治教育研究,2016(06).

32.靳书君,瞿久淞.壮山歌对马克思主义大众化的话语创新[J].广西师范大学学报(哲学社会科学版),2016(10).

33.王海军.民主革命时期中共经典著作编译与传播对马克思主义中国化影响探析[J].理论学刊,2015(12).

34.钟瑞添,彭俊桦.文化多样化与社会主义核心价值观大众化[J].马克思主义与现实,2015(05).

35.陈媛,韦汉吉.论社区文化社团推动马克思主义大众化实践的语境[J].学术论坛,2015(12).

36.邓军.马克思主义大众化的法则、准则和悬设[J].学术论坛,2015(05).

37.郭建宁.中国话语体系构建的三重维度[J].人民论坛,2015(04).

38.周波.网络时代马克思主义大众化学理分析及现实考察[J].人民论坛,2015(08).

39.丁俊萍.党的建设制度改革是国家治理现代化的内在要求[J].中国浦东干部学院学报,2014(09).

40.汤志华.《联共(布)党史简明教程》与马克思主义大众化探索[J].理论学刊,2014(01).

41.曾家华,梁艳鸿.在网络新媒体阵地赢得核心价值观的话语主导权[J].当代广西,2014(07).

42.陈金龙.关于道路自信、理论自信、制度自信的思考[J].马克思主义研究,2014(02).

43.靳书君.马克思主义大众化在西南民族地区的话语创新[J].理论学刊,2014(05).

44.赵伟.习近平总书记讲话的语言风格及其启示[J].中国特色社会主义研究,2014(06).

45.陈媛,刘鑫淼.论推动当代中国马克思主义大众化的民间路径——基于公民社会发展的视角[J].教学与研究,2013(12).

46.王浩斌.文化宽容与马克思主义中国化的文化政治[J].武汉科技大学学报(社会科学版),2013(04).

47.顾海良.马克思主义大众化的有益探索[J].马克思主义与现实,2012(09).

48.陈占安.试论马克思主义大众化的历史经验[J].学校党建与思想教育,2012(12).

49.佘双好.中国特色社会主义理论体系普及计划实施路径探析[J].湖北社会科学,2012(10).

50.田克勤.深入理解马克思主义中国化时代化大众化当代特点应该着重把握的几个问题[J].思想理论教育导刊,2012(04).

51.钟瑞添,张艺兵.论中国传统文化与当代马克思主义大众化[J].科学社会主义,2012(10).

52.吴远,邓姗.规律视角下的马克思主义大众化实现路径探究[J].现代哲学,2012(05).

53.李春会.马克思主义大众化传播的现实困境[J].燕山大学学报(哲学社会科学版),2012(03).

54.何理.马克思主义大众化通俗理论读物话语体系的建构——以受众为中心的视角[J].理论导刊,2012(05).

55.刘书林.当代中国马克思主义大众化与思想政治工作新任务[J].思想政治工作研究,2008(01).

五、学位论文类

1.舒乙钉.当代中国核心价值观话语权构建问题研究[D].中国青年政治学院,2017.

2.李进.媒体融合进程中的马克思主义大众化传播研究[D].新疆大学,2016.

3.王璜.马克思主义大众化传播研究[D].扬州大学,2015.

4.孟静.自媒体时代的言论自由问题研究[D].河北大学,2015.

5.胡银银.改革开放以来我国意识形态话语权问题研究[D].南开大学,2014.

6.刘国普.当代中国马克思主义意识形态话语权建设研究[D].南京理工大学,2014.

7.崔蓬克.言语行为视角下的政府微博语言研究[D].华东师范大学,2014.

8.赵莉.新媒体科学传播亲和力的话语建构研究[D].中国科学技术大学,2014.

9.李超.借鉴传统文化普及方式推动马克思主义大众化研究[D].吉林大学,2013.

10.漆祥毅.网络语言:公共话语实践与话语博弈[D].广西大学,2013.

11.杨昕.中国共产党意识形态话语权研究[D].天津师范大学,2013.

12.张磊.论网络围观[D].湖北师范学院,2013.

13.范红燕.美国国际话语权的赢取及对中国的启示[D].燕山大学,2013.

14.叶云.网络表情符号的流变与延展空间[D].上海师范大学,2013.

15.王兵.微博时代的全民话语传播及影响研究[D].中国海洋大学,2013.

16.瞿久淞.马克思主义大众化载体创新研究——壮族山歌形式[D].广西师范大学,2012.

17.卞清.自民间话语与政府话语的互动与博弈[D].复旦大学,2012.

18.王聪.我国官方话语与民间话语新博弈[D].湖南师范大学,2012.

19.黄碧云.网络流行语传播机制研究[D].暨南大学,2011.

20.林福成.基于博弈论的城市免费公交研究[D].华南理工大学,2011.

21.徐宝义.新时期中国共产党运用新媒体密切党群关系初探[D].中共中央党校,2010.

22.王康康.艾思奇在中国马克思主义哲学大众化进程中的探索与实践[D].哈尔滨工业大学,2009.